Frido Mann · Professor Parsifal

Frido Mann

Professor Parsifal

Autobiographischer Roman

edition spangenberg
im Ellermann Verlag

edition spangenberg im Ellermann Verlag

Umschlaggestaltung: Werner Rebhuhn
Printed in Germany
ISBN 3-7707-0212-3

Inhalt

I.
Der goldene Käfig

Mein Großvater war tot. Zwei Monate vorher hatten wir noch seinen letzten runden Geburtstag mit einem königlichen Reigen von Feierlichkeiten begangen.

Zu seinem Begräbnis eilte nun wieder alle Welt herbei. Mutter, Erik und ich, sein Lieblingsenkel Alexander, kamen aus Florenz, wo wir das letzte Jahr gelebt hatten. Mit meinen vierzehn Jahren steckte ich gerade in der Pubertät, hatte es schwer mit mir und wußte nicht wohin mit meinem in die Höhe schießenden Körper und dem viel zu angestrengten Kopf.

Als wir am frühen Morgen die Schweizer Grenze passierten und ich durchs Fenster auf die sonnenbeschienene Tessiner Landschaft blickte, mußte ich an eine Stelle aus Maxim Gorkis autobiographischen Romanen denken: Maxim wird nach dem Tode seines Vaters (›So nimm schon Abschied vom Vater, du siehst ihn nie wieder, er ist gestorben, der Gute, zu früh, lange vor seiner Zeit…‹) mit dem Schiff die Wolga entlang in das großelterliche Haus gleichsam entführt, wo man ihm eine neue Heimstatt geben will, die ihm dann freilich viele schlimme Jahre bescheren wird. Er erinnert sich genau an diese Fahrt: »Jede Stunde ist alles ringsum neu und verändert. Wie üppige Falten im reichen Kleide der Erde ziehen sich grüne Berglehnen hin. An den Ufern liegen Städte und Dörfer, sie sind von weitem wie lauter Knusperhäuschen anzusehen.« Beim Anblick der an uns vorbeiziehenden Häuser ging mir auch meine jetzige Situation durch den Kopf. Die anstehende Trennung von den Eltern. Mein Vater wollte den Musikerberuf endgültig an den Nagel hängen und sich mit Haut und Haaren der Literatur verschreiben. Angebahnt hatte sich diese Wende schon länger. Ich machte mir Sorgen, ob dieser gar so rasch vor sich gegangene Umstellungsprozeß ihm Glück bringen würde, nachdem er so viel in die Musik investiert hatte. Während der letzten fünf Jahre hatte ich deswegen nicht nur viermal Wohnsitz und Schule gewechselt, sondern meistens auch noch das Land. Und ich glaube, daß vor allem die zwei Jahre im Schweizer Internat, als meine Eltern sich auf einer Konzert-Tournee durch die Welt befanden, mir nicht sonderlich gut getan haben. Selbst in den Ferien mußten mein Bruder und ich uns zwischen den am selben See wohnenden Großeltern väterlicher- und mütterlicherseits aufteilen.

Während der Internatszeit hatte ich meine ersten Schreibversuche unternommen und meine freie Zeit fast ausschließlich damit verbracht, einen Roman zu verfassen. Außerdem versuchte ich, eine Violin-Sonate zu komponieren. In der Schule fiel ich nicht gerade durch besondere Regsamkeit auf, doch in den Ferien setzte ich mich jeden Morgen gleich nach dem Frühstück ans Klavier und suchte mir die Töne zusammen, um sie anschließend zu Papier zu bringen, obwohl ich noch nie, wie es sich eigentlich gehören würde, Kompositionsunterricht gehabt hatte.

Auf die kritischen Bemerkungen meines Vaters über diese eigenartige kompositorische Satztechnik erwiderte ich ganz unbefangen: »Die ganz große, komplizierte Musik höre ich morgens im Bett in mir drin, aber ich kann's halt nicht aufs Papier bringen.«

Mein Nachmittag war regelmäßig der Literatur gewidmet. Gleich nach dem Mittagessen floh ich an den Schreibtisch und war für nichts anderes mehr ansprechbar. Mein Roman spielte in einem Dorf in Österreich, in dem wir nach unserer Übersiedlung aus Amerika einmal zwei Jahre lang gewohnt hatten. Die Hauptfigur, Adrian mit Vornamen, hatte meinen Lehrer Fischer aus der Schweizer Schule in Florenz als Vorbild, für den ich immer eine scheue Verehrung empfunden hatte.

Meine Eltern brachten meinen künstlerischen Aktivitäten nicht sonderlich viel Sympathie entgegen. Als ich einmal eine Kostprobe aus dem Roman vor ihnen und Onkel G. zum besten gab, hörten sie sich meinen Vortrag nicht nur mit skeptisch-ironischem Schmunzeln an, sondern auch bei den ernstesten Stellen lachten die beiden Männer laut auf, nur weil die Namen einiger Romanfiguren ein wenig komisch klangen. Zum Beispiel hatte ich einen Schuster ›Flickleder‹ genannt und einen Lehrer ›Tobsucht‹. Im Namen-Erfinden ist und bleibt mein Großvater halt ein unübertrefflicher Meister. Und meine Familie schien der Meinung zu sein, wir hätten schon genug von dieser literarischen Sorte unter uns.

Als ich meine Mutter immer wieder nach ihrer Einschätzung meiner Neigungen und Begabungen ausfragte, antwortete sie mir unverhohlen, daß sie mich nicht für besonders schöpferisch oder künstlerisch begabt halte, eher mit einer normalen Intelligenz ausgestattet, die mir immerhin vielerlei Berufsmöglichkeiten erlaube. In Anbetracht der mehr oder weniger unausgesprochenen hohen Erwartungen an mich empfand ich dieses mütterliche Urteil als vernichtend. Noch schlimmer traf mich Großvaters Einstellung zu meinen schriftstellerischen Versuchen. Doch von diesem beschämenden und niederschmetternden Ereignis, ausgerechnet während seiner Geburtstagsfeierlichkeiten, wird noch die Rede sein müssen. Es war nun also beschlossene Sache: Meine Eltern würden Anfang Oktober mindestens für einige Jahre nach Amerika gehen, wo mein Vater ein ganzes Germanistik-Studium mit Promotion und allem Drum und Dran absolvieren wollte. Noch vor kurzem hatte er das ehrenvolle Angebot des Longuiche-Quartetts, ständiges Mitglied zu werden, nachdem der alte Lanius dort ausgeschieden war, ausgeschlagen; und damit war seine Entscheidung wohl besiegelt. Meine Mutter wollte mit ihm gehen, und Erik und mich würden sie wieder einmal zurücklassen. Sicherlich war es ein schwerwiegender Entschluß für Mutter gewesen, aber sie stand unerschütterlich hinter Vaters geplantem Neubeginn und war bereit, alle damit verbundenen Belastungen mitzutragen. So hatte sie sich offenbar überwunden, sich gegen ihre eigenen Kinder zu entscheiden, die diesem gewagten Unternehmen wahrscheinlich nur im Wege stehen würden. Es war längere Zeit hin- und herüberlegt worden, ob wir nicht erneut in irgendein Schweizer Internat geschickt werden sollten; auch wurde, zumindest für mich, eine Rückkehr nach Florenz erwogen. Aber jetzt würden wir aller Voraussicht nach bei der nun allein in dem großen Haus zurückgelassenen Großmutter wohnen.

Meine Gedanken waren trübe – und das nicht nur wegen Großvaters plötzlichem Tod.

Wir würden in einem Schloß gefangen sein, das überall den Geist seines gestorbenen Besitzers atmete. Nur von alten Menschen umgeben, die davon lebten, ein ihnen übertragenes Erbe aus einer großen Vergangenheit zu konservieren. Wieviel besser wäre es doch gewesen, mit jüngeren Leuten zusammenzuleben, denen es leichter gefallen wäre, einem Heranwachsenden den Weg ins Leben zu weisen.

Die Beerdigung in einer kleineren Gemeindekirche am letzten Wohnort meines Großvaters war für mich eine sehr zwiespältige Angelegenheit. So würdig auch der musikalische Rahmen war (man spielte unter anderem den von ihm so sehr geliebten langsamen Satz in der lydischen Tonart von Beethovens Streichquartett op. 132), so verfehlt erschien mir der kirchliche Geist, der das Zeremoniell beherrschte. Man mochte glauben, dieser Aufwand wäre eine Vorbedingung dafür gewesen, daß der Tote überhaupt ein christliches Begräbnis bekam. Die von der Empore herabbrausenden Präludien und Fugen aus dem Orgelwerk Bachs lasse ich mir da noch am ehesten gefallen, obwohl auch sie die innige Schlichtheit der Beethovenschen Streichmusik einfach verschluckt und erdrückt haben und dadurch ein Übergewicht bekamen, das dem Verhältnis des Verstorbenen zu Bach überhaupt nicht entspricht. Ich höre noch, hinterher im Auto, meinen Vater gequält bemerken: »Diese Unmenschlichkeit, die in dem Bach'schen Gigantentum steckt, so ganz im Gegensatz zu den menschlichen Zügen eines Beethoven!« Wobei ich freilich nicht weiß, ob er gerade daran dachte, daß mein Großvater dasselbe gesagt hatte (Beethoven wird von ihm zum eigentlichen Repräsentanten des Humanismus erklärt). Aber all das war nichts im Vergleich zu der endlosen Predigt, die von dem Dorfpfarrer gehalten wurde und die den Mittelpunkt der Trauerfeier bildete. Mir ist nicht klar, wie weit dieser unbedeutende, von sich eingenommene und polterig-rechthaberisch wirkende Seelenhirte hier eine Gelegenheit sah, ein paar Sonnenstrahlen wahrhafter Größe abzubekommen, oder ob er vor diesem für ihn faszinierenden, fremden Publikum seinem missionarischen Eifer besonders freien Lauf lassen wollte. Jedenfalls drangsalierte er uns mit hochrotem Kopf und grotesk rudernden Bewegungen seiner kurzen Arme eine volle Stunde lang von der Kanzel herab mit donnernden Reden über die Schlechtigkeit der Welt. Dabei stieß er pathetische Drohungen gegen alle aus, die sich noch nicht reumütig und bußfertig unter Gottes Wort gestellt hatten.

Mit dem Verstorbenen hatte die Ansprache nichts zu tun. Und ich frage mich nachträglich, ob derjenige, dem die Ansprache eigentlich gelten sollte, dem Prediger über den Namen und einige Lebensdaten hinaus überhaupt bekannt war. Am Ende dieser geistlichen Schimpf- und Strafkanonaden verspürte ich ein leichtes Ohrensausen und einen unangenehmen Druck in der Magengegend. Ich muß auch gestehen, daß mir die Tatsache, daß meine Familie nicht in der Lage war, für diese letzte Ehrung ihres Oberhaupts einen geeigneteren Redner als diesen aufzutreiben, mir ihr ausgesprochen schwach entwickeltes Verhältnis zu Kirche und Christentum deutlich vor Augen führte. Das zeigte sich übrigens auch bei den anderen Teilnehmern des Gottesdienstes. Als ich beobachtete, wie unsicher sie in die Gebete und Gesänge einstimmten, mußte ich an Flauberts »Lehrjahre der Gefühle« denken, wo die Beerdigung des adeligen Herrn Dambreuse beschrieben und in diesem Zusammenhang gesagt wird, daß »bis auf wenige... sie alle in religiösen Dingen so unwissend waren, daß der Zeremonienmeister hin und wieder ihnen Zeichen geben mußte, aufzustehen, zu knien, sich zu setzen...«. Ich war erleichtert, als dies alles zu Ende war und wir auf dem angrenzenden Friedhof durch ein riesiges Menschenspalier dem Sarg zu der tief ausgehobenen Erdstätte folgten. Die intensive Helle und Wärme der Augustsonne tat ungemein gut nach dieser langen Dunkelheit und Enge im Kirchengemäuer. Ich glaube, ich sah tüchtig verweint aus. Denn durch die ernste, weihevolle Musik wurde ich von meinem tief innen sitzenden Trauergefühl völlig übermannt. Doch noch etwas anderes kam hinzu: Die kraftvollen Klänge der großen g-moll Orgelfuge von Bach, mit der wir zuvor aus dem Kirchenportal hinausbegleitet worden waren, in diese lebensbejahende Farbenpracht der Sommerlandschaft ringsumher, hatten mir eine eigentümlich erhebende innere Stärke gegeben. Und ich merkte, daß endlich der Moment gekommen war, mich des ungeheuren Drucks, unter dem ich seit geraumer Zeit litt, zu entledigen. In diesem Moment des letzten bewußten Abschieds vom Großvater spürte ich neben meiner Traurigkeit auch eine Art Triumph, etwa in dem Sinn: »Der König geht. Jetzt bin ich endlich frei, Großes und Wichtiges, wozu ich aufgerufen, mit Lust und Freude zu vollbringen!«

Woher kam dieses Gefühl? Hatte ich dem Verstorbenen nicht unendlich viel zu verdanken? Ich dachte zurück und erinnerte mich an die Zeit in Amerika.

Meine Kindheit im mittelkalifornischen bergig-waldigen Küstengebiet wurde häufig und regelmäßig unterbrochen durch ausgiebige Besuche bei meinen in der Gegend von Los Angeles ansässigen Großeltern väterlicherseits. Sie boten mir in ihrer prächtigen, von Palmen und Zitronenhainen umgebenen Villa vor allem während der Hochsommer-Monate eine Art zweites Zuhause, das sich in mancherlei Hinsicht von meinem Elternhaus unterschied. Es hatte, wie ich unumwunden zugeben muß, ein wenig den Charakter eines goldenen Käfigs mit all seinen Vor- und Nachteilen.

Der Eindruck wurde schon durch die räumliche Isoliertheit begünstigt. Das zweistöckige, langgestreckte Gebäude mit dem sorgfältig gepflegten großen Garten wirkte wie ein Schloß, das einerseits etwas Bergendes an sich hat, andererseits zur Abgeschiedenheit zwingt. Es war von Feldern, Bäumen und Büschen umgeben. Ich kann mich kaum an irgendwelche nahegelegenen Wohnhäuser erinnern. Ich habe diese Stätte fast nie allein verlassen, mein Alltagsleben spielte sich hauptsächlich ohne nennenswerte Kontakte zur Außenwelt ab. Es war ein wenig wie ein Leben in der vaterlosen Wildnis, wohlbehütet und »den Waffen fern«, scheinbar unberührt von den weitab tobenden Schrecknissen der leidvoll bewegten Kriegszeit. Ich würde diesen Zustand idyllischer Wissenslosigkeit als ausgesprochenes Prinzen-Dasein kennzeichnen, das ich zwar unsäglich genoß, unter dem ich aber auch – zumindest unterbewußt – litt.

Wer in den Briefen meines Großvaters aus den Kriegsjahren die vielen Bemerkungen über den »reizenden«, »herzgewinnenden«, »entzückenden«, »zauberhaften« oder gar »elfenhaften« und »träumerisch eigentümlich kleinen« Enkel liest, den muß allein schon auf Grund solcher Formulierungen die Sorge beschleichen, ob denn dies der Entwicklung eines heranwachsenden Jungen nicht abträglich war. Eigene nachträgliche Empfindungen über diese Situation können solche Befürchtungen nur bestätigen.

Ohne Zweifel hatte mir ein solches Maß großväterlicher Zuneigung einerseits ein Glücksgefühl vermittelt, das sich gewiß durch seine besondere persönliche Ausstrahlung steigerte. Andererseits kann ich diese seine »letzte Liebe«, wie er sie in einem seiner Briefe nennt, nur teilweise als echt, das heißt meiner Person geltend, empfinden. Ich frage mich heute, ob ich für ihn nicht auch noch etwas anderes war: nämlich die Verkörperung einer dem Diesseits weitgehend entrückten und erdichteten Figur, einer verklärten Himmelsgestalt, die in dieser Welt nur kurz in Erscheinung zu treten hat, bevor sie nach einem wollüstig-schauerlichen Sterben ins Jenseits zurückgeholt wird. Dieser Typus taucht nicht erst in seinem letzten großen Roman auf. Er findet sich – in Varianten – auch schon an anderen Stellen seines Werkes.

Wenn ich für meinen Großvater so etwas bedeutete wie eine seinem eigenen Fleisch und Blut entstammende, literarisch zu verarbeitende Idealgestalt, dann lag es nahe, daß meine reale Anwesenheit als Enkel mehr war als ein Impuls für seine schöpferische Arbeit am Schreibtisch. Ich war Modell für jenen am Ende seines letzten Romans auftretenden holden und leidbringenden kleinen Todesboten. Meine Erscheinung gab ihm wohl darüber hinaus auch im alltäglichen Leben einiges von der willkommenen Zerstreuung und Erheiterung, die der Geist zur Regeneration der Kräfte braucht.

Wer im Genuß erfreulicher Privilegien ist, sieht sich zugleich auch mit Pflichten belastet, die den Wert der Annehmlichkeiten bisweilen in Frage stellen. Erwartungen und Forderungen, mit denen man allmählich an mich herantrat, waren zwar erfüllbar und erträglich. Die Art, wie ich ihnen nachkam, baute aber mein Mittelpunkt-Dasein im großelterlichen Haus in ungesunder, gefährlich-absorbierender Weise aus.

Meine Tante E. wußte, daß mein Auftreten an wichtigen Feiertagen meinem Großvater außerordentliches Vergnügen bereitete. So verfaßte sie regelmäßig vor Weihnachten, Neujahr sowie vor runden Geburtstagen jeweils passende Gedichte, die dann von mir vorgetragen werden sollten. Schon Wochen vorher wurde ich in ihrem Zimmer nach und nach in meine Aufgabe eingewiesen. Sie erläuterte mir zuerst den Text und gab ihn mir zum Auswendiglernen mit. Langsam nahm ich ihn auf und trat regelmäßig zu den erforderlichen Proben an, in denen auf ausdrucksvolle Vortragsweise und Einsatz der richtigen schauspielerischen Gebärden geachtet wurde. Im letzten Vorbereitungsstadium bekam ich dann, wenn der bewährte Matrosenanzug nicht genügte, ein extra zugeschneidertes kleines Festkostüm oder wenigstens eine durch Breite und Buntheit ins Auge stechende Samtschärpe anprobiert, um für meinen Auftritt gerüstet zu sein.

Von den Festtagsgedichten, die ich im Laufe der Jahre vortrug, ist mir ein einziger Anfangsvers im Gedächtnis geblieben:

»Ich bin das gute neue Jahr,
besser als das alte war ...«

Es verfehlte seine Wirkung gewiß nicht, wenn ich mit einer immer noch erhaltenen natürlichen Anmut und Unbefangenheit in den Lichterglanz trat und die mir aufgetragene Botschaft Strophe für Strophe den feierlich Versammelten verkündete. Der Erfolg verdrehte mir freilich tüchtig den Kopf und zog mich noch tiefer in den Bann des mich vom eigentlichen Leben fernhaltenden Zauberreichs.

Wer schon in frühester Kindheit so starken Einflüssen ausgesetzt ist, muß sich mit großer Mühe freikämpfen. Ich bin dem mir im letzten großen Werk meines Großvaters zugedachten Schicksal glücklich entronnen und über das Alter von vier Jahren hinaus gelangt.

Doch noch als Vierzehnjähriger stand ich im Bannkreis meiner übermächtigen Familie, und eine eigentliche Befreiung aus den Fesseln der Dynastie war für mich noch kaum in Sicht. Ich weiß nicht, wie weit dieses unterschwellige Triumphgefühl, das sich bei der Beerdigung meines Großvaters plötzlich meiner Trauer beimischte, ein Zeichen des inneren Aufbäumens gegen jenen künstlerisch verkleideten Vereinnahmungsversuch gewesen ist. Im Laufe meiner sich über Jahrzehnte hin mühsam vollziehenden Entwicklung zur Eigenständigkeit habe ich mich immer bewußter geweigert, mich auch nur im symbolisch-übertragenen Sinn in eine solche Rolle hineinbestimmen zu lassen.

Doch kehren wir zum Begräbnis zurück. Geradezu Erlösung brachte das abschließende Gastmahl, das auf deutsch so unschön ›Leichenschmaus‹ heißt. Am Anfang ging es noch etwas beklommen und distanziert zu, doch dann tauten alle, an ihren wohlgefüllten Tellern und Tassen sich festhaltend, allmählich auf und begannen, aus sich herauszugehen. Ich selbst hielt mich zurück, lauschte aber interessiert der sich anspinnenden Konversation um mich herum. Ich mußte immer wieder an die letzten Lebenswochen und -tage meines Großvaters denken: an den plötzlichen Krankheitsausbruch während seines Aufenthaltes an der See (es war zuerst nur eine Venenentzündung), an den Transport mit dem Flugzeug in die hiesige Klinik und an seine elende Müdigkeit, die trotz des Abschwellens der Thrombose in den letzten vierzehn Tagen ständig zunahm. Ich besuchte ihn noch einige Male. Zuletzt, vor meiner Abreise nach Florenz, hatte Großvater fast die ganze Zeit über nur mit geschlossenen Augen mit mir gesprochen. Von Tante E. hörte ich, wie sehr er sich über die letzten Briefe von den »Leutchen«, wie er meine Familie nannte, gefreut habe. Wir hatten sie ihm gesammelt ans Krankenbett geschrieben. Ich mußte auch immer wieder an die letzten Weihnachtsferien denken, die ich, von Florenz aus, bei den Großeltern verbracht hatte. Es war ein sehr herzliches und persönliches Zusammensein gewesen, unser letztes, in dem Großvater ausgiebig Ruhe und Zeit für mich gehabt hatte. Ich konnte mich nur unter Tränen daran erinnern, an einen Abend besonders, an dem wir uns noch einmal lange und intensiv über die Zeit im amerikanischen Exil unterhielten und wo ich – zu unser beider Ergötzen – noch einmal mit ihm die Imitation seiner Unterschrift üben durfte.

War ich dort, im ehemaligen Heim meiner Großeltern bei Santa Monica, vor allem während der Sommermonate zu Gast, durfte ich ihn oft bei seinen Spaziergängen vor dem Mittagessen begleiten. Meist bestanden diese nur aus kürzeren Wegen auf Asphalt und in der Nähe des Hauses, gelegentlich auch auf der prächtigen Promenade über dem Strand von Santa Monica. Großmutter war nur manchmal dabei, in der Regel holte sie uns mit dem Auto bei einem zuvor vereinbarten Treffpunkt ab, damit wir nicht dieselbe Strecke wieder zurücklaufen mußten. Sehr gesprächig war er auf diesen kurzen Erholungsmärschen nicht, wirkte eher vertieft in seine Gedanken, aus deren Umklammerung ihn die Schritte in der frischen Luft befreien sollten. Manchmal freilich entspannen sich sporadische, in allerlei Themen hineinschweifende Unterhaltungen, oder der mittrappelnde Pudel sorgte für Abwechslung, etwa wenn sein Zusammentreffen mit anderen Hunden sich spannungsreich gestaltete oder wenn er in einen gerade haltenden Autobus hineinsprang.

»Schwupp, da war er also im Bus, der gute Hund, aber sogleich ward er vom Gelächter der Fahrgäste wieder hinausgefegt«, wurde dann anschließend am Mittagstisch erzählt.

Anlaß zu lange nachklingender Erheiterung bot die Begegnung mit einem Lastwagenfahrer, der uns nach einem Weg fragte, dies aber in einem derart überpointierten, dazu noch näselnden Slang, daß wir ihn beim besten Willen nicht verstehen konnten, was ihn zur mehrfachen Wiederholung seiner Frage zwang. Doch unserer beider Hilflosigkeit und Belustigung wurde immer größer und die verzweifelten Versuche unseres Gesprächspartners, sich verständlich zu machen, immer unglücklicher, bis dieser schließlich unverrichteter Dinge die Wagentüre zuknallte und davonfuhr. Noch Jahre später mußte Großvater den Dialog mit jenem Fahrer nachspielen: Sein Näseln und dazwischen immer wieder die Frage: »Now, what did you say? Pardon me, could you please repeat your question«, wobei das Gesicht vor Besorgnis und Heiterkeit immer länger und das Näseln immer aggressiver und absurder wurde.

Bei den Mahlzeiten war ich nur am Rande dabei, da der Kinder-eßtisch in einiger Entfernung vom Speiseraum, in der Küche oder im Sommer auf der Veranda postiert war. Das Speisezimmer hatte etwas immerwährend Festliches an sich. Die noch aus Deutschland stammenden Kandelaber, die abends angezündet wurden, der Glanz des Silberservices und der Kristallgläser und die von der Dienerschaft aufgetragenen Speisen strahlten behaglichen Wohlstand aus.

Den engsten Umgang mit dem Großvater hatte ich während der frühen Morgen- oder der späteren Abendstunden, die vom unantastbaren Ernst des eigentlichen Tagewerks noch am wenigsten berührt waren. Gelegentlich duldete oder gar schätzte er Enkelbesuch beim frühmorgendlichen schwarzen Kaffee in seinem Schlafzimmer zusammen mit Großmutter, bei allerlei traulichen Plaudereien. Und wenn ich mich vor allem an seine ausführlich und fast andachtsvoll vorgetragene Schilderung erinnere, die er bei dieser Gelegenheit von einem nicht allzu weit zurückliegenden persönlichen Empfang bei Präsident Roosevelt gab, dann vielleicht deshalb, weil auch diese morgendlichen Visiten beim Großvater für mich ein wenig den Charakter einer solchen Staatsaudienz hatten.

Weitaus am feierlichsten und schönsten – und ich kann vielleicht auch sagen: am intimsten – ging es zu, wenn wir Kinder manchmal abends zum Vorlesen von Märchen eingeladen wurden. Das war ein Akt, der ausnahmslos im Arbeitszimmer stattfand, wo wir, ganz unter uns, hinter den fest zugezogenen schweren Gardinen von der Außenwelt hermetisch abgeschlossen, auf einem Sofa vor dem Schreibtisch, dicht neben dem Vorlesenden, Platz nahmen, um uns im Lichtkegel der Stehlampe Grimms, Andersens oder Hauffs berühmteste Märchen anzuhören. Es dauerte nie lange, und wir waren ganz versunken in die Welt der Prinzen, Feen, Hexen und Kobolde, der bösen Stiefmütter, buckligen Zwerge, schnaubenden Drachen und der mächtig aufragenden Burgen und Schlösser inmitten tief-verwunschener Traumlandschaft. Dabei waren es weniger die einfachen, deftigen, geradlinigen Grimmschen Allerweltsgeschichten und -figuren, die es mir angetan hatten. Weit tiefer ließ ich mich einspinnen in die seltsam-schattenhaften, dafür um so anrührenderen Erzählungen Hans Christian Andersens. Hier die überraschende und derbe Urkomik, mit der zum Beispiel im »Feuerzeug« immer wieder die riesenäugigen Hunde beschrieben werden, die in der Schatzkammer das Geld bewachen; dort das todtraurige Ende des kleinen Mädchens mit den Schwefelhölzern, dessen sehnsüchtige Träume mich einen ersten schauerlichen Blick tun lassen in die Abgründe menschlicher Angst, Not und Gottessuche, viel wirklicher, als dies in sogenannten realen Geschichten nachgezeichnet werden könnte. Merkwürdig auch die »roten Schuhe«, die erbarmungslos ihrer Besitzerin ein unaufhörliches Tanzen bis zum Umfallen aufzwingen. Und dann natürlich das herrlichste und längste Märchen: die sieben

Geschichten der »Schneekönigin«, die innig-zarte Beziehung zwischen den beiden armen Nachbarkindern Kay und Gerda, die Großvater immer und immer wieder vorlesen mußte.

Ich ließ mich wie auf Wolken tragen. Hinzu kam, daß ich die frostig-glitzernde Schnee- und Eislandschaft nicht nur als Kontrast zu der intensiven Wärme zwischen den beiden Menschenkindern empfand, sondern daß sich mir hier eine zauberhaft-fremde Welt eröffnete, die von der meinigen im winterlosen Südkalifornien unfaßbar weit weg war und mich dennoch unheimlich faszinierte.

Die Geschichte wäre jedoch nicht halb so schön gewesen, wäre sie nicht mit so suggestiv-wohlklingender Stimme und kunstvoller Phrasierung vorgetragen worden, und hätte nicht auch der Vorlesende hinter dem Gesagten mit allem Ernst seines Ausdrucks gestanden, der noch lange nachwirkte.

Mir fällt an dieser Stelle auf, daß ich bei der Lesung im großväterlichen Arbeitszimmer fast nur von mir spreche und kaum von Erik – als wäre er nur räumlich anwesend gewesen. In der Tat: Der Großvater machte kaum einen Hehl daraus, daß ich die Hauptperson, der eigentliche Empfänger war, und daß Erik nur zur Wahrung des äußeren Scheins von Gerechtigkeit miteinbezogen wurde. Er erhielt in Wirklichkeit nur kärgliche großväterliche Beachtung, was ihn nicht gerade zu Aufmerksamkeit und Beteiligung an den gemeinsamen Unternehmungen ermutigte, ihn vielmehr in den Hintergrund drängte.

Besonders eine dieser Situationen ist fotografisch festgehalten. Das Bild bringt die Beziehung zwischen dem Großvater und beiden Enkeln deutlich zum Ausdruck. Man sieht auf einem breiten Korbstuhl im Garten sitzend Großvater und mich nebeneinander in freundlich-angeregtem Gespräch. Offenbar wird etwas soeben Vorgelesenes von ihm kommentiert – mit verschmitzt-fröhlichem Blick, hochgerecktem Haupt und scherzhaft erhobenem Zeigefinger. Ich nehme die Ausführungen freudig-dankbar auf. Ja, und Erik – er steht *hinter* unserem Zweisamkeits-Sessel, sein Kinn und eine Hand darunter auf die Rückenlehne gestützt (man kann auch die kerbenartige Narbe an seiner Nase erkennen), mit einem unendlich traurigen, eher unverständigen Seitenblick zum Großvater.

Mein Bruder war von Anfang an in einer viel schwierigeren Situation als ich, da sich durch eine komplikationsreiche Geburt seine geistigen und auch physischen Funktionen, trotz des unermüdlichen pädagogischen Einsatzes meiner Eltern, nicht ungehindert entfalten konnten. Als quälend in Erinnerung geblieben sind mir vor allem die immer und immer wieder von neuem gemachten verzweifelten Anläufe, dem fast schon Schulpflichtigen das Zählen bis fünf beizubringen – ein Unternehmen, dem beängstigend lange kaum Erfolg beschieden war, obwohl auch ich dabei als Hilfslehrer agierte.

Ich gestehe ungern, daß ich die benachteiligte Lage meines jüngeren Bruders manchmal etwas ausgenutzt habe. Als der in mancher Hinsicht Überlegene setzte ich im Konfliktfall meine Interessen ohne Schwierigkeiten durch, bisweilen sogar mit physischer Gewalt. Zudem spielte ich mich ab und zu ihm gegenüber ganz gerne als Zuchtmeister auf, bei dem sich echte Bereitschaft, brüderliche Hilfe zu leisten, mit unguten Machtgelüsten vermischte. Freilich schritt unser Vater energisch ein, sobald meine Verstöße gegen Gleichheit und Brüderlichkeit so eklatant wurden, daß sich eine rasche Wiederherstellung gerechter Verhältnisse als notwendig erwies. Manchmal spürte ich sogar eine Solidarisierung meines Vaters mit seinem jüngeren Sohne. Und wenn in solchen Situationen die Vorzüge Eriks mir gegenüber ganz besonders hervorgehoben wurden, geschah dies keineswegs nur, um den Schwächeren zu stützen, sondern aus Überzeugung darüber, daß die vorhandenen positiven Eigenschaften auch wirklich eine besondere Würdigung verdienten. Hinter der häufigen Prophezeiung meines Vaters: »Warte nur ein paar Jahre, dann ist der Erik stärker als du, und dann wird er *dich* verhauen!« stand Eriks im Vergleich zu mir viel robustere und kräftigere Statur sowie Vaters Überzeugung, daß Eriks Entschluß, eines Tages den Spieß umzudrehen, nur eine Frage der Zeit sei. Es gab übrigens Situationen, in denen Erik außergewöhnlich gewinnend sein konnte. Beim versöhnungsvollen Ende mancher turbulenter Auseinandersetzungen legte er ein so entwaffnend originelles und gemütvoll-offenherziges Verhalten an den Tag, wie ich es in meiner äußerlich viel ruhigeren, braveren und ausgeglicheneren Art niemals fertigbrachte. Mir schien manchmal, daß mein Vater wegen Eriks extremer Wesenszüge eine tiefe innere Verbundenheit mit ihm empfand – vielleicht tiefer, als ihm selber bewußt war. So war ich in meiner Andersartigkeit ziemlicher Eifersucht ausgesetzt.

Erik hatte oft Anwandlungen unbändiger Wildheit und zog mit gelegentlichen lautstarken Gefühlsausbrüchen die Aufmerksamkeit aller auf sich. Aufregende Erzählungen über Unglücksfälle, Brandszenen oder sonstige Gruselgeschichten konnten ihn in hellen Aufruhr versetzen. Wenn es freilich einmal ernst wurde, wie während eines Feuerausbruchs aus dem defekten Gasherd in unserer Küche, als die Flammen um uns beide regelrecht hochschlugen, war er still und drückte sich ängstlich an mich. Noch überraschender wirkten seine stürmischen Freudenbekundungen ohne erkennbaren äußeren Anlaß. So kam er eines Tages mit einer Handvoll Münzen ins Zimmer gestürzt, warf sie hoch in die Luft und rief tanzend unter dem prasselnden Geldregen: »Das Gald, das Gald, das Gald!« Solche Temperamentsausbrüche konnten ihm auch zum Verhängnis werden – einmal stürzte er im Garten beim Umhertoben auf einen gefährlich aus der Erde ragenden rostigen Wasserkran und zog sich eine schlimme Verletzung am Nasenbein zu, deren Narbe noch heute zu sehen ist. Daß ich allerdings meiner entsetzt herbeieilenden Mutter in meiner Panik irgend etwas von einem Dornenhaufen erzählte, in den er gefallen sei (es lag einer in der Nähe), zeugt von meinem schlechten Gewissen, denn ich erinnere mich genau, mit ungeduldig-aggressivem Schubsen meinerseits zu dem Unglück maßgeblich beigetragen zu haben.

So sehr ich mich zu Hause häufig zu einem unfairen Ausspielen meiner Überlegenheit gegenüber Erik veranlaßt sah und mir darin allenfalls aus Angst vor Strafen Schranken auferlegte, so war mein Verhalten als Bruder beim Spielen mit Freunden aus der Nachbarschaft ganz anders. Hier gab ich mich – meiner sozialen Anerkennung sicherer – gelassen und ausgeglichen und bezog den Kleinen partnerschaftlich mit ein. Die im engen Familienkreis leicht gedeihende Geschwister-Rivalität ließ sich im frischen Klima freier, unbeschwerter Kinderspiele neutralisieren und löste sich in unseren ausgelassenen Aktivitäten mehr oder weniger auf.

Meine früheste Erinnerung an Erik geht auf das Jahr 1944 zurück. Was ich vor mir sehe, ist das Haus in Mill Valley, in das wir im Herbst 1942, kurz nach seiner Geburt, vom ganz in der Nähe gelegenen Tamelpais Woods umgezogen waren, einfach, weil es so hübsch war. Ich stehe zusammen mit dem Zweijährigen davor; und neben oder hinter mir sind einige Menschen, die mit einer offensichtlich wichtigen Mitteilung auf mich Vierjährigen dringend einreden. Ich weiß nicht, wieviele Leute es sind, wer es ist und was sie von mir wollen. Es sind schattenhaft riesige Gestalten, weit weg von mir, die etwas Bedrohliches, aber zugleich auch angenehm Erwärmendes an sich haben. Es scheint, als ob sie entweder einfach Kontakt aufnehmen oder vielleicht auch einige Ermahnungen aussprechen möchten. Was dabei wirkliche Erinnerung und was spätere Rekonstruktionen sind, ist nicht auszumachen. Die Frontansicht des Hauses vom Standort dieser Begebenheit aus entspricht jedenfalls genau der Realität, wie ich 25 Jahre später bei einem Kalifornien-Besuch zusammen mit meiner Frau feststellen konnte.

Ähnliche Gedächtnisfotografien existieren in mir noch von anderen Szenen und Situationen in Mill Valley und seiner Umgebung. So sehe ich verschwommen vor mir den Innenraum der Nursery School, einer Art Kinderkrippe, in die ich vor Eintritt in den Kindergarten täglich zusammen mit Erik hingebracht und dann wieder von dort abgeholt wurde. Die Wahrnehmung des ganzen Innenraums übersteigt freilich meinen Horizont. Es sind lediglich einige grobgezimmerte Holzmöbel, die ich sehe, darum herumsitzende, krabbelnde, schwatzende, lachende oder weinende Kinder, irgendwo eine überdimensionale Aufsichtsperson mit teils schützender und tröstender, teils ordnender Funktion und dahinter in eine dunkelgraue Unendlichkeit sich verlierende Zimmerwände.

Dann ist mir noch eine Szene am Stinson Beach in Erinnerung, dem Dünenstrand am kalifornischen Pazifik, den wir in einer Autostunde erreichen konnten. Auch hier nur wenige Quadratmeter einer von der Sonne weißbeschienenen Sandfläche, darauf mein Vater, in der Nähe sitzend, in Shorts, die den Blick frei lassen auf eine garstige, noch recht frische, zentimeterlange Schnittwunde dicht unter dem Knie. Er hatte sie sich bei einem Sturz auf einer

Schiffswerft in San Francisco zugezogen, auf der er einen kurzen Ersatzdienst leisten mußte. Wieder daneben Erik, arglos und ausgelassen im Sand buddelnd, eine falsche, heftige Bewegung, und eine Ladung Sand fliegt wie Schrot in das offene Fleisch. Dies löst beim Getroffenen Schmerz- und Wutreaktionen aus, die sich nicht nur akustisch bemerkbar machen, sondern den ganzen Körper kurz und heftig durchschütteln.

Was der Vater im eigenen Leben wirklich bedeutet, wird einem spät bewußt, frühestens in der Pubertät, oft aber auch erst nach seinem Tod. Während der ersten Kindheitsjahre ist er – im Vergleich zur Mutter – fremd und fern, was nicht heißt, daß er nicht gerade deswegen um so eindrucksvoller und mächtiger wirken kann. Das Entscheidende an der Präsenz der Mutter ist deren Beständigkeit und viel weniger die einzelnen Erlebnisse mit ihr. Meine Mutter habe ich immer ruhig, ausgeglichen und freundlich erlebt. Sie fügt sich fast unauffällig in die Familie ein, ist aber in ihrer deutlich spürbaren inneren Festigkeit immer ganz und gar anwesend. Wie anders der Vater! Auch wenn er außer Reichweite ist, wird seine gewichtige Existenz angesprochen, seine baldige Ankunft angekündigt oder gelegentlich auch angedroht: »Heute abend spielt der Papa im San Francisco-Orchester!« – »Psst, der Papa übt im Study!« – »Ruhig, den Papa nicht stören; sonst kommt er, und es gibt ein Donnerwetter!« Und so weiter. Und dann trifft er ein. Schon an der Lautstärke, mit der die Tür ins Schloß fällt, und an den energischen Schritten die Treppe hinauf erkennt man ihn – und erst recht an seiner metallenen Stimme und markanten Sprechweise. Noch beeindruckender wird er, sobald er erscheint: pechschwarze Haare, der etwas stechende Blick, die unruhig-lebhafte Mimik, das trocken-nervöse Räuspern – unverwechselbar! Die ersten Eindrücke von der Mutter sind verschwommener, dafür wärmer, ein sanftes, brünettes Antlitz, etwas unscharf-schwebend, aber angenehm bergend.

Fehlt der väterlichen Anwesenheit die Kontinuität, so gibt es dafür um so mehr herausragende, einschneidende Augenblicke seines Erscheinens, sowohl fürchterliche als auch beglückende. Nur selten läßt sich voraussagen, wie die Begegnung mit ihm verläuft.

Zu den schrecklichen Momenten gehört zum Beispiel, wenn Erik und ich in unserem Kinderzimmer inmitten von Bauklötzchen-Türmen und mit Autos bestückten Miniaturstraßen-Anlagen uns selbstvergessen tummeln, uns fröhlich die ausgedachten Spielanweisungen zurufend, und wenn dann jählings der aus seinem Nachmittagsschlaf aufgeschreckte Vater hereinstürzt und wortlos, aber um so wirkungsvoller seinen Götterzorn über uns entlädt. Ehe wir recht begreifen, was passiert, ist er schon wieder entschwunden. Fast noch schlimmer, obwohl es mich nicht selber betrifft, sind seine gelegentlichen Ausbrüche bei Zwistigkeiten zwischen ihm und Mama. Ohnmächtig muß ich zusehen, wie das mit Bitternis und Schäden endet: ein umgestürzter Eßtisch, zerbrochenes Geschirr und Essensreste auf dem Boden. Tränen hier – Tränen dort. Und dann gibt es wieder einen völlig ausgewechselten Papa. Etwa den, der mich gleich nach dem Nachhausekommen auf die Schultern hebt, so daß ich plötzlich ganz, ganz groß sein darf und den Fußboden ganz, ganz tief unter mir sehen kann. Oder den, der Erik und mich zu ausgedehnten Vollmondspaziergängen in den Wald mitnimmt, wo wir uns dann gelegentlich verlaufen, was in der kalifornischen Wildnis nicht ganz ungefährlich ist. Dies aber kümmert uns Kinder überhaupt nicht, denn Papa ist stark, und Papa findet selbstverständlich wieder den Weg nach Hause zurück.

Einmal widmete Papa einen halben Tag mir, dem Fünfjährigen, ganz allein. Das war, als er mich im Auto über die Golden Gate Brücke nach San Francisco in ein Kinderkonzert mitnahm, in dem er mitspielte. An das Konzert entsinne ich mich kaum, aber daß ich wie gebannt auf die hell erleuchtete Orchesterbühne blickte, getragen von einem Gefühl des Stolzes und der Gewißheit, nach dem Ende wieder abgeholt zu werden.

»Auf keinen Fall aufstehen, bevor ich wiederkomme«, hatte Papa mir mindestens dreimal eingeschärft, als er mich an meinen Platz brachte.

Die Nachfeier bestand in einem ausgiebigen Gang durch die Straßen von San Francisco. Ich wurde mit Marzipan beschenkt, durfte mich in einem Fotoatelier knipsen lassen und wurde wieder auf den Schultern getragen.

Praktisch alles in unserem Hause drehte sich um Musik. Sie war das Medium, in dem mein Vater sich am stärksten ausdrückte und verausgabte, sie beeinflußte und prägte auch mich schon vor dem Schuleintritt. Papa fuhr jeden Morgen mit seiner Bratsche zur Orchesterprobe in die Stadt. Sein Lehrer Temianka hatte ihm geraten, sich von der Geige auf dieses seltener gespielte Instrument umzustellen, um leichter ins Orchester aufgenommen zu werden. Darin sah Papa wiederum ein Sprungbrett für die spätere Solistenlaufbahn. Er übte täglich in seinem »Study« Bratschen-Literatur, eignete sich autodidaktisch musiktheoretisches Grundwissen an und versuchte sich im Abfassen musikwissenschaftlicher Abhandlungen. Sein Arbeitsraum war eine Art Heiligtum. Es durfte nur betreten werden, wenn er entweder außer Haus war (wobei ich dann oft dazu angehalten wurde, die durcheinandergeratenen Teppichfransen mit meinen Fingern geradezukämmen) oder während der von ihm organisierten Kammermusik-Abende, bei denen ich andächtig lauschte. Besonders festlich waren neben den regelmäßigen Quartettabenden die seltenen Konzerte, an denen alle seine Schüler teilnahmen und zu denen die Eltern als Zuhörer eingeladen wurden. Es kamen immer mehr Leute, als es Stühle bei uns gab. Ein benachbartes Bestattungsinstitut half uns mit Sitzgelegenheiten aus.

Gerade wenn er spielte, verkörperte mein Vater für mich bestimmte Eigenschaften wie Disziplin, Sensibilität und Nuanciertheit des Ausdrucks. Aber auch Nervosität, Unrast und Unberechenbarkeit brachen durch und übertrugen sich auf mich. Das wurde optisch durch seine intensiven Bewegungen noch unterstrichen: Der ausladend-schwingende Oberkörper, das rhythmische Aufstampfen der Beine und vor allem der völlig nach innen gekehrte Blick, begleitet von einer lebhaften Mimik. Das alles flößte mir seltsamerweise Respekt ein, statt ein Gefühl des Mitleids oder gar der Lächerlichkeit hervorzurufen. Ich denke, daß all diese Eindrücke zusammen meinen Vater für mich zu dem gemacht haben, was man als Identifikationsfigur bezeichnet. Am deutlichsten zeigte es sich darin, daß ich etwa zur Zeit meiner Einschulung mit eigenen musikalischen Gehversuchen im Klavierunterricht bei einer Freundin des Hauses begann. Es war eine glückliche und sorglose Zeit, in der ich mir – noch unbefangen gegenüber kulturellen Unterschieden und ohne Fremdheitsgefühle – ein umfangreiches neues Betätigungsfeld eroberte.

Unsere liebsten Freunde wohnten alle an der nächsten Querstraße zu unserer Avenue – nach meiner damaligen Wahrnehmung um Welten von unserem Haus entfernt. In Wirklichkeit lagen die giebeligen, schmalen und eng aneinandergereihten Häuser mit ihren schattenspendenden japanischen Kirschbäumen am Zaun nur ein paar Meter weiter um die Ecke. Es waren zum Teil amerikanisierte Emigrantenkinder, die dort wohnten. Im Unterschied zu meiner unverkennbar schweizerisch getönten Aussprache war ihr Englisch akzentfrei.

Am engsten befreundete ich mich mit Joany Thran, wobei dieser deutsch-jüdische Familienname englisch ausgesprochen recht merkwürdig und verfremdet klang. Joany war ein freundliches und ausgeglichenes Mädchen mit hübschem Pagenkopf und fröhlich-offenem Gesichtsausdruck. Ich mochte sie sehr. Auch bei meinen Eltern war sie beliebt, was mir wichtig war. Ich glaube, der Abschied von ihr ist mir am schwersten gefallen, als ich mich wenige Jahre später endgültig von Amerika trennen mußte. Ihr Vater führte eine unscheinbare Existenz als Verkäufer in irgendeinem kleinen Lebensmittelgeschäft im Dorf und trat auch zu Hause kaum in Erscheinung. Den eigentlichen Familienvorsitz führte Mrs. Thran, in meinen Augen ein dominierendes Ungeheuer, allein schon äußerlich durch den Leibesumfang, den ihr die fast ununterbrochenen Schwangerschaften einbrachten, aber noch mehr wegen ihres herrischen, resoluten Auftretens, das durch ihre laute Stimme und ihren rohen deutschen Akzent noch unterstrichen wurde. Ich sehe sie an den Regentagen, an denen wir bei Joany spielten, im engen und dunklen Wohnraum inmitten einer von Jahr zu Jahr wachsenden Kinderschar thronen, überaus präsent und mit stets wachsamem und kontrollierendem Sperberblick. Und ich kann auch nicht diesen eigenartigen penetrant-süßlichen Geruch vergessen, der konstant in dem von warmem Kinderleben erfüllten Raum lag.

Nebenan wohnte Eddie, mit Nachnamen Eising (ich weiß nicht, ob die Schreibweise stimmt), der, glaube ich, mehr Kontakt mit mir suchte als umgekehrt. Er war wohl eine etwas zwielichtige

Gestalt; von seiner Mutter habe ich nie etwas gesehen oder gehört, vom Vater erklang nur manchmal eine verschlafene und heisere Stimme hinter einem halb geöffneten Fensterladen. Es ging das Gerücht, daß er häufig im Gefängnis säße. Meine Eltern haben mir jedenfalls immer wieder sanft, aber eindringlich vom Umgang mit diesem Jungen abgeraten, jedoch ohne Erfolg, weil mich ein eigentümliches Gemisch aus Mitleid und Faszination zu ihm hinzog.

Zu unserer kleinen Gruppe gesellten sich dann später noch die Brüder Stewart und Bobby, Kinder eines in der Nähe angesiedelten kanadischen Lehrerehepaars. Stewart, der Ältere, ist wegen seiner farblosen Erscheinung in meiner Erinnerung ziemlich verblaßt, der kleine Bobby hingegen war ein überaus lebendiges, vor Witz und Originalität sprühendes Bürschchen, das mit allerlei Schabernack und Streichen die anderen immer bei Laune hielt und mir über die Jahre zunehmend ans Herz wuchs. Klein von Gestalt, quirlig in seiner ganzen Art, mit pfiffig-verschmitztem Gesichtsausdruck und seiner bunten, eng anliegenden Stoffmütze sah er von Kopf bis Fuß einem von Donald Ducks Neffen wie heruntergerissen ähnlich. Gern und häufig wartete er mit komischen und obskuren Geschichtchen und Situationsbeschreibungen auf, die er auf wiederholten Wunsch seiner Zuhörer zum besten gab. Unvergeßlich ist mir ein Produkt seiner ungestümen kindlichen Phantasie, hinter der sich – nach meinem nachträglichen Empfinden – Tiefgründigeres verbarg. Es gab wohl symbolisch einiges von der damaligen widersprüchlichen Stimmung in der Bevölkerung wieder, die der kleine Knirps offenbar schon ganz früh hochsensibel, aber unterschwellig registriert hatte: nämlich den in diesen Jahren deutlich empfundenen Kontrast zwischen dem idyllischen Frieden zu Haus und den weit entfernt wütenden kriegerischen Auseinandersetzungen. Ich bekam jedesmal Gänsehaut beim Anhören dieser Schilderung:

»Just imagine a horrible rock storm, a rain of huge huge rocks from the sky, and at the same time you are lying at home in your feather bed covered up really nice and smooth and cozy!«

Unser aller gemeinsames Revier erstreckte sich nicht nur auf die besagte Wohnstraße, sondern wir belegten mit unseren vielen Indianer-, Cowboy- und Pfadfinderspielen häufig auch ein am

Berghang gelegenes Wäldchen, an dessen Fuß ein geräumiger Spielplatz lag, weiter oben war das steile Gelände von dichtem Gebüsch und einem steinigen Bach durchzogen. Hier tummelten wir uns, von Freiheitsgefühl und Tatendrang erfüllt, oft von früh bis spät und verausgabten uns bis an die Grenzen unserer Kräfte. Bei aller Vitalität kam jedoch nie jene Atmosphäre von Spannung, Rivalität und Feindseligkeit auf, in die Kinder in Augenblicken spielerischer Selbstvergessenheit unversehens hineingeraten, wie ich es später wiederholt schmerzlich erfahren mußte.

Hauptmotiv unserer Abenteuerstories war – mit Hilfe unserer Spielzeug-Pistolen – das Schießen und Beschossenwerden, wobei wir uns gern mit den bekannten Revolveridolen und Supermänner-Figuren aus den täglichen Rundfunksendungen, Comicstrips und Filmen identifizierten. So schwammen wir mit im Strom der allgemein verbreiteten kindlichen Unkultur geistloser und roher Spiel-Knallerei – ein leider typisches Abbild der amerikanischen Schießeisen-Mentalität, die der Bevölkerung schon damals von Kindesbeinen an über pausenlose Massenmedieneinwirkung eingebleut wurde. Erst nach meinem Weggang aus Amerika habe ich mich diesen demoralisierenden Einflüssen langsam zu entziehen vermocht.

Zum Ausgleich auch die Großeltern mütterlicherseits möglichst bald kennenzulernen, war uns Kindern, so lange der Krieg dauerte, leider nicht möglich. Denn sie wohnten in der Schweiz – einer der wenigen vom deutschen Feind ständig umlagerten, aber nie eingenommenen Festungen. Sobald sich wieder Postwege über den Ozean öffneten, machten wir durch einen Austausch von Briefgrüßen, extra für sie angefertigten Kinderzeichnungen und die Erzählungen und Schilderungen meiner Mutter immer engere, wenn auch provisorische Bekanntschaft mit ihnen. Unsere Neugierde richtete sich dabei nicht nur auf das ominöse Ahnenpaar »Mams« und »Paps«, sondern auch auf das für uns exotische, wundersam sternenferne Land, in dem sie lebten.

Ein genialer Einfall der beiden Alten war es, uns ein Buch zu schicken, in dem im übersichtlichen Breitformat die Geschichte des Schweizer Bergjungen »Schellen-Ursli« in Gedichttext und

Bild erzählt wurde. Das war eine eindrucksvolle, aber auch verwirrende Einführung in die uns gänzlich fremde alemannische Welt, auf die wir für unseren bevorstehenden Besuch vorbereitet werden sollten. Die Verse von Urslis abenteuerlicher Suche nach seiner Riesenglocke, zum Ausschellen des Winters in seinem Dorf, vermochten mich allerdings weit weniger zu fesseln, als die prachtvollen bunten Bilder der Engadiner Alpenlandschaft, der Häuser und ihrer Bewohner. So sehr ich beim Betrachten dieses Wunderreiches das Ganze zu umfassen suchte, blieb mein Auge immer wieder fasziniert an kleinsten, scheinbar nebensächlichen Details haften, die mir das überraschend Andersartige der dortigen Lebensweise zeigten: Schon in der Gesamtansicht von Urslis Dorf am Fuß eines überragenden, sonnenbeschienenen Schneeberges interessierte mich, was die beschürzte Bäuerin mit ihrer dreizackigen Heugabel in einem der kleinen Gärten machte. Oder am großen, verwinkelten und mit Ornamentik reich verzierten Bündnerhaus studierte ich genau das winzige Hauswappen an der Vorderfront, die kunstvolle Bauweise des Haupteingangs mit seinem Türklopfer und die Einzelheiten der derb-bunten Tracht von Urslis stolz vor dem Haus posierenden Eltern. Von dem Titelhelden selbst stach mir nicht nur die lustige Zipfelmütze ins Auge (»sie ist aus Wolle von den Schafen, die jetzt in Urslis Stalle schlafen«), sondern auch das grobe Paar Nagelschuhe. Vollends spannend wurden die Bilder, wo die Dramatik der Erzählung einsetzte. Ursli macht sich beherzt auf den gefahrvollen langen Weg zur Berghütte, um die begehrte Glocke zu holen. Furchtlos und trotzig überquert er mit Riesenschritten einen beängstigend wackligen Holzsteg über einem schaudernden Abgrund zwischen zwei neunzig Grad steilen Hängen – wahrlich schwindelerregend für den, dem bisher nur die Weiten des kalifornischen Tieflandes vertraut sind. Und für den in subtropischen Verhältnissen Aufgewachsenen noch weniger begreiflich ist es, wenn der auf der riesigen Schneefläche fast verschwindend kleine Ursli beim Vorwärtsstapfen bis zur Hüfte einsinkt und dennoch unbeirrbar auf die ganz oben endlich sichtbare Hütte zustrebt. Und auch beim abschließenden Festessen im Familienkreis ist es vor allem das ausschmückende Beiwerk, das meine Neugierde weckt: eine braunkörnige, sahnebedeckte Speise auf dem Tisch, die als »Kastanienribel« bezeichnet wird (mit »obendrauf geschwungener Nidel»), wobei ich nicht weiß, was mich daran eigentlich so anzieht: die Vorstellung, wie dieses geheimnisvolle fremdländische Gericht wohl schmecken mag, oder die Tatsache, daß es so aussieht wie einer dieser schneegipfligen Schweizer Berge.

Dieses das Kinderherz so recht ansprechende Dokument aus dem Herkunftsland meiner Mutter und die daran anknüpfenden mündlichen Schilderungen trugen natürlich dazu bei, meine Neugierde auf Europa, besonders auf die Schweiz, immer mehr zu wecken und mir erste undeutliche Vorstellungen von dieser Weltecke zu machen.

Das Jahr 1945 ist für unsere Familie, für ihr Lebensgefühl, ihre Perspektiven und Planungen ein Wendepunkt. Die Zeit der Isolation im Exil, der Unsicherheit, der Bedrohung und Einengung ist vorüber. Das deutsche Nazitum hat sich mit der gleichen Gründlichkeit zu Ende gebracht, mit der es sich seinerzeit aufgebaut hatte. Wenn auch seine Wurzeln in weiten Bereichen der Welt, nicht einmal in Deutschland, nicht beseitigt wurden, so löst sich doch auf allen Kontinenten die Angststarre, man kann wieder atmen, sich bewegen und seinen Blick auf Regionen richten, von denen man bisher abgeschnitten war.

Es liegt auf der Hand, daß die Sehnsucht meiner Verwandten nach der zurückgelassenen europäischen Heimat jetzt Tag für Tag wächst, weil die Möglichkeit sie wiederzusehen, in greifbare Nähe gerückt ist. Wie mag es dort wohl aussehen nach der Verseuchung durch Krieg und Okkupation? Was mag von der Zivilisation übriggeblieben sein? Wird man sein Land, seine Leute überhaupt wiedererkennen? Die Schweiz ist Gott sei Dank verschont worden. Mamas Eltern – man hatte jede Woche, jeden Monat erneut um sie gebangt – haben die furchtbaren Jahre gut überstanden. Endlich wird man sie wiedersehen können. Und alle Stätten der Kindheit und Jugend, wo Mama glücklich aufwuchs, lebte und liebte, und wo die letzten unruhigen und schweren Jahre vor dem Ausbruch der Katastrophe verbracht wurden, wird man aufsuchen und sich beruhigt vergewissern, daß sich so gut wie nichts verändert hat. Und die umliegenden Nationen? Frankreich, Belgien, Holland –

von wo auch so viele Erinnerungen mitgenommen wurden? Welcher Jammer wird einem in diesem so arg heimgesuchten Teil Europas begegnen? Man weiß nichts Genaues darüber, was sich dort an Schrecklichem ereignet hat. Vieles wurde zwar in Zeitungen, im Radio und von Freunden gemeldet. Vor allem von meinen Onkeln und Tanten kommen Berichte. Sie sind teils in amerikanischer, teils englischer Uniform als Kriegskorrespondenten, Dolmetscher und Soldaten an der Rückeroberung Italiens und Frankreichs beteiligt. Sie haben auch die Besetzung ihrer ehemaligen deutschen Heimat miterlebt und sind schließlich alle in ihrer ausgebombten Vaterstadt gelandet, wo sie das frühere Elternhaus als eine von ›displaced persons‹ bewohnte Ruine vorfanden. Ihre Schilderungen über den verwüsteten Kontinent steigern bei den Emigranten den Wunsch nach einem baldigen Aufbruch, um sich selber ein Bild von den Verhältnissen zu machen. Sie wecken aber auch Angst vor der zu erwartenden Trostlosigkeit und dem schreienden Elend.

Das Kriegsende, der Sieg über den deutschen und japanischen Faschismus, versetzt die amerikanische Bevölkerung in einen Freudentaumel. Am Tag der deutschen Kapitulation fahren wir abends von Mill Valley in die Stadt. Auch in San Francisco herrscht Volksfeststimmung. Meine Erinnerungen stammen vor allem aus der Liegeperspektive. Denn es war schon spät, als wir Kinder, auf dem Rücksitzpolster unseres uralten Plymouth liegend, die Fahrt durch die von Lärm erfüllten Straßen miterlebten. Auf dem Hintergrund vorbeiziehender dunkel-unscharfer Gebäudeumrisse sehen wir Wogen sich dahinwälzender Menschenmassen auf dem von Zeitungspapier fast zugedeckten Asphalt, einem nationalen Freudensymbol, mit dem Jahre später auch der aus Südkorea zurückbeorderte, durch seine antikommunistische Haltung populäre General Mac Arthur in der Öffentlichkeit gefeiert werden wird. Gelegentlich huschen schattenhafte Gestalten an den Wagenfenstern vorbei. Uniformierte GIs sind es, frisch zurück von der Front, man erkennt sie undeutlich. Immer wieder dringt ohrenbetäubendes Geknalle und übermütiges Gejohle und Geschrei zu uns. Besonders angstvoll wird uns zumute, als die Eltern uns allein im abgeriegelten Auto zurücklassen, um selbst, für einige Zeit ins entfesselte Menschenmeer eintauchend, sich vom Treiben mitreißen zu lassen. Erst viel später werden sie zugeben, wie gefährlich dieses Unterfangen gewesen ist, für sie und für uns. Es muß viel Schlimmes passiert sein in jener Nacht, da in der Anonymität und im Festrausch der Befreiung aus jahrelanger Anspannung vor allem verrohte Soldatengemüter Disziplin und Gesittung über Bord warfen und untergründigen, dunklen Instinkten freien Lauf ließen.

Ich bin davon überzeugt, daß schon während meiner ersten Lebensjahre über bestimmte, oft wiederholte Wort- und Klanggestalten bedeutsame Inhalte von Erwachsenengesprächen sich mir stichwortartig eingeprägt haben, lange bevor ich ihren inneren logischen Zusammenhang erfassen konnte. Dies betraf insbesondere die oft und engagiert vorgetragenen Äußerungen und Kommentare zum aktuellen Kriegsgeschehen, als die Wellen des Hasses, der Angst und der Hoffnung auf ihren Höhepunkten waren.

So war mir zum Beispiel während der denkwürdigen Siegesnacht in San Francisco durchaus bewußt, welche Bedeutung dieses rauschhafte Freudenfest hatte. Mit meinen knapp fünf Jahren konnte ich, wenn auch dumpf und undeutlich, das Glück und die Erleichterung über die endlich gelungene Niederwerfung der satanischen Aggressoren mitempfinden. Und ich erinnere mich, daß ich die durch Präsident Roosevelts plötzlichen Tod ausgelöste, durchs ganze Land gehende Erschütterung und ihre Begleitumstände, die Radiokommentare, die verschiedenen Trauerveranstaltungen, die vielen betroffenen Gesichter, durchaus registrierte. Denn ich erahnte das Verdienst dieses Mannes am Sieg, den auszukosten ihm nun nicht mehr vergönnt war. Was ich damals nicht wußte, war, daß sich mit Roosevelts humanitär-demokratischen Motiven seines Krieges auch handfeste wirtschafts- und machtpolitische Interessen im Dienste einer Wiedererstarkung des bürgerlich-liberalen Kapitalismus mischten, der genau den Faschismus großgezüchtet hatte, von dem er jetzt beinahe erdrückt worden wäre. Ich glaube freilich nicht, daß ich all das in diesem Umfang und mit dieser Wachheit hätte in mich aufnehmen können, wenn nicht schon unbewußte Wahrnehmungen aus früherer Zeit meine Empfänglichkeit geschärft hätten.

Freilich nahm die schrittweise Festigung meiner eigenen Einstellung gelegentlich auch bizarre Formen an, die wieder ganz abzustreifen in Anbetracht ihrer tiefen Verhaftung im Irrationalen viel Mühe und Zeit kostete. So war ich zum Beispiel noch Jahre nach Kriegsende bei jedem Auftreten irgendeiner sogenannten »bösen Figur« in Hörspielen oder Filmen, also eines Gangsters, Betrügers oder Gewalttätigen, stereotyp der festen Überzeugung, dies sei »der Deutsche«. Mit um so gesteigerterem Abscheu verfolgte ich in den Stories das Treiben solcher Gestalten bis zum sehnlichst erwarteten und natürlich auch regelmäßig eintretenden Happy End, in dem dieser auswechselbare Repräsentant deutscher Nation glücklicherweise seiner verdienten Bestrafung und endgültigen Ausschaltung zugeführt wurde. Ich ging in der Regel sogar so weit, in meiner überhitzten Phantasie diese Subjekte mit deutschem Akzent englisch sprechen zu lassen, und wenn ich Eltern, Verwandten und Freunden gegenüber den Hergang des Gesehenen oder Gehörten wiedergab, diesen Akzent selber maßlos-drastisch, mit verzerrtem Gesicht und hochgereckter Hitler-Pose nachzuahmen. Einmal handelte es sich in einem Film (in den wir Kinder einfach mitgenommen wurden – es gab keine Altersbegrenzung) nur um einen etwas aufgebrachten Mann, der im unkontrollierten Zorn seiner Partnerin den Inhalt seines Glases ins Gesicht schleuderte, und den ich prompt den mit haßerfüllter Stimme ausgestoßenen Satz sprechen hörte: »Nauu, arr juh settisfaid?« Es war eben eindeutig und unvermeidlich wieder einmal niemand anderes als »*der* Deutsche« gewesen!

Die Zeitspanne bis zu unserer ersten Europareise nach Kriegsende, da es mir endlich möglich wurde, bisher nur Ausgemaltes und Angekündigtes durch eigene Anschauung kennenzulernen, war zu gering, um meinem Schulbesuch in Mill Valley noch Bedeutung zu geben. Er setzte gleitend und kaum merklich ein, da die auf die Nursery School folgende Episode des »Kindergarden« ausgesprochenen Vorschul-Charakter hatte und überdies zur atmosphärischen Eingewöhnung bereits im Schulhaus von Mill Valley stattfand.

Das mit einem hohen Drahtgitter umzäunte, weitverzweigte und mit ziemlich kleinen Fenstern versehene Lehrgebäude mit seinem geräumigen und mit allerlei Turngeräten ausgestatteten Pausenhof war von unserem Haus mit nur wenigen Schritten bergwärts zu erreichen. Als ich Kalifornien 25 Jahre später besuchte, stellte ich mit Verwunderung fest, daß sich in diesem Vierteljahrhundert aber auch gar nichts verändert hatte. Alles stand unverrückt an seinem Platz, und mir schien sogar noch der Maueranstrich derselbe zu sein. Wehmütig berührte mich, daß der Schulhof, in meiner Erinnerung stets mit uns fröhlich lärmenden Kindern bevölkert, jetzt wegen der Ferienzeit leer und still war, was ihm ein trostloses Aussehen verlieh.

Ein vergilbtes Klassenfoto, das mir erst kürzlich in die Hände fiel, hat in mir längst verblaßte Eindrücke von Mitschüler-Gesichtern wieder lebendig werden lassen. Hier ist zum Beispiel eindeutig Peter zu sehen, ich glaube, auch er ein Emigrantenkind, dunkelhaarig, mit langem bleichem Gesicht und ausdrucksvollen rehbraunen Augen. Ich möchte schwören, daß er hier denselben weißen Pullover trägt, den er anhatte, als er einmal zu mir nach Hause mitkam und, als er meinen Vater erblickte, vor lauter Schüchternheit nur noch flüsterte. Und dort, natürlich, sitzt Douglas mit der Brille, mit dem ich mich einmal in der Pause fürchterlich geprügelt habe. Aber auch die anderen, mit denen ich nie näher zu tun gehabt habe, kommen mir merkwürdig bekannt vor. Unverwechselbar in der hinteren Reihe das schmächtige kleine Mädchen mit der Zahnspange, immer mit demselben etwas verlegenen Lächeln; daneben dieser hochgewachsene blondschopfige, verwegen dreinblickende Junge, er muß derjenige gewesen sein, der wegen seiner Wildheit und Grobheit in der Klasse regelrecht gefürchtet war. Und dann diese typische, etwas schiefe Sitzhaltung jener kleinen Rundlichen ganz vorne. Sie hat für mich fast etwas Vertrautes an sich, was mich ein wenig verwirrt, da ich das gute Mädchen sonst überhaupt nicht weiter einzuordnen weiß.

Unsere kleine Gemeinschaft – nicht mehr als um die zwanzig Schüler – fand sich täglich beim Bimmeln der Morgenglocke im Klassenzimmer ein, wo jeder Schultag mit dem Absingen der Nationalhymne begann. Wir hatten dabei zu stehen, mit Blick auf die vorne neben dem Katheder aufgepflanzte, übermannshohe amerikanische Flagge mit ihren damals noch 48 Sternen, die Mädchen mit der rechten Hand auf dem Herzen, die Jungen in soldatischer Saluthaltung. Man sollte eigentlich annehmen, daß die psychologische Wirkung dieser uniformen staatsbürgerlichen Pflichtübung sich allmählich abnutzen und zu einem mechanischen, ja verhaßten Zwangsritual verkommen mußte. In Wirklichkeit erinnere ich mich an kaum einen Tag, da nicht wenigstens ein Funke der Prozedur auf mich übersprang und ich bei den Tönen der »Stars und Stripes« nicht spurenweise die Empfindung hatte, von einer großen gemeinsamen Sache getragen zu werden und fest zu ihr zu gehören.

Dieses systematisch kultivierte Zusammengehörigkeitsgefühl in unserer Klasse hatte auch für die täglichen schulischen Aktivitäten mit ihrem ganzen Drum und Dran etwas Anspornendes. Ich fiel zwar keinesfalls mit irgendwelchen Glanzleistungen auf. Diese hätten mir ja auch wieder einen Sonderstatus verliehen, den hier einmal nicht zu haben für mich äußerst entlastend war. Ich empfand es nachgerade als Glück, mich als unauffälliges und doch geachtetes und geliebtes Individuum in das Kollektiv meiner Mitschüler einzureihen. Deshalb war es mir möglich, mich auf den Lernstoff ganz ohne Konkurrenzdruck und Profilierungsabsichten soweit zu konzentrieren, daß er mich sogar über die obligaten Hausaufgaben hinaus intensiv und gelegentlich sogar übermäßig in Anspruch nahm. So regte mich zum Beispiel die Auseinandersetzung mit ganz simplen, aber faszinierenden naturgesetzlichen Tatsachen, mit denen wir bekannt gemacht wurden, zu leichtsinnigen häuslichen Experimenten an, die in einem Fall sogar zu einer kleinen Katastrophe führten.

Wir hatten gerade gelernt, daß Feuer der ständigen Zufuhr von Sauerstoff bedarf, um erhalten zu bleiben. Diese Tatsache wurde uns anhand einer Kerzenflamme demonstriert, die langsam erlischt, sobald man ein Wasserglas darüberstülpt. Der Zufall wollte es, daß ausgerechnet am selben Abend bei uns zu Hause das elektrische Licht ausfiel und Wachskerzen angezündet wurden. Obwohl für uns Kinder striktes Zündelverbot herrschte, konnte ich der Versuchung nicht widerstehen, den Sauerstoff-Versuch vom Morgen mit der bei uns oben im Kinderzimmer brennenden Kerze zu wiederholen. Nur war kein Glas zur Hand. In der Küche eines holen, ohne mein Vorhaben zu verraten, konnte ich nicht. Also improvisierte ich mit einem Blatt Papier, wölbte es recht und schlecht zu einer Art Hohlkörper und hielt es mit beiden Händen wie eine kleine Kuppel über die Flamme, um sie zu ersticken. Als genau das Gegenteil eintrat, das Papier lichterloh brannte und ich einen Zimmerbrand befürchten mußte, umklammerte ich die lodernde Papierfackel, anstatt sie von mir zu werfen und auszutreten. Dabei zog ich mir an der linken Hand eine fürchterliche Brandwunde zu. Aus schierer Angst vor Strafe meldete ich den Vorfall nicht, gab trotz rasender Schmerzen keinen Laut von mir und ließ mir auch sonst nichts anmerken. Um so größer war das Entsetzen meiner Mutter, als sie später beim Auskleiden die Bescherung entdeckte. Den dicken Wundverband, den ich erst nach etlichen Wochen ärztlicher Behandlung wieder los werden sollte, zeigte ich am nächsten Morgen stolz den Klassenkameraden und ließ mich feiern wie ein Held.

Diese ersten Schritte zur Eingliederung in eine kleine Gemeinde von Mitschülern vollzogen sich natürlich nicht immer reibungslos. Es gab auch unangenehme Erfahrungen oder solche, die, obwohl kaum Anlaß bietend, mir die Grenzen meiner Integrierung schmerzlich bewußt werden ließen. Eine harmlose Prügelei in der Pause, wie sie sich auf jedem normalen Schulhof täglich abzuspielen pflegt und in die zufällig ich involviert war, führte zu einer dieser Situationen. Ich war mit jenem bebrillten Douglas vom Klassenfoto aneinandergeraten. Ehe ich's versah, wälzten wir uns beide auf dem Boden (er hatte seine Brille natürlich vorher abgelegt), und schon waren wir von einer gaffenden, johlenden Menge umringt, die auf uns genauso aufputschend wirkte wie wir auf sie. Aus den anfeuernden Zurufen muß ich, als ich schließlich auf dem Rücken lag und Douglas triumphierend über mir kniete, ein, zwei achtlos hingeworfene Bemerkungen herausgehört haben, die ironisch auf meine Herkunft anspielten – auf jene besondere Kombination von Emigrant und Prinz. Durch meine körperliche Erschöpfung war meine Empfindsamkeit hochgradig gesteigert. Ich merkte, wie sich alles in mir zusammenzog und wie mich ein unbeschreibliches Fremdheits- und Ausgeschlossenheitsgefühl überkam.

Dies blieben freilich seltene Störungen der glücklichen Episode meines kalifornischen Schulbeginns. Zusätzlich verschönert wurde sie durch gelegentliche Klassenunternehmungen irgendwohin ins Grüne, wo Erholung sich mit der Freude an Natur und Gemeinschaft verband. Besonders gern erinnere ich mich an den nahegelegenen Kinderspielplatz am Rande des Waldes, auf dem wir früher so viel gespielt hatten. Manchmal waren zwei Parallelklassen zusammen. Die Aufsicht hatte unsere kanadische Lehrerin Mrs. Anderson, Mutter von meinem erwähnten Freund Bobby, der, obwohl gleichaltrig, wohlweislich nicht bei der eigenen Mama, sondern in der Parallelklasse untergebracht war.

Am besten gefiel es uns, wenn keine bestimmten Spiele oder Gesprächsrunden mit Unterrichtscharakter organisiert waren. Wir saßen auf Baumstümpfen und Holzbänken oder liefen über den sandigen, an dieser Stelle von Kinderschuhen stark abgetretenen Waldboden. Einige der meterdicken, turmhohen Rottannen waren abgeholzt, ein schattiges und kühles Gewölbe, in dem sich Tannenduft mit leicht modrigem Geruch merkwürdig mischte. Das durch den Baumbestand abgehaltene Tageslicht erhellte nur da und dort den Waldsaum. An klaren Sommertagen freilich fiel die Sonne mit voller Kraft in das Geäst und überflutete es mit ihrem Gold, dessen Tropfen die Zweige hindurch bis tief ins Gehölz glitten.

Einmal tauchte Bobby neben mir auf, seine bunte Donald Duck-Mütze in die Stirn gedrückt und den Kopf keck nach oben gerichtet, um über den Mützenrand hinweg zu mir hinauf schielen zu können. Sein Blick verriet, daß er wieder irgend etwas ausgeheckt hatte, und schon zeigte er hinüber zu seiner Mutter, der Lehrerin, die strickend auf einem Bänkchen saß und nur kurz innehielt, wenn sie mit wachsamem Blick durch die Brillengläser in die Runde spähte. Bobby zupfte mich am Ärmel, zog mich zur Seite und tuschelte mir mit vorgehaltener Hand etwas ins Ohr.

Schließlich verstand ich: »Geh, sag meiner Mutter, daß sie dumm ist.« Ich sagte zu, überlegte mir aber zugleich einen Gegenstreich. Brav näherte ich mich Mrs. Anderson, die sich sichtlich darüber freute. Ich wechselte einige belanglose Worte mit ihr, kehrte triumphierend zurück und meldete, den Auftrag ausgeführt zu haben. Eine diebische Freude übermannte den kleinen Bobby, er tanzte wie Rumpelstilzchen umher. Und dann kam: »Und jetzt sag ihr, daß sie eine Kuh sei!«

Beflissen trottete ich wieder hin und redete nochmals irgendwelches Zeug, alles mögliche, bloß nicht das, wozu ich angehalten worden war. Wieder ging ich zurück. Erneut sprang Bobby beglückt in die Luft. Als er fragte, wie seine Mutter reagiert habe, zuckte ich mit den Achseln. Ich wunderte mich, daß ihm während seiner genußvollen Beobachtungen aus dem Hinterhalt nicht selber aufgefallen war, daß die Miene meiner Gesprächspartnerin die ganze Zeit über gleichmäßig und freundlich geblieben war.

So ging es noch einige Male hin und her. Bobbys Spaß trieb mich dazu, meine fingierten Botengänge immer wieder anzutreten, wobei mich Mrs. Andersons sichtliche Genugtuung über meine Gesprächigkeit zusätzlich ermunterte, weil ihr der Wortwechsel mit einem ihrer Schüler offenbar wichtiger war, als ihren Strumpf zu Ende zu stricken. Am erfolgreichsten von uns fühlte sich aber mein Freund, der tatsächlich glaubte, seine Mutter würde nun endlich all das zu hören bekommen, was er ihr schon lange gerne selber gesagt hätte.

Irgendwann wandten wir uns wieder anderen, weniger aufregenden Aktivitäten zu, und ich überließ Mrs. Anderson ganz ihren Aufsichtspflichten. Ich verfolgte das Treiben der anderen, das gleichmäßige Summen um mich herum lullte mich ein, ich genoß die Wärme und Helle der ins dunkle Grün hineinspielenden Sonnenstreifen und das leichte Wiegen der Zweige im kühlenden Wind, und ich ließ den Blick hoch zum hellblauen kalifornischen Sonnenhimmel schweifen.

In diesem Moment fühlte ich, um in diesem Land Wurzeln zu schlagen, müßte man eigentlich noch sehr, sehr lange hier bleiben können. Denn schon in meiner ersten Lebensphase stellten sich folgende Probleme heraus:

Zunächst mein Hineingeborensein in eine geistig anspruchsvolle und hohe Erwartungen weckende Familiendynastie, obwohl die mit ihr verbundene Last für meinen Vater ungleich erdrückender gewesen sein muß als für mich (ich habe sie eher über ihn vermittelt bekommen als direkt vom Stammhaus bezogen, das geographisch wie generationsmäßig ungefährlich fern lag). Mindestens so stark behindert hat mich aber die Zweigleisigkeit meiner Herkunft: einmal die Zugehörigkeit zu Amerika, dessen Staatsbürgerschaft ich durch Geburt erhielt, zum zweiten diejenige zum europäisch-deutschen Kulturraum, die meine Verwandten, teils widerwillig, mit ins Exil genommen hatten. Dadurch kam ich von Anfang an in Gefahr, weder hier noch dort Fuß zu fassen und auf beiden Kontinenten ein Fremder zu sein. Dieses Immer-fremd-und-draußen-Bleiben wurde durch das an sich schwierige Zusammenleben innerhalb meiner Familie verstärkt. In ihr konnte ich einfach nicht genug Wärme bekommen. Dies führte dazu, daß ich sie außerhalb der Familie in meiner amerikanischen Umgebung suchte. Je länger freilich der Zustand andauerte, desto mehr wuchs die Einsicht, daß mir eine volle Integration in dieses Land nicht möglich sei. Nachfolgende Erfahrungen in unserer kalifornischen Idylle sowie der Umstand, daß ich aus ihr sehr bald für einige Zeit herausgerissen wurde, bestärkten mich darin.

»Wie lange dauert's noch, bis wir da sind?«

»Die Mama hat gesagt, vier Tage.«

»So lange? Kann der Kapitän nicht schneller fahren?«

Mißmutig und mit klagend-monotoner Stimme kommt diese Frage von Erik, der im Bett neben mir liegt. Sein blasses und mit roten Flecken und Bläschen übersätes Gesicht wendet sich mir für wenige Sekunden zu. Dann dreht er sich wieder weg und starrt gequält zur Decke.

»Mir ist schlecht...«, wimmert er kaum hörbar.

Alles um uns herum ist weiß: die Wände, die Bettgestelle, Tisch und Stühle, sogar die Türe; und auch die Krankenschwester, die bald kommen wird, um das Geschirr mit den Essensresten abzuholen, ist weißgekleidet. Es ist recht eng und muffig hier im Raum. Und dann dieses ewige, verdammte Schaukeln. Man kennt bereits ganz genau diesen Rhythmus, und man kann während jeder dieser unendlich lang scheinenden Auf- und Abbewegungen schon präzise den Punkt vorausberechnen, an dem es einem wie im langsamen Takt den Magen umdreht.

Wir liegen beide mit Windpocken im Lazarett der »Veendam«, die schon eine Woche lang unterwegs auf Kurs nach Rotterdam ist. Der häßlich entstellende Hautausschlag, das bedrängende Jucken und die Absonderung in dieser Krankenkabine vom normalen Schiffsalltag erscheinen nur wie eine geringfügige Lästigkeit im Vergleich zur immer wiederkehrenden Übelkeit, die das permanente, heftige Schaukeln des Schiffes bereitet. Es ist ein altmodisch hochgebauter und in allen Fugen ächzender Riesendampfer, auf dem wir fahren, einer der wenigen, die dem kleinen Königreich Holland aus der Vorkriegszeit geblieben sind. Mühsam bahnt er sich seinen Weg durch den ungestümen, von Winterstürmen hochgepeitschten Ozean. Schnaubend und durch die Wellenmassen hindurchstampfend trägt er seine Menschenlast – überwiegend holländisch-jüdische Emigranten, die in ihre Heimat zurück wollen.

Im Moment hat bei mir die Übelkeit nachgelassen – ein glücklicher Augenblick, den man auskosten sollte. Erik hat sein Mittagessen unberührt stehengelassen. Ich habe an allen Schüsselchen und Schälchen etwas genippt, mehr aus Pflichtgefühl und Neugierde als aus Hunger nach dem hauptsächlich aus Mehl und Wasser bestehenden Mampf. Da ist nur dieser in einem kleinen Glasschälchen vor sich hinzitternde Pudding mit einem schon fast ins Bläuliche gehenden matten und blassen Rosa. Er ist fast durchsichtig. Vermutlich wird er, denke ich, irgendwie nach Erdbeeren oder Himbeeren schmecken, jedenfalls wird er süß sein ...

»Pfui, laß das!« fährt Mama dazwischen, als sie hereinkommt. Ihre Versuche, mich vom Essen abzubringen, fruchten nicht, bis endlich ein Argument sticht:

»Dir wird schlecht davon werden.«

Ich blicke reflexhaft auf das zwischen unseren Betten stehende grünbläuliche Not-Eimerchen. Ich sehe es ein – also dann eben nicht.

Während ich mich ins Kopfkissen zurücklehne und das Tablett von mir weggenommen wird, schließe ich die Augen und versuche an etwas anderes zu denken.

Schön wäre es, jetzt draußen auf Deck zu sein. So sähe man wenigstens die Schaukelbewegungen des Schiffes zur Wasserfläche hin und von der Wasserfläche weg. Dann könnte ich die Situation entschieden besser beherrschen als liegend in diesem abgeschlossenen Raum, wo man passiv und willenlos gehoben und gesenkt wird.

Ich sehe mich vor wenigen Tagen draußen an der Reling stehen. Es ist kalt, windig und feucht, ein Wetter, das den Passagieren den Zutritt auf Deck gerade noch erlaubt. Aber nur wenige machen von dieser Möglichkeit – meist recht kurz – Gebrauch. Es ist hoher Wellengang, ein rechter Zweikampf zwischen unserem Schiff und dem schlundig-strudligen Element. Dem Auge bietet sich, wohin es auch blickt, eine undurchdringliche Bleidecke, in der Wasser und Himmel ungeschieden ineinander übergehen – faszinierend, da ein schauendes Versinken in sie zugleich ein Eintauchen in die Unendlichkeit bedeutet. So sehr in der Ferne Todesruhe zu herrschen scheint, treibt das Meer dicht vor uns ein bacchantisches Spiel. Weißschaumige Wellen zerschmettern am Schiffsrumpf, schlagen die Wand hoch. Ihre Kronen versprühen in der uns umhüllenden Feuchtigkeit. Einiges schwappt auf den glitschigen Deckboden, der Rest stürzt mit Wucht zurück in den nassen Abgrund.

In das Prasseln und Zischen des Wassers und in das stoßweise anschwellende und wieder verstummende Heulen und Pfeifen des Windes mischt sich der gleichmäßige Motorenlärm der Schiffsmaschine – er wirkt wie ein ruhender Orgelpunkt in der Polyphonie der elementaren Geräusche.

Bisweilen erreicht dieses sinnenbetäubende Spektakel fast überwältigende Ausmaße. Dann ist zwischen realen Lauten und Gehörstäuschungen nicht mehr recht zu unterscheiden. Aus den verschiedenen Geräuschen kristallisieren sich in der eigenen Einbildung geordnete Klänge, ja vertraute und geläufige Lautfiguren heraus, die sich miteinander verknüpfen und in Bewegung geraten.

Versetze ich mich heute, Jahrzehnte danach, in diese Situation von damals zurück, so ist mir, als ob ich hier flüchtig auftauchende, aber doch deutlich vernehmbare Fragmente eines Musikstückes gehört hatte, das Vater manchmal zu Hause in Mill Valley mit Freunden und Kollegen spielte: Es ist aus dem letzten Presto-Satz des C-Dur Streichquintetts, opus 29, von Beethoven – ein Thema von fast ungenierter Beethovenscher Schlichtheit, das sich einige Takte zwischen Tonika, Dominante und Subdominante hin- und herbewegt, aber mit einer Durcharbeitung und Instrumentierung, die das eigentlich Geniale ausmacht. Diese dunklen, gewaltigen Tremolo-Stöße am Anfang und die nachfolgenden, abwechselnd von Geige und Cello übernommenen, fast irrwitzig vorwärtsrasenden Sechzehntelfiguren bis hin zur endlich ruhebringenden Fermate – es fügt sich unheimlich und doch leidenschaftlich ein in das mich umgebende Brausen des Windes mit seinen rufenden, flehenden und brüllenden Stimmen. Je mehr der Sturm anschwillt, desto eher scheinen dann Stellen aus der Durchführung im selben Satz zu passen: Wieder die ungestüm vorwärtsdrängenden Sechzehntelfiguren, wobei diese jetzt, genau wie in der Partitur, von ganz neuen, fremdartigen Rhythmen, teils punktierten, teils synkopischen Vierteln durchkreuzt werden. Das Ganze wirkt wie ein Knäuel gegenläufiger, in Disharmonien zusammenfallender Linien und fragmentarischer Tonfiguren, die wie Irrlichter durcheinanderhüpfen.

Während ich noch fest in dem ganzen elementaren Tumult verstrickt bin, fühle ich plötzlich, wie mich jemand an der Schulter berührt. Es ist Mama, die, in ihren grauen Pelzmantel gehüllt, mich zum Mittagessen hereinholen will.

»Mama, wie lange fahren wir noch?«

»Ungefähr noch eine Woche. Wir sind ja erst vier Tage unterwegs!«

(In Memoriam Anne Frank)

Absoluter Stillstand. Die Motoren sind abgestellt. Die »Veendam« ist in den Hafen von Rotterdam eingelaufen. Wir liegen im spiegelglatten, seichten Gewässer, wenige hundert Meter vor Land, und warten voller Erregung darauf, endlich anzulegen, um das ersehnte Ufer zu betreten.

Wie von einem Magneten angezogen, haben sich die meisten der Passagiere auf dem Vorderdeck versammelt – kleine, große, ältere und jüngere. Viele der Alten sind ergraut und zeigen ein von Leidensfurchen durchgrabenes Gesicht. Ihre Augen fixieren wie paralysiert ein einziges Ziel: Das Hafenpanorama der Stadt Rotterdam.

Es ist ein grauenvoller Anblick – nicht nur für Kinderaugen, die dem Krieg noch nie direkt und unvermittelt ins Antlitz gesehen haben. Die Erwachsenen nahmen vor Jahren ein äußerlich unversehrtes Bild ihrer Heimat in ihr erzwungenes Exil mit. Heute blikken sie auf ein Meer finster-grauer Häuser-Ruinen, kraterartig eingerissener rauchgeschwärzter Mauerfassaden, die Fensteröffnungen wie leere Augenhöhlen. Nicht so sehr die einzelnen ausgebrannten Häuser sind es, die uns Ankömmlingen das Blut in den Adern erstarren lassen, vielmehr die epidemieartig riesige Ansammlung nebeneinander- und hintereinandergereihter und ineinanderverschachtelter Gebäude-Stümpfe, ein endloses Feld von Tod und Zerstörung. Details lassen sich aus diesen Mauerresten kaum erkennen. Und doch ist es so, als ob irgendwo aus dieser Steinwüste eine Ruine herausragen würde, an deren Zinnen Reste fein gemeißelter Menschenfiguren zu erkennen sind. Gespenstisch, diese geköpften, einarmigen oder am Rumpf durchgerissenen, bizarr erstarrten Gestalten, die zusammen eine Art Geistertanz aufführen, als wollten sie irgendwohin in den Himmel abheben.

Absurd und makaber muß den Passagieren diese Szene dadurch

erschienen sein, daß wir Kinder zur feierlichen Ankunft unsere aus Amerika mitgebrachten Holz-Gewehre aufs Deck mitgenommen hatten. Die Gewehre, die im Gepäck nicht unterzubringen waren, neben uns aufgepflanzt, die Mündung nach oben gerichtet, stehen wir da, fröstelnd, erhitzt und innerlich erschlagen zugleich von dem sich darbietenden Elendsbild. Mamas entsetzt geweitete, starrende Augen und ihre gelegentlichen irritierten Seitenblicke zu uns drücken zusätzlich aus, was sie uns viel später bekennt: Scham und Bestürzung darüber, daß wir in unserer kindlichen Ahnungslosigkeit den vor diesem Bild hier schweigend Versammelten unsere Feuerwaffen-Attrappen, Symbol von Gewalt und Zerstörung, präsentieren.

Knapp zwei Jahre ist es her, daß unsere Streitkräfte dieses Land erlöst haben. Die Zertrümmerung der Stadt durch Görings Flieger-Horden liegt um einiges länger zurück. Rotterdam war das erste und am schwersten getroffene Opfer des deutschen Überfalls auf die Niederlande. Andere Städte, zum Beispiel Amsterdam, wurden später, wenn auch nicht so schwer, heimgesucht.

An einem Montag im Juli des Jahres 1943 hat ein vierzehnjähriges jüdisches Mädchen in ihrem Versteck, einem Hinterhaus an der Prinsengracht in Amsterdam, in ihr Tagebuch notiert: »Sonntag ist Amsterdam-Noord schwer bombardiert worden. Die Verwüstung muß entsetzlich sein. Ganze Straßen sind Schutthaufen geworden, und es kann noch Tage dauern, bis alle Verschütteten geborgen sind. Bis jetzt wurden 200 Tote und unzählige Verwundete gemeldet. Die Krankenhäuser sind überfüllt. Kinder irren umher und suchen zwischen den Trümmern nach ihren Eltern. Es überläuft mich immer noch kalt, wenn ich an das dumpfe Dröhnen und Krachen denke, das uns das Zeichen der nahen Vernichtung bedeutete.«

Vor ziemlich genau zwei Jahren ist dieses Mädchen im Konzentrationslager Bergen-Belsen umgekommen, wohin es nach der Verhaftung der ganzen Familie in Amsterdam im August 1944 verschleppt wurde. Es ist Anne Frank, die 1933 in Holland Asyl fand und 1942 zusammen mit der Familie und anderen Verfolgten untertauchte. In ihrem Wohngefängnis bringt sie ihre Gedanken, Empfindungen und Erlebnisse zwei Jahre lang in unbeirrbarer Regelmäßigkeit als Tagebuch zu Papier. Es wurde erst später entdeckt und mehrere Jahre nach ihrem Tod von ihrem überlebenden Vater veröffentlicht.

Beim jetzigen Niederschreiben meiner ersten Eindrücke vom kriegsgezeichneten Europa beginne ich noch besser zu begreifen, warum dieses Tagebuch auf mich bis heute immer wieder eine fast magische Anziehungskraft ausübt, und warum ich mich besonders hier in Annes Lage hineindenke. Unübersehbar sind nicht nur sich aufdrängende äußere Assoziationen zwischen »meiner« Ankunftsstadt Rotterdam und »ihrer« letzten Lebensstätte Amsterdam im selben Holland, sondern auch gewisse innere schicksalshafte Beziehungen, rassische, politische und wohl auch kulturelle Gemeinsamkeiten. Vielleicht spielt auch eine Rolle das zweischneidige Bewußtsein, im Unterschied zu Anne – oder vielleicht auch an ihrer Stelle – zu den Glücklichen zu gehören, die überlebt haben und angstfrei das Land betreten konnten, in dem Anne zum Sterben verurteilt war, noch kurz vor der Befreiung aus todbringender Umnachtung. Ist es also die Verbindung zwischen dem Gemeinsamen und dem Gegensätzlichen, die mich so sehr fasziniert und berührt und die mich dazu veranlaßt, mich an dieser Stelle mit ihr auseinanderzusetzen, vielleicht auch, weil es mir hilft, die eigene Konfrontation mit diesen Schrecknissen besser zu verarbeiten und bisher Unaussprechliches aussprechbarer zu machen?

Das gegensätzlich-Andersartige liegt zweifellos im persönlichen Schicksal Annes selbst. Dieses äußert sich bei ihr besonders in einem Gefühl, das mir im Moment unseres Aufbruchs in den neuen alten Kontinent im Jahre 1947 am fremdesten sein muß, nämlich sich vorzukommen »wie ein Singvogel, dem man die Flügel beschnitten hat, und der im Dunkeln gegen die Stangen seines engen Käfigs anfliegt« oder auch wie jemand, der sich »inmitten schwerer, dunkler Regenwolken« befindet, die »immer dichter« werden, so daß Anne zusammen mit ihren Mitbewohnern im Hinterhaus-Versteck abgeschnitten ist durch eine »dicke undurchdringliche Schicht, die uns den Weg ... versperrt und uns umgibt wie eine unüberwindliche Wand, die uns zerschmettern wird, wenn es an der Zeit ist.« Welch Kontrast zu der freien, offenen Fahrt von uns Kindern über den großen Ozean von einem Festland zum anderen, unwissend und unbeschwert, so daß wir auch bei der Entdeckung dieses vor uns ausgebreiteten Grauens ohne Scheu an unseren hölzernen Spielgewehren herumhantieren können.

Gemeinsames liegt sicherlich in dem fatalen zeitgeschichtlichen Hintergrund von Annes Ende, das auch das unsere gewesen wäre, wären die Lebenslinien anders verlaufen. Ich bin zur Zeit unserer Ankunft natürlich noch nicht fähig zu erkennen, welches Glück wir eigentlich hatten. Es sind nur vage, diffuse Vorstellungen, die ich mir damals von den Geschehnissen jener Zeit und von ihren Folgen für unser persönliches Leben habe bilden können. Und 1947 war ich weit davon entfernt, mich damit so aktiv auseinanderzusetzen wie die dreizehnjährige Anne.

Mit welcher Wißbegier suchte die Tagebuchschreiberin alle möglichen Informationen aus der Außenwelt zu erhaschen, sowohl von den sie mit Lebensmitteln versorgenden Freunden als auch aus dem Radio, vor dem sie stundenlang sitzt. Wie freut sie sich über die heldenhaften, listigen Widerstandsaktionen in der holländischen Bevölkerung gegen den Naziterror und die Judenverfolgung, und wie minutiös berichtet sie von Sabotageakten und gelungenen Hilfsmaßnahmen für die Verfolgten und wie man diejenigen belohnte, die in ihrer Solidarität für die Gejagten ihr Leben riskiert hatten. Im Gegensatz dazu steht ihre Trauer über die »anderen« Niederländer, die in den Sog des Antisemitismus hineingeraten und voll gefährlicher Feindseligkeit sind. Sie kann nicht begreifen, »daß Niederländer, Angehörige dieses ehrlichen und rechtschaffenen Volkes, *so* über uns urteilen«, hofft aber inständig, »daß dieser Judenhaß vorübergehend sein wird und daß die Niederländer zeigen werden, wie sie sind«.

Heute, so lange danach, kann ich mich natürlich fragen, welcher Art von Holländern wir dann auf den Straßen zwischen den Ruinen begegnet sind, als wir endlich von Deck waren und das Festland betraten. Wer von ihnen gehörte zu den anständigen, tapferen und unbestechlichen Niederländern, die Widerstand geleistet und den Verfolgten unter Einsatz ihres Lebens geholfen haben und vor denen man jetzt – vor jedem einzelnen – den Hut abnehmen sollte? Und welche mußte man wohl zu den anderen zählen, zu denen, die schwach wurden, die sich äußerlich anpaßten oder innerlich umfielen oder auch zu den von Anfang an üblen Naturen, die sich mit Hingabe den Mord- und Terroraktionen anschlossen, sobald sich Gelegenheit dazu bot? Wie konnte man diese von jenen unterscheiden, jetzt, da sie äußerlich alle so gleich aussahen mit ihren mageren und fahlen Gesichtern und ihrer eintönigen und abgetragenen Kleidung?

Mir ist in der Tat nur ein Bild vor Augen, das sich mir präsentierte, als wir schließlich alle an Land waren und, wohlvereint mit den Großeltern, Mams und Paps, von der Ankunftshalle am Hafen zum wartenden Auto gingen. Es ist ein ganz harmloses, alltägliches Bild, das ich freilich, besonders nach dem Schock der Ankunft, wieder in meine festgefahrene Vorstellungswelt einfügte und dementsprechend interpretierte. Irgendwo, in etwa fünfzig oder hundert Meter Entfernung, tauchten zwei Polizisten in schwarzer Uniform und knielangen schwarzen Stiefeln auf (falls es überhaupt richtige Polizisten waren!). Sie waren in Begleitung einer nicht mehr ganz jungen, kleinen Frau, die ihnen – übrigens völlig frei – auf dem Bürgersteig voranschritt. Offenbar handelte es sich hier um eine Verhaftung, und mit fasziniertem Gruseln sah ich in der Person eine Nazi-Frau, die zur verdienten Aburteilung geführt wurde. Dies war wohl eine von der schlechten Sorte von Niederländern.

Anne wäre also heute siebzehn, und das Leben läge vor ihr ausgebreitet – so wie vor uns. Bei ihr ist es anders gekommen. Sie hatte bis zuletzt noch viel Hoffnung. Die Landung der Alliierten in der Normandie am 6. Juni 1944, knapp zwei Monate vor ihrer Festnahme, registriert sie mit Euphorie: » . . . das Schönste ist, ich habe das Gefühl, daß da Freunde im Anzug sind. Die schrecklichen Deutschen haben uns so lange unterdrückt und uns das Messer an die Kehle gesetzt, daß der Gedanke an Freunde und Rettung uns das Vertrauen wiedergibt! Nun gilt es nicht mehr den Juden, nun gilt es Niederland und ganz Europa. Vielleicht . . . kann ich September oder Oktober doch wieder zur Schule gehen!« Wieder zwei Monate vorher schmiedete sie noch weiterführende Pläne: »Ich muß arbeiten, um nicht dumm zu bleiben, um vorwärts zu kommen, um Journalistin zu werden, das will ich!«

Welches sind die mich heute beschleichenden Gefühle? Ist es Dankbarkeit, daß ich es anders, besser, getroffen habe? Oder ist es

Scham als Antwort auf die selbst gestellte Frage, ob ich denn dies verdient habe – verbunden mit dem Triumphgefühl des Überlebenden? Oder ist die Leidenschaft, mit der Anne Frank um ihre Existenz kämpft, und die Kraft, mit der sie beharrlich an das Gute glaubt, auch für mich ein Ansporn, meine Möglichkeiten im Laufe der Zeit zu nutzen und mich dadurch ihrer würdig zu erweisen?

Denn schließlich – wie wäre es, wenn nicht wir, sondern Anne auf Deck der »Veendam« stünde und sie zusammen mit ihren heimkehrenden Landsleuten den entstellten, jetzt aber wieder für sie offenen Heimatboden betreten könnte?

Basel. Nachmittags. Der Zug, der uns über Frankreich in die Schweiz brachte, hat nach einem kurzen Aufenthalt in der Dreiländer-Grenzstadt soeben deren letzte Vorstadthäuser an der Ostseite passiert und strebt nun Zürich, unser Ziel, an. An dunklen Wäldern und hellgrünen Wiesen und Hügeln vorbei fahren wir diese letzte zu bewältigende Strecke. Es ist ein Drittklass-Abteil eines dieser alten verrußten Waggons der Schweizerischen Bundesbahn, die inwendig von der Decke bis zum Boden mit Holz verkleidet sind. Aus hartem, gelblackiertem Holz bestehen auch die Sitzbänke, auf denen wir – Kinder, Mutter und Großeltern – das einschläfernde Holpern, Rütteln und Rattern geduldig über uns ergehen lassen.

Neben mir sitzt »der andere Großvater« – genannt Paps – in einem grauen Anzug mit Altherren-Weste, über die sich eine mächtige goldene Uhrkette zieht. In ziemlich strammer, um nicht zu sagen stämmiger Haltung und mit einem resoluten, verschlossen-strengen Ausdruck seines breiten, schnurrbärtigen Gesichts blickt er vor sich hin, etwas abwesend, als würde er irgendwelche wichtigen Gedanken festhalten wollen.

Ich habe noch nicht lange Gelegenheit gehabt, mit diesem für mich noch undurchdringlichen Gesicht vertraut zu werden. Als wir in Rotterdam vom Schiff in die Ankunftshalle hinabstiegen, war es Mams gewesen, die als erstes meine Aufmerksamkeit auf sich gezogen hatte. Sie winkte uns mit einer vor Wiedersehensfreude und Neugierde fast glühenden Miene leidenschaftlich zu und sah hinter dem Absperrgitter in ihrer Behendigkeit jünger aus, als ich mir eine Dame im großmütterlichen Alter vorgestellt hatte. Paps hatte sich im Hintergrund gehalten. Ich sah ihn erst, als wir uns gegenüberstanden und er mich wohlwollend betrachtete. Mit diesem meinem »anderen« Großvater hatte ich während der Autofahrt zu seinem Sohn Peter in der Nähe von Antwerpen den ersten freundschaftlichen Kontakt bekommen. Beeindruckt hatte mich die natürlich-burschikose und zugleich warmherzige Art, mit uns Kindern umzugehen; dort gehörten auch unsere jüngeren Vettern Philipp und Oskar dazu.

Hier also sitzt er neben mir, der gute Paps, und läßt sich auf der harten Holzbank durch die Landschaft rütteln. Sein auf mich etwas widersprüchlich wirkendes Gesicht erscheint grobgeschnitzt und durch die gebogene Nase und das breite, fast an der Brust aufliegende Kinn eher bieder. Bei näherem Hinsehen jedoch spricht aus seinen Zügen Feinfühligkeit und Menschenfreundlichkeit, ja eine geistige Vornehmheit, die sicher auch durch das vorrückende Alter, die langsam einfallenden Wangen, die Umschattung der oberen Gesichtspartie, verstärkt wird. Dieses mir fremde Antlitz mußte ich mir freilich schrittweise erobern. Schwer zugänglich für mich sind vor allem die kleinen wasserblauen Augen, die leicht trübe wirken, als dürfte man nicht zu tief in sie hineinschauen. Erst wenn man mit Paps etwas wärmer wird und im Gespräch mit ihm »dranbleibt«, scheinen sie zu schmelzen.

Seine Physiognomie erinnert mich an ein Foto seines Vaters, welches ich später auf seinem Schreibtisch in Zollikon gesehen habe: ein feines, altes, etwas streng-verkniffenes Zwickergesicht. Der würdevolle, respektgebietende Herr war Direktor einer der ersten Dampf-Eisenbahnen im Gebiet um Bern gewesen und galt wohl auch als deren Gründer und Erbauer. Die Mutter, ebenfalls eine imposante Erscheinung, eine Bauerstochter aus dem Emmental, hatte für eine harte, aber gerechte Erziehung des Jungen gesorgt. Schon früh wurden dem Heranwachsenden Tugenden wie Fleiß, Sparsamkeit und Rechtschaffenheit zu einer selbstverständlichen Grundhaltung. Voll Lebensoptimismus diente er sich von der Pike auf hoch, indem er als Heizer auf der Lokomotive begann, um sich dann im Lauf der Jahrzehnte über eigenwillig-originelle Erfindungen und Konstruktionen im Bereich der Straßenbautechnik eine zunehmend von Selbständigkeit und Erfolg bestimmte, zuletzt von Wohlstand gekrönte Existenz aufzubauen. Als ich ihn kennenlernte, nannte er stolz mehrere in Europa verstreute Maschinenfabriken (eine gab es sogar in Südamerika) sein eigen. Er war ausgesprochener Selfmademan, ein Repräsentant des großbürgerlichen Frühkapitalismus – fast besessen von einem Glauben an das persönliche Fortkommen eines jeden, wenn er nur, auf seine individuellen Gaben und seine Arbeitskraft vertrauend, ganz seines eigenen Glückes Schmied sei. Er selbst lebte – nicht aus Geiz oder Kleinlichkeit, sondern aus Prinzip und sittlicher Überzeugung – bis zuletzt äußerst sparsam, ja bisweilen asketisch –

ein Grund, warum er auf dieser Reise für alle eine Fahrkarte dritter Klasse gelöst und auch sich selbst diesen Transport zugemutet hatte. Was ihn dabei vom heutigen spätkapitalistischen Großproduzenten unterschied, war eine fast pantheistische Eingebundenheit in ein Gefüge der geordneten geistigen, ethischen und natürlich auch materiellen Werte des aufstrebenden Schweizer Bürgertums aus dem vorigen Jahrhundert. Er glaubte unerschütterlich an eine Einheit von Freiheit und Gerechtigkeit und fühlte sich in seiner Ehre tief getroffen bei jedem Hinweis, daß kapitalistischer Aufstieg etwas mit Rücksichtslosigkeit oder gar Ausbeutertum zu tun habe. In ein geradezu cholerisches Poltern konnte sich dieser aufrechte, gutgläubige Mann hineinsteigern, wenn etwa Angehörige meiner väterlichen Linie und dann ganz zaghaft auch ich versuchten, sein Wertsystem auf politischer Ebene in Frage zu stellen, zum Beispiel kritische Bemerkungen zur amerikanischen Nachkriegspolitik zu machen oder zum europäischen Kolonialwesen in Afrika und Asien, das er als eine rechtmäßige und quasi naturgewollte Einrichtung dieser Welt hartnäckig verteidigte. Nicht mehr nachzuvollziehen vermochte er freilich das unmoralische und selbstmörderische, gegen den Kommunismus gerichtete Stillhalte-Bündnis zwischen kapitalistischen Demokraten und deutschem Faschismus. Allein der schon ganz zu Beginn nur Ungutes ankündigende Stil des Nationalsozialismus traf seine politische Grundeinstellung schwer. Und während der Kriegszeit staute sich bei ihm Haß, Abscheu und Angst vor jenem ungetümen Nachbarn im Norden so stark an, daß er sich noch jahrelang nach Beendigung der Katastrophe deutlich Luft zu machen wußte.

Jetzt, da wir gemeinsam, alle nah beieinandersitzend, durch die Schweizer Landschaft fahren, wird Paps gleich ein eindrucksvolles Zeugnis dieser Erbitterung gegen Deutschland abgeben. Er wird sich dabei einerseits selber freireden, zugleich will er aber auch seinen unwissenden, von weit hergereisten Enkelsöhnen einen ersten politischen Anschauungsunterricht erteilen.

Offenbar fahren wir gerade an einem Abschnitt des Rheins entlang, der an deutsches Gebiet grenzt. Da schnellt Paps plötzlich, wie von einer Wespe gestochen, von seinem Platz hoch und ist mit einem einzigen Sprung am Fenster. Das Gesicht dem Rhein zugekehrt und mit ausgestrecktem Arm und Zeigefinger hinausdeutend, ruft er mit vor Erregung gepreßter Stimme: »Schaut, da drüben, hinter diesen Bergen, da sind die Deutschen versteckt, gleich werden sie mit ihren Gewehren auf uns schießen!«

Er bebt förmlich vor Aufgebrachtheit. Jetzt scheint mir deutlich, welche Gedanken vorhin die ganze Zeit über in seinem Kopf kreisten, als er regungslos, abwesend und mit undurchdringlicher Miene vor sich hin gebrütet hatte.

Mit noch stärkerem Schweizer Akzent als sonst, als wäre ihm das Hochdeutsche als Verständigungsmittel mit uns Neuankömmlingen in diesem Augenblick besonders zuwider, mit breiter Bernscher Aussprache und leicht heiserer Betonung stößt er immer wieder aus: »Schout ... schout da ... da drübn ... die Döitschn ... schießen ...«, und diese abgehackten Worte unterstreicht er wie im Takt mit kurzen Schüttelbewegungen der ausgestreckten Hand zum Fenster hin. Ich bin verwirrt und verwundert, da ich durch die verschmutzten Glasscheiben hindurch nichts sehe außer sanft vorbeigleitende, hellgrüne Wiesen und lieblich geschwungene Hügel am anderen Flußufer. Kein Mensch ist zu sehen, kein Deutscher, nichts. Und doch beuge ich mich der großväterlichen Autorität. Er wird schon recht haben, er wird es wissen.

Dies also ist das schlimme Deutschland. Ja, die Hügel dort, sie sind gewiß hoch genug, damit sie sich dahinter verstecken können, feige, aber verbissen an ihren bösen Plänen festhaltend.

Im Laufe der Jahre werden Ausbrüche dieser Art immer seltener werden. Paps wird später solches oder ähnliches allenfalls über die Russen äußern, nicht mehr aber über die Deutschen ...

Über das knarrende Parkett treten sie alle herein und begeben sich zum gedeckten Kaffeetisch in dem von der Frühlingssonne freundlich erhellten Eßzimmer. Paps und Onkel Fritz, sein ältester Schwiegersohn, und wir Kinder setzen uns als erste auf die Plätze, ich etwas unsicher, ob das der meinige sein soll. Paps steuert gezielt auf die dunkel gepolsterte Eckbank zu, so daß ich annehme, daß es sich um seinen Stammplatz handelt, gewissermaßen den Kapitänssitz, von dem aus bei den Mahlzeiten die Direktiven ergehen, und auf dem nicht nur gegessen, sondern danach auch gleich geschlummert werden kann. Mama und ihre Schwester Berta machen sich noch an der Geschirrkommode zu schaffen und holen die letzten fehlenden Kleinutensilien heran, ein Zuckerdöschen und ein Rahmkännchen vom Familiensilber und dergleichen mehr. Den Abschluß der Vorbereitung zu unserem Ankunftsimbiß bildet Mamsens Eintritt mit dampfender Kaffeekanne und einer mit allerlei appetitlichen Kuchenschnitten belegten runden Glasplatte. Beim Zurechtrücken ihres Stuhles (der übrigens auch ihr »fester« zu sein scheint) und während sie es sich darauf bequem macht, fragt Mama: »Sagt mal, diese Uhr da oben«, und sie zeigt auf ein tickendes, etwas unförmiges und glänzendes Monstrum aus Messing mit altmodisch verschnörkelten Zifferblättern, das auf einem über dem Eßtisch an der Wandecke angebrachten Stützbrett steht, »ist die nicht immer bei der Großmama unten gewesen?«

»Ja, ja«, versucht Mams zu antworten, aber Berta fällt ihr mit ihrem schallenden Organ, das zu ihrer expansiv-fülligen Erscheinung paßt, ins Wort: »Die Großmama wollte schon vor Jahren von dieser Uhr nichts mehr wissen. Sie hat ja zuletzt kaum mehr etwas gesehen, und das ewige Ticken hat sie nur gestört. Sie war, glaube ich, froh, als wir sie hier ins Zimmer gestellt haben.«

Und während sich alle nacheinander Kaffee einschenken und Kuchen nehmen und wir Kinder vor unserem noch vollen Milchglas sitzen, fährt Mams ihrerseits fort: »Sie hat recht gelitten, vor allem in der letzten Zeit. Nach ihrem ersten Schlaganfall hat sie dann vor zwei Jahren den nächsten bekommen. Sie war ja bis zuletzt ganz wach und geistig frisch, und auch sprechen konnte sie eigentlich ohne Schwierigkeit, aber dann kamen diese furchtbaren Krämpfe in den Armen und Beinen, die taten ihr so weh ... und da mochte sie nichts mehr um sich herum haben ... Ihre Augenkrankheit, die hatte, glaube ich, nichts mit dem Schlaganfall zu tun. Es ging ihr ja so schlecht ... sie hatte so sehr gehofft, sie würde euch alle noch sehen, dich und ihre Urenkel. Immer wieder hat sie, als sie so matt und hinfällig in ihrem Rollstuhl saß, gefragt, wann ihr denn endlich kämt, als hätte sie auf euch gewartet ... Und der Schellen-Ursli, den wir euch geschickt haben«, meint Mams zu uns Kindern gewandt, »das war eigentlich die Idee eurer Urgroßmutter. Ich mußte ihr immer wieder von euch erzählen, mußte ihr die Briefe vorlesen und eure Zeichnungen zeigen, über die sie sich sehr freute, obwohl sie kaum mehr etwas sah. Aber ich denke halt, sie hat die Bilder gespürt ...«

Nach diesen letzten Worten blicken alle stumm und betreten vor sich hin, als wollten sie es bei dem Ernst und der Intimität des Gesagten vermeiden, daß sich die Blicke begegnen. In Bertas Gesicht ist immer noch derselbe Ausdruck von Schmerz und Mitgefühl zu lesen wie bei Mams' Bericht von Urgroßmutters peinigenden Gliederkrämpfen im Endstadium ihrer Lähmung. Paps scheint stoisch jegliche mimische Regung zu vermeiden, obwohl oder vielleicht gerade weil von seiner eigenen Mutter gesprochen wird. Mit seiner mir inzwischen schon vertrauter gewordenen verschlossenen Miene und dem abwesenden Blick seiner kleinen, wasserblauen Augen sitzt er vor seinem halbgefüllten Kuchenteller und läßt in genau bemessenen Abständen mit Hilfe seiner Gabel kleine Bissen in den Mund wandern.

Während ich mich umsehe, merke ich, daß hier im Zolliker Haus der Großeltern eine heimischere, gemütlichere und wärmere Atmosphäre herrscht, als ich sie jemals gekannt habe – sowohl in Mill Valley als auch bei Santa Monica. Das hier ist kein living room, sondern eine richtige Wohnstube mit einer Art Familienstammtisch in der Ecke, der nicht nur den gemeinsamen Mahlzeiten dient, sondern an dem man sich auch sonst tagsüber oder abends im Schein der darüberhängenden Lampe zwanglos versammelt und Geselligkeit pflegt. Dieser Tisch ist gleichsam die Herzmitte im nestwarmen Familienleben. Die zahlreichen zum Teil winzigen Kerben und die mit verkrusteten Speiseresten gefüllten Ritzen in der Tischplatte zeugen von einem langjährigen und intensiven Gebrauch, und auch die nachgedunkelten massiven Schränke und Kommoden, die abgesessenen lederbezogenen Stühle scheinen ein ehrwürdiges Alter zu haben. Sie dürften Mama in ihr früheres Zuhausesein zurückversetzen und in ihr ein Gefühl von Wehmut und einen Anflug von Kinderglück wecken. Es scheint wohl auch seit ihrem Weggang vor dem Krieg hier alles unverrückt an seinem Platze zu stehen – außer dem neu hinzugekommenen Uhren-Erbstück, das ja sogleich ihre Aufmerksamkeit erregt hatte.

Meine Blicke gleiten nun hinüber zum breiten Balkonfenster. Zum erstenmal nehme ich bewußt die Aussicht auf den Züricher See wahr. Ich sehe die von unzähligen kleinen Segelschiffen besäte Wasserfläche, die sich unter dem frühlingshaft matten Weißblau des Himmels langgestreckt ausbreitet und in der die soeben ganz durchgebrochene Sonne ihr lustig-lebendiges Glitzerspiel treibt. Auf der gegenüberliegenden Seeseite heben sich die festgefügten, dunklen Konturen der Uetliberg- und Albiskette ab, mit ihren reichlichen, bis hoch zum Gipfel strebenden Bewaldungen und Bepflanzungen. Diese Harmonie von Vegetation, Himmelsbläue und Wasserglanz erleidet freilich, sobald ich ein wenig nach rechts schaue, eine empfindliche Störung. An einer scharf abgegrenzten Stelle am Berghang muß sich kürzlich ein verheerender Erdrutsch ereignet haben. Das Gelände ist von einem kraterartig braunen Erdtrichter eingerissen, gähnend, nackt und zerstörerisch-öde. Ich habe Mühe, in mir die durch diesen Anblick unwillkürlich ausgelöste Vorstellung vom zerbombten Rotterdamer Hafen rasch und gründlich zu verscheuchen.

Eigentlich möchte ich jetzt fragen, was es mit jenem Bergsturz auf sich gehabt habe. Aber ich bin in dieser Ankunftssituation – die ungewohnte Umgebung, die neuen Gesichter – noch etwas still und zurückhaltend. Und dann dieser Schweizer Dialekt, in dem die Erwachsenen alle vertraulich miteinander plaudern; er erscheint mir zwar recht putzig, aber doch fremd, und vieles errate und erspüre ich eigentlich mehr, als daß ich es wirklich verstehe.

Im Moment wird gerade von einer anscheinend nicht anwesenden Hausgenossin gesprochen, die ich wohl bald kennenlernen werde und die zunehmend meine Neugierde erweckt: es ist das – wie man damals noch sagte – Dienstmädchen Anna.

Irgend jemandem in der Kaffeerunde fiel ihre Abwesenheit auf. Etwas indigniert und wegwerfend weist Mams auf ihren heutigen freien Nachmittag hin, den sie offenbar irgendwo in der »Stadt«, also in Zürich, verbringt. Eine Andeutung von Verdrossenheit und Ärger, vielleicht auch von Verachtung, überfliegt alle Gesichter. Berta kann diese Stimmung am wenigsten verbergen.

Mit ihrer schallenden Stimme und in ihrer akzentuierten Art, die selbst bei Ungehaltenheit und Zorn immer noch etwas von ihrem Humor durchschimmern läßt, stößt sie empört hervor: »Das ist doch wirklich gar nicht nett, daß die Anna heute bei eurer Ankunft nicht hier ist. Nein, das gehört sich nicht ... das ist unfreundlich, sowas!«

Mamas fragender Blick macht deutlich, daß sie unbedingt mehr über Anna erfahren möchte, denn sie ist schon bald ein Vierteljahrhundert im Haus und zog praktisch mit ein, als die Familie in Zollikon ansässig wurde. Sie gehört gewissermaßen zum festen Mobiliar, und Mama hat sie immerhin fast acht Jahre nicht mehr gesehen.

Paps, der sich als Hausherr angesprochen fühlt, ausführlicher darüber zu berichten, wirft sich in eine patriarchalisch wirkende Pose.

»Du weißt ja, die Anna hatte schon früh ziemlich viel Sympathie für die Nazis gehabt, aber sie hat das vor dem Krieg nicht so gezeigt. Als ihre Landsleute dann immer mächtiger wurden und ihre großen Anfangssiege feierten, hat sie sich ganz aufs hohe Roß gesetzt und sich offen zu denen bekannt. Sie hat uns damals immer öfter spüren lassen, daß sie als Deutsche etwas Besseres sei als wir. Irgendwann hing dann plötzlich ein großes Hitlerbild über ihrem Bett ...«

Da ich beim Stichwort ›Hitlerbild‹ große Augen mache, fügt Paps, zu mir gewandt, mit ironischem Lächeln hinzu: »Aber sie hat es dann, als alles zu Ende war, natürlich schleunigst abgehängt und verschwinden lassen«, wobei er mit einer schleudernden Bewegung beider Arme nach rechts das Gesagte veranschaulicht.

»Und sie hat auch in der Küche nicht nur ihre frommen Kirchenchoräle gesungen, sondern manchmal mit derselben Inbrunst Nazilieder«, ergänzt er angewidert.

Nach einer kurzen Pause wird sein Gesicht ernst, und zärtlich zu Mams gewandt, wie jemand, der sein Liebstes beschützen will, fährt er fort: »Das Schlimmste war, daß sie, wenn es drauf ankam, die Politik gegen uns ausgespielt hat, vor allem gegen die Mams als Jüdin. Wenn es Streit gab, hat sie doch tatsächlich mehrere Male verkündet: ›Wenn die Deutschen kommen, dann werden wir sehen, wer hier der Meister ist!‹«

An dieser Stelle geraten die Gemüter um mich herum sichtlich in Bewegung. Es ist ein fast dramatischer Augenblick, was auch nicht zu verwundern ist, wenn man bedenkt, daß diese Begebenheit zeitlich noch gar nicht lange zurückliegt.

Da greift Berta den Faden auf und knüpft ihn weiter mit einer Anekdote, die Annas Auftrumpfen von damals ins Lächerliche ziehen soll.

»Als wir mal im Eßzimmer saßen«, beginnt sie, »haben wir gehört, wie sie draußen im Korridor mit einer Freundin telefonierte und sagte...« Und dann schiebt Berta fast ordinär den Unterkiefer vor, klemmt die Unterlippe fest nach oben, offensichtlich, um Anna nachzumachen, und stößt in halb schwäbischem, halb Züricher Dialekt hervor: »Wenn die Deutschen endlich hier sind, dann möchte ich nach Paris versetzt werden, in eine lei-tende Po-si-tion«, wobei Berta die letzten beiden Worte, mit einem gewissen grausamen Triumph in den Augen, genußvoll in die Länge dehnt.

Jetzt, da wir alle in ein gelöstes Lachen ausbrechen, obwohl die anderen diese Geschichte sicher in- und auswendig kennen, strenge ich meine Phantasie an, um herauszufinden, wie diese Anna wohl aussieht. Mit all den grellen Farben, in denen sie bisher geschildert wurde, male ich mir ein nicht gerade attraktives Bild zusammen: ich sehe ein vierschrötiges, alterndes Gesicht mit verhärmten Zügen und dem unterwürfigen Blick eines geschlagenen Hundes, dazu einen streng anliegenden, bräunlichen Haarknoten, der sich im Laufe des arbeitsreichen Tages ein wenig lockert, wiewohl auch ihr Gesicht gegen Abend eine müde Rötung annehmen wird. Und dann fehlt natürlich nicht die grobe hellblaue Schürze, von der ständig ein Dunst von Bratenfett und Abwaschwasser ausgeht, dazu beigefarbene Wollstrümpfe und rissige schwarze Schuhe mit schiefen Absätzen. Was sich mir tatsächlich am nächsten Morgen darbieten wird, wenn Anna, vor Seifenfrische glänzend und straff gestriegelt, schon vor der Kinderzimmertür steht, um uns gleich neugierig zu begrüßen, wenn wir heraustreten, entspricht äußerlich wohl mehr oder weniger all diesen Vorstellungen. Aber es wird mir im Laufe der Zeit immer wichtiger werden, hinter dieser Dienstmädchen-Maske Annas ganze Wirklichkeit zu ergründen.

Es muß mir damals schon eigenartig vorgekommen sein, daß das Verhältnis zu ihr nicht sofort gelöst worden war, nachdem nicht sie, sondern die Herrschaft als Sieger aus dem ganzen widerwärtigen Geschehen hervorgegangen war. Da mir im Kontrast dazu der ständige Wechsel der schwarzen Dienstboten im kalifornischen Heim meiner anderen Großeltern noch deutlich in Erinnerung war, beobachtete ich diese verfahrene Beziehung, vor allem, als wir zum zweiten Mal in die Schweiz kamen, etwas bewußter, mit steigendem Interesse und auch mit Beunruhigung. Das war kein gewöhnliches, von Sachlichkeit bestimmtes Arbeitsverhältnis, sondern eine fast während eines ganzen Menschenalters gewachsene Symbiose zwischen Menschen, die darauf angewiesen waren, ihre verschiedenen Vertracktheiten, ihre mit zwanghafter Unerbittlichkeit sich wiederholenden Verständigungsrituale unermüdlich und konsequent durch alle Stürme der Zeiten hindurch zu erhalten. Mit welcher Folgerichtigkeit hier Herrschen und Beherrschtwerden, Ausbeuten und Sich-Ausbeuten-lassen, Arroganz und Unterwürfigkeit sich komplementär auf Magd und Herrin in diesem Haus verteilten, wobei es bei veränderter politischer Lage zu dramatischen Rollenumkehrungen kam, wurde mir immer deutlicher.

Das maßlose Aufbegehren der früher von Elternhaus, Kirche und Schule arg geduckten süddeutschen Arbeitertochter bei diesen Schweizer Unternehmern, ihr Einstimmen in den Chor ihrer wildgewordenen Landsleute und das Aus-den-Fugen-Geraten der ursprünglich religiös und moralisch Festverwurzelten wirkten so überzeugend, daß die gesellschaftlich an sich höher Gestellten zeitweise in eine kleinmütig masochistische Dulderhaltung hineingerieten. Das war nicht nur auf Annas deutsche Herkunft zurückzuführen und darauf, daß diese Deutschen gerade die Revolution probten. Es war im Grunde ein Ausdruck der allgemein zunehmenden Rebellion der unterdrückten unteren Gesellschaftsschichten gegen ein ins Wanken geratenes Klassensystem. Im Nazideutschland hatte es eine vor allem der kleinbürgerlichen Mittelschicht zugehörige Verbrecherclique verstanden, den Aufruhr von unten in eine nationalistisch-irrationale Richtung umzulenken, die offenbar auch Annas Verhalten bestimmte. Typisch aber war auch die Erbarmungslosigkeit, mit der der Spieß dann umgedreht wurde. Die im Laufe der späteren Jahre sich wiederholenden Schrei- und Heulszenen, die aus der Küche durch mehrere Türen hindurch immer wieder zu mir drangen, Zwistigkeiten, in denen nicht Mams, sondern Anna die Unterlegene und Gedemütigte war, habe ich schon früh als Racheakt derjenigen gedeutet, die ehemals in die Defensive gedrängt worden war, jetzt aber zeigte, daß Recht und Ordnung wieder ganz auf ihrer Seite sei.

Anna, ein im Grunde unglückliches Geschöpf, war mir zwar im Wesen völlig fremd, fand aber trotzdem mein Interesse und mein Mitleid, vielleicht sogar einen Anflug von Solidarität. Ich wollte noch weiter in ihre Welt eindringen, ihre Freundinnen kennenlernen, um über ihr unmittelbares Einflußfeld ihre Erscheinung besser begreifen und sie in diesem Haus soweit einordnen zu können, wie mir dies mein eigener Erfahrungshorizont gestattete.

Später werde ich deshalb nicht nur Zeit in der Küche mit ihr verbringen, sondern sie auch sonntags manchmal zur Kirche begleiten oder, wenn sie nachmittags eine Freundin in der Stadt besucht, mich unauffällig dazugesellen, dabei meine Beobachtungen machen und teils kindergläubig ernsthaft, teils schon ironisch-distanziert ihren Gesprächen lauschen.

An einem Sonntagnachmittag wird etwas Besonderes passieren. Anna wird, da die Großeltern verreist sind und Mama die Aufsicht führt, mehrere (mir größtenteils unbekannte) Freundinnen in unser Haus einladen, wo sich alle in der Wohnstube am großen Eßtisch mit »Fang-den-Hut« und anderen Brettspielen die Zeit vertreiben werden. Bedauerlicherweise bin ich an diesem Tag gerade auf einem Ausflug. Um so ausführlicher verlange ich abends eingehende Berichterstattung von Mama. Auf meine Frage, wie denn Annas Freundinnen so gewesen seien, wird Mama antworten: »Die Anna war weitaus die Schönste von allen!«

Noch sind wir am Nachmittag unserer Ankunft, und es wird nicht nur von Anna gesprochen. Man bemüht sich, die heimkehrende Tochter über all das ins Bild zu setzen, was sich in der Zwischenzeit zugetragen hat. Besonders über das Schicksal von Freunden, Mitschülern, Lehrern und Nachbarn will Mama hören, auch sich über diese oder jene bekannte Stadt-Persönlichkeit berichten lassen. Über Künstler, Wissenschaftler, Politiker aus dem Züricher Leben und seiner Umgebung, vor allem über die bekannten, aus Deutschland emigrierten Schauspieler. Ich kann im einzelnen nicht so gut folgen, weil alle im heimatlichen Dialekt, der Wiedersehensfreude wegen, förmlich zu schwelgen scheinen. Es kostet mich Kraft, das bisher Aufgeschnappte zu verarbeiten. Ich weiß nicht, wie lange wir schon hier sitzen und reden. Bald wird es Abend sein, und der Tisch wird neu gedeckt werden müssen.

Zollikon ist eine Gemeinde von etwa dreißigtausend Seelen. Obwohl es an Zürich angrenzt und heute darin eingemeindet ist, ist seine ursprüngliche Dorfstruktur noch gut zu erkennen. Im Mittelpunkt steht die protestantische Kirche mit ihrem spitzen, hohen, grünspanbedeckten Turm, der dem auf der gegenüberliegenden westlichen Seeseite mit der Eisenbahn nach Zürich Einfahrenden als erstes sichtbar entgegenragt. Um die Kirche, im Altstadtteil, scharen sich ein großer Dorfbrunnen, giebelige und eng aneinandergedrängte Fachwerkhäuser, die, neu herausgeputzt, sich an der stets blankgefegten, asphaltierten Straße entlangziehen. Dazwischen steht heute eine Reihe moderner, hauptsächlich aus Glas und Beton gebauter Geschäfte und Kaufläden. Zu der den Berghang sich hochziehenden Kommune gehören eine Grund- und eine Oberschule, die Gemeindeverwaltung und eine Badeanstalt unten am See, an der die Eisenbahn entlangfährt; nicht zu vergessen die Anlegestelle für die früher dampf-, jetzt dieselgetriebenen Zürichseeschiffe und einige gediegene Altbau-Schlemmerlokale am Ufer mit Gartenterrasse und prächtigem Seeblick.

Verschiedene Dorfzungen sind im Lauf der Jahrzehnte langsam in das Gelände des Zürichbergs hineingewachsen und haben mehr und mehr landwirtschaftliche Anwesen verdrängt. Wo ich als Kind barfuß an idyllisch-schöngelegenen Bauernhöfen und umzäunten saftigen Wiesen oberhalb des Dorfes vorbeilief, stehen heute unförmige graue und weiße Beton-Hochhäuser zwischen Asphaltstraßen und phantasielos hergerichteten Gärten. Das seewärts gelegene, zwischen dem Dorfzentrum und der Stadt Zürich sich erstreckende Villenviertel muß um die Jahrhundertwende entstanden sein. In die stattlichen Jugendstilhäuser in herrschaftlichen Gärten mit Zierbüschen und Obstbäumen zogen achtbare Bürger ein, begüterte Kaufleute, Ärzte, einige Gelehrte von Rang und andere hochgestellte Persönlichkeiten, die sich eben gerne am Rande einer Großstadt im Grünen ansiedeln. Es muß nicht allzu lange vor dem Ersten Weltkrieg gewesen sein, daß sich auch Paps mit seiner frisch angetrauten jungen Frau in diese solide Bürgerschaft einreihte. Er konnte sich in der Tat schon sehen lassen mit seinem zunehmenden beruflichen Erfolg und seiner sensiblen, jungen Schönen, die er aus der Ostschweiz heimgeführt hatte. Ihre aus Österreich stammende, kultur- und kunstbewußte jüdische Familie hatte sich seit etwa einer Generation dort niedergelassen. Ihre wohl etwas bedenklich gewordene Überfeinerung fand in der bäuerlich-bodenständigen Art meines Großvaters eine wohltuende Ergänzung, die für Ehe und Nachkommenschaft durchaus vielversprechend erschien. Nacheinander wurden drei kerngesunde Kinder geboren, meine Mama als die Jüngste in der Zeit des Ersten Weltkrieges. Man zog bald aus der eng gewordenen Etage in das inzwischen neu erworbene, fast gegenüberliegende Haus um, das heute noch im Besitz der Familie ist. Die Kinder besuchten die Schule und spielten mit einigen der Nachbarskinder. Auch die Eltern pflegten gute Kontakte. Der Psychiater Bleuler soll unweit gewohnt haben, auch ein naher Verwandter von Piaget und ein bekannter Archäologe residierten in der unmittelbaren Umgebung. Ein Enkel des letzteren, Arthur mit Vornamen, nur ein Jahr älter als ich, wurde mein bester Freund schon ganz zu Anfang meiner ersten Schweizer Zeit.

Einige Monate sind nach jenem Ankunftskaffee in der großelterlichen Wohnstube vergangen. Es ist inzwischen Hochsommer, übrigens ein bemerkenswert heißer und trockener Sommer. Manche sprechen heute noch von ihm. Obwohl sich unser erster Europa-Aufenthalt nur bis zum Herbst erstreckt, und ein Schulbesuch für mich in diesem Halbjahr gar nicht vorgesehen war, hat man meinem Drängen nachgegeben, mich schon im April einzuschulen. Daß ich mich hier so leicht tue – ganz anders als beim nächstenmal in derselben Schule – ist sicher nicht nur meiner Gastrolle zu verdanken, die dem Schüler erhöhte Nachsicht und Schonung beschert, sondern vor allem der Tatsache, daß ich bereits eine einjährige Schulerfahrung in Amerika habe. Ausschlaggebend für meinen kaum zu bremsenden Lerneifer in diesen

Monaten ist sicher meine grundpositive Einstellung zur Institution Schule, die ich nach dem begeisterten Start in Mill Valley aus den Staaten mitgebracht habe. Jedenfalls genieße ich in meiner Klasse der Zolliker Primarschule, zu der ich mich täglich zu Fuß mit dem Schultornister auf dem Rücken aufmache, schmeichelhafte Beliebtheit und Respekt, den ich dadurch ausbaue, daß ich mir blitzschnell den landessprachlichen Dialekt aneigne, um mich möglichst unauffällig in die Gemeinschaft meiner Mitschüler einzufügen.

Viele interessante Leute habe ich inzwischen kennengelernt. Nicht nur nähere und entferntere Verwandte, sondern auch Freunde und Bekannte aus der mütterlichen Familie, wie Mamas bildschöne Freundin Margrit, mit der sie in früheren Zeiten oft stundenlange politische Telefonate geführt hatte. Oder Fräulein Spoerri, eine alleinstehende, freundliche Lehrerin im Ruhestand, die nach Urgroßmutters Tod in die Kellerwohnung im Haus eingezogen war, und mit der die Familie eine ausgesprochen freundschaftliche Beziehung unterhält. Apropos Lehrerin: da geistern in meiner Grundschule noch Lehrkräfte herum, an denen offenbar Mama schon ihre Freude gehabt hatte. Ich beobachte diese ältesten Mitglieder der Schule nur von ferne, denn sie bleiben für mich rätselhafte und mythische Figuren, zu denen ich nur aus sicherer Distanz respektvoll und belustigt zugleich aufschauen kann. Der schrecklichste von ihnen ist Herr Stämpfli, ein stiernackiger Riese mit wässrigen Augen und weißen Stoppelhaaren, der sich in meiner Parallelklasse an seinen Schülern austobt (ich war wohl absichtlich nicht ihm, sondern dem jungen, aufgeschlossenen Herrn Fischer zugeteilt worden). Man hört Stämpfli oft durch die Wände hindurch brüllen, und daß dabei gelegentlich auch kräftige Ohrfeigen fallen sollen, weiß ich nur aus Erzählungen. Ich glaube mich zu erinnern, daß nicht nur wir Schüler, sondern auch seine Kollegen seiner absehbaren Pensionierung mit Erleichterung entgegengesehen haben. Das Lachen verbeißen mußte ich mir jedesmal, wenn unser Lehrer Fischer, sobald nebenan die fürchterliche Donnerstimme ertönte und sich einige Gesichter bei uns betreten senkten, spitz bemerkte: »Aha, die haben Singstunde!«

Auch von Vaters Bekannten schneit der eine oder andere mir bisher unbekannte Gast ins Haus. Papas musikalische Begleiterin, eine Schweizer Pianistin, deren Namen ich vergessen habe, ist mir – abgesehen von ihrem energischen und selbstsicheren Auftreten – nur schattenhaft im Gedächtnis geblieben, da meine Eltern beruflich viel unterwegs sind (ich erwähnte bereits die Sommertournee meines Vaters). Die Großeltern väterlicherseits sind inzwischen ebenfalls zu ihrem ersten Europabesuch nach dem Krieg aufgebrochen und haben bereits England, Holland und schließlich die Schweiz bereist. Als sie im Züricher »Baur au Lac« abgestiegen sind, habe ich sie ausführlich sehen können. Durch sie bin ich auch erstmals dem Züricher Verlegerpaar Richard und Riccarda begegnet. Mit Richard, einem integren, aufrechten Sozialdemokraten und aktiven Gegner des Nationalsozialismus, bin ich weniger in Berührung gekommen als mit seiner Frau, der gemütvoll-mütterlichen Riccarda, die dann, bald verwitwet, sein Erbe weitergeführt hat und bis zum heutigen Tag eine enge persönliche Freundin der Familie geblieben ist.

Freilich muß ich sagen, daß ich zu dieser Zeit – in meiner eigenen Kinderwelt befangen – noch keinen allzu offenen Blick für diese Erwachsenen habe. Sie kommen und gehen, treten für mich meist wohltuend und freundlich in Erscheinung und verschwinden dann wieder aus meinem Gesichtsfeld.

Es ist – wie gesagt – Hochsommer. Die Sommerferien stehen unmittelbar bevor. Ich genieße das heiße, trockene Wetter – eine beängstigende Dürreperiode wird die Schweiz einige Wochen später heimsuchen. An freien Nachmittagen oder Wochenenden tummle ich mich im Dorf umher, hole mir Erfrischung im kühlen Seebad, oder Paps und ich unternehmen zusammen lange Waldspaziergänge, wo wir im schattigen Laub, auf steinigen Pfaden, an plätschernden Bächen und rauschenden Wasserfällen vorbei, die verschiedenen, an der Ostseite des Sees gelegenen Berg-Tobel erobern, und wo Paps mir meine Lieblingsgeschichten erzählt: zum Beispiel »Wilhelm Tell«, wobei sich freier Bericht und wörtliche Zitate aus Schillers Drama in putziger Weise miteinander vermischen – beides natürlich im komisch gespreizten Bernischen Akzent.

Wieder ist ein solcher Nachmittag angebrochen. Ich war über Mittag bei meinem Freund Arthur gewesen und hatte mit ihm auf der Terrasse gespielt. Anschließend machte ich mich dann zusammen mit Großmutter Mams und Erik zu Fuß in die Stadt auf. Mams geht nachmittags oft aus, um irgendwelche Tanten zu besuchen oder Besorgungen (»Kommissionen«, wie sie sagt) zu erledigen, wobei sie sich bei dieser Gelegenheit ab und zu einen kurzen Abstecher in eine jener erlesenen Züricher Konditoreien an der Bahnhofstraße gönnt – dies freilich nie allein; denn sie vermag zu solchen kleinen Ausschweifungen nur dann zu stehen, wenn sie in von ihr eingeladener Gesellschaft geschehen. Mams kann sich ihre häufigen Ausflüge in die Stadt zeitlich ohne weiteres leisten, da sie seit ihrer Heirat nie etwas anderes gewesen ist als Hausherrin und Mutter. Neben der raschen Regelung hauswirtschaftlicher Angelegenheiten mit Anna und anderen dienstbaren Geistern verbringt sie den Tag mit zahlreichen Annehmlichkeiten: feinsinnigem Klavierspiel auf dem schwarzen Bechstein im Musikzimmer, Briefeschreiben, Stricken, Lektüre oder eben Gängen in die Stadt. Jetzt hat sie die Rolle der Großmutter übernommen, was ihr wohltut, nachdem ihre eigenen Kinder schon lange das Elternhaus verlassen haben.

Wir sind, wie schon oft, zu dritt unterwegs zur Trambahnstation. Zu dieser Jahreszeit im Dorf sonst immer gerne barfuß, sind wir Kinder angehalten, Sandalen zu tragen. Auch Mams ist sichtlich feiner gekleidet als zu Hause. Ihre geblümte Bluse, der etwas altmodisch-steife, aber nicht unelegante Hut mit kurzem Schleier zeigen ebenso wie ihr unüberhörbares Schnaufen beim Gehen durch die Sonnenhitze, daß unser Stadtgang für sie immerhin eine kleine Aktion ist.

Meinen Bruder Erik beachte ich jetzt kaum. Er scheint mir während dieser ersten Schweizer Zeit überhaupt ein wenig abhanden gekommen zu sein. Eine wesentliche Rolle dabei spielt wohl mein Schulleben mit all seinen neuen, sozialen Ablenkungen, während er noch ganz in seinem Vorschul-Bereich geblieben ist. Damit hat sich das für ihn schon seit jeher etwas tragische Ungleichgewicht zwischen uns im Moment noch vergrößert. Dies wird sich freilich wieder etwas zu seinen Gunsten ändern.

Bald haben wir unser erstes Ziel erreicht. Vorne an der Haltestelle stehen einige spärlichen Schatten spendende Bäume, bei diesem grellen Licht und dem glühenden Asphalt eine wahre Erholung. Ich freue mich zwar auf unsere Besuche heute nachmittag, wozu natürlich auch wieder das »Einkehren« (in eines der beliebten Cafés) gehört, aber mein Kopf ist mir noch so voll von all dem bei Arthur Erlebten, daß ich es loswerden möchte, um das Bevorstehende unbeschwert genießen zu können.

»Du, Mams, bei Arthur habe ich durchs Fenster gehört, wie Frau Wieser Klavier spielte. Arthur erzählte mir, daß sie Stunden gibt. Ist man denn eigentlich auch Musiker, wenn man nur Musikunterricht erteilt?«

Ich spreche diese Sätze auf hochdeutsch aus, obwohl ich den Schweizer Dialekt längst beherrsche. Mich hält wohl eine gewisse Scheu davor zurück, mich auch mit meinen Großeltern in der Landessprache zu unterhalten, weil wir das Hochdeutsche gleich anfangs zu »unserer« Sprache deklariert hatten und es für mich den Bruch einer geheimen, intimen Verabredung bedeuten würde.

Mams zögert mit ihrer Reaktion auf meine Frage – ich weiß nicht, was sie zurückhält; ich glaube nicht, daß es nur die Hitze unter ihrem schwarzen Hut ist – während wir weiter auf unser schattiges Ziel zusteuern. Als sie ihre katzenartig graugrünen Augen zukneift und über mich hinwegblickt, kann ich es sicher als Schutzmaßnahme gegen die Grelle des Sonnenlichts deuten. Nicht zu verkennen ist jedoch der Anflug eines mir unerklärlichen Unwillens, auf meine Frage einzugehen. Verhalten und wie abwesend antwortet sie:

»Die Frau Wieser gibt Klavierstunden, weil es ihr Freude macht, nicht aus beruflichen Gründen. Sie muß ja den Haushalt führen für ihren Mann und Arthur und für ihren alten, kranken Vater, den sie pflegt. Man kann vielleicht sagen, daß sie nebenbei Musiker ist«, wobei sie das Wort ›nebenbei‹ etwas streng betont.

»Nebenbei? Aber Arthur hat mir gesagt, daß sie ziemlich viele Schüler hat und dafür auch Geld bekommt.«

»Na ja, die haben natürlich ein großes Haus und, wie gesagt, einen kranken Vater zu versorgen, und Herr Wieser verdient vielleicht auch nicht so viel mit seinen Bildern, obwohl er sehr schön malt... Hast du die südfranzösische Landschaft in unserem Musikzimmer noch nicht gesehen? Ist doch hübsch, nicht?«

Mehr sagt sie nicht dazu. Im Gegenteil, sie hat offensichtlich das Thema gewechselt, um nichts mehr über den Musikerberuf verlauten zu lassen.

Dann aber – wir sind jetzt fast bei den Bäumen angelangt – wird mir ihre Abwehr endlich verständlich. »Sag mal«, setzt sie plötzlich wieder an, und ihre Stimme klingt merklich verändert, ein wenig gepreßt und spröde – sie kann dies auch nicht mit einem freundlichen Blinzeln ihrer Katzenaugen verbergen: »Sag mal, warum redest du eigentlich nicht Schweizerdeutsch mit mir? Du kannst das doch schon so gut. Weißt du, wenn wir hier auf der Straße so laut hochdeutsch reden und uns die Leute hören... hier auf der Straße oder in der Trambahn, dann muß ich mich jedesmal schämen...«

NASM-Holland-America-Line, im Oktober 1947

Liebe Mams,
heute ist es schönes Wetter. Der Himmel ist blau, aber es hat ziemlich viele Wolken. Heute schaukelt das Schiff nicht. Die Sonne scheint. Heute ist es Samstag. Jetzt kommen wir bald in New York an. Ich habe alles gern zum Essen. Aber ich habe Ice Cream und Sardinen am allerliebsten, mittags.

Kuss von Alexander und Erik

NASM-Holland-America-Line, am selben Tag.

Lieber Paps,
ich komme in zwei Jahren wieder, und Du kommst in einem Jahr wieder. Wir brauchen gar nicht traurig sein. Ich freue mich auf Dich in einem Jahr, und wenn ich in zwei Jahren wieder komme, so gehe ich immer in Dein Bett.

Gruß von Alexander

»Die Tyrannei der öffentlichen Meinung – und welcher Meinung erst! – ist in den französischen Kleinstädten genau so töricht wie in den Vereinigten Staaten von Amerika«, meint Stendhal am Anfang seines Romans »Rot und Schwarz«, wo er das Städtchen Verrières, den Hauptschauplatz des Geschehens, gleich etwas eingehender unter die Lupe nimmt. Das im Schutz einer Jurabergkette gelegene Städtchen mit seinen Fabriken und Sägereien wird als behäbig reich, seine Bewohner als eine Mischung aus Selbstzufriedenheit, Anmaßung, Beschränktheit und geistiger Trägheit beschrieben. »Weit hinten am Horizont ragen die Burgunder Berge empor, eine wahre Augenweide und wie geschaffen, den Reisenden die stickige Luft der kleinlichen Geldinteressen vergessen zu lassen, die ihm mählich den Atem benimmt.«

Beim Lesen dieser Stellen muß ich heute – bei aller Verschiedenheit des nationalen Kolorits – unwillkürlich auch an amerikanische Kleinstädte denken, wie sie mir nach unserer Rückkehr aus der Schweiz in der Zeit 1948/49 begegnet sind. Vor allem Mill Valley drängt sich mir dabei als Vergleich auf, mit dem schon fast schmerzlichen Kontrast zwischen Anmut und Großzügigkeit der sonnenhellen, waldigen Küstengebirgslandschaft, in die das Städtchen eingebettet ist, und dem, was sich in seinen Mauern an atmosphärischer Enge und Dumpfheit bemerkbar macht.

Dieser nach meiner Rückkehr deutlich gewordene Widerspruch ist mir freilich neu, wenn ich an meine schwärmerische Begeisterung für dieses Land denke, als wir zu unserem ersten europäischen Besuch aufbrachen. Er wurde mir damals ja auch nicht sofort bewußt, sondern erst nach Monaten, als sich die bedenklichen Anzeichen zu mehren begannen und sich kritisch-distanzierte Gefühle entwickelten.

Unterschwellig hatten sich wohl schon bei meinen frühen Erfahrungen mit meinen nachbarlichen Spielkameraden einige in das Gesamtbild wenig passende Eindrücke festgesetzt, die ich aber verdrängte, so wie in einem Lichtkegel die bestrahlten Gegenstände besonders aufleuchten und die Dinge ringsherum grau und unscharf erscheinen. Ich meine zum Beispiel die muffige Atmosphäre im Hause meiner Freundin Joany Thran, die Kaufladen-Existenz ihres unterdrückten Vaters oder auch die dubiosen familiären Verhältnisse des in der Nähe wohnenden Eddie. Auch in dem schon zur allgemeinen Norm gewordenen Spielzeug-Pistolenschießen sah ich zwar ursprünglich nichts Verwerfliches, aber latent wirkende, Mißbilligung ausdrückende Signale meiner Eltern ließen mich doch langsam erkennen, daß dieses kindliche Treiben ein Symbol für die immer vorhandene Nähe plötzlich ausbrechender Gewalt darstellte. Gemischte Gefühle hatten in mir weiterhin die morgendlichen, unter den Klängen der Nationalhymne geübten Fahnen-Salut-Zeremonien in unserer Schule erweckt. Auch hier überwog ursprünglich das Positive, das Feierliche, das Bewußtsein der Zugehörigkeit zu etwas Großem, Überindividuellem, und der dieser Prozedur anhaftende unangenehme Beigeschmack paramilitärischen Zwanges und ritueller Leere hielt sich im Hintergrund.

Der Grund, warum die Schattenseiten des kalifornischen Alltages schließlich sich deutlicher ausprägten, lag sowohl in meinem allmählichen Erwachsenwerden als auch in einem grundlegenden Wandel der politischen Verhältnisse in Amerika. Der solidarisierende Kampf gegen den faschistischen Außenfeind in Europa und Japan, zu dem sich die Vereinigten Staaten mit Mühe und auch nur dank Roosevelts genialer Schachzüge aufgerafft hatten, war siegreich beendet. Die disziplinierende kollektive Anspannung war einer nationalen Erschöpfung gewichen, die eher Desorientiertheit und Haltlosigkeit erzeugte. Nachdem das kurzfristige Zweckbündnis mit der Sowjetunion gegen den gemeinsamen Widersacher seinen Sinn erfüllt hatte, konnte auch der Kommunismus wieder in seine alte Sündenbockrolle gedrängt und im eigenen Land wie auch außenpolitisch als Feind Numero eins bekämpft werden. Zunehmende Gesinnungsschnüffelei, ideologische Engherzigkeit sowie verfassungswidrige Übergriffe im Sinne einer regelrechten politischen Inquisition schürten Angst und Bedrängnis und verdüsterten die Stimmung in der Öffentlichkeit. Ein epidemieartig sich ausbreitender weltanschaulicher und moralischer Nihilismus, Duckmäusertum und Opportunismus erzeugten eine Luft, in der das Atmen immer beschwerlicher wurde.

Verschwommen sind mir von damals noch mehrere Eindrücke gegenwärtig, die ich bei Besuchen von Freunden und Klassenkameraden, aus Beobachtungen bei Einkäufen und Spaziergängen im Dorf oder auch aus Schilderungen und Erzählungen Dritter gewann. Eine bestimmte Szene ist haften geblieben. Ich will versuchen, sie zu rekonstruieren.

Herbst 1948, kurz vor der ersten Nachkriegswahl des Präsidenten. Die Kandidaten stehen fest. Einer von ihnen ist Harry Truman. Seine Siegeschancen stehen an sich nicht schlecht, da er schon über drei Jahre lang, seit dem plötzlichen Tod von Roosevelt, als Vizepräsident amtiert. Energisch, warmherzig, zäh und tapfer, wenngleich klein und unscheinbar in seinem Auftreten, hat er Amerika aus dem Krieg herausgesteuert, wenn auch mit Hiroshima und Nagasaki auf dem Gewissen, und ist jetzt bemüht, wenigstens einiges von Roosevelts Geist, dem er sich verpflichtet fühlt, in die neue Zeit hinüberzuretten. Als eigentlicher Favorit freilich gilt der Republikaner Dewey. Er repräsentiert den mittelständisch-konservativen Flügel und ist besonders von den nationalistischen Unternehmerkreisen hochgespielt, die seinerzeit Roosevelts Tod mit Champagner begossen hatten. Nun sehen sie ihre große Stunde gekommen zum Aufbruch in eine neue Epoche, gekennzeichnet durch das politisch so gefährliche irrationale und extreme Gemisch aus Erzkonservatismus und »wave of the future«. Überall, von Plakaten und aus Zeitungen, lächelt einem eine Filmschauspieler-Dutzendfigur mit eitlem Schnurrbartgesicht und pomadisiertem Haar entgegen. Einige Jahrzehnte später hat es dann tatsächlich ein Schauspieler geschafft, Präsident der Vereinigten Staaten zu werden. Der Dritte im Bunde schließlich, Wallace ist sein Name, ist ein im letzten Moment aufgestellter Zusatzkandidat ohne ernsthafte Bedeutung. Er ist ein parteipolitisch Unabhängiger, ein feinsinniger bürgerlicher Intellektueller, erfüllt von humanitären Motiven und träumend von einer Synthese zwischen Kapitalismus und Sozialismus, dem berühmten »Dritten Weg«. In Wirklichkeit ist er für das schmutzige Geschäft nüchterner Realpolitik nicht geschaffen. Obwohl jedermann weiß, daß er nicht die geringsten Aussichten hat, das Rennen zu machen, wird er von einer verschwindend kleinen Minderheit vernunftgläubiger und fortschrittswilliger Vertreter der großbürgerlichen Intelligenz unterstützt. Meine ganze in Kalifornien ansässige Familie, inzwischen alle wahlberechtigte amerikanische Staatsbürger, gibt ihm ihre Stimme und setzt sich, wo sie nur kann, in Wort und Tat für diesen Mann ein.

Es muß etwa drei, vier Wochen vor dem Wahltag sein, irgendwann im Oktober – ein Zeitpunkt also, an dem im ganzen Land das Wahlfieber seinem Höhepunkt entgegentreibt.

In Mill Valley haben wir gerade Unterricht. Ich sitze wieder in der Klasse, die ich vor anderthalb Jahren verlassen hatte, und die auf dem schon erwähnten vergilbten Klassenfoto festgehalten ist. Es ist ein kleinfenstriger, dunkler Raum, in dem wir uns aufhalten, vorne steht die Flagge neben dem Katheder, im Hintergrund befindet sich eine kleine weiße Türe, auf die hin und wieder sehnsüchtige Blicke fallen, weil bald Pause ist.

Gerade muß es ziemlich unruhig gewesen sein. Unsere Lehrerin – es ist nicht Mrs. Anderson, sondern irgendeine mäßig erfreuliche, untersetzte Person mit finnigem Gesicht und einem geübten, wendigen Lehrerblick hinter der Brille – hat soeben den Grund der Ruhestörung herausgefunden. Vier beieinandersitzende Schüler, die eine Art Clique bilden, haben sich schon länger ungeniert und angeregt über das große Thema, eben die Präsidentenwahl, unterhalten. Doch anstatt sie zur Ordnung zu rufen, wird die Lehrerin plötzlich ganz feierlich. »Okay, ich habe eine Idee«, ruft sie aus. »Wenn die Wahlen für euch so wichtig sind, Kinder, dann können wir ja in den letzten Minuten vor der Pause eine kleine Umfrage machen, wer für welchen Präsidenten ist... Das heißt, ihr hebt einfach bei dem Kandidaten den Finger, den eure Eltern wählen werden!«

Innerhalb von Sekunden wird es mäuschenstill. Man hört nur ein paar Fliegen, die ab und zu unrhythmisch ans Fenster schlagen. Ein kurzes vergnügtes Blitzen in den Augen der Lehrerin zeigt ihren Triumph, mit solchen demokratischen Methoden wieder Ruhe hergestellt zu haben. Und vermutlich freut sie sich auch darüber, jetzt endlich Genaueres über die politische Richtung der einzelnen Elternhäuser erfahren zu können.

»Also«, ruft sie lauter und tritt energisch einen kleinen Schritt vorwärts. »Wessen Eltern wählen Vizepräsident Truman?«

Ungefähr die Hälfte der Schüler hebt den Arm, die einen rasch, andere zögernd. Fast alle recken die Hälse und spähen in der Runde umher, als wären sie unsicher, ob sie sich dieses öffentliche Bekenntnis auch leisten können.

Bei dem Namen Dewey meldet sich praktisch der ganze restliche Teil der Klasse. Die sich dieser Seite zugeschlagen haben, wirken allerdings sicherer und geschlossener, und auf ihren Gesichtern ist Kampfgeist zu lesen. Einige grinsen, und man hört da und dort ein aggressives Raunen. Vor allem der verwegen dreinblickende Blondschopf dort hinten, den ich im Zusammenhang mit dem Klassenfoto erwähnt hatte, scheint mit einigen Armverrenkungen seine Banknachbarn aufwiegeln oder provozieren zu wollen. Er trägt heute ein rotes, geblümtes Halstuch. Auch das schmächtige Mädchen mit der Zahnspange und dem schüchternen Lächeln hat für den Republikaner Dewey votiert, viel selbstsicherer und entschlossener als sonst sich gebend. Peter, mein Freund (wie enttäuscht ich bin, daß er nicht Wallace wählt), hatte für Truman den Finger gehoben, ebenfalls Douglas mit der Brille, mit dem ich mich damals auf dem Schulhof geprügelt hatte.

Etwas ängstlich zumute wird mir, wenn ich bedenke, daß außer mir kaum einer übrig geblieben sein kann, der seine Stimme für den dritten Kandidaten abgeben wird. Werde ich gleich ganz allein sein? Was wird dann passieren? Wird man lachend und johlend über mich herfallen? Entsetzlich, diese Vorstellung – gleich muß es soweit sein!

»Und jetzt ... wer...«, und dies klingt schrecklich gedehnt, als würden Ewigkeiten vergehen, »wer ... ist ... denn«, fragt die Lehrerin leise und offenbar lustlos und desinteressiert, »wer ist für Wallace?«

Ohne zu zögern und fast automatisch, als wollte ich es möglichst schnell hinter mich bringen, hebe ich die Hand und wage kaum, mich nach Mitstreitern umzusehen. Ich stelle aber fest, daß nur ein einziger sich noch meldet. Er sitzt in der Reihe links von mir, etwas weiter hinten, ich hatte ihn bisher noch nie beachtet. Es ist ein Stiller und Unscheinbarer, mit breiten Schultern und einem braven Gesicht. Zusammengekauert und in sich gekehrt sitzt er da, nicht anders als sonst, wie mir vorkommt. Oder hat er am Ende auch ein wenig Angst vor der Reaktion der anderen auf sein Außenseiter-Bekenntnis? Ich suche seinen Blick, um Gemeinsamkeiten herzustellen, doch er will offenbar nicht.

Aber noch Schlimmeres als die befürchteten Lachsalven tritt ein, nämlich überhaupt nichts. Rundherum herrscht eisiges Schweigen. Man beachtet uns gar nicht, nimmt keinerlei Notiz, nicht einmal ein mitleidiges Lächeln gönnt man uns. Die Sache ist abgetan, erledigt. Man kann wieder zur Tagesordnung übergehen. Und schon ertönt das Klingelzeichen, das uns alle wie auf Kommando auf den Pausenhof hinausfegt.

Während ich benommen und einsam im Strom mitschwimme, inmitten erhitzter Gesichter und lärmigem Schwatzen, kommt Matthew auf mich zu, ein Neuer in der Klasse, ein leutseliges, immer lächelndes Kerlchen, das seine Kontaktfreudigkeit durch hüpfend-schlenkernde Bewegungen zu unterstreichen sucht. Mit seiner etwas singenden Stimme redet er auf mich ein. Mir ist allerdings so, als ob er nicht mich persönlich meint. Er wirkt so, als würde er durch mich hindurchsprechen. Wahrscheinlich sucht er irgend jemanden, beliebig, auswechselbar, bei dem er das, was ihn bewegt, loswerden kann. Wie ein Werbe-Manager preist er in einem Wasserfall hochtrabender Worte die Vorzüge Trumans. Je länger ich nicht darauf reagiere, desto intensiver wird sein Reden, desto heftiger sein Gestikulieren.

Da wir inzwischen den Flur erreicht haben, und die Dichte der vorwärtsdrängenden Schüler nachgelassen hat, gewinnen wir endlich mehr Bewegungsfreiheit.

»You know«, schließt er seine Reden ab, und seine Lustigkeit steigert sich fast noch, »we have the Atom-bomb ... isn't that great? We just can throw it down on Russia and we'll win the whole war. We are much stronger than they are. Isn't that great ... the Atom-bomb?«

Und bei den letzten Worten macht Matthew einen begeisterten Luftsprung, wirft dabei übermütig die Beine nach vorne und schlägt sich gleichzeitig aufs eigene Hinterteil, eine Springbewegung, wie ich sie schon von Cowboy-Darstellern in Wild-West-Filmen kenne.

»Yipiii«, kreischt er dabei in den Flur hinein und verschwindet vorn im Halbdunkel der Menge.

II.
Erste Welthellsicht

Sieben rasche Jahre sind seit dem Begräbnis des Großvaters vergangen. Alexanders Befürchtungen waren nicht unbegründet gewesen, die sein Leben in der Atmosphäre des großmütterlichen Heims betrafen. Seine kompositorischen und schriftstellerischen Experimente hatte er bald nach seinem Einzug wieder aufgegeben und sich statt dessen mehr und mehr auf eine große Dirigentenkarriere kapriziert. Erst wollte er frühzeitig vom Gymnasium abgehen, war dann jedoch mit viel Mühe zum Abitur gelangt. Wenn er sich damit auch vorerst noch für ein bürgerliches Leben entschieden hatte, so waren ihm zu dieser Zeit die morbiden und finsteren Seiten des Daseins schon nicht mehr unbekannt. Bedrängt von Einsamkeit und unerfüllten Sehnsüchten, gefährdet durch den intensiven Gebrauch von Schlafmitteln und Stimulantien, steigerte er sich gelegentlich immer heftiger in seine illusionäre Selbstüberschätzung hinein. Oft ließ er sich auch zu alkoholischen oder anderen Exzessen mit Gleichaltrigen verleiten und zeigte zu Hause manchmal ein so auffälliges Benehmen, daß Onkel G., der einzige übrigens in der Familie, der so etwas überhaupt bemerkte, ernsthafte Sorgen um das, wie er sagte, haltlos im Winde treibende Schilfrohr Alexander äußerte, ohne damit freilich irgend etwas zu bewirken.

Noch stärker verlor Alexander den Boden unter den Füßen, als er nach Absolvierung des Gymnasiums das lang ersehnte und seiner Umgebung ebenso lang angedrohte Musikstudium aufnahm. Nunmehr konnte er völlig legitim dem noch exzentrischeren Leben eines Künstlers und Bohèmiens nachgehen. Wohin ihn diese Entwicklung schließlich führte und welch überraschenden Verlauf sie nahm, soll im folgenden sein Tagebuch beschreiben.

11. Dezember 1962

»Nichts ist dauernd als der Wechsel«, sagt ein Sprichwort. Ich muß dieser Tage immer wieder daran denken. Denn ein solcher Wechsel, irgendwohin in eine offene Zukunft, steht wieder einmal vor meiner Tür. Ich habe es mir schließlich selber eingebrockt, daß ich der Skepsis meiner Leute zum Trotz vor drei Jahren mein frischgedrucktes Abiturzeugnis einfach in die Tasche gesteckt und mich sogleich ganz und gar der Musik zugewandt habe. Und mit dieser Musik soll ich also in wenigen Tagen zu einem ersten vorläufigen Abschluß gelangen. Es wird mir etwas schwindlig bei dem Gedanken, überhaupt nicht zu wissen, wie es weitergeht, wenn ich am 17. meine letzten Prüfungen abgelegt habe und aus der Hand des Konservatoriumsdirektors mein schmuckes, in violettes Leinen eingefaßtes Klavier-Diplom entgegennehme. Es ist wohl auch typisch, daß ich schon für den Abend dieses Tages einen Schlafwagenplatz nach Paris gebucht habe, wohin ich, direkt von der Musikhochschule, Hals über Kopf abreisen werde, um Max vor Weihnachten für einige Tage zu besuchen.

Fast ist mir so, als müßte ich mich vor mir selbst dafür rechtfertigen, daß ich diesen schwierigen und unsicheren Weg des Musikstudiums eingeschlagen habe, und als würde es mich erst jetzt nachdenklich machen, daß Papa sich schon vor vielen Jahren, als ich noch aufs Gymnasium ging und meine ganze Freizeit zum Klavierüben und Komponieren nutzte, energisch meinen ernsthaften Musikplänen widersetzte. Dazu hatte er bei unseren schwach entwickelten Beziehungen – so weit voneinander entfernt, durch einen Ozean getrennt – eigentlich kaum ein Recht. Ich bin mir selber nicht klar, was ich damit wollte und auch noch weiterhin will. Und seitdem das auch mit Bettina auseinandergegangen ist, habe ich keinen Menschen, mit dem ich richtig darüber sprechen kann. Das ist wohl der Grund dafür, warum ich heute abend, obgleich ich nach einem unruhigen und anstrengenden Tag eigentlich noch in meinem Schlafzimmer ein wenig lesen wollte, plötzlich von dem Drang überfallen wurde, mich schriftlich mitzuteilen. Rasch griff ich nach einem Blatt Papier, ging an den Schreibtisch und fing an, meine Gedanken, wie sie gerade kamen, zu notieren. Mit Schriftstellerei hat das gewiß nichts zu tun. Es ist mehr so etwas wie ein kleines Selbstgespräch, das ich hier führe. Man könnte es auch Tagebuch nennen. Ich weiß nicht, wie häufig ich davon Gebrauch machen werde. Die Umstände werden es zeigen. Und außerdem: Es steht in den Sternen geschrieben, welche neuen Erkenntnisse mir aus dieser Niederschrift erwachsen werden. Aber ein Versuch dürfte nicht schaden!

13. Dezember 1962

Was für ein beglückender und hoffnungsvoll stimmender Tag! Heute nachmittag hat ganz überraschend Bettina angerufen, und schon eine halbe Stunde später war sie da – ganze drei Monate, nachdem ich sie zum letzten Mal gesehen habe.

Ich befand mich unten im Musikzimmer am Flügel. Für die Prüfung üben mochte ich nicht mehr. Ich kann diese Stücke kaum mehr sehen und hören. Ursprünglich hatte ich vor, meinen schon vor fast sieben Jahren geschriebenen und damals in Florenz »aufgeführten« Streichquartett-Satz weiter umzuschreiben. Dann plötzlich hatte ich beschlossen, mich rasch auf mein Moped zu schwingen und mir aus der Stadt die Klavierauszüge von ›Boris Godunow‹ und ›Parsifal‹ zu besorgen. Beides wird nach Neujahr in der Oper einstudiert, und wegen meiner vorgesehenen Mitwirkung sollte ich mich schon möglichst früh darauf vorbereiten. Nun also saß ich an meinem Instrument und war gerade dabei, mich in die sanft auf- und abschwellenden As-Dur-Begleit-Arpeggien des Abendmahlmotivs im Parsifal-Vorspiel hineinzuwiegen, um mit der mir bisher nur verschwommen gegenwärtigen Wagnerschen Klangwelt vertraut zu werden. Da klopfte es an der Tür, und mit einem Mal stand sie vor mir. Sie war wohl von Erna hereingelassen worden, weil ich das Klingeln nicht gehört hatte.

»Bettina!« rief ich, bezaubert von dem Liebreiz ihres mir so vertrauten Gesichtes.

Ich stand auf, eilte auf sie zu und merkte beim Gehen, daß ich instinktiv meine Noten vom Ständer gerissen und unter den Arm geklemmt hatte, als würde ich sie in diesem bewegten Augenblick als Stütze brauchen.

Ich empfand Dankbarkeit, Glück und Scheu, denn Bettina hatte sich letzten Sommer von mir getrennt, und sie war es, die jetzt, für mich mehr als überraschend, die Initiative ergriffen hatte.

»Wie geht es dir?« fragte sie. Es durchzuckte mich kurz, weil ich unwillkürlich an längst verflossene Momente dachte, in denen diese soviel musikalischen Wohllaut vermittelnde Stimme ganz nah an meinem Ohr und doch im Taumel weit weg und zu keinerlei geordneter Artikulation fähig gewesen war. Doch trotz aller Liebenswürdigkeit verrieten mir ihre Augen in einer neuen und bedrohlichen Weise Distanz und Abwehr, als ob sie einen Ring um sich aufgebaut hätte. Es sah wie Feindseligkeit aus, sollte sie in Wirklichkeit aber sicherlich schützen gegen ungewollte Vereinnahmungen.

Wir ließen uns auf das weiße Sofa an der Wand zwischen Flügel und Eingangstür nieder und bemühten uns, ein Gespräch in Gang zu bringen. Ich redete wie ein Wasserfall über meine beruflich aktuellsten Dinge und berichtete über schmeichelhafte Reaktionen auf meine Tätigkeit als Gastdirigent des Kurorchesters in Sils Maria, wo ich die Kurgäste mit allerlei Polter- und Schluchzmusik unterhalten mußte. Dann klappte ich den neuen Parsifal-Klavierauszug auf, meine unter den Arm geklemmte Krücke, um mich dozierend über den Aufbau des Vorspiels und die Beziehung der darin enthaltenen Grundmotive zueinander zu verbreiten. Es waren nicht nur Verlegenheit und Flucht vor einer mich allzu sehr anrührenden Begegnung, die mich dazu veranlaßten, sondern Mitteilungsbedürfnis und Beglücktsein darüber, endlich Bettina all die Dinge erzählen zu können, die sich so lange in mir angestaut hatten. Ich hatte ja im Moment keinen anderen Gesprächspartner, wenn ich von meinen im Flüsterton gehaltenen Zwiegesprächen mit ihr, allein im Zimmer oder auf einsamen Spaziergängen, absehe.

Das widersprüchliche Gemisch aus Zärtlichkeit und strenger, fast ironischer Skepsis in Bettinas Augen, das mir wie ein inhaltsreiches Buch vorkam, signalisierte mir zunehmende Ungeduld.

»Wir wollten doch über uns sprechen, oder nicht?« unterbrach sie meine umständlichen Ausführungen.

Aber es war wie verhext. Ich nahm einen erneuten Anlauf, sprach sie weitschweifig und ungeschickt auf die vergangenen Monate an und wollte wissen, wie es ihr ohne mich ergangen war.

»Die C-Dur Variationen von Mozart, übst du sie noch?« lautete eine meiner Fragen, oder: »Holt dich deine Mutter montags immer noch regelmäßig von der Klavierstunde ab?« oder: »Was macht deine Freundin Eva? Schwänzt ihr beide weiter die Musikpädagogik?«

Und ihre Antworten fielen nicht viel anders aus: »Wie alt bist du jetzt?« fragte sie plötzlich, als ich wieder krampfhaft von meinen musikalischen Aktivitäten anfing.

»Schon bald dreiundzwanzig, nicht wahr?« Dabei blickte sie mich scharf von der Seite an.

Das war wie ein Stich, weil sie genau wußte, daß mein Geburtstag erst in acht Monaten war.

Es schien, als wollten wir beide nicht so recht in unsere Beziehung und ihre Probleme eindringen. Mich beunruhigte das behutsame Umeinanderkreisen auf dieser anscheinend harmlosen, alltäglichen Konversationsebene jedoch überhaupt nicht. Es hatte ganz im Gegenteil das Vertraut-Vertrauliche von früher. Ich gewann immer mehr die Zuversicht, daß Bettina wieder Kontakt mit mir suchte, und ich wertete ihr Verhalten als Wunsch nach einer Rückkehr in unsere alte Beziehung oder nach einem Neu-Anfang.

Ich sehe auch, ehrlich gesagt, gar nicht ein, warum alles zu Ende sein soll. Als sie sich im Sommer von mir zurückzog, war es im Grunde gar nicht sie selbst gewesen, sondern zweifellos handelte sie unter dem Druck ihrer Eltern, die schon immer gegen unsere Verbindung gewesen waren. Dem alten, kranken Glaser muß ich wegen seiner verkrachten Schriftsteller-Existenz ein Dorn im Auge gewesen sein, da ich ausgerechnet derselben Gilde angehöre wie er, dazu noch aus einem Hause, dem mehr Glück beschert ist als ihm. Das verkraftet er nicht, und er hat es seine Tochter immer wieder spüren lassen. Außerdem sind diese Leute so schrecklich streng katholisch. Da haben sie endlich etwas, womit sie sich besser als unsereins dünken, und wo sie auf mich unwissenden, gottlosen Heiden herabblicken können. Das ist mir manchmal fast wie bei den Capulets und Montagues vorgekommen. Zu allem mußte auch noch diese unselige Geschichte mit dem Brief passieren, den ich an Bettina geschrieben hatte, und der von ihrer Mutter entdeckt wurde. Ausgerechnet darin hatte ich mich über unsere häufigen heimlichen Treffen nachts auf dem Parkplatz, über unser traumhaftes gemeinsames Hineinsausen in den Abgrund verbotener Ekstasen ausgelassen. Als Bettina von Frau Glaser deshalb zur Rede gestellt wurde, gab es ein furchtbares Donnerwetter.

Ich habe das Gefühl, daß diese Pause von ein paar Monaten uns ganz gut getan hat. Bettina ist kürzlich achtzehn geworden und hat bestimmt an Eigenständigkeit und Reife gewonnen. Das kann für unsere Beziehung nur positiv sein.

Nach einer guten Stunde mußte Bettina gehen. Sie hatte noch etwas in der Stadt zu erledigen, und ich beschloß, sie ein Stückchen zu begleiten, da ich auch nochmal kurz ins Opernhaus wollte. Wir fuhren mit der Straßenbahn, einige Haltestellen vor mir mußte sie aussteigen. Sie sprach nur wenig. Ich habe sie manchmal fragend und bittend angeblickt, aber ihre Augen gaben mir keine deutliche Antwort. Auch meinem Wunsch, von ihr zu erfahren, wann wir uns wiedersehen würden, kam sie nicht entgegen. Sie verließ den Wagen sehr rasch. Ich vergesse nicht ihr letztes Lächeln, den Kontrast ihres weißhäutigen Gesichts zu dem schwarzen Haar, die mir so gut bekannte, ungeschickt gebeugte Haltung ihres dünnen, hochaufgeschossenen Körpers. Ich sah ihr beim Weiterfahren durch die Fensterscheibe nach, bis ihr leuchtend blauer Wintermantel zu einem kleinen Punkt zusammenschrumpfte.

Zurückgeblieben ist trotz allem eine Menge Hoffnung. Ich bin sicher, daß sie mir über ein nächstes Wiedersehen deshalb nichts Genaues gesagt hat, weil sie weiß, daß es vor Neujahr allein schon meines Zeitplans wegen gar nicht möglich ist. In vier Tagen fahre ich, nach meiner letzten Prüfung, nach Paris. Anschließend kommen die Weihnachtsfeiertage mit ihrer unvermeidlichen, unstörbaren Ruhe. Das ist eine ziemlich lange Zeit. Aber dann, dann wird es anders. Das glaube ich fest.

28. Dezember 1962

Im Rückblick erscheint mir alles wieder so fern: Die Erinnerung an meine Spaziergänge die wintergraue Seine entlang zwischen Pont Neuf und Eiffel-Turm, mit den Gedanken an Bettina und mit allerlei Phantasien über ein stürmisches Vorankommen in meiner

Musikerlaufbahn. Alles nebulöse Träumereien. Und dann dieser verschwiegene Abstecher zu später Stunde, zusammen mit Max, in die dunklen, verwinkelten Gäßchen hinter der Place Pigalle und die endlose Reihe der in die Hauseingänge sich drückenden gurrenden Dämchen. Im deutlichen Gespür, wie weit weg Bettina ist, bin ich der Versuchung erlegen. Hoch ging's irgendeine knarrige Hintertreppe hinauf und dann hinein in ein Vergnügen, das mit der üblichen Geschäftigkeit abgewickelt wurde. Am Ende trottete ich betäubt vor Erniedrigung und schlechtem Nachgeschmack diese Treppe wieder hinunter, um so schnell wie möglich ins Freie zu gelangen. Gern denke ich an die unterhaltsame Bahnfahrt mit Max, gerade noch rechtzeitig zurück ins weihnachtliche Zürich.

Das Schlimmste ist, daß ich seit unserm letzten Wiedersehen vor zwei Wochen überhaupt nichts von Bettina gehört habe. Kein Brief. Kein Telefonat. Nichts. Und wenn ich anrufe, werde ich von der Mutter mit strenger Stimme abgefertigt, und ich kann nie in Erfahrung bringen, wann Bettina wo erreichbar ist. Ob sie sich etwa verleugnen läßt?

Gleich nach Neujahr beginnen die Klavierproben für ›Parsifal‹. Da die Chor-Einstudierung ein bis zwei Wochen nach dem Anfang der Soli-Korrepetitionen einsetzt, habe ich mit meiner Arbeit an den Chorstellen noch ein wenig Zeit.

29. Dezember 1962

Es ist ein merkwürdiges Gefühl, nach dem abgeschlossenen Studium an der Musikhochschule so frei und ungewiß in der Luft zu schweben, ohne in einen festen Stundenplan eingefügt zu sein. Die letzten Prüfungen gehören für mich inzwischen schon der Vergangenheit an. Ich habe mich danach auch kaum gefreut, empfand eher traurige Erleichterung und Leere. Diese Operntätigkeit bleibt für mich nach wie vor eine halbe Sache. Angeblich will man mir dort zu Beginn der nächsten Spielzeit, im September, einen Vertrag geben. Aber als was? Ob ich dann überhaupt noch hier bin?

Auf der anderen Seite ist es ein großer Gewinn, so richtig Zeit und Muße zu haben, mich gründlich in Wagners ›Parsifal‹ hineinzuleben, wobei es sicherlich manche harte Nuß zu knacken gibt.

Was mich bisher am ›Parsifal‹ so fasziniert, ist dieser schwindelerregende Gegensatz zwischen Heiligkeit und abgründiger Sinnlichkeit, zwischen Schlichtheit und Erhabenheit der Grals-Motive und der peitschenden Chromatik in Klingsors Zaubergarten.

Ist es verwunderlich, daß gerade hier meine Gedanken wieder zu Bettina wandern und Szenen auftauchen, in denen ich eben jenen, vom Verstand kaum zu erfassenden Kontrast überwältigend erlebt habe? Wie wir beide damals im Innern meines irgendwo am Waldrand abgestellten Wägelchens, nur vom Vollmond gesehen, einander in die Arme fielen und in einen Zustand der Entrücktheit und Zügellosigkeit zugleich gerieten! Und während ich mich in ein Universum von unvorstellbar blendenden Lichtern eingetaucht fühlte, hörte ich sie flüstern:

»Ich sterbe, ich gehe die Wände hoch« ... »Ja, ich möchte zusammen mit dir weit, weit weg und endlich leben« ... »Ich zerspringe, wunderbar – nein, nicht, bitte nicht, das ist Sünde, ich darf das nicht tun. Aber du weißt das nicht ..., kannst es nicht wissen.«

Mir scheint manchmal, daß ich erst jetzt, da Bettina mich verlassen hat, zu begreifen beginne, was sie mir damit sagen wollte. Es mußte wohl so sein, daß mir dies erst widerfuhr, als es zu spät war, als sie das Trennende zwischen uns immer öfter und bedrohlicher ansprach und schließlich auch danach handelte und ging. Aber noch ist nichts Endgültiges entschieden. Ich muß mit ihr reden, muß sie fragen, was sie wirklich gemeint hat mit jener »Sünde«, und was ich tun kann, um ihr die Angst davor zu nehmen. Vor allem will ich ihr die Stelle im ›Parsifal‹ zeigen, auf die ich gerade heute vormittag gestoßen bin, die nicht nur von der Sünde, sondern auch von ihrer Bestrafung kündet.

Es ist der Schluß des zweiten Aktes, des ›Sünden‹-Aktes, wie ich ihn nennen würde, der in Klingsors Zauberreich spielt. Parsifal, der, wie andere vor ihm, in den Bann dieses verführerischen Gartens gezogen werden soll (»Den Gefährlichsten gilt's nun heut' zu besteh'n; ihn schirmt der Torheit Schild«), hat soeben den Verlockungskünsten der holden Blumenmädchen widerstanden und wird als nächstes auf Klingsors Drängen von Kundry angegangen, die sich ebenfalls seiner zu bemächtigen sucht. Gerade im Moment tödlicher Verstrickung mit ihr wird sich Parsifal seiner

Sendung bewußt (»so war es mein Kuß, der welthellsichtig dich machte?«), und auch ihrem Zugriff entwindet er sich. Als schließlich Klingsor selbst in einem letzten Versuch den Zauberspeer auf Parsifal schleudert, dreht sich die Geschichte um. Parsifal fängt den Speer auf und richtet ihn gegen Klingsor und sein Reich (»Mit diesem Zeichen bann ich deinen Zauber«), und bei Parsifals Ausruf »In Trauer und Trümmer stürz' er die trügende Pracht« erklingt in strahlendem C-Dur und im vollen Orchester-Tutti das Grals-Motiv. Dann aber passiert das Entsetzlichste im ganzen Werk überhaupt. Bei dem letzten Wort »Pracht« mischt sich in den rein und hell schmetternden C-Dur-Schlußakkord ein von Baß-Streichern, Kontrafagott und Baßtuba gespieltes tief dröhnendes Fis und noch ein A dazu, und dann versinkt unter fürchterlichem Getöse chromatisch absteigender zwölftonähnlicher Klangreihen Klingsors Schloß in den Boden, der blühende Garten verhutzelt ins Nichts, und auch Kundry fällt wie Asche in sich zusammen. Ein aus der Tiefe schreiendes Fis im erlösend strahlenden C-Dur-Akkord! Man muß nicht Musiker sein, um sich bei der bloßen Vorstellung eines solchen Klanges das Grauen in seinem vollsten Ausmaß vor Augen zu führen.

Ich werde Bettina also davon überzeugen können, daß ich es jetzt begriffen habe. Und sie wird mir glauben, und dann wird bestimmt alles gut werden.

5. Januar 1963

Ich wage es kaum niederzuschreiben – diese Schmach und Schande, und dieser Verlust dazu, der mir heute widerfahren ist. Es kann nicht wahr sein. Und ich weiß, daß ich es nicht einfach auf sich beruhen lassen darf.

Gestern hatte ich in meiner Verzweiflung in einem Blumengeschäft für Bettina elf langstielige rote Rosen ausgesucht und sie an ihre Adresse schicken lassen. Es war wie ein letzter Versuch, sie zu einem Gespräch zu bewegen, nachdem meine sämtlichen Anrufe fehlgeschlagen waren. Ich war fest davon überzeugt, daß sie sich, so wie ich sie kenne, diesem Liebesbeweis nicht werde entziehen können, und ich wartete seit heute früh stündlich auf ein Zeichen von ihr.

Aber die ganze Zeit blieb es unheimlich ruhig. Ich ging, unfähig, auch nur einen Strich zu arbeiten, ständig im Musikzimmer auf und ab und war völlig fixiert darauf, sie bald zu sehen, zu hören und zu fühlen.

Gegen Mittag beschloß ich, ein bißchen ins Freie zu gehen, weil ich es in meinen vier Wänden nicht mehr aushielt. Ich eilte durch die Diele und betrat den zwischen Kellertreppe und Haustür gelegenen sogenannten Windfang. Dort sah ich auf dem Boden, dicht neben dem mit Hundeleinen behängten Heizungskörper, eine längliche, graue Pappschachtel. Ein aufgeklebtes Etikett verriet ihre Herkunft. Der Absender war ein Blumengeschäft. Und noch bevor ich erkennen konnte, daß Bettinas Adresse darauf stand, entdeckte ich oben an der Kante mit charaktervollen spitzen und zugleich drollig verschnörkelten Schriftzeichen, eindeutig Bettinas Handschrift, den Vermerk: *Refusé*.

Es dauerte Sekunden, bis ich begriff, was geschehen war. Daß ich wie vom Donner gerührt war, betäubt, entsetzt und erstarrt, beschreibt nur ganz unzulänglich, was ich in diesem Augenblick empfand.

›Wie ist dieses Paket hier reingekommen?‹ war mein erster Gedanke. Und was mich mit fast noch größerer Panik erfüllte, als daß mir Bettina meine Blumen vor die Füße geworfen hatte, war, daß sie hier im Hause jemand entgegengenommen und gewiß ohne Schwierigkeit den Hergang dieses kläglichen Geschehens rekonstruiert hatte.

›Das kann hoffentlich nur Erna gewesen sein!‹ schoß es mir durch den Kopf. ›Warum hat sie mir die Blumen nicht gegeben, warum hat sie die Schachtel hier draußen liegengelassen? Wollte sie mich nicht beschämen? Nein, es ist alles aus, ich bin erledigt. Wie stehe ich bloß vor den anderen da.‹

Was ich dann tat, geschah fast willenlos und gleichsam in Trance. Als erstes ergriff ich die Schachtel und rannte mit ihr die Kellertreppe hinunter. Unten angelangt, zerrte ich die verknoteten Schnüre auf und zog aus dem Seidenpapier ganz vorsichtig den dornigen Rosenstrauß heraus. Nachdem ich mich im Halbdunkel des feuchten Kellers umgesehen hatte und in einer Ecke einen halbgefüllten Abfall-Eimer entdeckte, rannte ich hin, noch im Lauf die ersten Blumen-Stiele knickend, und stopfte nach gründlicher Zerstörung auch der übrigen Rosen die traurigen Überreste hinein. Das Ganze deckte ich schließlich mit den einzelnen Teilen des Kartons sorgfältig zu.

Es läßt sich gar nicht wiedergeben, von welcher Scham und Verzweiflung ich erfüllt war, als ich mit zerstochenen Fingern in der Stille und Dunkelheit des Kellers stand, den modrig-dumpfen Geruch von Kartoffeln, Marmeladegläsern und aufgehängter Wäsche einatmete und zu den kleinen, nur wenig vom trüben Winterlicht hereinlassenden Fenstern hochblickte. Die panische Angst vor einer Bloßstellung gegenüber meinen Hausgenossen, die den viel schlimmeren, viel tiefer sitzenden Schmerz betäubt hatte, war vorbei, da das Corpus delicti beseitigt war. Um so stärker brachen jetzt das Leid, die Ohnmacht und die Trostlosigkeit ungehindert über die Dämme. Mir war fast so, als ob die im Kübel vergrabenen Verpackungsschnüre meine eigenen Nerven und Sehnen, die Kartonfetzen meine Haut und das Gemisch aus Blüten, Blättern und Stielen meine Eingeweide und mein Blut gewesen wären.

Es war wohl schon Abend, als ich aus der Stellung aufschreckte, in der ich die ganze Zeit über verharrt hatte – innerlich schreiend, aber äußerlich erstarrt.

9. Januar 1963

Heute war die erste Chorprobe für ›Parsifal‹. Es scheint einen sehr kalten Winter zu geben. Ich mußte mein Moped in der Garage lassen und mit dem Bus fahren, da schon seit vorgestern ein schneidend-eisiger Wind weht, der sicher bald viel Schnee bringen wird.

Man hat mir die Einstudierung der sakralen Gesänge der Ritter, Jünglinge und Knabenstimmen in der Gralsburg im ersten Akt und die Chöre während der Weiheprozession am Schluß des dritten Aktes aufgetragen. Der Rest, vor allem die Blumenmädchen-Szene, ist ja saumäßig schwer. Glücklicherweise hat Herr Hálasz diese Aufgaben übernommen. Mit seinen flinken, leichten Fingern kann er das viel besser als ich.

Es ist aufregend, wenn sich ganz oben im Chorsaal die Choristen und Choristinnen mit dem debütierenden Korrepetitor zur ersten Probe treffen und einander Auge in Auge gegenübersitzen. Aus den neugierigen Blicken vor allem der älteren und dickeren Damen spricht ein amüsiertes, ironisch-gerührtes Wohlwollen mit einem mütterlichen Einschlag und einer unleugbaren Begehrlichkeit. Sobald sie freilich anfangen, ihren Mund zum Gesang zu formen und dabei manchmal so erbarmungswürdig spitz und hungrig dreinschauen, bekomme ich Mitleid mit ihnen. Bei den jüngeren dieser weiblichen Schönen sitzt eine Sopranistin, mit der ich schon im letzten Jahr manchmal einige Worte gewechselt habe. Es ist eine stattliche, lebenslustige Blondine, irgendwoher aus dem süddeutschen Raum, mit Namen Edeltraut – zwar, wie ich schätzen würde, immer noch rund zehn Jahre älter als ich, aber im Vergleich zu ihren Kolleginnen erfrischend jung. Man sagt, sie hätte zu Hause einen alten herzkranken Mann, den sie mit allem möglichen Jungvolk hier im Hause betrügen würde. Die Chorherren wirken, so unschön das klingt, ein wenig wie ausgediente Gäule, haben dicke Bäuche, wächsern-schlaffe Gesichtszüge und singen schwerfällig und scheppernd vor sich hin. Das also ist die Mannschaft, die ich heute bei meiner Antrittsprobe vorfinde.

Anfangs hatte ich mir noch eingebildet, pionierhafte Arbeit zu leisten.

»Bitte, meine Herren«, rief ich, nachdrücklich in die Hände klatschend, »es heißt nicht: ›Zum letzten Liebes-mool‹, sondern ›Mahl‹, ein helles, reines ›a‹. Bitte halten Sie dieses hinübergebundene G voll mit diesem ›a‹ durch, ja? Also, bitte nochmal!«

Aber es änderte sich kaum etwas. Sie blieben beharrlich beim ›Mool‹.

»Und achten Sie doch bitte auf ein ganz rhythmisches, straffes ›ge-rüstet‹. Sie sehen doch, auf dem ›ge-‹ ist ein Achtel-Auftakt mit einer Achtel-Pause davor. Bitte, ganz genau!«

Und ich hämmerte ihnen die begleitenden Viertel-Akkorde so ostentativ vor, daß der ohnehin vor Verstimmtheit jammernde Klavierkasten samt dem ganzen Wagner einem nur leid tun konnte – vor allem auch, weil meine Bemühungen so gut wie nichts fruchteten.

Auch wenn die Damenstimmen nicht viel edler waren als die ihrer männlichen Partner, so fielen Rhythmik und Artikulation doch merklich erfreulicher aus. Mir schien, als ob bei den etwas später einsetzenden »sündigen Welten mit tausend Schmerzen« der Alt immerhin in der Lage war, die Tenorstimmen ein wenig mitzureißen oder sie in ihrer trostlosen Lethargie zumindest zuzudecken.

Trotz dieser ernüchternden Erfahrungen während der Chorprobe habe ich heute dem ›Parsifal‹ wieder mich tief Berührendes abgewinnen können. Das war besonders in den Chorpartien der Fall, in denen ich mit der Klavier-Begleitung nur wenig oder gar nicht involviert bin, so daß ich in angenehmem Abstand zuhören kann. Ich meine vor allem die von der Höhe der Gralskuppel herabklingenden A Cappella-Chöre der Knaben und Jünglinge im ersten Akt, die ich heute zum ersten Mal zu hören bekommen habe, als ich unseren Altistinnen und Sopranistinnen die entsprechenden Einsätze gab. Schon der allererste A Cappella-Knabenchor, in dem mit entsprechendem Text (»Der Glaube lebt, die Taube schwebt«) das Glaubensmotiv in einen verschränkt-dreiphasigen, wellenhaft auf- und absteigenden As-Dur-Choral hineingearbeitet ist, hat etwas ungeheuer Feierliches. Es sind Klänge aus einer anderen Welt, die ich nicht ganz begreifen kann, obwohl ich es möchte. Mir scheint manchmal, daß, bei allem unentwirrbaren Gemisch aus Christentum und Heidentum, aus diesen Stellen reine Christlichkeit herausleuchtet, irgend etwas geheimnisvoll und ursprünglich Katholisches, das mich von ferne an das erinnert, was ich als Kind während der Prozessionen und Gottesdienste auf dem österreichischen Land mitbekommen habe.

Ich muß mich beim Anhören dieser Stellen immer wieder fragen, ob Nietzsche, der so sorgsam zwischen der ihn begeisternden Musik und der verdammenswerten Dichtung im ›Parsifal‹ unterschieden hat, nicht doch auch Christliches aus der Musik herausgehört haben muß, dies aber in Anbetracht ihrer Unantastbarkeit nicht wahrhaben wollte und es dann in den Text hineinprojizierte, wo man es viel leichter abtun kann. Ich möchte dem unbedingt weiter nachgehen.

11. Januar 1963

Diese Gralsszenen haben mich während weiterer Chorproben seit vorgestern sehr beschäftigt und mich auf mein geringes Wissen über Religion und Christentum aufmerksam gemacht, so daß ich beschlossen habe, die grundlegendsten Dinge darüber nachzulesen. Ich habe mich heute nachmittag, als ich sicher war, daß sich niemand in der Nähe aufhielt, ins Teezimmer geschlichen und mir aus dem dortigen Bücherregal einige Bände der Brockhaus-Enzyklopädie herausgeholt, in denen ich etwas zu diesem Thema zu finden glaubte.

Am naheliegendsten war es, das Stichwort ›Jesus Christus‹ aufzuschlagen. Einiges war mir noch aus dem Religionsunterricht bekannt, vieles aber erschien mir neu, und es wurde mir erschrekkend klar, wie dürftig alles gewesen war, was man uns in dem freigeistig-zwinglianischen Gymnasium an religiösen Dingen beigebracht hatte. Beim Lesen schweiften meine Gedanken immer wieder zu dieser Schule ab, die mir jetzt kleinlich und freudlos erschien, und die ich mit innerem Groll für meine Unwissenheit verantwortlich machte. Ärgerlich erinnerte ich mich daran, wie unser einziger katholischer Lehrer, Herr Junod, zuständig für das Fach Französisch, bei seiner Einstellung schriftlich versichern mußte, im Unterricht auf jegliche Propaganda für den Katholizismus zu verzichten. Und daß es in der Oberstufe gar keinen richtigen Religionsunterricht mehr gegeben hatte, vielleicht weil man sich zu fein dafür war. Statt dessen wurden einmal wöchentlich von dem recht verklemmten Pfarrer einer Sekte sogenannte ›weltanschauliche Besprechungen‹ durchgeführt, in denen ein ganzes Sammelsurium allgemeiner ethischer Fragen diskutiert wurde. Eine besondere Vorliebe hegte Herr Reh, so hieß dieser Lehrer, für das Thema ›voreheliche Partnerschaft und Sexualität‹, und er hatte die Gewohnheit, uns alle, auch die Mädchen, immer wieder zu ermuntern, ihm über intime Probleme, die wir vor der Klasse nicht offen auszusprechen wagten, brieflich unser Herz auszuschütten. Wobei er versicherte, auch mit entsprechend offenen Briefen zu antworten. Über die eigentliche Lehre des Christentums, seine Geschichte und die vielen Richtungen, die sich im Laufe der Jahrhunderte daraus entwickelt oder davon abgespalten hatten, erfuhr ich dort kaum mehr als während meiner Kindheit im eigenen Haus. Und das heißt: so gut wie nichts. Ich erinnere mich nur, daß ich seltsamerweise ganz am Ende unserer Abiturfeier, nach den salbungsvollen Abschiedsansprachen und der Aushändigung unserer Zeugnisse, bei dem jedes Jahr zum Schluß erklingenden ›Befiehl du deine Wege‹ plötzlich ein dumpf-wehmütiges Gefühl empfand. So sehr ich diese trostlose Art von Feiern und Andachten immer gehaßt hatte, so spürte ich damals, daß dieses Zusammensein mir doch etwas bedeutet haben mußte, daß diese Schule trotz der Ärmlichkeit ihres Geistes für mich wie eine kleine Gemeinde, eine schlichte, aber doch bergende Heimstätte gewesen war, aus der ich jetzt erbarmungslos ins freie, offene Leben entlassen wurde.

In diesem Sinne konzentrierte ich mich beim Durchlesen der wichtigsten Lexikon-Artikel nicht so sehr auf die als historisch ausgewiesenen Stationen und Begebenheiten aus dem Leben Jesu, sondern meine Wißbegier richtete sich vornehmlich auf die aus seiner Predigt hervorgegangene theologische Lehre mit ihren unterschiedlichen, ja gegensätzlichen konfessionellen Ausprägungen.

Am erstaunlichsten war mir der in seiner Einfachheit geradezu bestechende Nenner, auf den man den Hauptunterschied zwischen protestantischer und katholischer Anschauung offenbar zu bringen vermag, sobald man kurzsichtige Rechthaberei und Polemik aufgibt zugunsten eines neutral-nüchternen Weitblicks. Demnach scheint nach der protestantischen Theologie das Heil in der glaubensvollen Begegnung des einzelnen Menschen mit der biblischen Offenbarung zu liegen, wobei man kirchlicher Gemeinschaft und geschichtlicher Tradition mehr eine nebensächliche oder unter Umständen sogar störende Bedeutung beimißt. Im Katholizismus hingegen scheinen mir Rechtfertigung und Erlösung mehr in allgemeinverbindlicher und gültiger Weise historisch gestiftet und von der Kirche tradiert und verwaltet zu sein, und es liegt an der Entscheidung des einzelnen, ob er sich in dieses Heilsuniversum einreihen und sich dessen würdig erweisen will oder nicht. Ich fragte und frage mich dabei immer wieder, ob denn in einer solchen seit Jahrtausenden vorgegebenen Größe nicht zugleich mehr Freiheit epochaler Entfaltung liegt als in unserem protestantischen Glauben, der sich in einer geradezu puristischen Weise von Geschichte und Gemeinschaft und praktisch allem Irdischen losgelöst zu haben scheint. Ist Religion nicht von vornherein überzeugender, wenn sie eingebettet ist in die Vielfalt einer sich durch die Jahrhunderte entwickelnden gemeinsamen menschlichen Lebenspraxis mit ihren jeweils typischen kulturellen, sprachlichen und sogar künstlerischen Besonderheiten?

Ich beginne jetzt zu begreifen, was jenes ›Katholische‹ ist, das ich bei der vorgestrigen ersten Chorprobe in den Gralsszenen durch den theatralischen Tingeltangel habe durchschimmern sehen. Man fühlt sich zurückversetzt in den großen historischen Augenblick, in dem jener neutestamentliche Bund der Versöhnung und Liebe hergestellt wurde, aber man spürt gleichzeitig, wie, gleichsam unter einem riesigen, Vergangenheit, Gegenwart und Zukunft umfassenden Spannungsbogen, diese Menschheitstat in jede Faser unseres heutigen Lebens hineinwirkt, sobald wir über das sinnliche Medium der Musik dieses überzeitliche Geschehen auf uns einwirken lassen.

15. Januar 1963

Es ist wahnsinnig kalt draußen. Schon seit über einer Woche haben wir Minus-Temperaturen um zwanzig Grad; dazu kommt noch dieser unaufhörliche Wind. Vom anderen See-Ende werden schon erste Anzeichen von Eisbildung gemeldet. Das ist so weit weg von der Stadt zwar nichts Außergewöhnliches. Doch wenn das so weitergeht, friert bald der ganze See zu.

Ich hatte mir fest vorgenommen, nach jener Blumen-Katastrophe jegliche weiteren Annäherungsversuche an Bettina zu unterlassen. Aber ich habe es nicht durchgehalten. Es war mir nicht anders möglich, als sie wenigstens einmal noch anzurufen. Dieses Alleinsein ist einfach entsetzlich. Man dreht sich im Kreis, wenn man, so ganz auf sich gestellt, vor sich hin brütet. Ich brauche Menschen, mit denen ich über die mich bewegenden Fragen reden kann. Und Bettina ist mir nicht nur vertraut, sondern ich glaube auch, daß sie mir gerade in religiösen Dingen sehr gut weiterhelfen kann. Warum entzieht sie sich mir gerade jetzt? Sie hat mir im letzten Sommer Mangel an Religiosität, an Demut und moralischem Bewußtsein vorgeworfen. Und jetzt, da ich mich mit diesen Dingen auseinandersetze, ihnen ganz auf den Grund gehen will, jetzt ist sie für mich nicht mehr zu sprechen. Ist das nicht verantwortungslos von ihr?

Es war ein kurzes verzweifeltes Telefongespräch, das ich heute nachmittag mit ihr geführt habe. Danach habe ich mich geschämt für mein unwürdiges Bitten und Flehen. Das Ganze lief wie ein sinnlos sich wiederholender Zirkel ab.

»Ich muß dich sehen, ich muß dich sprechen, unbedingt, ich kann nicht anders!«

Darauf antwortete sie mit irgendwelchen fadenscheinigen Ausreden.

»Warum willst du nichts mit mir zu tun haben? Sag mir doch, was ich falsch gemacht habe!«

Das war für sie die Gelegenheit, ihren Rückzug, ihre Entscheidung, die Erkaltung ihrer Gefühle erneut zu begründen und zu rechtfertigen, auch vor sich selbst.

»Du weißt, ich habe dich gegen die Angriffe der Kollegen in der Musikhochschule lange verteidigt und habe für dich viel eingesteckt. Irgendwann aber konnte ich dazu nicht mehr stehen und mußte begreifen, daß die anderen doch ein wenig recht haben. Mit deiner eigenwilligen und ungehobelten Art stehst du dir selbst im Wege, beruflich wie auch menschlich. Bei deinem Rivalen Enrico ist das ganz anders. Der kommt auf seiner Dirigentenlaufbahn erfolgreich voran. Er hat allein schon als seit Generationen hier Ansässiger eine glücklichere Hand, mit den Leuten eures gemeinsam gegründeten Orchesters richtig umzugehen. Kein Wunder, daß sich schließlich die ganze Truppe von dir abgewendet hat und nur noch unter seiner Leitung spielen will. Ich habe dir das schon oft gesagt. Warum fragst du mich wieder danach?«

In diesem Moment haßte ich sie. Warum mußte sie mich an diesen schrecklich wunden Punkt erinnern und mir so unfair meine Fremdheit und mein Anderssein vorhalten – um damit weitere Barrieren zwischen uns aufzubauen? Ich stellte mir vor, wie sie aussah, und das verklärte, verzauberte Bild von ihr, das ich ständig in mir herumtrage, bekam brutal-häßliche Züge. Es war plötzlich ein verkniffener Mund, der diese Unfreundlichkeiten plapperte, die schimmernde Blässe ihres Gesichts verglich ich nicht mehr mit edlem Elfenbein, sondern mit Mehl, und aus dem schwarzen Funkeln ihrer exotisch schmalgeschnittenen Augen sprach für mich nicht mehr Stolz und Würde, sondern maliziöse Verschlagenheit. Doch schon im selben Moment bereute ich meine extremen Gefühle. ›Sie kann ja gar nicht wissen, was sich in der Zwischenzeit bei mir alles verändert hat. Sie hat ja keine Gelegenheit gehabt, dies alles zu registrieren. Es mag ja etwas dran sein an dem, was sie mir wegen früher vorgeworfen hat. Ich muß ihr unbedingt sagen, warum das heute nicht mehr zutrifft‹, dachte ich, und mein Zorn verpuffte und machte der alten unbändigen Sehnsucht Platz. Ich fühlte mich von Liebe und Panik so stark geschüttelt, daß ich zu explodieren glaubte.

»Du weißt gar nicht, was inzwischen alles in meinem Kopf rumort. Das kann ich so kurz gar nicht sagen. Ich müßte es dir erzählen. Ich verstehe jetzt auch vieles von dem, was du mir früher, im Auto, über deinen Glauben und über eure strengen Prinzipien zu Hause mitgeteilt hast. Laß es mich dir erklären. Bitte, ich muß dich sehen!«

Und während ich dies voller Verzweiflung hinaussprudelte, merkte ich mit Entsetzen, daß sich meine Stimme überschlug und sich wie die eines Ertrinkenden anhörte. Als Bettina, durch meinen Ausbruch offenbar irritiert, sekundenlang zögerte, schöpfte ich Hoffnung, fiel aber um so tiefer in den Abgrund, als sie mir schließlich mit den wohlbekannten Ausflüchten erneut zu verstehen gab, mich nicht sehen zu wollen.

Damit schloß sich der Kreis unseres fruchtlosen Gesprächs, und es konnte alles wieder von vorne beginnen, was auch noch einige Male geschah. Bettina ließ immer wieder durchblicken, daß sie sich für eine Beziehung wie die unsere noch zu jung fühle, daß sie damit auch vor allem sexuell überfordert sei. Die strengen Anschauungen ihrer Eltern würden sie in schwere innere Konflikte stürzen. Auch diese Argumente waren für mich keineswegs neu. Das in jeder Hinsicht verfahrene Gespräch zwischen uns bekam dadurch keine neuen, belebenden Impulse.

Nachdem ich aufgelegt hatte, mußte ich lange über alles nachdenken. Und es tat mir gut, meine Überlegungen, wieder allein für mich in meinem Zimmer, vor mich hinzuflüstern und mir dabei vorzustellen, daß Bettina vor mir säße und mir zuhörte.

In Momenten schicksalhafter Niederlagen und Verluste ist es wohl besonders wichtig, nicht in kleinlichem Selbstmitleid zu verharren, sondern sich darüber im klaren zu sein, daß bei allem, was man tut und erleidet, irgendwelche Kräfte, die weit über uns hinausgehen, im Spiel sind. Und meine Vorstellung, daß wir uns diesen Kräften geduldig unterzuordnen haben, entspricht vielleicht dem, was Bettina früher mit jener Demut meinte, von der sie manchmal sprach. Genau das ist es, was ich ihr heute so gerne gesagt hätte.

21. Januar 1963

Man hat inzwischen mit den Bühnenproben begonnen, freilich erst mit Klavier und heute nur den zweiten Teil des ersten Aktes, das heißt vor allem die Chorszenen in der Gralsfeier. Das Werk ist ja so gewaltig, daß man trotz guter Kenntnis und noch so ausgeprägter Routine nicht früh genug in die musikalische Einstudierung auch die szenische miteinbeziehen sollte.

Es ging dabei mit der üblichen mich amüsierenden Turbulenz zu. Ich verfolgte heute als außenstehender Beobachter das muntere Treiben, in dem sich Ernst und Humor so merkwürdig mischen. Ich habe mir diesen Zuhörer-Posten nach der gestrigen mühsamen Arbeit mit unseren Choristen, glaube ich, auch reichlich verdient.

Geprobt wurde zuerst die Schwanen-Szene zwischen Gurnemanz, Parsifal und Kundry kurz vor dem Gang in die Gralsburg im ersten Akt. Die musikalische Begleitung am Klavier sollte ursprünglich Hálasz übernehmen. Da er krank war, sprang der alte Zeisig ein. Und zum ersten Mal war der immer wieder behende von seinem Tischchen aufspringende, temperamentvoll gestikulierende und laut seine Anweisungen gebende Regisseur, ein mir unbekannter ausländischer Gast, anwesend. Der Dirigent, Herr Kritz, saß als einziger im dunklen Zuschauerraum, um sich ein erstes Bild der musikalischen Güte von Chor und Solisten verschaffen zu können.

Einige Akteure der zweiten Szene standen schon vorne am Bühneneingang in meiner Nähe, die Darsteller von Amfortas und Titurel sowie einige Choristen. Sie waren alle vorsorglich vom Inspizienten über die Sprechanlage aus der Kantine herbeigerufen worden. Am Regisseur-Tischchen auf der grell erleuchteten Bühne, nahe beim Orchestergraben, entdeckte ich auch meinen neuen Freund Gadun, Manuel Gadun, der sich als Regie-Assistent betätigt.

Ich bin mit ihm schon einigemal ins Gespräch gekommen, zuerst rein zufällig im Vorübergehen, dann dort, wo man sich eben trifft: in einem der kleinen Aufenthaltsräume oder hinter der Bühne oder auch vorne am Inspizientenpult, das einer der beliebtesten Treffpunkte des Hauses ist. Gadun war mir aufgefallen durch seine zurückhaltend-versonnene und dabei doch wachsam-interessierte Art – ein stilles Wasser, wie mir schien. Vor kurzem war er – wiederholt von irgendeinem Lehrgang einer Fachschule frühzeitig abgesprungen – zu uns gestoßen. Seitdem ist er bei sämtlichen Regieproben gewissermaßen das Mädchen für alles, in einer recht ungewissen, freischwebenden Position. Wie ich aus unseren immer längeren und vertraulichen Plaudereien am Rande der Proben erfuhr, wohnt er an derselben Seeseite wie ich, allein mit seiner Mutter, der Witwe eines verunglückten Trapezkünstlers. Vor Jahren, nach dem Tod des Vaters, waren sie aus dem Graubündischen hergezogen. Man kann sich gut mit ihm unterhalten, denn er gehört zu den wenigen hier im Haus, die über die Routine hinaus tiefer in den Geist der aufgeführten Werke eindringen. Er setzt sich überhaupt gerne auseinander mit musikwissenschaftlichen oder allgemein-kulturgeschichtlichen Fragen, zu denen er sich offenkundig eine beachtliche Menge angelesen hat. Wir haben schon einmal bei einem Glas Bier in der Kantine einen ersten Gedankenaustausch über Wagner und sein von uns jetzt geprobtes Spätwerk gehabt. Dabei waren wir einander so nahegekommen, daß wir uns auch persönlichere Dinge, wenngleich noch tastend-vorsichtig und verhalten, anzuvertrauen begannen. Ich hatte ihm meine Leidensgeschichte mit Bettina angedeutet, und er bekannte mir etwas verschämt, aber mit unübersehbarer Begeisterung, daß er sich in jene Edeltraut, die lebenslustige, verheiratete Chor-Sopranistin aus Süddeutschland, verliebt habe, wobei er beteuerte, er meine es entschieden ernster als alle ihre anderen Verehrer, und er werde sie von ihrer ›Unstetigkeit‹, wie er sich ausdrückte, zu ›heilen‹ wissen.

Da saß er nun heute im Rampenschein mit ausgestreckten, dünnen Beinen am Regietisch, scheinbar gleichmütig und verschlafen seinem ungestüm auf der Bühne umherlaufenden Herrn und Meister nachschauend, aber doch wie eine Feder gespannt, auf ein Signal von ihm jederzeit aufzuspringen und die von ihm geforderten Hilfsdienste zu leisten.

Der Widerspruch in seiner Physiognomie berührt mich jedesmal von neuem. Da sind einerseits seine feine, fast fragil wirkende Erscheinung, die sensiblen Gesichtszüge unter der dicht herabfallenden blondlockigen Mähne. Andererseits lag für mich auch heute wieder, durch das grelle Bühnenlicht verdeutlicht, in dem leuchtenden Blau seiner tiefliegenden, unruhig umherwandernden Augen eine mich eigentümlich berührende, ja befremdende Härte.

Seine finster-verschlossene Miene veränderte sich schlagartig, und es kam Bewegung in ihn, als die Szene wechselte, und der Chor für die Gralsprozession aufgestellt wurde. Denn nun trat Edeltraut in Manuels Blickfeld. Sie stand in der vorderen Reihe der die Knaben darstellenden Sopranstimmen, und auch ich fand, daß sie trotz ihrer reifen, fülligen Formen in Wuchs und Auftreten etwas Knabenhaft-Burschikoses an sich hatte. Ich genierte mich fast, Zeuge des Augen-Techtelmechtels zu sein, das von ihrer Seite weit mehr geschürt wurde als von seiner, wobei Gadun als der jüngere und hilflosere von beiden auf mich ungleich betroffener und verwundbarer wirkte als sie. Vor allem bei der eigentlichen Abendmahlshandlung, an der die Holzbläser mit ihren sanft und unerbittlich vorantreibenden Achtel-Triolen einsetzen (»Wein und Brot des letzten Mahles wandelt einst der Herr des Grales«), feierten Edeltrauts Augen wahrhafte Orgien mit ihrem vor Erregung fast gelähmt am Regietisch sitzenden jugendlichen Opfer. Kokett warf sie wie ein gefallsüchtiger Kanarienvogel mehrere Male ihren hübschen, dunkelblonden Pagenkopf in die Höhe und verzog mit allerlei unzweideutigen Bewegungen ihren Mund. Am Ende des Aktes wandte ich mich schließlich von dem heißen Augenflirt der beiden ab, auch weil sich für mich in den abschließenden Gesang der Gralsritter etwas hineinmischt, was nicht in die sakrale, reine Atmosphäre der Abendmahl-Szene paßt. Nicht nur im Text (»treu bis zum Tod, fest jedem Müh'n, zu wirken des

Heilands Werke« und später noch schlimmer: »Froh im Verein brudergetreu, zu kämpfen mit seligem Mute«), sondern auch im teutonisch-kraftmeierischen Klang der Musik liegt für mich etwas, was an mehreren Stellen des Wagnerschen Werkes durchklingt: eine wahnhafte Verstiegenheit, dämonisch aufbegehrend, ein unheilverkündender Vorbote für nur ein halbes Jahrhundert danach grauenhaft Realisiertes.

Man kann sich vorstellen, daß Manuel und ich nach Beendigung dieser Probe einander viel zu sagen hatten. Beim Hinuntersteigen der engen steinernen Hintertreppe in die Kantine erzählte ich ihm, welche Versprechungen ich aus Edeltrauts Blicken herausgelesen hatte, und er erriet ganz richtig die süß-schmerzlichen Verbindungen, die ich beim Verfolgen dieser Szene unwillkürlich zu Bettina hergestellt hatte. Dann aber, als wir uns, unten angelangt, an einem der kleinen runden Marmortischchen behaglich niedergelassen hatten, gingen wir dazu über, unseren vor Tagen begonnenen Gedankenaustausch über den ›Parsifal‹ fortzusetzen.

Manuel erzählte mir zuerst einige interessante Einzelheiten zur Entstehungsgeschichte des Bühnenwerkes. Ich erfuhr, daß Wagner schon als junger Mann eine Oper über Jesus von Nazareth komponieren wollte; auch eine mit dem Titel »Die Sieger«, die vor allem die Figur Buddhas zum Gegenstand hatte, war von ihm konzipiert worden. Merkwürdige Zusammenhänge scheinen auch zu bestehen zwischen dem todkranken Tristan und Amfortas. Schon mehr als zwanzig Jahre vor der Niederschrift des ›Parsifal‹ ließ sich Wagner durch die Feierstimmung, die von einem in der Villa Wesendonck erlebten frühlingshaften Karfreitagmorgen ausging, zu ersten Skizzen inspirieren. Für die Atmosphäre der beiden Hauptschauplätze sollen auf der Italienreise von 1880 besichtigte Bauwerke Pate gestanden haben: für Klingsors Zauberschloß der Palazzo Rufalo bei Neapel, für die Gralsszenen in Montsalvat der Dom von Siena. Mein Gesprächspartner wußte auch einiges über die mittelalterlichen Textquellen zu berichten – nicht nur über die von Wagner benutzte von Wolfram von Eschenbach, sondern auch über noch ältere, aus Frankreich stammende, die ihrerseits auf arabisch-kleinasiatische Nachdichtungen der eigentlichen Passionsgeschichte Jesu zurückgreifen.

Die Frage nach dem vor allem in der Musik ausgedrückten christlichen Kern in diesem Bühnen-Festspiel ist ja das brennendste Problem für mich. Einige diesbezügliche Stichworte Manuels genügten, um mich meinen Gedanken darüber so stark hinzugeben, daß ich die weiteren Ausführungen meines Gegenübers nur noch wie durch einen Nebel wahrnahm. Trotz meines eifrigen Kopfnickens mußte die geistige Abwesenheit mir im Gesicht gestanden haben. »Findest du nicht, daß dieses Musikdrama eigentlich durch und durch katholisch und nicht protestantisch ist?« platzte ich schließlich heraus, ohne zu wissen, ob die Bemerkung an dieser Stelle paßte oder nicht.

Manuel schien jedoch nichts zu bemerken oder tat wenigstens so. Er antwortete ohne zu zögern und mit unveränderter Miene, so daß ich beruhigt war: »Katholisch? So ausgeprägt habe ich das noch nie gehört.«

Sein Gesicht nahm einen erstaunten Ausdruck an.

»Ich meine«, fuhr ich fort, »die priesterliche Frömmigkeit, die von der Musik ausgeht. Über vielen Stellen des ersten und dritten Aktes liegt eine Art Weihrauchstimmung. Sie erinnert mich an die feierlichen Messen, Andachten oder sonstigen kirchlichen Begängnisse, die ich als Kind vor allem auf dem katholischen Land häufig miterlebt habe, weil sie nicht nur das Herz, sondern eigentlich alle Sinne angesprochen haben. Man ist so richtig aufgehoben und eingebettet in ein übergeordnetes Geschehen. Findest du nicht, daß diese Musik bei allem Germanentum auch viel Sinnlich-Romanisches an sich hat – dieses Weben der Orchesterstimmen, die Wucht der im trägen Rhythmus schlagenden Baß-Glocken und die engelhaften Chöre dazu?«

Manuels Gesicht, das zunehmend ungehalten wirkte, hellte bei den letzten Worten, die ich absichtlich betont hatte, sichtlich auf. Er hatte mir vorher ständig signalisiert, daß er mich unterbrechen wolle, lehnte sich jetzt aber entspannt und freundlich zurück und ließ mich ungehindert weiterreden. Ich fühlte mich, als ob ich eine neue Schneise geschlagen hätte.

»Katholisch finde ich auch diese Verbindung zwischen Heiligkeit und Sünde, Geist und Sinnlichkeit, ja Himmel und Hölle, die deswegen kaum erträglich ist, weil die beiden Gegensätze so subtil ineinander verschmelzen. Die Hölle findet sich nicht nur in reiner Form im Klingsor-Akt, sondern lauert fast überall im ganzen Stück. Denke doch an das in allen drei Akten immer wieder aufheulende Kundry-Motiv oder auch an das teuflische Ritt-Motiv. Das Böse hat zweifellos auch im Protestantismus seinen Platz. Aber dort wird ja gerade seine radikale Trennung vom Guten propagiert, es wird ins Irdische verbannt, weit weg vom reinen Geist. Im Katholizismus, der den Glauben in voller Sinnlichkeit lebt, ist der Übergang vom einen zum anderen dagegen dermaßen fließend, daß es einer Herausforderung gleichkommt.«

Manuel stutzte etwas verlegen und ratlos, weil er sich einerseits aufgerufen sah, bei meinen Erörterungen mitzuhalten, andererseits sich jedoch offenbar überfordert fühlte und ihm diese Überlegungen fremd oder vielleicht sogar uninteressant schienen. Auch waren, seitdem ich von den engelhaften Chören gesprochen hatte, seine Gedanken ganz woanders. Ich hätte ihn aber gerne zu einem lebendigen Widerspruch gereizt. Ich versuchte es, indem ich auf das Verhältnis von Erinnerung und Vergegenwärtigung zu sprechen kam, über das ich im Zusammenhang mit dem ›Parsifal‹ viel nachgedacht hatte. Ich erwähnte dabei als Grundmerkmal des Katholizismus die Geschichtlichkeit des Heils, die eben in jener vergegenwärtigenden Erinnerung so deutlich spürbar werde, wobei ich als Beispiel dafür die ständige Wiederkehr der Leitmotive des ›Parsifal‹ nannte. Mehr schien Manuel mit meinem Hinweis auf die Verantwortung zur Gemeinschaft anfangen zu können, die nach meiner Auffassung mit der Geschichtlichkeit des Heils eng verwandt ist, und für die es auch wieder im ›Parsifal‹ Beispiele gibt. Ich nannte zuerst den Königssohn Amfortas, der sich in seinem durch Klingsor verursachten heillosen Zustand von Verwundung und Verfall unfähig fühlt, das ihm von seinem alten Vater Titurel übertragene heilige Amt zu übernehmen und an dem Konflikt zwischen Sündenbewußtsein und dynastischer Verpflichtung auch innerlich zu zerbrechen droht, bis ihm durch Parsifal endlich die Erlösung zuteil wird. Aber auch Parsifal selbst macht ja eine Entwicklung zum Gehorsam, zur verantwortungsbewußten Einfügung in seine Bestimmung durch. Der Umschlag der unschuldig-dumpfen Unwissenheit vom vaterlos in der Wildnis aufgewachsenen »reinen Toren« in die Erleuchtung und damit in seine Befähigung zum erlösenden Handeln vollzieht sich durch alle drei Akte von Stufe zu Stufe. Das erste Gefühl von Mitleid erwacht bei ihm, als er gedankenlos und unachtsam den Schwan getötet hat, erhöht sich dann dramatisch beim Anblick von Amfortas' Qualen während der Abendmahlsfeier und wandelt sich schließlich durch Kundrys verführerischen Kuß in Klingsors Reich zur eigentlichen »Welthellsicht«, weil Parsifal eben in diesem Kuß die tödliche Berührung erkennt, der Amfortas erlegen war. Und das entscheidend Christliche, ja Katholische ist für mich, daß es Parsifal nicht bei der mystischen Erleuchtung im Sinne der Schopenhauerschen inneren Abkehr vom blinden »Willen«, von der elend-schuldhaften »Welt« beläßt, sondern daß er sich im dritten Akt vielmehr zur erlösenden konkreten Heilstat aufschwingt. Schließlich erkühnte ich mich zu der Behauptung, daß vor allem Parsifals Handeln ein heroisches Beispiel für eine mühsam errungene und ganz und gar gott- und zugleich doch weltbezogene Laienfrömmigkeit sei, wie sie für alle Zeiten unsere christlich-abendländische Geschichte mitbestimmt habe und auch heute wieder, besonders im Katholizismus, eine neue Bedeutung gewinnen würde.

Hier hakte Gadun, offenbar in seiner protestantischen Ehre getroffen, ziemlich heftig ein.

»Laienbewegung ... im Katholizismus? Was meinst du denn um Himmels willen damit?«

In diesem Moment wurde mir klar, wie weit ich mich bei meiner Argumentation auf die Äste gewagt hatte, zumal ich über diese Dinge wirklich nicht viel Bescheid weiß. ›Jetzt mußt du sehen, wie du hier wieder herauskommst‹, dachte ich, und gleichzeitig kam es mir schon fast komisch vor, daß ich mich so stark als Anwalt einer Konfession aufspielte, der ich ja gar nicht angehöre.

»Denk an Papst Johannes XXIII., der hat viel Neues in Gang gebracht: Die Öffnung des Katholizismus zur Welt hin, ich meine nicht nur die Arbeiterpriester, sondern auch die Aufgaben, die heute zunehmend den Laien übertragen werden. Die wachsende politisch-soziale Bedeutung des Christentums, das ist vorwiegend eine Sache des Katholizismus geworden. Denk doch mal an die

Audienz, die Adschubej, der Schwiegersohn Chruschtschows, kürzlich bei Papst Johannes hatte.«

»Aber das ist doch schon Kommunismus. Das ist reinster Kommunismus«, rief Gadun aus.

Ich war völlig perplex, weil ich diesen Schluß noch nie gezogen hatte. Und mit einer fast grimmigen inneren Heiterkeit wurde mir, als ich in Manuels verdattertes Gesicht sah, schlagartig deutlich, daß die mir sonst bekannten Rollen im Streit zwischen sogenanntem reaktionärem Katholizismus und modernem Protestantismus hier glatt vertauscht waren. Ich verteidigte mit der katholischen Sache zugleich auch diejenige des sozialen, revolutionären Fortschritts, wohingegen Manuel eine Art Bündnis zwischen ängstlich-individualistischem National-Protestantismus und dem kapitalistischen Kleinbürgertum seines Landes zu verkörpern schien. Er hatte mit dieser Zuordnung von Katholizismus und Kommunismus nur eine einzige formelhaft komprimierte Gleichung ausgesprochen, dies jedoch furchtsam und augenscheinlich aus tiefster Seele heraus, als ob er sich verzweifelt gegen ein ihm zur Selbstverständlichkeit gewordenes Feindbild wehren müßte. Es hatte geradezu etwas Demaskierendes an sich.

Damit hatten wir uns also, jeder auf seine Art, in ziemlich unmögliche Positionen verrannt, wie dies eben geschieht, wenn man vertraute, sichere Gesprächsbahnen verläßt und sich unbekümmert vom freien Flug der Gedanken-Assoziationen in Gebiete entführen läßt, in denen man sich offenbar nicht genügend auskennt.

Obwohl mir bei der ganzen Sache nicht wohl war und ich auch an dem gläsernen Ausdruck seiner wieder unruhig gewordenen Augen merkte, daß Manuel anscheinend ähnlich dachte wie ich, verharrten wir noch eine Weile bei unserem Thema. Manuel meinte nochmals, daß sich Religiosität und Sozialismus ausschließen würden, weil letzterer von Grund auf materialistisch sei. Man habe, so fuhr er fort, als demokratisch gesonnener freier Bürger und nicht als ›Sozi‹ seinen Mann zu stehen – sowohl in seinen alltäglichen weltlichen Pflichten als auch in seiner Beziehung zu Gott. Politik dagegen sei eine andere Sache, und die Einmischung des Christentums in dieses an sich schmutzige Geschäft würde nichts Gutes bringen. Dem hängte er noch ein trotziges ›jawohl‹ an.

Ich war verunsichert und fühlte auch, daß meine Behauptungen, das Christentum stehe heute vor einer Art Wende und Wiedergeburt – dank der politisch ausgerichteten Laienbewegung der katholischen Kirche und so weiter – nicht recht überzeugend klangen, ja daß ich selbst auch nicht so fest daran glaubte.

Diese schwankende Stimmung hielt bei mir noch den ganzen restlichen Tag an. Alles ist schließlich sehr neu für mich. Nicht nur mein Verhältnis zur Religion, sondern auch meine politischen Gedanken. Manuels politische Auffassung entspricht ganz und gar dem, was man uns jahrelang tagtäglich im Gymnasium eingetrichtert und was mich auch dazu veranlaßt hat, 1956 zusammen mit der ganzen Klasse beim Fackel-Umzug für den Ungarn-Aufstand durch Zürich mitzumarschieren. Diese landesübliche Überzeugung aber steht weitgehend im Widerspruch zu den Meinungen, die ich regelmäßig bei mir zu Hause bei den täglichen Tischgesprächen und abends beim gemeinsamen Fernsehen zu hören bekommen habe. Ich bin verwirrt und weiß eigentlich nicht, was ich denken soll und wo ich eigentlich stehe.

»Also bis morgen«, verabschiedete sich Manuel, nachdem wir, ins Gespräch vertieft, bereits den gemeinsamen Teil unseres Heimweges angetreten hatten und nach dem Überqueren der Limmatbrücke und des Bürkliplatzes am Ende der Grünanlagen am See-Ufer angelangt waren. »Bis morgen, bis zu den Blumenmädchen«, sagte ich und zwinkerte ihm zu.

22. Januar 1963

Als ich heute früh das Theatergebäude betrat, erfuhr ich, daß gestern abend alles umgestellt worden ist. Kritz soll sich am Ende der Probe unzufrieden über die Chöre geäußert und angeordnet haben, daß heute vormittag oben im Chorsaal sowohl die Grals-Chöre als auch die Blumenmädchen nochmals geübt und gleichzeitig unten auf der Bühne die Solistenauftritte im zweiten Akt, vor allem die Schluß-Szene zwischen Kundry und Parsifal, geprobt werden sollen.

Ich war verdrießlicherweise wieder für die Grals-Chöre eingeteilt worden. Und sowas erfährt man erst, wenn man vor dem schwarzen Brett steht! Widerwillig habe ich mich also hinaufbegeben und das Ganze nochmals durchgepaukt, wobei ich mich freilich selbst davon überzeugen konnte, daß eine Wiederholung keinesfalls schadete.

Nach anderthalb Stunden habe ich das Feld, wie üblich, für die Blumenmädchen geräumt und bin zur Bühne zurückgekehrt, weil ich mir die Kundry-Parsifal-Szene keinesfalls entgehen lassen wollte.

»Wehvolles Erbe, dem ich verfallen«, ging es mir noch von gestern ständig durch den Kopf, als ich die Treppe hinunterstieg und mich die stockfinsteren, muffig-staubigen Gänge entlang und an den achtlos durcheinandergestellten Requisiten vorbei vorwärtstastete, bis ich endlich am Ziel war. Als ich auf die wie eine Arena vor mir ausgebreitete, hell angestrahlte Bühne blickte, fühlte ich mich ähnlich wie im letzten Sommer in Venedig, als ich aus dem Gewirr verwinkelter und dunkler Gäßchen plötzlich in das blendende Licht des riesigen Markusplatzes eintauchte.

Auch das »wehvolle Erbe« fiel von mir ab, als ich unsere Miss Janis und Herrn Auffer in ihrem dramatischen Kundry-Parsifal-Zwiegespräch antraf. Der Korrepetitor – wieder der alte Herr Zeisig – machte am Klavier, das auf der gegenüberliegenden Seite aufgestellt war, seine Sache ebenfalls sehr gut. Es lief musikalisch alles so überzeugend und konzentriert ab, daß auch der Regisseur ruhiger und entspannter als gestern wirkte und nur selten eingriff.

Man wiederholte gerade wieder den Anfang, wo Kundry nach dem Verschwinden der Blumenmädchen Parsifal gegenübertritt und ihn mit ihren Verführungskünsten zu umgarnen beginnt. Es ist, nach dem lärmigen Gekicher der Blumenmädchen, eine ungeheuer verhaltene, ausdrucksstarke Stelle, an der Kundry sogleich raffiniert Parsifals eigentlichen Lebensnerv anrührt: nämlich seine dunkle Kindheit und die düsteren Umstände des Todes seiner geliebten Mutter Herzeleid.

Ich stand mit aufgeschlagenem Klavierauszug, den ich im Haus jetzt immer mit mir führe, und konzentrierte mich fast nur auf die Noten und kaum auf das Geschehen auf der Bühne. Und wieder machte ich – trotz der inzwischen schon vertrauten Klänge – Entdeckungen, die mich übermannten und durcheinanderbrachten.

Die musikalische Darstellung von Kundrys emphatischem erzählerischem Rückblick auf die von ihr selbst miterlebte Kindheitsidylle zwischen Parsifal und seiner Mutter ist von einer seltsam betörenden Dichte. Die gemächlich vorwärtsgleitende Sechs-Achtel-Bewegung um G-Dur herum hört sich einlullend-sanft an, und doch steckt viel subversiv-lauernde, grundböse Dynamik darin, anfangs verborgen, doch im Laufe der Erzählung immer dreister sich entfaltend. Man erkennt glimmende Reste des gerade zuvor erstickten Blumenmädchen-Feuers, es findet sich in diesem innigen Auf- und Abwärtsweben auch stark abgewandelt, in Harmlosigkeit verkleidet, das von wüster Leidenschaft besessene Rittmotiv. Störend und doch dazu passend fällt die etwas später mehrere Male von Klarinette und Fagott dazwischengenäselte chromatische Drei-Sechzehntel-Figur auf, die übrigens Verdi wenige Jahre später als eine das Böse verkörpernde Signal-Fanfare in Jagos Gesang, im zweiten Akt des ›Othello‹, wörtlich übernommen hat. Und wenn hier die eigentliche Harmonik einer dämonisch vorwärtsdrängenden, kontrapunktisch durchgearbeiteten Melodieführung soweit geopfert wird, daß – beinahe schon im Sinne Schönbergs – Dissonanzen unaufgelöst bleiben, so ist das wahrlich nicht einseitig kompositionstechnisch zu verstehen, sondern man könnte auch hier schon fast von einer »christlichen Kunst mit negativem Vorzeichen« sprechen, von einer »kalkulierten Ordnung und Chaos brütenden Irrationalität zugleich, reich an beschwörenden Gesten und magischen Zahlen«.

Als schließlich Kundry unter den immer ausgelassener, fast anzüglich werdenden Klängen genußvoll die Liebesneckereien von Parsifals Mutter mit ihrem Söhnchen ausmalte und dabei immer unverdeckter zeigte, daß jetzt sie selbst an die Stelle der Mutter zu treten begehre, da wurde mir ganz heiß. Denn ich sah mich in diesem Moment überrascht und wehrlos Bildern ausgesetzt, die dieser infernalische Zauber in mir hervorrief, und die mich arg bedrängten. Es waren die noch nicht weit der Vergangenheit angehörenden Szenen mit Bettina.

Als Kundry sich Parsifal gefügig zu machen versucht mit ihrem lockenden Hinweis, er, der früh Verwaiste, habe ja noch nie des »Trostes Süße« am eigenen Leib zu spüren bekommen, erschien mir Bettina greifbar nahe, und ich hörte ihre helle Stimme: »Du hast eben nie eine richtige Geborgenheit und Liebe gehabt, die dich ruhig und sicher macht, aber du hast ein Anrecht darauf – wie jeder Mensch.« Und bald lagen wir, von Blumenmädchen-Flammen umzingelt und von der Raserei eines gemeinsamen Ritts erschöpft, in den Polstern. Ich glaubte, ich würde wahnsinnig. Nur ganz von ferne vernahm ich noch: »Die Liebe lerne kennen, die Gamuret umschloß«, kurz nach Parsifals verzweifeltem Rufen: »die Mutter, die Mutter ... Nur dumpfe Torheit lebt in mir«. Und als im Lauf von nur wenigen Sekunden, die mir wie eine Ewigkeit vorkamen, sich mir alles im Kreise zu drehen begann, da endlich hörte ich es erlösend aus Parsifals Mund: »Amfortas!« Und wie ein Blitz wurde Parsifal mit einem einzigen Ruck aus des Weibes tödlicher Umschlingung befreit – für seine eigentliche heilige Berufung.

Ich schlug den Klavierauszug zu und stürzte hinaus ins Freie. Ich wußte ja, daß Kundry das Spiel nun verloren hatte und daß auch Klingsors Überwältigungsversuch nichts mehr fruchten werde. Mit Genuß malte ich mir auf der Straße den grandiosen Zusammenbruch von Klingsors Schloß aus. Zum ersten Mal lief es mir nicht kalt den Rücken herunter, als ich mir in der strahlenden C-Dur-Schluß-Tonika von Parsifals »In Trauer und Trümmer stürz' er die trügende Pracht« das von Baßtuba und Kontrafagott gräßlich hineingegrunzte Fis vorstellte. Ich empfand im Gegenteil Freude und Genugtuung. Alle mich niederdrückende Last schien plötzlich wie verflogen. Und dieser Zustand hielt noch den ganzen Tag an. Ich bin sehr glücklich darüber, daß ich auch jetzt noch bester Stimmung bin.

25. Januar 1963

Schon über ein Vierteljahrhundert ist das nicht mehr dagewesen: Unser Züricher See ist total zugefroren, freigegeben für Fußgänger, Fahrrad- und sogar Mopedfahrer.

Diese ›Seegfrörni‹, wie man sie hier nennt, ist wegen ihrer großen Seltenheit zu einem wahren Volksfest geworden. Man spricht voller Begeisterung vom ›letztenmal‹, als wäre es gestern gewesen. Fotos, Ansichtskarten und Zeitungsausschnitte von damals kursieren in der Öffentlichkeit, und es werden Vergleiche angestellt, daß, abgesehen von einer Veränderung der Kleider-Mode, sich heute mehr oder weniger dasselbe Bild bietet wie seinerzeit. Es ist fast so, als ob die Zeit stillgestanden wäre.

Schon seit vorgestern hatte ich vereinzelte Waghalsige die Eisdecke betreten sehen, als es noch polizeilich verboten war. Sie waren Vorboten für das, was schließlich heute mit voller Kraft hereinbrach. Schon in der Früh, während meiner Fahrt in die Stadt, sah ich Unzählige sich auf dem erstarrten See tummeln. Ich stieg einige Trambahn-Stationen vorher aus, um direkt zu Fuß über das Eis das am anderen Ufer gelegene Opernhaus anzusteuern. Je weiter ich schaute, desto mehr zogen sich die Menschen zu immer kleineren, durcheinander schwärmenden schwarzen Punkten zusammen, die in dieser ungeordneten Geschäftigkeit wie Ungeziefer oder wie eine Bakterien-Ansammlung unter dem Mikroskop aussahen. Die in eintöniges winterliches Hellgrau gehüllte Hügel- und Waldlandschaft ringsherum, die Häusersilhouetten der Dörfer am Ufer und das im Süden weitgestreckte Alpenpanorama waren kein ungewohnter Anblick, wohl aber die Stadt-Seite. Von der Seefläche aus die Ufer-Parkanlagen, die Limmatbrücke und den runden Bellevueplatz in etwa fünfhundert Meter Entfernung vor einem ausgebreitet zu sehen, war höchst sonderbar und fast etwas unheimlich.

Nach dieser ersten Orientierung in die Weite und den ersten vorsichtig tastenden Schritten, die allmählich immer sicherer wurden, blickte ich um mich und sah größere und kleinere Gruppen meist fröhlicher Menschen, alte und junge, bedächtig voranschreitende, behende und leichtfüßig springende und rutschende Gestalten. Väter zogen ihre dick und bunt eingemummten Kleinen auf Schlitten hinter sich her, Mütter schoben Kinderwagen, und ein an der Hand ihrer Eltern sich festhaltendes Mädchen führte sogar ihre Puppe spazieren. Es waren eindeutig die Kinder, die hier das Feld beherrschten. Ihre Munterkeit paßte gut zu dem Weiß des Lichtes, das die Seefläche reflektierte und das sonstige gedämpfte Blau, Grün oder Grau gründlich verdrängt hatte. Vergnügtes Geschrei und Gelächter in allen Tonlagen, je nach Altersstufe, begleitete das wilde, spielerische Tun, das Herumgetrampel, das Hin- und Hergleiten, das lustige Schneeballwerfen. Und höchstes Ergötzen rief bei der lärmenden Kinderschar das völlig hilflose Umherrutschen eines Hundes hervor, dessen anatomische Voraussetzung für eine Begegnung mit diesem Element, weiß Gott, nicht günstig zu sein schien. Einiges Aufsehen erregte auch ein altes, triefnäsiges Männlein mit einem fast auf den Boden herabfallenden Wollschal, das einen Leiterwagen hinter sich herzog, auf dem irgendein riesiges verbeultes Blechgestell lag, das einem Ofenrohr glich. Die Leute drehten sich um, und eine nicht mehr ganz junge, untersetzte Dame mit verfrorenem Brillengesicht sagte zu ihrer Begleiterin: »Der wird doch nicht etwa hier einen Kastanienstand aufstellen wollen! Bei der letzten Gfrörni sind doch einige von diesen Dingern regelrecht abgesoffen, nachdem das Eis anfing zu schmelzen ...«

Ich merkte bald, wie ich mich von der allgemeinen guten Laune um mich herum mittragen ließ, so daß ich mein Ziel mit den angenehmsten Gefühlen anstrebte. Dabei fiel mir auf, daß niemand auf Schlittschuhen stand, weil das die rauh-furchige Beschaffenheit des auch noch mit leichtem Schnee bedeckten Eises nicht zugelassen hätte. Bei aller Festigkeit unter meinen Füßen jagte mir beim Gehen anfangs noch ein gelegentliches, stoßartig kurzes Klirren und Dröhnen unter mir einen Schrecken ein. Es war wohl durch harte Aufschläge auf die Eisoberfläche verursacht worden und pflanzte sich so stark wie durch gut leitende Metallröhren in alle Richtungen fort. Der beißende Wind und die allmählich erkaltenden Füße brachten mich dann doch dazu, meine Gedanken wieder mehr auf mich selbst und meine Arbeit zu lenken, und ich versank erneut in meine eigene Welt.

Ich bin eigentlich verwundert und fast beunruhigt über das, was ich während der letzten Minuten dieses See-Spazierganges empfand. Zum ersten Mal regte sich in mir so etwas wie Widerwillen bei der Vorstellung, dieses Haus dort vorne zu betreten. Es war nicht die Arbeit an sich, nicht die routinemäßige Pflichterfüllung, das erneute Antreten vor meinen Kollegen, wogegen ich mich auf einmal sträubte. Eine eigenartig betäubende Leere, die ich plötzlich empfand, zeigte mir wie ein bedrohliches Signal an, daß es sich hier um Grundsätzlicheres handelte. Jetzt im nachhinein habe ich begriffen, daß ich eigentlich meine berufliche Tätigkeit als solche, das unaufhörliche Reproduzieren, Dirigieren und Interpretieren im Bereich der Musik, in Frage gestellt habe. Ich bin mir wohl auf einmal unsicher geworden, wie weit ich mich wirklich dazu berufen fühle, Musik und nur Musik mit ganzer Kraft und Hingabe mein Lebtag lang auszuüben. Meine so schwer faßbare innere Bedrängtheit wich teilweise, als einige Szenen aus meiner Studienzeit wie Filmausschnitte vor mir abliefen: Mißerfolge, Ärgernisse und sonstige kritische Ereignisse. Ich spürte dabei zu meinem Erstaunen, daß mir ihre Vorstellung längst nicht mehr so sehr die Schamröte ins Gesicht trieb wie früher, sondern mich ausgesprochen gleichgültig ließ. ›Du mußt das doch alles gar nicht unbedingt erreichen, was du dir vorgenommen hast‹, habe ich ungefähr gedacht. ›Warum denn einem Ziel so verkrampft und mit hängender Zunge nachjagen?‹ Und dann mußte ich mich plötzlich daran erinnern, daß mir Papa vor Jahren immer gepredigt hatte, die Ursprünglichkeit des Musikers würde immer auch mit einer gewissen unschönen Primitivität Hand in Hand gehen, unter der nicht nur ihre Umgebung, sondern auch die Menschen selber leiden würden. Ich dachte dabei an die vielen Beispiele von rücksichtslos-hochfahrendem, arrogantem Benehmen berühmter Dirigenten, Geiger und Komponisten, die er angeführt hatte, und auch ich selber hatte inzwischen bei den Musikern am hiesigen Theater einigen Anschauungsunterricht genossen. Auch hatte ich mir diese Schauergeschichten damals mit einer gewissen Bewunderung angehört und war fast von Stolz erfüllt bei der Vorstellung, eines Tages diesen Vorbildern vielleicht einmal nachzueifern. Heute sah ich es anders. Ich empfand Verachtung und fühlte mich abgestoßen. Schließlich knüpften meine Gedanken an das Gespräch mit Manuel Gadun an. Ich fragte mich insbesondere, ob die Musik sich heute – wie die abendländische Kunst und Kultur überhaupt – nicht wieder einmal in einer Phase der Stagnation und Verbrauchtheit befände und nicht einer Ruhepause bedürfe. Dabei überlegte ich mir ernsthaft, ob es denn überhaupt beklagenswert sei, daß unsere Künste, im neunzehnten, ›ästhetischen‹ Jahrhundert noch im Rampenlicht der Aufwärtsbewegung des damaligen Bürgertums, im jetzigen nachbürgerlichen Zeitalter zur Angelegenheit nur einiger weniger Intellektueller geworden sind. Damit würden sie immer mehr ins Abseits rücken und vermochten kaum noch Impulse für die Massen zu geben. Statt dessen gäbe es möglicherweise ganz andere brachliegende Kräfte, die nur darauf warteten, geweckt und in die richtigen Bahnen gelenkt zu werden. Warum dieses ewige Jammern in Kreisen der Gebildeten – ich nehme dabei auch meine eigenen nicht aus – über die ›Verdummung‹ der irregeleiteten Massen, wenn doch eine von der Basis getragene christliche Erneuerungsbewegung Menschenliebe, Frieden und sozialen Fortschritt und damit auch Führung und Trost, neue Ideale und Hoffnungen, einen ›Glauben‹ zu verheißen scheint? Ist dies nicht ein Rettungsanker, der uns vor tödlicher Verzweiflung und Kapitulation bewahren kann?

Je mehr ich darüber nachdachte, desto mehr fühlte ich mich von fiebriger Unruhe und heftiger Spannung überfallen. Denn mir wurde deutlich, daß dies auf die Dauer auch Konsequenzen haben könnte für meine eigene berufliche Zukunft. Allein schon diese Vorstellung hat heute – mir nicht ganz erklärlich – etwas ungemein Befreiendes und Erhebendes für mich gehabt. Vielleicht ist es das erste Mal in meinem Leben, daß ich so etwas wie eine Hoffnung spüre, ganz ich selbst zu werden.

Kurz bevor ich das Eis verließ und wieder Land betrat, war mir, als würde ich über die glatte und kalte Fläche schweben. Und beim Besteigen der im festgefrorenen Schnee knirschenden Grasböschung am Ufer faßte ich den Entschluß, die nächsten Hin- und Rückwege zwischen meinen durch weites Seegebiet getrennten Wohn- und Arbeitsstätten gewissermaßen in der Luftlinie zu Fuß zurückzulegen.

1. Februar 1963

Ein überaus trüber und grauer Tag. Nach einer halbdurchwachten Nacht und unangenehmen, mit Schwindel verbundenen Kopfschmerzen am Morgen faßte ich mir nochmals ein Herz und rief Bettina an, zumal heute ein neuer Monat angebrochen ist. Wie befürchtet, ging unser Telefonat, obwohl ich Bettina mühelos an den Apparat bekam, kläglich daneben. Ich mag das Gespräch im einzelnen gar nicht wiedergeben. Es lief genau so deprimierend ab wie die vorausgegangenen. Ich glaube, es hat wirklich keinen Sinn mehr, diese Versuche weiterzuführen. Ich mache mich nur lächerlich. Dieses Mädchen schiebt nun einmal jegliche Verantwortung mir gegenüber von sich fort. Wahrscheinlich müßte ich ganz andere Seiten aufziehen, um ihre Aufmerksamkeit auf mich zu lenken.

Ich bin heute vormittag nicht fähig gewesen, konzentriert meine Klavierauszüge und Partituren zu studieren, obwohl ich demnächst für »Boris Godunow« eingesetzt werden soll. Immer wieder stand ich vom Flügel auf, schob dieses längliche, sperrige Mittelding zwischen Klaviersessel und aufklappbarer kleiner Notentruhe, das noch aus der Emigrationszeit von drüben zu stammen scheint, nach rückwärts, um das Podium, auf dem mein Instrument steht, zu verlassen und im Zimmer ein wenig auf und ab zu gehen. Auch dies kam mir nach einigen Minuten ziemlich sinnlos vor. Der Rundgang von der Fensterfront hinüber zur weißlackierten, ans Eßzimmer grenzenden Schiebetüre und von da aus an der Spitzweg-Radierung und am riesigen, messingbeschlagenen Bücher-Mahagonischrank vorbei wieder zurück zum Flügel hatte für mich nichts Inspirierendes und nahm mir auch nicht die lähmende Dumpfheit im Kopf. Bald ertappte ich mich dabei, untätig hinunter auf den See zu starren. Ich merkte, daß die Großzügigkeit, Weite und Gleichmäßigkeit dieser Aussicht etwas Beruhigendes an sich hatte, und es kam mir so vor, als hätte ich mich unbewußt aus der Enge meines Käfigs ans Fenster geflüchtet, um meine Blicke möglichst frei und unbeschwert schweifen zu lassen. Was ich sah, war mir mehr als vertraut: der wegen unseres hochgelegenen Hauses tief zu meinen Füßen ausgebreitete See, die am gegenüberliegenden Ufer langgestreckten, teils bewaldeten, überwiegend jedoch mit Wohnhäusern zugebauten Anhöhen und zur Rechten das Zentral-Alpen-Massiv, das im Hochnebel weitgehend versteckt war. Nach wie vor ungewohnt aber erschien mir auch heute wieder der veränderte Anblick des Sees. In bleierner Schwere lag er da wie in einem einzigen graublauen Guß, merkwürdig plump und dabei etwas uneben in sich gekrümmt wie ein in Leibschmerzen zusammengezogener Körper. Da und dort erkennbare wellenartige Erhebungen und Vertiefungen, kammartig längliche Vorsprünge, in abwechslungsreicher Vielfalt verlaufende Furchen und Rillen sowie andere vom spielerischen Zufall der Natur gezeichnete Muster schienen genau die Stellung wiederzugeben, in der sich das nasse Element befunden hatte, als der Übergang vom quellenden Leben in die Eisesstarre stattfand. Besonders an einer quer über die ganze Fläche kühn geschweiften Bahn rätselte ich herum, ob es sich um die Spur des letzten vorbeifahrenden Schiffes handelte oder auch hier um willkürliche Formungen, die bei der riesig angelegten Kristallbildung am Werk gewesen waren. Unweigerlich mußte ich an das Eisschloß der Schneekönigin in Hans Christian Andersens Märchen denken, das mir Großvater früher so oft vorgelesen hatte. Denn genau in der Mitte des unendlichen Schneesaales in diesem Schloß lag ja ein zugefrorener See, der in tausend Stücke zersprungen war, und auf dem die böse Schneekönigin thronte. Und ich sah auch den kleinen Jungen Kai vor mir, den die Schneekönigin in ihr Schloß entführt und verzaubert hatte. Er war mutterseelenallein im geräumigen Eissaal, wo er »dachte und dachte, so daß es in ihm knackte; ganz steif und still saß er, man hätte glauben sollen, er wäre erfroren.« Daß derselbe Kay schließlich von seiner kleinen Freundin Gerda nach deren abenteuerlicher, gefahrvoller Fahrt aus seinem eisigen Dasein erlöst wird, daß dadurch sein zu einem Eisklumpen erstarrtes Herz wieder lebendig wird, der schlimme, vom Zauberspiegel stammende Glassplitter aus seinem Auge verschwindet und die beiden Menschenkinder nach der geglückten Befreiung sich vor Seligkeit und Überschwang kaum zu fassen wissen, daran konnte ich mich zwar aus jenen weit zurückliegenden Vorlesungsabenden gut erinnern, aber nach dem mißglückten Telefonat von heute morgen war ich, weiß Gott, nicht in der Verfassung, den idyllischen Ausgang dieses Wintermärchens nachzuvollziehen.

Mir ist so, als hätte ich heute fast die ganze Zeit hier am Fenster gestanden. Es gibt ja wohl Momente, manchmal sogar Tage oder ganze Wochen, in denen einem jegliches Zeitgefühl abhanden zu kommen scheint, wo sowohl der Raum um uns herum als auch jeder Vorgang, in dem ein Stückchen Zukunft zur Vergangenheit geworden ist, sich in graue Unendlichkeit aufzulösen scheint. Damit versuche ich mich auch vor mir selbst zu entschuldigen, daß ich heute überhaupt nichts gearbeitet habe. Nur: Wozu soll denn dies schließlich auch wirklich nutze sein?

6. Februar 1963

Ich bin so stolz, so froh, so glücklich, daß ich den in mir schon lange vorbereiteten Schritt endlich gewagt habe. Heute ist es geschehen. Ich habe Herrn Tschudi, dem einzigen mir etwas besser bekannten Katholiken am Theater, mein heikles Anliegen angedeutet und von ihm die heißersehnte Adresse des Jesuitenpaters Dr. Rösch bekommen. In die Luft springen könnte ich vor Freude. Dieser Tschudi, der übrigens wie Manuel Gadun aus dem Graubündischen stammt, ist ein ausgesprochener Sonderling, hochaufgeschossen und kreuzdünn, mit fahrigen Bewegungen und einem chronisch verstörten Blick in seinem zerknitterten Gesicht, dazu mit einer so undeutlichen Aussprache, daß man sich Mühe geben muß, ihn überhaupt zu verstehen. Er ist ein Dachkammer-Künstler, wie er im Buche steht, dabei charmant und rührend hilfsbereit. Ich mag ihn, auch wenn sich in meine Sympathie für ihn eine gehörige Portion Mitleid mischt. Vielleicht erhöht dies gerade mein Vertrauen zu ihm, meinen Mut, ihn mit derlei delikaten Fragen zu behelligen.

»Herr Tschudi, Sie haben mir kürzlich von einem Jesuiten erzählt, den Sie hier in der Stadt kennen«, begann ich, kaum hatten wir die Bühne verlassen.

»Oh, ich kenne einige von denen. Die gehören im Grunde alle zusammen, viele davon gibt es hier eh nicht bei unserem Jesuitenverbot.«

»Ich wollte Sie etwas fragen. Ich suche nämlich einen bestimmten. Wissen Sie, ich kenne ein Mädchen, das hat mir von einem erzählt, der sie in geistlichen Dingen berät. Sie war ganz begeistert von ihm. Er ist wohl schon älter und verfügt über große Erfahrungen. Sie sagt jedenfalls, er hätte ein feines Gespür und würde bei ihr immer den Nagel auf den Kopf treffen. Er soll zusätzlich Psychologe oder Psychotherapeut sein. Nur seinen Namen weiß ich nicht.«

Tschudi schwieg und schaute mich schräg an. Ich hatte den Eindruck, ihm noch mehr erklären zu müssen.

»Kennen Sie den Schriftsteller Glaser?«

»Ein frommer Mann, ja. Schreibt glaubensbetonte Romane. Ist mir ein Begriff.«

»Seine Tochter ist es, die ich meine. Diesen Pater, zu dem sie hingeht, den suche ich. Ich muß unbedingt mit ihm sprechen.«

»Ach so!«

Tschudi überlegte. Sein Gesicht blieb unverändert finster, abwesend und versponnen. Das wunderte mich, weil ich von ihm eher etwas Anteilnahme erwartet hatte. Er versank noch mehr in seine Düsterkeit. Doch dann hellten sich seine Züge auf. Er sah so aus, als hätte ein Orakel ihm soeben die richtige Antwort eingegeben.

»Ich kenne einen gewissen Doktor Rösch, der ist sehr gut. Ich selber habe ihn nur einmal kurz gesprochen, aber andere berichten nur Positives über ihn. Der wird es wohl sein, den Sie suchen.«

Mein Herz zersprang fast.

»Wie erreicht man ihn? Wo wohnt er?«

»Er ist auch in der Akademie, irgendwo in der Einsiedelstraße. Rufen Sie mich heute abend an, ich bin zu Hause, dann gebe ich Ihnen die Nummer.«

Das war es, was ich wissen wollte. Ich war überglücklich. Doch je länger wir noch zusammen standen, desto verlegener wurde ich, weil mir immer deutlicher wurde, daß ich trotz meiner vagen Andeutungen mehr von mir preisgegeben hatte, als mir lieb war. Um so erleichterter war ich, als ich in diesem Moment Manuel vorbeihuschen sah.

»Manuel«, rief ich. Es dauerte einige Sekunden, bis er zu mir hinsah. Er wirkte, den Klavier-Auszug eng an sich gedrückt, seine Blondlocken wirr im Gesicht und die gerötete Stirn voll dünner Schweißperlen, maßlos gehetzt und völlig absorbiert. Bei näherem Hinsehen merkte ich mit Beunruhigung, daß dies mehr war als nur momentane Anspannung. Sein Gesicht war merkwürdig grau und gedunsen. Die Augen schienen blicklos, ihre Bläue noch stärker von jenem leeren gläsernen Glanz, und auch der feine Körper wirkte schwebender und zerbrechlicher als sonst.

»Manuel, wie geht es dir? Ich habe dich schon lange nicht mehr gesehen.«

Bevor er antwortete, entdeckte ich, daß Tschudi sich inzwischen zurückgezogen hatte.

»Ich bin sehr beschäftigt, wie du siehst. Und auch sonst. Ich komme kaum zur Ruhe. Du hattest recht. Ich hätte mich vielleicht besser nicht auf sie einlassen sollen. Das ist schon richtig pervers, was die alles von mir verlangt. Obwohl – es ist eine Wahnsinns-Erfahrung mit einer so reifen Frau, die zehn Jahre älter ist. Richtig verrückt, aber lohnend. Übrigens: Mit dem ›Parsifal‹ muß ich dir auch recht geben. Das ist starker Tobak. Man kann in der Tat religiöse Anwandlungen davon bekommen. Manchmal bin ich ganz weg.«

Und beinahe flüsternd fügte er hinzu: »Jedenfalls alle Tage diese Musik und dazu noch Edeltraut, das ist wirklich zu viel. Das wächst mir über den Kopf.«

Ich bat ihn trotzdem: »Sag mal, hast du nach der Probe doch ein bißchen Zeit . . . für ein Glas Bier oder so?«

»Kurz schon. Aber bestimmt nicht lange. Ich bin um drei Uhr bei ihr zu Hause verabredet, wo sie wieder mal allein ist. Meine Kundry . . . mein Würge-Engel.«

Und bevor ich sehen konnte, ob dabei nicht wenigstens ein bißchen Fröhlichkeit, ein bißchen von seinem so gewinnenden Lächeln in seine blutlos wirkenden Züge zurückkehrte, war er schon verschwunden.

7. Februar 1963

Ich hätte nicht gedacht, daß ich so lange auf meine erste Unterredung mit Dr. Rösch warten muß. Er hat mich erst für den 19. Februar um vier Uhr nachmittags in die Akademie bestellt. Ich habe ihn heute früh angerufen. Die Vorzimmer-Dame klang geheimnisvoll und vorsichtig. Man bekam einen Eindruck, welch verstecktes Dasein dieser Orden hier führt. Aufhalten dürfen sich die Jesuiten in der Schweiz, aber nicht in der Öffentlichkeit wirken. Auch als Rösch dann an den Apparat kam, sprach er so, als ob er eine Hand dicht an die Muschel halten würde. Er säuselte nur seinen Namen, den Vokal kaum hörbar, die beiden Konsonanten um so pointierter rollend und zischend. Ich bin neugierig, wie dieser leisetreterisch auf mich wirkende Mann aussieht, und wie er sich geben wird, wenn ich ihm gegenübersitze.

Was will ich ihm eigentlich sagen? Ich bin im Grund meiner Sache recht sicher. Zweifellos geht es mir auch darum, über Rösch einen erneuten Zugang zu seinem Schützling Bettina zu finden, wobei ich weiß, daß es sich jetzt nicht mehr um die frühere Bettina aus meinem ›vorchristlichen‹ Stadium handelt, sondern um eine ganz neue. Ich meine die Bettina, zu deren innerer Welt ich früher keinerlei Zugang hatte, die ich jetzt aber ernsthaft zu verstehen begonnen habe. Jetzt ist es eine uns beiden gemeinsame Welt. Auch meine Liebe zu Bettina ist eine andere geworden, eine, die eher loslassen kann als früher, weil sie nicht auf das Individuum Bettina fixiert ist, sondern in Gott gründet. Und um diese gemeinsame Quelle unserer Existenz, um die geht es mir eigentlich bei meinem Treffen mit dem Jesuiten.

Meine neuen Einsichten, die mehr sind als verstandesmäßig angeeignete Erkenntnisse, müssen nach meiner Überzeugung auch einen ganz konkreten, sichtbaren Niederschlag finden, wenn sie mir wirklich ernst sind. Ich will mich einreihen in die Gemeinschaft derer, die an Gott glauben und die ihr Leben in Demut und Anbetung nach ihm ausrichten. Ob ich würdig bin, in diese traditionsreiche katholische Kirche aufgenommen zu werden, darüber zu befinden, dürfte die Pflicht jenes Priesters sein, dessen Gespräch ich suche.

Ich bin sicherlich dürftig auf die mir bevorstehende Prüfung vorbereitet. Was mir bisher für das notwendigste Vorwissen zur Verfügung stand, ist beileibe nicht viel: einige Lexikon-Bände, ein paar beiläufige Unterhaltungen mit katholischen Kollegen und Freunden und schließlich die Bibel, die ich mir vor zwei, drei Wochen gekauft habe, weil sie zu Hause natürlich nicht vorhanden ist. Ich konnte bisher auch nur die auf Zwingli zurückgehende ›Züricher Bibel‹ auftreiben. Vielleicht bekomme ich von Rösch eine katholische.

Das Neue Testament habe ich in wenigen Tagen verschlungen. Jetzt bin ich beim Alten angelangt. Da ist mir freilich vieles noch weit neuartiger und fremder. Aber ich will doch diszipliniert Seite für Seite lesen. Jetzt bin ich erst beim zweiten Buch Moses angelangt. Noch volle zwölf Tage, bis meine erste Begegnung mit Dr. Rösch stattfindet. Wenn es doch endlich so weit wäre!

Da ich doch noch am Leben bin, kann ich getrost meine Aufzeichnungen fortsetzen. Vielleicht ist es Zufall, daß ich noch nicht tot bin, vielleicht war es meine eigene Kraft, die es verhindert hat, oder aber eine fremde, unergründliche und geheimnisvolle.

Es geschah alles irgendwann vorgestern. Der Tag fing eigentlich ganz gut und fröhlich an. Ich begab mich mittags ins Theater, um als Zuhörer der Sonntagnachmittag-Vorstellung des ›Freischütz‹ beizuwohnen. Es ist ab und an ganz entspannend, nur passiv dabeizusein, wenn andere sich plagen. Außerdem dirigierte Rudolf Kempe. Das ist ein Genuß für sich. Ich wollte mir vielleicht auch mit diesem Nachmittagsbesuch in der Oper ein wenig meine Einsamkeit vertreiben und auf andere Gedanken kommen. Man taucht förmlich ein in eine riesige Maschinerie von Technik und Menschen, in ein Gewirr blendender Lampen, in Schweiß, Schminke und in den trocken-modrigen Geruch verstaubter Kostüme und Requisiten. Jedem einzelnen Teil kommt eine eigene Aufgabe zu, die zum reibungslosen Ablauf einer Aufführung beiträgt, damit nicht irgendwo ein unglücklicher Haken entsteht – der Schmiß eines Sängers, der nicht aufgehende Vorhang, das plötzliche Fehlen eines Instruments. So besehen ist jede gelungene Opernaufführung ein wahres Wunder.

Während der Ouvertüre begab ich mich ins Halbdunkel der Mitarbeiter-Loge, im dritten Rang vorne, wo sich übrigens auch mein Freund Max befand, der inzwischen von seinem Studiensemester in Paris zurückgekehrt ist. Er gehört ja dem Hause auch mehr oder weniger an, weil sein alter Vater Sekretär des Verwaltungsrates ist.

Nach der Ouvertüre (diese phantastisch sich steigernden Streicher-Tremoli aus dem völligen Nichts heraus in ein gewaltiges, strahlendes Brio schon im allerersten Takt!) turnte ich mich den Bau hinab zur Bühne, hinter der es zu Beginn noch recht friedlich zuging.

Die Zeit verging schnell, doch im letzten Akt geriet in den bisherigen harmonischen Ablauf der Aufführung plötzlich Unruhe und Aufregung, die an diesem friedlichen Sonntag keiner erwartet hatte. Etwa eine halbe Stunde vor der großen Schluß-Szene beim fürstlichen Jagdzelt Ottokars wurde das Fehlen von etwa einem Dutzend Statisten entdeckt – offenbar irgendeine geschlossene Schüler- oder Studentengruppe, die nicht rechtzeitig erschienen war. Ihre Aufgabe wäre es gewesen, kurz vor dem Finale beim beginnenden Festbankett lärmend mit feucht-fröhlichem Gehabe mitzumachen.

Die Hiobsbotschaft ging wie ein Lauffeuer durchs Haus. Man suchte nach Ersatz, haschte nach allen verfügbaren jungen Menschen, ich glaube, sogar auf der Straße, und stieß dabei auch auf Max und mich. Ehe wir richtig begriffen hatten, worum es ging, hatte man uns schon in einen Schminkraum hoch oben unter dem Dach gezerrt, wo man uns in irgendwelche bunten Lumpen steckte, uns mit übelriechender Farbe und Puder das Gesicht beschmierte, da und dort noch ein wenig an uns herumzupfte und uns schließlich mit den wichtigsten Verhaltensregeln in das Gewimmel auf der grell angestrahlten Bühne schickte. Jeder bekam noch einen leeren Blech-Pokal in die Hand gedrückt, auch gab es appetitlich zubereitete Brathühner, die als Wildbret zum Verzehr bestimmt waren, und auf die wir bereits jetzt kräftig schielten. Als wir dann, unter dem rasch geöffneten Vorhang, in das gähnende Dunkel des Zuschauerraums blickten, begannen wir, wie Marionetten, während des Jägerchors unser Spiel, stießen fröhlich an und schmausten, was das Zeug hergab, bis wir schließlich beim ernsten Finale in den Hintergrund traten. Wir spielten unsere Rollen vorzüglich. Es verlief alles wie am Schnürchen, wenn man davon absieht, daß meinem Freund Max beim hastigen Verspeisen eines Stückchen Huhns vor lauter Aufregung ein spitzer, kleiner Knochen im Halse steckenblieb. Sein panischer Husten ging im allgemeinen Fest-Trubel unter. Erst nach der Vorstellung hat der sogleich herbeigerufene Theaterarzt das Malheur beseitigt.

Ein weiterer Mißton an diesem abenteuerlichen Nachmittag lag für mich auch in einem Zusammentreffen kurz vor dem Nachhausegehen mit dem Dirigenten Kritz, der irgend etwas für die morgige Parsifal-Probe holen wollte.

Wir begegneten uns, beide im Mantel, in der Nähe des schwarzen Anschlagbretts beim Eingang und kamen, wie so oft bei diesen zufälligen Treffen, ins Gespräch, wobei es wieder einmal um den ›Parsifal‹ ging. Ich verstrickte mich erneut in meine Katholizismus-Theorie, obgleich ich inzwischen selbst gar nicht mehr so sicher bin, ob sie in dieser überspitzten Form wirklich stimmt. Je mehr ich mich in die Behauptung hineinsteigerte, die Musik dieses Werkes sei urkatholisch, in ihr läge ein beschwörender Aufruf zur katholisch-christlichen Umkehr, und darin würde sich ihre Hauptfunktion eigentlich erschöpfen, desto unwilliger und verständnisloser reagierte Kritz. Er mochte solche Reden wohl allein schon deswegen nicht hören, weil er ein grundechter Protestant ist, ein ausgesprochen unsinnlich-herber, asketisch-blutarmer Mensch mit einer teilweise hugenottischen Herkunft. Was uns aber des weiteren trennt, ist die Tatsache, daß Kritz Musik und Kunst vornehmlich unter ästhetischem Gesichtspunkt sieht, wohingegen ich begonnen habe, sie vor allem als Medium für eine in den sozialen Alltag zu integrierende Geisteshaltung zu sehen.

Als Kritz mich schließlich fragte, wo ich denn bei dieser Auffassung überhaupt noch meine Rolle als Berufsmusiker sehen würde, und ob es nicht konsequenter wäre, mich gleich hauptamtlich mit Philosophie oder Theologie zu befassen, da wurde mir klar, wie weit ich mich inzwischen innerlich von dem Opernbetrieb entfernt hatte. Und mit einem Gefühl von Traurigkeit und Verlorenheit und einer geradezu lähmenden Müdigkeit, wie sie einen in Phasen eines entscheidenden Lebensumbruchs und einer entsprechend geschwächten Standfestigkeit und Orientierungsfähigkeit anscheinend besonders leicht überfällt, begab ich mich auf den Weg über die Eisfläche nach Hause.

Was mir allerdings während meines Heimgangs über den See passierte, war schrecklich und läßt sich mit Worten kaum beschreiben.

Ich befand mich ungefähr in der Mitte des Sees – etwa auf der Höhe der Schiffs-Anlegestelle Mönchshof bei Wollishofen. Die Dämmerung war ziemlich weit fortgeschritten, und die Fläche ringsum war fast menschenleer. Dichte Nebelschwaden erhoben sich vom Boden und zerrissen die bewaldeten Anhöhen am Ufer in durchsichtige Fetzen. Ich hielt meinen Klavierauszug, diesmal vom

›Freischütz‹, eng an mich gepreßt, als wollte ich mich vor Wind und Eiseskälte schützen. Plötzlich fühlte ich einen fürchterlichen, mich fast zerberstenden Schmerz, ein unerträgliches Gemisch aus Spannung, Angst und Verzweiflung. Darauf setzte eine Betäubung, eine Art seelische Lähmung ein. Gleichzeitig versank vor mir das in der Dunkelheit öde wirkende Weißgrau des Eises und das bedrohliche Schwarz des Himmels, und etwas wundersam Greuliches tat sich um mich herum auf. Ich glaubte überall weißbezogene Betten zu sehen, die sich hin- und herbewegten und von denen, wenn sie sich mir näherten, seltsame Gesänge ausgingen, die dann bei zunehmender Entfernung wieder abschwollen. Ich sah verstümmelte Gesichter und kreidebleiche, knochige Hände mit drohenden Zeigefingern aus den Laken hervorschauen. Die Betten, die Köpfe und die Hände wurden größer, als würden sie aufgeblasen, bis sie platzten und sich ins Nichts auflösten.

»Verschwinde, fahr hinab in die Hölle«, kreischte irgendwo eine Stimme. »Was willst du hier verlottern? Nein, der Besen fegt nicht mehr.«

Dazu klapperten Hufe mit häßlichen Geräuschen, die nicht aufhören wollten. Es war quälend zu hören, daß sie nicht regelmäßig waren, sondern gemein und unsauber punktiert, gelegentlich beschleunigten und sich dann wieder verlangsamten.

»Schneller«, lallten Frauenstimmen, »komm, holder Knabe«, wobei es manchmal statt »schneller« auch wie »fester« klang, einmal sogar auch wie »tiefer«. Dann war mir, als hörte ich aus diesem Stimmengewirr Gadun heraus. Es war freilich mehr ein Husten und Bellen als wirkliches Rufen. Je mehr seine Laute ins Bestialische ausarteten, desto begeisterter fielen die anfeuernden Rufe der Damen aus.

Plötzlich tauchte auch Bettina auf. Sie schwebte, mit einer bis zur Hüfte reichenden Nonnenkutte angetan, Hand in Hand mit einem alten Mann an mir vorbei, der wie Titurel aussah, aber auch ein schwarzes Gewand trug.

»Frierst du nicht?« rief ich ihr nach.

»Wie sollte ich, seitdem ich diesen traumhaften Mammut-Walfisch kennengelernt habe«, war ihre Antwort.

Sie schlängelte sich wie eine Gerte an riesigen Eisblumen vorbei, die aus dem Boden geschossen waren. Es waren ganze Heere von sich phantastisch wiegenden gläsernen Schlünden. Sie vergrößerten sich ins Unermeßliche und nahmen entsetzliche Ausmaße an.

»Trara, trara, das Mahl ist da«, sangen sie. Dann wurde es still. Leichenhaft-lautlos überwältigten sie Himmel und Erde und sogen alles in sich auf. Auch Bettina verschwand. Alles war nur noch Glas und Gräue und eine einzige Totenwand, eine zum ewigen Schweigen verurteilte universale Trostlosigkeit.

Als ich am Ufer ankam und den Berg zum Haus emporklomm, war ich selber in diese Trostlosigkeit eingegangen. Ich schleppte mich, sie schwer auf meinen Schultern tragend, hinauf und war überzeugt, daß ich es nicht mehr wert war, auf dieser Welt zu sein. Wie ein erstarrtes Nichts kam ich mir vor. Gefühllos und mechanisch begab ich mich in die Garage unseres Hauses, neben der ich einst im Keller die von Bettina an mich zurückgeschickten Blumen zerstückelt und in den Eimer gestopft hatte. Das Tor der Garage war, wie ich mich versicherte, von innen geschlossen, und ich stand, den Zündschlüssel fest in der Hand, dicht vor dem schwarzen Opel, dessen Fensterscheiben heruntergelassen waren.

Ich weiß wirklich nicht, was dann geschehen ist. Es müssen inzwischen etwa zwei Tage vergangen sein. Mir kommt vor, daß es schon seit mehreren Stunden in mir wieder ein wenig zu tauen begonnen hat. Es fühlt sich an wie ein merkwürdiges Kribbeln im ganzen Körper. Wie beim Zahnarzt, am Ende einer Narkose-Behandlung, doch der Vergleich scheint mir unpassend, gemessen an dem, was ich durchgemacht habe. Das Aufschreiben meiner Erlebnisse erfolgte ebenfalls zum Teil noch im Trance-Zustand. Aber es geht mir jetzt besser. Es hat gut getan, sich das alles nochmal zu vergegenwärtigen. Das kann für das Weitere nur von Vorteil sein.

19. Februar 1963

»Bitte, fahren Sie mit dem Lift in den ersten Stock«, ertönte aus der Sprechanlage eine weibliche Stimme, »Dr. Rösch erwartet Sie oben.« Das also hörte ich, als ich heute nachmittag pünktlich um vier Uhr, mit meiner Bibel und Ignace Lepps »Die neue Erde« in der Hand, vor der von Wald umgebenen villa-artigen Akademie stand, an der dunklen, massiven Eingangstüre geschellt und meinen Namen genannt hatte.

Ich fuhr in die erste Etage, wo mein – wie ich jetzt nach der ersten Sitzung mit gutem Gewissen sagen darf – Konvertiten-Lehrer mich auf dem Korridor vor der geöffneten Türe seines Arbeitszimmers erwartete.

Es war ein alter Herr mit schlohweißem, dünnem Haar, einem massigen weichen Gesicht und einem großen, beinahe bäuerlich wirkenden Körper. Wie eine festgefügte Eiche stand er in seiner schwarzen Soutane fast unangenehm dicht vor mir, als ich den Fahrstuhl verließ, und reichte mir die Hand, die im Kontrast zu seiner robusten Erscheinung erschreckend fett und schwächlich wirkte. Sein Lächeln war einnehmend und gab mir sogleich Sicherheit, obwohl mir seine Augen überhaupt nichts mitteilten, weil sie hinter dicken Brillengläsern versteckt waren. Seine Stimme klang dunkel und voll, wenn auch so, als wäre sie mit Schalldämpfern versehen. Als er sich anschickte, mich in sein Kabinett hineinzuführen, stellte ich überrascht fest, daß in seine starr vornübergebeugte Gestalt plötzlich Leben und sanft federnde Bewegung kam.

Dr. Rösch, Hilarius Rösch, übt, wie ich aus vorher eingeholten Erkundigungen wußte, als Mitglied der Societas Jesu zwei Berufe aus, einen geistlichen und einen weltlichen, wobei letzterer freilich auch gewissen kirchlich-missionarischen Zielen unterliegt. Rösch hat als weltliches Fach die Tiefenpsychologie gewählt, wobei er heute mit betonter Bescheidenheit darauf hinwies, er sei mit dem vor etwa zwei Jahren verstorbenen Psychologen und Psychiater C. G. Jung befreundet gewesen.

Als ich ihm gegenübersaß, konnte ich mich durch einen flüchtigen Blick vergewissern, daß dieser Raum Schlichtheit und strenge Einfachheit ausstrahlte, gleichzeitig aber auch mit einer Atmosphäre von Arbeitsintensität und geistiger Versenkung gesättigt war. Das zeigten die endlosen Bücherreihen der imposanten Bibliothek. Ansonsten stand nur das Nötigste an Möbeln herum: zwischen einem Schrank und einem kümmerlichen kleinen Waschbecken eine Couch, die als Schlafstelle diente, und nahe beim Fenster ein runder Tisch mit Stühlen, der wohl für vornehmere Besuche gedacht war. Dies jedenfalls vermutete ich, als ich klein und ergeben auf dem mir zugewiesenen Stuhl vor dem massiven Schreibtisch saß, hinter den Rösch sich verschanzt hatte, und von dem aus er nach offenbar gewohntem und bewährtem Muster gleichsam regieren zu wollen schien.

»Und was hat Sie zu diesem Wunsch bewegt?« war seine knappe Frage, nachdem ich ihm weitschweifig und stotternd, ganz anders, als ich es mir so schön zurechtgelegt hatte, mein Anliegen vortrug. Dazu beugte er seinen breiten Schädel nach vorne, stiernackig und demütig zugleich, seine Arme lagen, einen Kreis vor sich bildend, auf dem Tisch, und sein Gesicht nahm, durch das Zusammenkneifen der Lippen und der durch die dicke Brille schlitzartig verkleinerten Augen den Ausdruck an, den ich inzwischen an ihm kenne: eine seltsam berührende Mischung aus undurchdringlicher Herbheit und entrückter Süßlichkeit, sobald heiklere, geistliche Fragen angesprochen werden.

Meine Erklärung enthielt vor allem Vokabeln wie ›Tradition‹, ›Kultur‹ und ›Gemeinschaft‹, und ich sparte auch nicht mit polemischen Bemerkungen gegen den ›unsinnlichen‹ und ›naturfeindlichen‹ Protestantismus.

»Zum Wesen unserer Kirche gehört aber auch noch etwas anderes«, entgegnete er, »nämlich Glaube, Liebe und Hoffnung. Aber das, was Sie sagen«, fügte er begütigend hinzu, »ist auch richtig. Es gibt verschiedene Zugänge zu den religiösen Inhalten, die unsere Kirche vermittelt. Nach meinen Erfahrungen neigen vor allem Männer dazu, die geistige, die historische und die institutionelle Dimension des Glaubens hervorzuheben, wohingegen es zum weiblichen Wesen zu gehören scheint, mehr das Gefühlsmäßige daran zu betonen, den Aspekt der Liebe, der Barmherzigkeit und das Ausüben der guten Werke.«

Und wieder lächelte er gewinnend, wobei unverkennbar ein Schuß Ironie und Geringschätzigkeit hinzukam, die ich sogleich auf mich bezog.

Wir redeten noch eine Weile über die verschiedenen Möglichkeiten, Protestantismus und Katholizismus voneinander zu unterscheiden. Ich legte ihm stolz mein mitgebrachtes Buch »Die neue Erde« vor, das die Grundgedanken von Teilhard de Chardin wiedergibt, stieß damit bei Rösch aber nur auf wenig Gegenliebe.

»Teilhard de Chardin, ein genialer Entwurf, ohne Zweifel. Aber wissen Sie, da gehen die Meinungen weit auseinander. Viele werfen ihm vor, er würde zu sehr mit materialistischen Theorien liebäugeln. Der Schöpfungsgedanke und die nur mit dem Glauben erreichbare, absolute Transzendenz Gottes gehen da wohl doch ein wenig unter. Ist das nicht letztlich ein Pantheismus?«

Das letzte Wort hauchte er nur, als handelte es sich hierbei um etwas höchst Ungehöriges, Unsauberes, dem man eigentlich wie dem Teufel tunlichst aus dem Wege zu gehen habe. Und wieder beugte er mit jenem herb-süßlichen Gesichtsausdruck sein Haupt nach vorne.

Bevor wir auseinandergingen, wollte ich unbedingt die Beziehung zwischen ihm und Bettina ansprechen. Es war allerdings eine arge Enttäuschung zu erfahren, daß ich in dieser Hinsicht an den Falschen geraten war. Anscheinend gab es noch andere Ordensbrüder in dieser Theologen-Psychologen-Doppelrolle. Andererseits war ich beglückt zu hören, daß er Bettina und ihre Eltern trotzdem persönlich ganz gut kannte. Fast bekenntnishaft breitete ich meine Leidensgeschichte mit dem Mädchen vor ihm aus. Er hörte angespannt, ja erschrocken und fast ein wenig entsetzt zu. Als ich ihm schließlich andeutete, daß ich ernste Absichten mit ihr habe, fiel er noch abrupter und tiefer als die bisherigen Male in seine Duckhaltung.

»Oh, ich denke, das müssen Sie sich genau und reiflich überlegen. Ich kenne die Leute recht gut. Der Vater ist außerordentlich schwierig, eine sehr labile Persönlichkeit. Die Frau hat ungeheuer viel zu tragen. Ohne ihren Glauben wäre sie niemals dazu fähig gewesen. Das sind schwere Belastungen, auch für die Tochter, wobei man die erblichen Gegebenheiten nicht außer acht lassen sollte.«

Ich war nicht wenig erstaunt darüber, wie hart und schonungslos der Pater über seine eigenen Glaubensgenossen urteilte.

»Glauben Sie nicht, daß Bettina sich auf die Dauer von alledem auch ein wenig freimachen kann?«

»Ach, Bettina ist doch noch ein Kind, zwar ein liebes Kind, aber ein Kind.«

Dieses und wieder das starke, jetzt noch eindeutigere ironische Lachen reichten mir, um von dem Thema vorerst abzulassen und mir darüber klar zu werden, daß ich in Rösch fortan keinen Mittler zwischen Bettina und mir zu sehen hatte (was er mit seinen Reden vielleicht auch bezweckt hatte), sondern daß ich mich jetzt endgültig entscheiden mußte, ob es mir mit der Konversion zum katholischen Glauben ernst war oder nicht.

Um so gespannter wartete ich auf Röschs Einschätzung meines Anliegens, nachdem er bisher eigentlich nur zugehört, da und dort nachgefragt und zwischendurch den einen oder anderen Kommentar eingeflochten hatte.

Obwohl sein insgesamt eher schroffes Verhalten im Laufe der Sitzung meine Hoffnungen zunehmend hatte schwinden lassen, eröffnete er mir schließlich Perspektiven, die mir inneren Auftrieb gaben und mich nachgerade ein wenig überraschten.

Es erfordere in der Tat viel Zeit, solche einschneidenden Entschlüsse reifen zu lassen, meinte er. Man müsse da viel nachdenken, und er wolle mir mit weiteren Gesprächen gerne dabei behilflich sein. Mein Verhältnis zum Christentum sei ja noch sehr jung und entwicklungsfähig und überdies noch etwas einseitig vernunftbetont. Sich auf ein langsames, aber solides inneres Wachstum eines, wie er sagte, echt und tief internalisierten Glaubens einzulassen, wäre freilich nicht nur eine Frage der Zeit, sondern würde von mir auch viel Geduld und geistliche Disziplin verlangen.

Als wir uns erhoben und er wieder breit und mächtig vor mir stand, überreichte er mir, hintergründig lächelnd, einen dünnen, in grünes Leinen eingebundenen Katechismus zum Studium, notierte sich den vereinbarten nächsten Gesprächstermin und verabschiedete mich draußen im Korridor beim Fahrstuhl.

In fünf Tagen bin ich wieder bei ihm. Gleich will ich mich mit dem Schöpfungstraktat im Katechismus auseinandersetzen, nachdem mich Röschs kritische Andeutungen zu Teilhards angeblichem Pantheismus ein wenig verwirrt haben. Ich weiß, es ist viel Arbeit zu tun.

24. Februar 1963

Ich bin verblüfft und irritiert darüber, wie hart mich Rösch in der heutigen Sitzung hergenommen hat. Richtig durchgebeutelt fühle ich mich.

Zuerst wollte er hören, wie weit ich die einzelnen kirchlichen Ausdeutungen der Schöpfungs- und der Gotteslehre im Katechismus verstanden habe. Es war wie ein verstecktes Abfragen, und ich merkte auch, welche ungenauen Vorstellungen ich von alldem bisher hatte. Einige knappe, prägnante Korrekturen von ihm genügten, um mir meine eigene Unwissenheit schmerzlich vor Augen zu führen.

Nach dem Anfangsschock lockerte Rösch die Zügel ein wenig, und das Gespräch wurde freier und entspannter. Im Zusammenhang mit der Schöpfungslehre und unter Bezug auf die Kulturdiskussion vom letzten Mal wollte ich endlich einmal genauer erfahren, wie er denn Wagners ›Parsifal‹ im Hinblick auf die katholische Frage einschätzen würde. Obwohl ich selber an meiner ursprünglichen Meinung schon längst zu zweifeln begonnen habe, war ich doch erschüttert, wie entschieden Rösch dies verneinte. Mit Christentum, so meinte er, habe dieses Bühnenwerk, wie Wagner überhaupt, herzlich wenig zu tun. Bei anderen Komponisten, sogar bei Verfassern von ausdrücklich als geistlich deklarierter Musik, könne man sich noch streiten. Aber selbst da gebe es Leute, und er bezog sich auf Ordensbrüder in seinem Haus, die sich weigerten, beispielsweise Messen von Mozart als christliche Kunst gelten zu lassen. Seine Sakralmusik diene einer weltlich-profanen Erbauung und sei von Religiosität weit entfernt.

Nach dieser Ernüchterung folgte bald die nächste. Der Pater erkundigte sich nach meiner beruflichen musikalischen Tätigkeit. Ich äußerte mich ein wenig abwehrend, gedämpft und wortkarg, zumal ich ungern nach Dingen gefragt werde, zu denen ich im Moment ein unklares oder gar gestörtes Verhältnis habe. Meine erkennbare Unsicherheit und meine augenblickliche Schwierigkeit, mich mit der von mir ausgeübten Musik zu identifizieren, registrierte mein Lehrer mit Sorge und Skepsis, ließ aber durchblicken, daß er mir, wie jedem jungen Menschen, das Recht zu solcher grundlegenden Kritik zubilligen würde, besonders jetzt, während meines inneren Umbruchs.

»Der Mensch hat ja drei für ihn existenziell wichtige Hauptbereiche«, holte Rösch aus, wobei er sich wieder in seine bedeutungsvolle Duckhaltung begab und die Augen zusammenkniff, »nämlich

Gott, die Liebe und den Beruf.« Beim Aufzählen machte er jedesmal eine Handbewegung, als wolle er die genannten Dinge getrennt nebeneinander in kleinere Pakete packen.

Dann fuhr er fort: »Allein schon in einem dieser Gebiete sich auf schwankendem Boden zu befinden, kann schwere seelische Spannungen hervorrufen. Bei Ihnen aber scheinen mir, nach allem, was Sie mir erzählt haben, alle drei Bereiche, nicht nur Gott und die Liebe, sondern dazu auch noch der Beruf, in eine schwere Krise geraten zu sein. Und damit sind Sie in der Tat gewaltigen Belastungen ausgesetzt.«

Worauf er mit dieser Feststellung, die mich anfangs noch mit Trost und dem Gefühl, akzeptiert zu werden, erfüllt hatte, hinauswollte, zeigte sich sogleich. Wer in die katholische Kirche eintreten wolle, schickte er seinen Belehrungen nach, der müsse sich darüber im klaren sein, daß er dies nur aus einer freien genuinen Glaubensüberzeugung, aus innerstem und vollem Herzen heraus tun könne. Eine Flucht aus psychisch schwer belastenden, anscheinend ausweglosen Situationen, aus einem Gefühl innerer Gekränktheit und Resignation, in eine Glaubensgemeinschaft, die nicht nur Schutz gewähren, sondern auch strenge moralische Forderungen an jeden stellen würde, wäre bei weitem keine ausreichende Grundlage für diesen schwerwiegenden Schritt. Er sehe wohl, daß ich mit meinem problematischen familiären Hintergrund, meinem unsteten und exponierten Lebenslauf und bei diesem chronischen Mangel an religiöser Bindung ein starkes Bedürfnis, eine Art Heißhunger nach Geborgenheit, nach beständiger geistiger Orientierung und innerer Ruhe in einer weltweit festgefügten und über Jahrtausende kontinuierlich wirkenden Gemeinschaft suchen würde. Ob es wirklich Gottes Gnade gewesen sei, die mich jetzt so schnell und überraschend auf diesen Weg gebracht hätte, das ließe sich noch gar nicht sagen. Er, Rösch, wäre sicherlich nicht dazu berufen, mich diesbezüglich zu prüfen, sondern er könne nur Anstöße und Hilfestellungen geben, damit ich selbst mit mir in dieser lebenswichtigen Frage ins reine käme.

Mit diesen und weiteren strengen Bemerkungen beendete Rösch das Gespräch. Ich verließ, obwohl ich spürte, daß er recht hatte, das Haus wie betäubt, und beim Nachhauseweg entlang der Wollishofener Anhöhe kam es mir so vor, als würde jemand im Rhythmus meiner Schritte von hinten mit einem Lappen auf mein Gehirn schlagen. Ich fühle mich auch jetzt noch ziemlich paralysiert. Und wenn ich auch unsicher bin, ob ich bei dem, was ich mir da aufgebürdet habe, durchhalte, will ich es unbedingt versuchen. Dieser Rösch ist ja eigentlich ein unangenehmer Mensch, aber es geht unleugbar viel Kraft von ihm aus, von der ich mich gefangen fühle. Mir ist so, als ob irgendwo in der Ferne ein kleines Licht zu leuchten begonnen hat, dem ich durch alle Wirrnisse hindurch zielstrebig nachgehen muß.

3. März 1963

Unser See beginnt langsam wieder aufzutauen. Es wird bei den andauernden niedrigen Temperaturen dieses Winters wohl noch lange dauern, bis er sein altes Leben zurückgewonnen hat. Aber nach dieser mir schon ewig scheinenden Zeit der Totenstarre ist es wunderbar zu beobachten, wie allmählich Bewegung in die harsche Masse kommt. Einige Stellen sind bereits gesperrt. Meine Strecke ist zwar noch begehbar, ich lege sie jedoch nur noch selten zurück, da ich dieses Vergnügen ziemlich satt habe. Da sich bei den stark unterschiedlichen Tages- und Nachttemperaturen im März das Eis nachts stark zusammenzieht, nehmen die neuen Sprung- und Rißbildungen bedenklich zu. Als ich gestern vormittag bei herrlich sonnigem Wetter und grellem Licht auf diesem bedrohlich uneben und riffig gewordenen Boden ging, krachte es ganz ordentlich. Ich freue mich eigentlich darauf, bald wieder Schiffe durchs Wasser fahren zu sehen.

Ich war heute wieder bei Rösch. Er war ähnlich hart und anstrengend wie letzte Woche. Da ich seit einiger Zeit, angeregt durch mein systematisches Studium des Katechismus, ernsthaft mit dem Gedanken spiele, Theologie zu studieren, erkundigte ich mich bei ihm nach den Möglichkeiten. Vor allem München würde mich als Stadt locken. Mein Lehrer war entsetzt über meine Frage. Diesmal fiel sein Kopf fast flach auf die Schreibtischplatte. Dann faßte er sich rasch, lächelte herzhaft und meinte in geradezu dröhnendem Ton: »Sie werden doch sicher einmal heiraten und Kinder haben wollen. Das ist doch etwas ganz anderes als die Berufung zum Priesteramt.« Meine Frage, ob man denn nicht auch Theologie studieren könne, ohne Priester zu werden, verneinte er schlichtweg.

»Es sei denn, Sie wollen Religionslehrer werden. Aber das ist sicher nicht das, was Sie wollen. Außerdem wird meines Wissens auch heute noch die ganze Theologen-Ausbildung in lateinischer Sprache durchgeführt.«

Und auf seinem Gesicht war deutlich die Hoffnung zu lesen, daß er mich damit gründlich abgeschreckt und von meinen Flausen ein für allemal geheilt habe. Aber ich ließ nicht locker. Ich sprach als nächstes über die wachsende Bedeutung der christlich-katholischen Laienarbeit und wollte wissen, ob denn – seiner Meinung nach – nicht ein ausgebildeter Theologe seine Arbeit vor allem in den Dienst dieser Laienbewegung stellen könne. Er antwortete, daß der Katholizismus heutzutage zweifellos ein größeres politisches Gewicht und öffentliches Ansehen bekommen habe als in den Jahrzehnten zuvor, dank Persönlichkeiten wie Präsident Kennedy und Papst Johannes XXIII. Aber dies wären im Vergleich zur eigentlichen Substanz des katholischen Glaubens säkuläre Erscheinungen.

»Und außerdem«, fügte er schließlich hinzu, »glauben Sie, daß Sie als Mitglied einer solchen Bewegung auf die Dauer wirklich glücklich werden könnten? Sie sind doch ein ausgesprochener Individualist!«

Rösch wirkte in diesem Moment fast mißtrauisch. Zumindest schien er erschreckt zu sein über meine raschen und kühnen Gedanken, die ich unbefangen vor ihm ausbreitete. Er fixierte mich eine Zeitlang prüfend von unten mit seinen kleinen, hinter den Brillengläsern verborgenen Augen, seine Brauen und Lippen zusammenkneifend, und dann setzte er abermals an:

»Ich könnte mir gut denken, daß Ihnen auch ein Theologiestudium nicht genügen würde. Sie würden danach sicherlich noch etwas anderes studieren wollen, und dann wieder und wieder etwas und ständig weiter und mehr. Immer höher und höher müßte es bei Ihnen gehen.«

Und mit einer großen Gebärde zeichnete er in die Luft eine umfangreiche, mehrfach sich windende Spirale.

»Aber Theologie ist doch schon das Höchste, was es gibt«, entgegnete ich indigniert, obwohl ich gleichzeitig auch ein wenig stolz und geschmeichelt war, daß Rösch mir ein solches voluminöses Interesse und ein derartiges Durchhaltevermögen zutraute.

Dann aber fügte er, völlig überraschend und wieder mit diesem unangenehmen Lachen, etwas hinzu, das mir wie ein Stich durch die Brust fuhr:

»Sagen Sie mal, warum wollen Sie eigentlich nicht Schriftsteller werden? Sie hätten mit Ihrem Namen beim Publikum schon einen ganz guten Kredit. Wäre das für Sie nicht der einfachste und naheliegendste Weg?«

Das war ungefähr das Ende unseres heutigen Gesprächs, vielleicht auch deshalb, weil ich seit dieser Äußerung zunehmend stiller und einsilbiger wurde, so daß wir die Fortsetzung auf nächste Woche vertagten.

Ich verließ die Akademie diesmal freilich nicht, wie das letztemal, betäubt und gelähmt, sondern wütend und verärgert. Bis jetzt habe ich darüber nachgegrübelt, was er mit dieser letzten Bemerkung eigentlich bezweckt hat. Hat er sie etwa ernst gemeint, aus einer pfäffischen Ahnungslosigkeit, Naivität und Weltfremdheit heraus? Er kann sich doch denken, daß im Augenblick meines großen Schrittes aus der erstickenden Enge der Erbzwänge in einen neuen Lebensbereich mit Sinn und Zukunft mir nichts ferner liegen dürfte, als ausgerechnet zu schriftstellern. Nimmt er mich nicht ernst? Will er mir andeuten, daß ich mit meinem Wunsch, in seine Glaubensgemeinschaft einzutreten, in seinen Augen nicht bestanden habe, daß er meinen Aufbruch als eine kläglich mißlungene Eskapade betrachtet, von der ich reuevoll in meine familiären Gefilde zurückkehren soll? Oder – und daran glaube ich eigentlich am ehesten – will er mich provozieren, mich prüfen und zu noch intensiverem Nachdenken zwingen, so daß ich um so fester und gleichsam geläuterter zu meiner Konversion und vielleicht auch später zu einem Theologiestudium stehen kann? Das wird bestimmt der eigentliche Grund seiner Bemerkung gewesen sein. Was will er denn im Ernst sonst damit gewollt haben?

15. März 1963

In letzter Zeit bin ich innerlich zunehmend ruhiger geworden. Ich beginne, Frieden mit mir selbst zu finden. Und wenn ich mich ein wenig in mich zurückziehe, so daß ich viel seltener Lust verspüre, meine Erlebnisse und Gedanken aufzuschreiben, dann fühle ich mich dabei gar nicht einsam, sondern zufrieden und voll von innerem Leben. Was man mir dabei äußerlich ansieht, weiß ich nicht. Manchmal habe ich den Eindruck, daß ich seltsam vergeistigt, ja verschroben auf meine Umwelt wirke. Ich frequentiere das Opernhaus übrigens selten, zeige wenig Interesse und Anteilnahme und übernehme auch nur die dringendsten mir übertragenen Einstudierungs- oder Bühnenmusik-Aufgaben.

Im Augenblick befasse ich mich mit einigen Briefen des Apostels Paulus an seine missionierten Gemeinden im Neuen Testament. Rösch hat unumwunden zugegeben, daß er von Exegese nur wenig versteht, hat sich jedoch von einem jüngeren darauf spezialisierten Ordensbruder einige interessante Hinweise geben lassen, die er mir weitervermittelt.

Dieser Heidenapostel, in seiner missionarischen Tätigkeit genauso radikal und unbeugsam wie bei seiner Beteiligung an der Christenverfolgung vor seiner dramatischen Bekehrung, ist wahrlich eine faszinierende Figur. Ich bin am Überlegen, ob ich mir nicht für den Fall meiner zweiten Taufe als zweiten Namen Paul zulegen soll.

Dieser Tage studiere ich gerade den Brief an die Galater. Es scheint eine sehr frühe, aus einem unmittelbaren tagespolitischen Druck heraus verfaßte Epistel zu sein, weil diese von Paulus missionierte Gemeinde wieder in eine unchristliche Gesetzesgläubigkeit zurückzufallen droht. In seinem Bemühen, die Galater vor unguten juden-christlichen Einflüssen zu bewahren und ihnen statt dessen nochmals eindringlich das reine Evangelium vor Augen zu führen, muß Paulus eine sehr schwierige Gratwanderung machen, nämlich zwischen seiner eigenen revolutionären Forderung nach totaler Überwindung jeglicher alttestamentlicher Gesetzestradition und seinen offensichtlich doch noch stark dem Gesetzesdenken verhafteten juden-christlichen Mitaposteln in Jerusalem, mit Petrus an der päpstlichen Spitze. Das Problem des selbstüberwindenden Gehorsams und des klugen Abwägens zwischen persönlichen Impulsen und – in einem vertrackten Widerspruch dazu stehenden – überindividuellen tradierten Lehrmeinungen der Kirche scheint also nicht erst eine Eigenart des mittelalterlichen und des heutigen Katholizismus zu sein, sondern dieses Dilemma ist bereits während der bescheidenen Anfänge des christlichen Gemeindelebens in den allerersten Jahrzehnten aufgekommen – ein schlagender Beweis für die Berechtigung einer als amtliche Überlieferungs-Instanz auftretenden und verbindlich fungierenden Kirche Christi.

Aber hinter all diesen vergleichsweise eher taktisch anmutenden Erwägungen stehen in dem Galaterbrief theologische Gedankengänge von einer wunderbaren Tiefe, in denen ich vieles wiederfinde, was mir in meinen Gesprächen mit Rösch klargeworden ist. Die entscheidende Aussage liegt für mich nicht so sehr in dem Gegensatz zwischen menschlichem Gesetz und göttlichem Evangelium. Ergreifender finde ich den deutlichen Hinweis im fünften Kapitel, der Quintessenz des Aufrufes an die Galater. Wer bereits unter der Gnade Christi steht und das Gesetz überwunden hat, ist damit keineswegs für immer gegen Unheil und Verderben gefeit, sondern bleibt vielleicht mehr noch als der Unwissende ständig der Gefahr ausgesetzt, vor Christus »vernichtet zu werden« und »aus der Gnade herauszufallen« ins Gericht (Gal. 5,4). Zumindest unter biblischen Gesichtspunkten ist damit jeder starren und geisttötenden Selbstgerechtigkeit des Getauften gegenüber dem Ungetauften ein klarer Riegel vorgeschoben. Der Vorwurf des geistlichen Hochmutes, den ich früher so oft von protestantischer Seite gegen den Katholizismus gehört und der mich selbst auch abgeschreckt hatte, ist somit, was die katholische *Lehre* betrifft, unbegründet. Katholisch sein, heißt also – und das empfinde ich als überraschend und neu –, ständig in Bewegung zu sein. Es heißt auch: im Glauben lebendig bleiben und sich immer wieder unerbittlich mit ihm auseinanderzusetzen. Das ist für mich wie eine Offenbarung. Es gibt mir Vertrauen und noch mehr Mut als vorher, mich der Herausforderung zu stellen.

Heute nachmittag war ich gerade mit dieser tröstlichen Stelle im Galaterbrief beschäftigt, obwohl mir nicht sehr tröstlich zumute gewesen war. Ich fühlte mich wieder einmal zermürbenden Anfechtungen und einer verzagenden Unsicherheit bezüglich meines geplanten Schrittes ausgesetzt. Ich saß unten im Arbeitszimmer, neben dem verschlossenen Flügel, die aufgeschlagene Bibel auf den Knien. Da öffnete sich ruckartig die Türe, und meine Großmutter stürzte in den Raum. »Du hast oben im Bad das Fenster offengelassen, es hat hereingeregnet, und ein Glas ist vom Sims gefallen und zerbrochen. Du weißt ganz genau, daß du das Fenster zumachen mußt«, schimpfte sie mit verzerrtem Gesicht.

Ich konnte nur eine hilflose Grimasse ziehen und mühsam die Lippen bewegen, da brach jählings ein heftiges Schluchzen aus mir heraus, das ich kaum unter Kontrolle bekam.

Es war ein läppischer Auslöser für lang angestaute, jetzt endlich sich Luft machende Affekte. Auch Großmutter merkte es deutlich. Sie erschrak und schien sich bewußt zu werden, daß ihr unangemessener Wutausbruch nur ein verzweifelter Versuch gewesen war, irgendwie an den sie seit Wochen, ja Monaten anschweigenden Hausgenossen heranzukommen.

»Aber, aber, ich habe es doch nicht böse gemeint«, beteuerte sie, mir mit überraschender Zärtlichkeit über das Haar streichend, mit einer ebenso ins Sanfte umgeschlagenen Stimme.

Als ich mich wieder gefaßt hatte, gab sie wie jedesmal, wenn es nicht um tägliche Ärgernisse und Banalitäten, sondern um wichtige Dinge geht, ihrem kleinen, alten Gesicht einen Ausdruck von Nachdenklichkeit und Würde. Sie sah mich mit ihren schönen, jung gebliebenen Augen liebevoll an:

»Ich mache mir schon lange Sorgen um dich. Du bist in letzter Zeit sehr verschlossen und ziehst dich in dich zurück. Ich habe das Gefühl, daß etwas Ernstes in dir vorgeht, was du mir nicht sagen magst. Und darüber bin ich beunruhigt. Hast du Kummer, irgendetwas, was dich bedrückt?« fragte sie. Doch es kam keine Antwort.

Schließlich blickte sie teils neugierig, teils unsicher auf das Buch vor mir.

»Was liest du denn da?«

Ich reichte es ihr mit einem verlegenen »na ja« halb entgegen.

»Was, die Bibel?« rief sie höchst erstaunt. Das hatte ich bei ihr so heftig und aus innerstem Herzen kommend noch nie erlebt. Es klang fast so, als würde sie diese Entdeckung mit einem gewissen Grauen erfüllen, das sich freilich weniger auf dieses in seiner Fremdheit eher kurios, ja exotisch anmutende Frömmigkeits-Dokument bezog, als vielmehr auf die rätselhafte Verbindung zwischen diesem Buch und meiner Person.

»Damit befaßt du dich? Das wußte ich ja überhaupt nicht. Ich habe wirklich keine Ahnung davon gehabt.«

Ihre Augen weiteten sich, ihr Gesicht wurde noch nachdenklicher und ernster, und es drückte keineswegs, wie ich befürchtete, Unwillen oder gar Zorn, sondern Verständnis und Respekt aus.

»Seit wann beschäftigst du dich denn mit diesen Dingen?«

»Ach, seit einiger Zeit«, kam es mit verschnupft-verweinter, kratziger Stimme aus mir heraus.

»Hast du denn jemanden, mit dem du dich darüber aussprechen kannst?«

»Ja, ich kenne Leute...«

Sie schwieg eine Weile, ich weiß nicht, ob aus einem Bedürfnis heraus, die schockierende Neuigkeit im stillen zu verarbeiten oder um mir Zeit zu einer ausführlicheren Antwort zu geben. Dann fuhr sie in unverändertem Ton fort:

»Mir sind diese religiösen Fragen, solche schwierigen und komplizierten Bereiche, während meines ganzen Lebens sehr weit weg gewesen. Mir liegt es nun einmal nicht, mich da hineinzuversenken. Ich weiß, es gibt viele Menschen, darunter auch uns nahestehende, die es können. Du weißt, Onkel Bruno zum Beispiel lebt ja recht tief in dieser Welt, aber das ist eben nicht jedermanns Sache.«

Als ich nichts darauf erwiderte, zog sie sich zurück. Ich hatte bisher keinerlei schlechtes Gewissen wegen meiner Wortkargheit verspürt, denn ich war davon überzeugt, daß diese letzten Minuten meiner Großmutter gegenüber mehr ausgesagt hatten, als es zahlreiche Worte im Laufe einer langen Zeit zuvor vermocht hatten.

Doch als sie sich, mir nochmals über den Kopf streichend, diesmal freilich scheuer und verhaltener als das erste Mal, entfernte und still das Zimmer verließ, kam mir die bedrängende Einsicht, daß ich die alte Frau, mit der ich schon fast ein Jahrzehnt lang unter einem Dach gelebt habe und die an Stelle meiner Eltern die

Verantwortung für mein zumindest leibliches Wohlergehen getragen hat, überhaupt nicht teilhaben ließ an all dem, was sich in mir vollzogen hat. Mir ist zwar jetzt nicht danach zumute, lange darüber nachzudenken, was es gewesen ist, das allmählich zu diesem schon unheilvoll lange dauernden beziehungslosen Nebeneinander geführt hat. Dennoch sind mir ein paar vage Eindrücke und Empfindungen gegenwärtig, die ich im Laufe der Jahre zusammengetragen habe: Meine Großmutter ist eine trotz ihres gedrungenkleinen Körperwuchses überaus stattlich wirkende, Selbstbewußtsein, Stolz und Energie ausstrahlende Frau, die nicht nur resolut die äußeren Belange ihres Hauses und dessen Mitbewohner regelt, sondern auch bestrebt ist, die nach dem Tode ihres Mannes immer noch präsente Geistestradition der Familie aufrechtzuerhalten und auf die jüngsten Nachkommen zu übertragen. Es geht freilich etwas Unerbittliches von ihr aus, wie so oft bei starken Persönlichkeiten. Ihr seit meinem Einzug in ihr Witwen-Schloß deutlich spürbares Bemühen, einen Teil ihres ehemals Großvater entgegengebrachten Umsorgens auf mich zu übertragen, hat immer etwas ausgesprochen Erdrückendes und Vereinnahmendes für mich gehabt. Ich habe es – bis in die kleinsten alltäglichen Annehmlichkeiten materieller Art – mit einem sich immer seltsamer zuspitzenden Gefühl aus Genuß und Mißbehagen über mich ergehen lassen. Ist es einem jungen, nach Lebendigkeit, Unmittelbarkeit und Wärme verlangenden Menschen zu verdenken, daß er sich in dieser Atmosphäre bald in stille Auflehnung begibt und in schützender Abkapselung seinen eigenen Weg sucht, um all dem zu entkommen? Jetzt aber, nach der eben stattgefundenen Begegnung mit Großmutter, empfinde ich ausgesprochene Erleichterung darüber, daß fürs erste der Bann gebrochen zu sein scheint.

Ich habe Großmutter seither nicht mehr gesehen. Das mag Zufall sein. Unsere Begegnung von heute nachmittag läßt mich nicht los. Was sie wohl denkt? Ob wir unser begonnenes Gespräch nochmals aufnehmen werden? Dies müßte nur bald der Fall sein, damit überhaupt ein Dialog zustandekommt. Zumindest muß ich sie irgendwann über meine Konversionspläne aufklären. Aber wie? Ich sehe schon, daß es sehr schwierig sein wird, und ich zweifle ernsthaft, ob es mir gelingt.

Ich fürchte, dies war das letzte persönliche Gespräch, das ich mit meinem verehrten Freund und einstigen Vorbild, dem Operndirigenten Kritz, geführt habe. In der Pause vor dem dritten Akt der von ihm heute nachmittag dirigierten ›Parsifal‹-Aufführung nahm er sich die Zeit, mit mir zu reden. Er bot mir eine Stelle als hauptamtlicher Bühnenkapellmeister in der nächsten Saison an. Ich sollte für alles, was an Instrumenten, Sologesang und Chören hinter der Bühne eingesetzt wird, die Verantwortung übernehmen, organisatorisch und musikalisch während der Proben und Aufführungen. Es fiel mir nicht schwer, abzulehnen. Er verstand mich nicht, nach all dem Eifer, den ich an den Tag gelegt, und nach meinem großen Bemühen, möglichst bald einen Arbeitsvertrag zu bekommen. Er schüttelte den Kopf und wollte den Grund für meine Absage hören. Wir kamen wieder ins grundsätzliche Diskutieren, obwohl Kritz von den Anstrengungen der ersten beiden Akte ziemlich erschöpft wirkte. Ich sagte ihm, ich hätte zwar meine musiktheoretischen oder vielmehr musiktheologischen Positionen revidiert und würde den ›Parsifal‹ jetzt einfach ›Parsifal‹ sein lassen. Er habe in der *Vergangenheit* jene religiöse Aufruf-Funktion für mich gehabt, von der ich ihm gegenüber einmal gesprochen hätte. Jetzt aber hätte ich mich weitgehend von ihm gelöst und wäre dabei, die Musik und die Kunst überhaupt hinter mir zu lassen. Für mich gäbe es jetzt nur noch Kirche und Christentum, auch wenn ich noch nicht wüßte, was es beruflich für mich bedeutete. Mir wäre nur klar, daß ich mich zur Zeit als Musiker nicht vertraglich binden wolle, da ich mich für etwaige Veränderungen, vielleicht auch geographisch, freihalten möchte. Daß ich zu allem auch noch zum Katholizismus überzutreten gedenke, enthielt ich ihm freilich vor. Der Ausdruck von Verwunderung, Indigniertheit und sogar einer gewissen Kälte, der auf seinem durchsichtig dünnen Gesicht mit der knochig hervortretenden, mit Schweißtropfen bedeckten Stirn erschien, aber auch meine eigene Gleichgültigkeit in diesem Augenblick zeigten mir, wie fremd wir einander bereits geworden waren.

Die merkwürdige Abschiedsstimmung, die mich dann während

des dritten Aktes auf meinem Zuhörer-Stammplatz nahe beim Inspizientenpult überkam, und die bis zum Schluß der Aufführung anhielt, paßte ganz gut zu diesem Gespräch im Dirigentenzimmer. Ich verfolgte zuerst mit einiger Distanz den in epischer Endlosigkeit sich hinziehenden Gurnemanz-Parsifal-Dialog. Im Halbdunkel, und diesmal ohne Klavierauszug, in einem angenehm entspannten Zustand, ließ ich ihn auf mich wirken und spürte erst beim Karfreitagszauber eine Erregung in mir hochsteigen. Nach dem abrupten Wechsel von Des-Dur nach H-Dur entsteht eine Atmosphäre der Versöhnlichkeit und Ausgeglichenheit, die von der in ihrer Auf- und Abwärtsbewegung von so erstaunlicher Symmetrik gekennzeichneten Melodieführung ausgeht, wie man sie eigentlich nur bei den großen Kontrapunktikern des Mittelalters kennt. Die Welt dieses Karfreitagszaubers ist eine ganz eigene, in den Parsifalschen Kontrast zwischen Heiligkeit und Sinnlichkeit überhaupt nicht hineinpassende, von blühenden Auen und Blumenwiesen kündende Natur-Idylle, die nur indirekt mit dem Gral und dem Erlösungsgeschehen zusammenhängt. Vielleicht ließ ich mich heute gerade deshalb von dieser Stelle so sehr ergreifen. Nicht mit tiefsinnigem mythisch-theologischem Grübeln hörte ich sie an, sondern genoß sie zum ersten Mal frei und unbelastet und ließ sie einfach so sein, wie sie war, ohne Angst, mich in ihr zu verlieren. Es war wohltuend zu spüren, nicht mehr so unentrinnbar mit dieser Klangwelt verwachsen zu sein, sondern sie schlicht und unbeschwert lieben zu dürfen. Andererseits berührte es mich seltsam, daß ich nach dieser Aufführung mit der mir so bedeutungsvoll gewesenen Musik wahrscheinlich lange nichts mehr zu tun haben würde und auch meine Tage in diesem Hause gezählt sind. Es war jedoch nicht eigentlich Schmerz, den ich fühlte, sondern eher eine mit Wehmut durchsetzte Dankbarkeit.

Während ich noch lauschte, wie Gurnemanz dem Parsifal deutlich macht, daß dieser »höchste Schmerzenstag« für ihn nicht mit Trauer verbunden sein sollte, sondern mit Freude – angesichts der ihm zuteil gewordenen göttlichen Gnade, und als ich mir gerade überlegte, ob ich bei der folgenden Erlösungsszene nicht früher gehen sollte, öffnete sich die Tür zum Bühneneingang, und Manuel Gadun kam herein.

Er wirkte völlig verändert – ganz und gar nicht im Sinne des eben gehörten, harmonischen Zaubers, sondern noch zerrissener und verstörter als beim letzten Mal.

»Ich gehe weg von hier«, keuchte er.

»Was, du auch?« war meine blitzartige Reaktion, obwohl ich meinen Entschluß ja noch längst nicht so endgültig gefaßt hatte.

»Von der Frau, du weißt, gehen Strahlen aus, ganz ungeheuerliche Kräfte. Sie hat sie von Gott an mich weitergegeben. Ich muß jetzt einen großen Auftrag ausführen, muß zurück auf den Berg, wo sie alle auf mich warten. Wunder wirken und Befreiung von allen Leiden bringen, ja das ist das Höchste. Hinaus in die Welt zum Kampf nach Rom. Ich werde es euch zeigen, dir auch, ja dir auch!«

»Manuel!« rief ich, außer mir vor Entsetzen.

»Bist du auch einer von diesen Rittern, die mich daran hindern wollen? Weg von mir! Unterbrich nicht diese schöne Stimme!« rief er, am ganzen Leib zitternd.

Daß Manuel schon lange einen besorgniserregenden Prozeß durchmachte – die auf ihn einstürmenden Eindrücke der letzten Wochen waren wohl zuviel für sein zartes Gemüt gewesen – war mir nicht neu. Unfaßlich dagegen schien es mir, daß mein Freund jetzt offenbar einen seelischen Zusammenbruch mit einem zunehmenden Verfall seiner geistigen Kräfte erlitt. Was mich im Moment zusätzlich erschreckte, war, daß er mit seinem hastigen Gerede in schriller, gleichmäßig hoher Tonlage den musikalischen Ablauf auf der Bühne ernsthaft zu stören drohte. Geistesgegenwärtig faßte ich ihn, ihn freundlich anlächelnd, um die Schulter, schob ihn in Windeseile durch die Tür, durch die er eben hereingekommen war, und folgte ihm.

»Ja, Manuel, guten Tag erst mal! Wie geht es dir denn so?«

Er schien verdutzt, entwaffnet durch so viel Herzlichkeit, die mich freilich einige Mühe kostete. Er stutzte, starrte irr ins Leere und sank plötzlich kraftlos in sich zusammen, wie wenn einem prall gefüllten Gummireifen die Luft entströmt.

»Ich habe seit Tagen praktisch nichts gegessen. Sogar auf Brot und Wein hab ich verzichtet. Hab auch nichts zu mir genommen, was Blut enthält, weder Fleisch noch Fisch.«

Ich nickte stumm. Er wurde zunehmend ruhiger. Dann lächelte auch er. Es war jedoch mehr ein unnatürliches Grinsen, das seine feinen Züge schmerzlich entstellte.

»Weißt du eigentlich, daß ich dein Echo bin«, fuhr er mit einer verblüffenden Wendung fort. »Ich komme in einem ganz berühmten Buch vor, als vierjähriger goldlockiger Elfenprinz, der nicht lange lebt, sondern bald vom Teufel geholt wird.«

Und während ich wie von weit her die Gralsritter mit ihren abgehackt dumpfen, fast bellenden Bässen jenes wiederholte »Zum letzten Mal sei deines Amtes gemahnt« singen hörte, nahm Manuels Gesicht einen Ausdruck starker Entrücktheit an, er hob seine Augen zur Decke – ihr gläsern leuchtendes Blau wirkte im Lampenschein wie eisige Gletscher –, legte seine schmalen Hände vor der Brust zusammen wie ein Kind, das sein Abendgebet sprechen will, und mit einem vorausgeschickten »Kennst du das?« fing er an, in einem seltsam verwirrenden und seinen inneren Zustand fatal widerspiegelnden Gemisch aus Schweizer Dialekt und Mittelhochdeutsch die folgenden Verse zu zitieren:

Etwa so:

»Herr, wenn ihr Sinn habt,
So söllet ihr Gott vertrouwen woll.
Er hilft eu, wenn er helfen soll.
Gott muess uns helfen allen.

Und dann ungefähr:

Von dem, der wahrhaft liebt,
Sägent diese süeße Mär,
Der ist ein durchlüchtend Licht
Und wanket in siner Minne nicht.
Wem er Minne erzeigen soll,
Dem wird mit siner Minne woll.

Und schließlich:

Wer verwirket sinen Grueß
Daß Gott sich schämen mueß,

Wem nützt dann menschlichi Zucht,
Wo hätt die arme Seel' no Zueflucht?
....
Nu chehret euer Gmüet,
So daß er vergältet euer Güet.«

Ich muß sagen, daß es mir bei diesem makabren Schauspiel kalt den Rücken herunterlief. Ich empfand schreckliche Angst um Manuel, Angst, daß ihm in seinem unheilverkündenden Zustand etwas Ernstes zustoßen könnte. Schließlich sprang er auf und verschwand mit derselben Eile, mit der er gekommen war. Obgleich ich ihm auf dem Fuße folgte, war er nirgends mehr zu sehen. Ein Anruf bei ihm zu Hause war erfolglos. Ich habe mir heute abend die von Manuel abgewandelt wiedergegebenen Stellen aus der Karfreitagsszene im neunten Buch von Wolfram von Eschenbachs ›Parzival‹ herausgesucht und angestrichen. Ich möchte sie festhalten für den Fall, daß Manuel Gadun eines Tages nicht mehr unter uns weilen sollte.

18. April 1963

Da ich schon seit einiger Zeit unter unangenehm ziehenden Leibschmerzen leide, habe ich vor einigen Tagen einen Arzt aufgesucht, der die betreffende Stelle geröntgt und mir heute den Befund mitgeteilt hat. Er bezeichnete meine Beschwerden als ›gastrointestinale Funktionsstörung‹. Das heißt auf deutsch: eine psychisch bedingte Darmreizung. Er fragte mich, ob ich denn gegenwärtig irgendwelchen schweren Belastungen ausgesetzt sei. Als ich dies ganz allgemein bejahte, war er schon zufrieden, winkte fast ab und schien froh, mich gleich wieder los zu sein. Mir war sein geringes Interesse eher angenehm, denn so kam ich erst gar nicht in die Verlegenheit, ihm Dinge mitzuteilen, die ich ihm vielleicht nur ungern preisgegeben hätte.

Belastend sind die letzten Monate für mich in der Tat gewesen. Und wenn es mir manchmal auch so scheint, als hätte ich mich innerlich durch meine neue Glaubensorientierung inzwischen schon gefestigt, so fehlt mir doch noch der Boden unter den Füßen, solange ich nicht weiß, was ich beruflich tun will, welche Möglichkeiten mir da überhaupt offenstehen. Dabei wird mir deutlich, wie fragwürdig es ist, von einer inneren Festigung zu sprechen, solange keine äußere vorhanden ist.

Auch darüber habe ich während der letzten Sitzungen mit Rösch gesprochen. Aber abgesehen davon, daß er jedesmal, wenn ich das Thema Theologiestudium nur anschneide, allergisch reagiert, äußert er sich zur Frage meiner beruflichen Zukunft sehr zurückhaltend und hilft mir in dieser Hinsicht nicht weiter. Sicher ist inzwischen für mich nur geworden – und das habe ich ihm auch gesagt –, daß ich bald von hier fort will, wobei mir als Studienorte München oder Rom vorschweben. Und wenn es eben nicht Theologie sein sollte, dann werde ich eine qualifizierte musikalische Zusatzausbildung machen – ganz gleich, wie ich sie später einmal anwenden kann. Und nebenbei, sozusagen privat, würde ich eine Art theologischer Fortbildung betreiben. Wenn es mit der katholischen Laienbewegung weiter so gut vorangeht, ist es für mich vielleicht auch später noch möglich, mit meinen Vorstudien ganz in die Theologie überzuwechseln.

Für Ende des Monats bin ich bereits in München angemeldet, wo ich mich mit Hilfe von Tante Milka, die sich als ehemalige Gesangslehrerin an der dortigen Musikhochschule auskennt, über laufende Dirigenten- und Kompositionskurse erkundigen will. Meinen Freund Manuel zieht es eher nach Rom. Warum, weiß ich nicht. Ich bin heilfroh darüber, daß er sich von seinem Anfall während der Ostertage wieder ein wenig erholt hat. Das war eine Aufregung gewesen! Volle drei Tage war er verschwunden. Wäre er am Dienstag nach Ostern nicht zurückgekommen, ausgezehrt und körperlich heruntergekommen zwar, dafür aber seelisch anscheinend einigermaßen im Lot, hätte ich sicherlich die Polizei verständigt. Gerade stabil erscheint er mir nicht, aber man kann wenigstens wieder normal mit ihm reden. Trotzdem mache ich mir Sorgen um ihn. Allen meinen Versuchen, ihn auf jenen akuten Zustand und auf seine jetzige Situation überhaupt anzusprechen, weicht er konsequent aus und wirkt abwesender, nervöser und angespannter als sonst, bekommt jedoch manchmal jählings und unvermutet merkwürdig stürmische und übertriebene Heiterkeitsausbrüche. Es mag sein, daß sich dies alles in absehbarer Zeit wieder legt, wenn er, wie jetzt, dem Theater und seinen schädlichen Einflüssen weiterhin fernbleibt.

Für mich fehlgeschlagen ist ein Versuch, nach so vielen Monaten Bettina wiederzusehen. Das Bewußtsein, mich damals – ein Jahr ist's her – an ihr versündigt zu haben, bereitet mir zumindest unterschwellig ziemliche Qualen. Ich würde so gerne alles wieder gutmachen. Außerdem ist sie es ja schließlich, die – wenn auch unbeabsichtigt – das Licht angezündet hat, das jetzt in mir brennt. Das hat meine Verbundenheit mit ihr zusätzlich vertieft. Mein alter Freund Max ist, als ich ihm von meiner Not sprach, für mich in die Bresche gesprungen und hat vor einer Woche bei Frau Glaser vorgesprochen. Das Ergebnis war immerhin ein Gespräch mit Bettinas Vater, das heute nachmittag stattfand.

Ich bin eigentlich erstaunt darüber, wie freundlich mich dieser Mann aufgenommen hat. Ich hatte aus den nicht gerade einnehmenden Schilderungen anderer über ihn sowie aus eigener kurzer Begegnung vor etwa einem Jahr kein besonders erfreuliches Bild von ihm gewonnen. Auch konnte ich, obwohl ich mich an diese heutige Einladung wie an eine letzte Hoffnung klammerte, mir nicht so recht vorstellen, was mir dieser Canossa-Gang bescheren würde. Nun, Wunder sind keine geschehen. Aber um ein paar Hoffnungen reicher bin ich immerhin wieder gegangen.

Befremdet war ich zwar über die forciert wirkende Herzlichkeit, mit der Glaser mich empfing. Aber er wußte wahrscheinlich, wieviel Überwindung mich diese Begegnung gekostet hat, nachdem er mir bisher so wenig Wohlwollen entgegenbrachte. Vielleicht wollte er meine Anstrengungen mit einem betont lockeren, verbindlichen Auftreten gewissermaßen honorieren und glaubte, mir damit auch das Unbehagen zu nehmen, das für mich mit diesem Treffen verbunden war. Vielleicht gehört Glasers Überschwenglichkeit einfach zu seinem Künstler-Naturell und wird verstärkt durch persönliche Unsicherheit, bedingt durch Mißerfolg, Krankheit und sonstige Pechsträhnen.

Sein Äußeres, das blasse, aufgedunsene und von gelegentlichen Zuckungen gequälte Gesicht, der krähenhaft tief eingezogene Kopf, die schlenkernden, wenig aufeinander abgestimmten Bewegungen seines schmalen Körpers und die überlaute, krächzende

Sprechweise ließen auf ein gewisses Ausmaß an nervlicher Zerrüttung schließen, hervorgerufen durch – wie ich von Bettina wußte – ungesunde Lebensführung und einen bedenklichen Konsum an Suchtmitteln zur Steigerung seiner literarischen Produktivität.

Bei dieser Anhäufung von Defekten hatte dieser Mann jedoch unleugbar eine Ausstrahlung von Noblesse und aristokratischer Würde, die durch all sein Elend hindurchschimmerte. Vor allem der exotisch schmale Schnitt seiner dunklen Augen sowie die fein gebogene Nase erinnerten mich sehr an Bettina, so daß es mir das Herz zusammenzog. Trotz aller Reserviertheit verband mich das sogleich mit ihm und ließ mich das Gespräch zuerst auf seine Tochter bringen.

»Wie geht es Bettina, ich habe sie so lange nicht mehr gesehen.«

»Mein Freund, es geht ihr gut. Sie brauchen sich keine Sorgen um sie zu machen. Sie ist zur Zeit in einer recht stabilen Verfassung.«

Das klang so, als hätte eine Veränderung vom Schlechten zum Positiven stattgefunden. Ich hakte nach. Er antwortete bereitwillig: »Sie hat schwere Zeiten hinter sich. Das war, als sie mit sich rang, wie sie sich nun endgültig entscheiden solle ... in dieser Beziehung zwischen Ihnen beiden, nicht wahr?«

Ich schnappte nach Luft, das hörte ich zum ersten Mal. Denn bisher hatte ich mir immer eine Bettina vorgestellt, die abgeklärt und über den Dingen stehend schon längst entschieden hatte, was für sie selbst das Richtige war.

»Ja, es hat mehrere Tage gedauert. Sie lief damals wie ein Tier im Käfig herum, führte unaufhörlich Selbstgespräche, aß und schlief kaum, und wir machten uns große Sorgen... Aber jetzt ist alles vorbei und wieder gut. Sie hat nicht nur ihr ursprüngliches Gleichgewicht wiedergefunden, sondern es tut sich bei ihr auch viel Neues. Noch nie hat sie mit soviel Konzentration und Ausdauer am Klavier gearbeitet wie die letzten Monate. Dies hat ihr auch schöne Erfolge gebracht und ihr Selbstbewußtsein gehoben...«

Ich war froh zu hören, daß es Bettina gut ging. Andererseits folgerte ich mit Pein aus diesen Worten, daß sie mich offenbar nicht mehr brauchte, daß – im Gegenteil – erst durch die Trennung von mir sich ihre Lage wesentlich verbessert hatte, sie unabhängiger geworden war. Oder stellte Glaser dies nur so hin, um mir möglichst jede Hoffnung zu nehmen? Dann aber hielt ich mich wie an einen Rettungsanker an der Frage fest, was Bettina zu meiner beabsichtigten Konversion gesagt hätte. Sie mußte ja spätestens durch Max davon erfahren haben.

»Bettina hat diese Entwicklung bei Ihnen mit großer Freude wahrgenommen. ›Ich hab doch immer gewußt‹, war ihre erste Reaktion, ›daß in dem etwas steckt, das man nur anzustoßen braucht, und dann gerät es in Bewegung!‹ Ich glaube, sie ist wirklich stolz auf Sie und freut sich, daß auch Sie Ihren glücklichen neuen Weg gefunden haben.«

Auch dies hörte ich nur mit äußerst gemischten Gefühlen.

Obwohl ich von vornherein wußte, wie aussichtslos mein Anliegen war, faßte ich mir ein Herz und fragte: »Glauben Sie, daß es in absehbarer Zeit möglich sein wird, Bettina zu sehen?«

Er lächelte. Es war dieses überlegen-hintergründige und süßliche Lächeln, das ich von Rösch kannte, nur nicht so herb und stark, eher kränklich und jenem geistlichen Lächeln mehr nachgeahmt.

»Nun ja«, antwortete Glaser in einem Ton, bei dem ich nicht recht erkennen konnte, ob in ihm das Vorwurfsvolle, Ironische oder Väterliche überwog.

»Wir brauchen alle unsere Zeit. Auch Bettina muß weiter in Ruhe ihrer Bestimmung nachgehen. Sie weiß das selbst und will das auch so. Und ich glaube, wenn sie so weit ist, dann wird sie von sich aus ein entsprechendes Signal geben. Sie wissen ja, Geduld ist eine Tugend.«

›Reiß dich zusammen‹, dachte ich, ›es ist im Moment völlig zwecklos, hier weiter zu insistieren. Du mußt das Beste aus der Situation machen. Vielleicht kann dir der Alte in den dich beschäftigenden theologischen Fragen ein wertvoller Gesprächspartner werden. Und was Bettina angeht, so braucht das Ganze wohl einfach ein wenig Zeit.‹

Als Glaser merkte, daß ich diese Absicht tatsächlich verfolgte und auf andere Themen umschwenkte, hellten sich seine Züge wieder auf, und er gewann seine anfängliche Lockerheit zurück.

Ich erzählte ihm, daß Rösch mein Konvertitenlehrer sei. »Ach, der gute Pater Rösch. Wie sind Sie denn auf den gekommen?«

Ich murmelte etwas von Vermittlung durch Bekannte.

»Jaja, der ist ein solider, bewährter Theologe, nicht gerade ein vorwärtsstürmender Pionier, aber ein lieber, zuverlässiger Zeitgenosse!«

Durch diese mich überraschende, wenn auch verhaltene Kritik ermutigt, erzählte ich ihm, zuerst zögernd, dann zunehmend freier, von meinen Erlebnissen und Erfahrungen während der zahlreichen Sitzungen bei Rösch. Vor allem seine Idee, mich doch einfach dem Schriftstellerberuf zuzuwenden, gab ich zum besten, weil mich das immer noch wurmt und ich Glasers Meinung dazu hören wollte. Glaser schlug sich auf die Schenkel und lachte schallend.

»Das ist ja toll, kaum zu glauben. Ein ziemlich starkes Stück. Aber ich muß sagen, ich finde das eine sehr gesunde Reaktion von Ihnen, daß Sie sich nicht einschüchtern lassen, sondern mit der Faust auf den Tisch hauen und sich sagen, ›was fällt dem eigentlich ein, mir sowas zuzumuten!‹ Ja, ich denke, Sie wissen genau, was Sie wollen.«

Ich freute mich über Glasers Kommentar. Es war innerhalb kurzer Zeit schon sein zweiter Einwand gegen Rösch, und mir war so, als hätte ich in ihm einen Verbündeten gefunden. Aus diesem Grund ging ich als nächstes auf Themen über, bei denen die Verständigung mit Rösch immer schwierig ist: die katholische Laienbewegung, die neue theologische Evolutionstheorie des Paläontologen Teilhard de Chardin, schließlich auch ein Ordensbruder von Rösch, unser so sozial orientierter Papst etc . . Und ich muß sagen, wir haben uns in all diesen Fragen vorzüglich verstanden und waren uns einig. Zuletzt erzählte Glaser mir aus dem Leben von Ignatius von Loyola, dem Gründer von Röschs Orden, damit ich den für mich immer noch faszinierend-unheimlichen Geist der Jesuiten besser verstehen lernte. Ich hatte kürzlich in Ricarda Huchs »Deutsche Geschichte« nachgelesen, daß militärische Zucht und Disziplin als Hauptmerkmale der Societas Jesu galten, und war jedesmal, wenn ich wegen Röschs harter Schulung mit mir ins Hadern kam, stolz gewesen, an einer solchen Erziehung –

wenn auch indirekt – teilhaben zu dürfen. Als ich jedoch Glaser danach fragte, erhielt ich eine teils enttäuschende, teils aber auch anregende Antwort.

»Militärisch? Nein, das stimmt so nicht. Das ist ein typisch protestantisches Urteil. Es ist jedenfalls extrem einseitig. Ignatius hat, übrigens fast gleichzeitig mit Luthers Wirken in Deutschland und völlig unabhängig davon, etwas ganz anderes, viel Wertvolleres ersonnen, nämlich die mystische Versenkung. Er war zwar vor seiner geistlichen Berufung ein von höfischem Bewußtsein geprägter Offizier des spanischen Vizekönigs von Navarra. Als er aber bei seiner langwierigen Genesung nach der Kriegsverletzung bei Pamplona seine heilige Bestimmung entdeckte und die ›Exercitia spiritualia‹ entwarf, streifte er seinen weltlichen Militärmantel ab. Die Zucht und Disziplin, von der Sie eben sprachen, die haben er und seine durch Gelübde eng mit ihm verbundenen Gefährten damals ins Seelische gewendet. Denn eben dort liegen für Ignatius und seine Nachfolger die natürlichen Kräfte, um die Exerzitien in einsamer Konzentration abzuhalten und ein wahrhaft christliches Leben zu führen.«

Ich hätte Glaser noch stundenlang andächtig zuhören mögen, wenn nicht von vornherein klar gewesen wäre, daß unsere Zeit bemessen war.

Als wir uns verabschiedeten, bemerkte ich auf seinem Gesicht dieselbe heiter-angeregte Rötung, die ich auch auf dem meinigen fühlte.

»Mein lieber Freund, melden Sie sich bitte, wenn Sie wieder einmal Lust haben zu kommen. Keine falschen Hemmungen. Am besten ist es, wenn Sie kurz vorher anrufen. Meinetwegen schon nächste Woche, falls Sie wollen!«

Und er entließ mich mit einem männlichen Händedruck aus seiner Künstler-Klause.

Ob ich tatsächlich bald wieder hingehe, ist mir noch ungewiß. Als ich in der sonnendurchwärmten, von würzigen Düften durchtränkten Frühlingsluft – über den Hügel an der protestantischen Kirche vorbei – wieder nach Hause schlenderte und mir nochmals die Eindrücke des Besuchs vor Augen führte, stiegen die widersprüchlichen Empfindungen, die Glaser bei mir ausgelöst hatte, noch einmal deutlich in mir hoch. Freilich hat er mir geholfen, den alten Rösch besser zu verstehen. Trotzdem weiß ich nicht, ob es außer der Hoffnung, eines Tages über ihn doch Zugang zu Bettina zu finden, einen ernsthaften Grund gibt, ihn noch einmal aufzusuchen.

9. Mai 1963

Es kommt mir wie eine Bestandsaufnahme vor, die ich heute vornehme, nachdem fürs erste einmal die Würfel gefallen sind.

Ich bin vor einigen Tagen aus München zurückgekommen, wo ich bei Milka und ihrer Familie in ihrer hübschen Wohnung am Englischen Garten zu Gast war und die verschiedenen musikalischen Weiterbildungsmöglichkeiten auskundschaftete. Was ich dabei erfuhr, kommt für mich nicht in Frage. In eine über Jahre laufende Dirigentenklasse an der Musikhochschule will ich nicht einsteigen. Das hat sich in dem unverbindlichen Gespräch gezeigt, das ich mit dem Direktor der Musikhochschule an der Arcisstraße führte. Es machte mir nochmals deutlich, daß ich mich nicht mehr länger an die Musik binden möchte. Dann erörterte ich mit Onkel Hermann, der in München Musikkritiker ist, ob ich Privatschüler eines der Münchner Konzert- oder Operndirigenten werden könnte. Doch sehr bedeutend sind diese Leute alle nicht, und viel Zeit steht ihnen auch nicht zur Verfügung. Hermann kennt einen uralten, in der Öffentlichkeit nur noch selten auftretenden Kapellmeister, der noch am ehesten Interesse haben könnte. Er muß aber so langweilig sein, daß die Leute, seinen französisch-hugenottischen Namen deutsch aussprechend, seine Konzerte als das wunderbar wirkende Schlafmittel ›Butein‹ zu bezeichnen pflegen. Mein Onkel bemühte sich, ihm nichts Böses nachzusagen, aber dieser Bericht und sein belustigter mitleidiger Gesichtsausdruck, als wir abends bei einem Glas Wein auf dem Balkon darüber sprachen, haben mir genug gesagt.

In Rom sieht es dagegen ganz anders aus. Da gibt es Jahreskurse für angehende Dirigenten am Conservatorio di Santa Cecilia, geleitet von einem hervorragenden Musiker aus Sizilien, einem Schüler von Toscanini übrigens, der, wie man mir sagte, selber ein großer Dirigent geworden wäre, hätte er nicht ein unheilbares Nervenleiden. Es zeigt sich darin, daß er regelmäßig bewußtlos wird, sobald er öffentlich auftritt, und das Konzert dann abgebrochen werden muß. Da er seinen Beruf somit nicht ausüben kann, hat er seine überragenden künstlerischen Fähigkeiten in den Dienst der Nachwuchsförderung gestellt und ist von Beruf Dirigier-Lehrer – eine bewundernswerte Haltung, wie ich finde. Bekannte von mir in Florenz kennen ihn und waren mir bei der Knüpfung erster Kontakte behilflich. In einer Woche fahre ich nach Rom zur Aufnahmeprüfung für das im September beginnende Kursjahr. Wir sollen mit dem Rundfunkorchester der RAI die Ouvertüre zu Verdis ›Nabucco‹ dirigieren. Die Prüfung ist angeblich sehr leicht. Dieser Kurs wäre mir nicht nur wegen seines Leiters, seiner Kürze und relativen Unverbindlichkeit angenehm, sondern ich könnte nebenbei einen theologischen Fernkurs für Laien absolvieren, bei dem einmal jährlich Prüfungen zum Erwerb der Missio Canonica abgelegt werden, was für mich dann im nächsten Sommer in der Schweiz in Frage käme. Hier haben Glasers Bemühungen segensreich gewirkt.

Das Schönste aber ist, daß sich für mich auch in Rom ein geistlicher Betreuer gefunden hat. Es ist ein junger, dynamischer, in einer Vorort-Pfarrei tätiger Priester, der in enger Verbindung mit französischen Arbeiterpriestern steht, die am Vatikanischen Konzil zur Zeit als theologische Berater fungieren. Dieser Theologe tritt auch in den öffentlichen Medien ungemein engagiert für die Belange des progressiven Konzilflügels ein, was ihm besonders bei der katholischen Jugend in Italien eine Menge begeisterter Anhänger gebracht hat. Meine Freunde aus Florenz, der eigentlichen Heimat-Diözese dieses Geistlichen, kennen ihn und haben mit ihm gesprochen, und ich will in Rom gleich in Verbindung mit ihm treten. Er scheint nicht nur willens zu sein, mich unter seine Fittiche zu nehmen und mein theologischer Mentor zu sein, er wäre auch bereit, mich in seiner kleinen Florentiner Kapelle zu taufen, sobald Rösch grünes Licht dafür gibt.

Und Rösch *hat* grünes Licht gegeben. Heute! Ich hatte ihm von all den Neuigkeiten erzählt, und es war mir klar, daß es heute vorerst die letzte Sitzung bei ihm sein wird. Er hat etwas geheimnisvoll mit seinem endgültigen Schiedsspruch gewartet, aber jetzt ist es sicher, daß ich reif für die Aufnahme in die katholische Kirche bin!

Rösch war wie umgewandelt. Das merkte ich schon vom ersten Augenblick an, als er mich wie gewohnt oben vor dem Fahrstuhl empfing. Er glänzte förmlich vor Aufgeräumtheit und führte mich mit einem noch elastischer federnden Gang als sonst in seine Stube. Wir nahmen Platz – freilich auch diesmal an seinem Schreibtisch und nicht am vornehmen Besuchertischchen daneben. Das einstündige Gespräch, rascher, selbstverständlicher und beschwingter als jemals zuvor, war wie ein kleines Fest. Rösch kündigte mir mit einem Lächeln, in dem Herzlichkeit und Güte die einstige Mischung aus Herbheit und Süßlichkeit überstrahlte, meine »Überweisung« an den römischen Pater an, die er, »nunmehr mit einem empfehlenden Geleitschreiben und mit gutem Gewissen« vornehmen könne. Ich kam mir vor, als ob ich eine schwierige, mit vielerlei Hindernissen versehene Prüfung bestanden hätte. In geradezu gemütlicher Atmosphäre sprachen wir ausschließlich über meine Pläne im bevorstehenden römischen Jahr, in Verbindung mit meinem Erwerb der hiesigen Missio Canonica. Den von mir eingeschlagenen Mittelweg zwischen Musik und Theologie bezeichnete Rösch als vernünftige, ja kluge Lösung, »ein durchaus hoffnungsvoller Kompromiß«, wie er meinte. Ich versprach ihm, mich nochmals bei ihm zu melden, bevor ich im August endgültig außer Landes gehe. Vorher will ich in Italien ein wenig herumreisen und nach diesem langen, harten und entbehrungsreichen Winter die mediterrane Sonne in vollen Zügen genießen.

Ich bin immer noch überwältigt von dieser Wärme, die mir mein Lehrer beim heutigen Abschiedsgespräch entgegenbrachte. Ich versuche, diese Erfahrung zu verstehen, diesen Kontrast zwischen Röschs früherer Strenge und seiner liebevollen Fürsorglichkeit jetzt. Ob es daher kommt, daß in einer Gemeinschaft wie der katholischen Kirche der Umgang des Ranghöheren mit dem Rangniedrigeren oft extremere Gegensätze erfordert als im gleichgültigen Miteinander in losen, von nur wenig Verbindlichkeit bestimmten Gruppierungen? Diese Wechselbäder sind nach meiner Erfahrung zwar oft kaum erträglich, jedoch zu wissen, daß dieses Hin und Her nicht willkürlich ist, sondern seine bestimmte Ordnung und ein festes Ziel hat, gibt mir doch das Gefühl, in ein verläßliches Gefüge eingebettet und gut aufgehoben zu sein. Von Glaser habe ich zudem gelernt, daß Röschs Menschenführung wohl auch speziell dem Geist des Jesuitenordens entspricht, der ja seine genau ausgearbeiteten und von soviel religiöser Inbrunst erfüllten Regeln geradlinig und konsequent bis in die heutige Zeit aufrechterhalten konnte, daß er mir ein besonderer Garant für Einheit, Disziplin und Zusammenhalt in der katholischen Kirche zu sein scheint.

Nur: Wenn das alles so ist, dann geht für mich an einem meinen Lebensnerv immer noch empfindlich berührenden Punkt die Rechnung nicht auf. Und dies betrifft niemand anderen als Bettina. Wenn es nämlich katholisch-christlich ist, daß Entsagung, Prüfung, Schmerz und Sühne irgendwann, in irgendeiner Form mit Versöhnung und einer Aufnahme in die Reihen der Geläuterten belohnt wird, dann kann ich Bettina nicht verstehen. Sie hat sich mir endgültig entzogen, obwohl ich nach unserer Trennung vor etwa einem Jahr in mich ging, mich selbst und meine Existenz radikal in Frage stellte, um mit Glück und Gnade ein anderer, wenn auch noch unfertiger, zu werden. Ich konnte meinen Mitmenschen wieder in die Augen sehen und dachte, jetzt würdig zu sein, von ihr wenigstens beachtet und als gleichwertig angesehen zu werden. Aber dem scheint nicht so zu sein. Ich weiß es wirklich nicht, warum. Oder gibt es am Ende zweierlei Christentum und zweierlei Maß, mit dem Christen das Handeln ihrer Mitmenschen messen?

Rom, 31. August 1963

Ich sitze in meinem Zimmer in einer römischen Pension, die originellerweise ›Albergo Italia‹ heißt, und bin dabei, meine Aufzeichnungen vorerst einmal abzuschließen.

Vorgestern sind Manuel und ich hier mit meinem bis zum Rand vollgepackten kleinen Fiat 500, den ich mir vor kurzem als Gebrauchtwagen erstanden habe, eingetroffen. Die Fahrt entlang der Mittelmeerküste war wunderbar, farbig und abwechslungsreich. Aber hier herrscht eine unglaubliche Hitze, die jegliche Verrichtung um ein Zehnfaches ausdehnt. Anfangs krochen wir in dieser sengenden Steinwüste wie halbtote Fliegen von einem schattigen Platz zum anderen. Gestern ist es uns schließlich gelungen, mein Quartier für die nächsten zehn Monate, oben an der Via Trionfale auf dem Monte Mario, einigermaßen einzurichten, so daß ich morgen einziehen kann.

Ich war während der letzten Monate kaum mehr in der Schweiz, nachdem ich schon bald meine Aufnahmeprüfung an der hiesigen Musikhochschule bestanden hatte. Letzte Woche war ich in Zürich, um mich polizeilich abzumelden, meine Habseligkeiten im Kofferraum und auf dem Rücksitz meines Autos zu verstauen und schließlich auch, um meinen Freunden und Verwandten Lebewohl zu sagen. Dumm war noch diese Geschichte meiner plötzlichen Bewußtlosigkeit. Das passierte während des Gottesdienstes in der Wollishofener katholischen Kirche am letzten Sonntag. Es war sehr heiß und ich sicherlich zu warm angezogen, mit geschlossenem Hemdkragen, Krawatte und grauem Baumwollanzug. Die Opferung hatte gerade begonnen, und während sich der Priester vorn am Altar mit den zu konsekrierenden Gaben befaßte, wurde mir immer elender und beengter zumute. Irgendwann kam dann der Moment, in den ich wie in eine erlösende Ruhe hineinfiel und plötzlich von der Bank kippte. Es hatte fast etwas Rauschhaftes an sich, dieses Schwarzwerden vor den Augen und das angenehme Surren in den Ohren. Ich erwachte auf einer Holzbank in einem kleinen Raum des Pfarrhäuschens und bekam vom Pfarrer persönlich Baldrian auf Würfelzucker verabreicht. Sobald ich einigermaßen bei Kräften war, bestand ich darauf, zu Fuß nach Hause zu gehen, was ich zur Verwunderung der besorgt um mich Herumstehenden auch tat. Ich hoffe sehr, daß sich derlei in der hiesigen Hitze nicht wiederholt.

Mein Musik-Kurs an der Santa Cecilia beginnt in etwa vierzehn Tagen, und den prachtvollen Padre Colocci, den ich bereits im Mai kennengelernt habe, will ich morgen anrufen.

Manuel, der sich soeben auf die Suche nach einem Tabakladen begeben hat, wird noch in dieser Woche mit der Bahn zurück nach Zürich reisen. Ich hatte vergeblich versucht, ihn davon abzubringen, mich nur für ein paar Tage hierher zu begleiten, da es für seine angeschlagene Gesundheit nicht gerade zuträglich ist. Aber er scheint auf Rom immer noch fixiert zu sein, obwohl sich seine Idee, hier für einige Zeit an einem der kleineren Theater zu arbeiten, völlig zerschlagen hat. Er hatte mit einigen verworrenen Briefen an wildfremde Regisseure, Produzenten, Direktoren und, wie ich glaube, auch an Politiker, Himmel und Hölle in Bewegung gesetzt, um an sein Ziel zu gelangen, doch vergeblich. Seit jenem österlichen Zwischenfall ist mit ihm nichts Rechtes mehr los. Im Grunde weiß er nicht, was er will. An jede seiner launisch-spielerischen und hochtrabenden Phantasien klammert er sich fest, als wären es Offenbarungen. Nicht nur das Theater hat es ihm angetan, auch das Filmgeschäft oder das Cabaret – einmal war es sogar der Zirkus – halten ihn im Moment in Bann. Was es auch sei, er jagt seinen Eingebungen wie Phantomen nach und hetzt sich dabei allmählich zu Tode, ohne daß man etwas dagegen tun kann. Er ist inzwischen beängstigend abgemagert, vernachlässigt auch seine Körperpflege und kann einem manchmal außerordentlich auf die Nerven gehen mit seinem wunderlich-krausen Gerede und aufsässig-streitsüchtigen Gehabe. Dazwischen gibt es wieder Lichtblicke, in denen er lieb und zugänglich sein kann, wobei er manchmal erschreckende Einblicke in sich und seinen ganzen Jammer gestattet. Mir wird jedesmal ganz traurig zumute. Seine entwaffnende Ehrlichkeit, mit der er sich seinem Gegenüber richtiggehend ausliefert, pflegt oft mit einer geradezu greisenhaft anmutenden Klugheit einherzugehen, in der die Schlichtheit des Denkens mit der Fähigkeit, die Dinge in ihrer Vielschichtigkeit zu sehen, eine abgründige Verbindung eingeht.

Als ich gestern abend, wie jetzt, am wackligen Tisch nahe beim Fenster saß und Manuel sich auf einem der beiden Eisenbetten ausruhte, entspann sich ein kurzes Gespräch zwischen uns. Ich studierte meine vor mir aufgestapelten theologischen Lehrbriefe. Zur Zeit bearbeite ich das Gebiet der Soteriologie aus dem Fach ›Dogmatische Theologie‹, das ist die Lehre von der Erlösung. Ich hatte Manuel schon vorher davon erzählt, und nun wollte er Genaueres über die katholische Auffassung erfahren. Vor allem, inwiefern Kreuz und Auferstehung und in diesem Zusammenhang auch das Abendmahlsgeschehen geschichtliche Garanten für Sündenvergebung und Heil seien. Diese Frage hat ihn offenbar seit unseren Parsifal-Debatten nie mehr ganz losgelassen. Ich sagte ihm, mich etwas unbequem zwischen dem Papierstoß vor mir und dem Bett hin- und herdrehend, noch recht unsicher bei meinem Kenntnisstand, ich hätte gelesen, daß bereits Augustinus von einer eigentlich katholischen Erlösungslehre spricht. An einer Stelle bezeichne er Tod und Auferstehung Christi sowohl als »sacramentum« als auch als »exemplum«; der äußere leibliche Tod und die Auferstehung Christi seien einmal ein Sakrament, gewissermaßen ein Siegel für unseren inneren Sündentod, und erst auf der Grundlage dieses einmal gesetzten wirksamen Zeichens müßten wir auch äußerlich Leiden und Tod als Strafe für unsere Sünde übernehmen und uns so der bereits uns allen geschenkten Erlösung individuell würdig erweisen; insofern und nur insofern seien Tod und Auferstehung Christi auch »exemplum«, ein Beispiel also für unseren äußeren Tod und unser Leiden.

Manuel hörte es sich bleich und halb aufgerichtet an, beugte sich plötzlich vor, so daß die blonden Haarsträhnen voll und wirr in seine Stirn fielen, und sagte mit hohler Stimme und einem seltsam geweiteten Blick, der im Dämmerlicht nicht die gewohnte unruhig blitzende Bläue, sondern eher ein tristes, unreines Grau hatte:

»Sprichst du von den schimmernden Tränen, die wie Sterne am Himmel durch die Nacht gesprengt sind, und von dem großen Jammer in dem Aug', von dem sie abträufeln?«

Ich habe den Sinn dieser Worte nur ahnungsweise zu enträtseln vermocht. Es wäre mir wie eine Entweihung vorgekommen, hätte ich sie wie mit einem blanken Seziermesser zu analysieren gesucht. Ich wollte nicht einmal wissen, ob Manuel, als er zu dem theologisch Gehörten seine Assoziationen hervorbrachte, überhaupt bewußt an ›Dantons Tod‹ gedacht hatte oder ob er Büchners Text nur entfernt dem Sinn nach kannte, ob er ihn gleichsam blind mit sich herumtrug und vor allem seinen Inhalt sich zu eigen gemacht hatte. Als ich Manuel so verfallen und beinahe nur noch aus Seele bestehend dasitzen sah, mußte ich unweigerlich an den sterbenskranken, noch in seinen Fieberphantasien gejagten und verfolgten jungen Büchner denken, von dem ich noch aus der Schulzeit wußte, daß er auf dem Totenbett geäußert haben soll: ›Wir haben der Schmerzen nicht zu viel, wir haben ihrer zu wenig, denn durch den Schmerz gehen wir zu Gott ein!‹ und ›Wir sind Tod, Staub, Asche, wie dürfen wir klagen?‹

Heute allerdings ließ sich mit Manuel wieder normal und zwanglos plaudern, und er brachte mich mit verblüffend unbefangenen Fragen über meine eigenen Verhältnisse und deren recht verzwickte Hintergründe in ziemliche Verlegenheit, zumindest sah ich mich veranlaßt, über gewisse Dinge, die ich während der letzten Monate von mir geschoben hatte, wieder bewußter nachzudenken.

»Was sagt eigentlich deine Familie zu diesen Veränderungen bei dir, zu deiner Konversion, ja überhaupt zu deinem neuen Verhältnis zum Christlichen, zum Religiösen? Ist das für diese Familie nicht ganz außergewöhnlich?« lautete eine seiner Fragen.

Ich mußte lange überlegen. Es war wie ein Block aus Blei, der sich in mir aufrichtete und sich meinen Gedanken in den Weg stellte.

»Ich glaube«, sagte ich schließlich, »die sehen das im Grunde alle gar nicht gern. Man hat bei uns zwar mit Respekt und Toleranz auf meine Hinwendung zur Religion reagiert, gleichzeitig aber auch mit großer Distanz, Ratlosigkeit und Befremden. Eigentlich müssen sie es mir ja übelnehmen, daß ich mich aus dem erdrückenden Schatten, in dem wir uns alle befinden, so unerreichbar weit weg bewege und mich weigere, zusammen mit ihnen in diesem Schatten zu verharren und zu verkümmern.«

Diese Antwort und noch andere, zu denen mich Manuels Fragen zwangen, haben mir vor Augen geführt, welch langen, anstrengenden Weg ich während der letzten neun Monate zurückgelegt habe, und daß ich jetzt, endlich ein wenig zur Ruhe gekommen, vor einem eigentlichen Neubeginn stehe. Mir ist, als ob ich Vergangenes abschließen müßte, um weiter voranzukommen. Zu diesem Abschluß gehört auch die Beendigung meiner Aufzeichnungen, die ich ja seinerzeit als eine Art schriftliches Selbstgespräch begonnen hatte. Ich bin nicht mehr darauf angewiesen, solche Monologe zu führen. Und noch mehr: Ich möchte all das Geschriebene am liebsten vergessen. Es kommt mir wie Ballast vor, der abgeworfen werden muß, bevor ich meine nächsten Schritte gehe. Wenn Manuel nach Zürich zurückfährt, wo sich schließlich alles abgespielt hat, werde ich ihn bitten, das Tagebuch mitzunehmen. Bei ihm wird es gut aufgehoben sein. Vielleicht möchte ich viel später einmal darin lesen, um mir alles noch einmal zu vergegenwärtigen. Während ich die letzten Zeilen schreibe, fällt Sonnenlicht durch die Ritzen der zu meiner Linken gegen die Hitze geschlossenen Fensterläden und erhellt diesen unerfreulich kahlen Raum. Auf dem Tisch vor mir steht die schwarze Ledermappe, die schon über hundert dieser vollgeschriebenen Seiten birgt. Trotz der spielerisch auf ihr tanzenden Sonnenkringel hat diese Mappe etwas Bedrohliches für mich. Sie erscheint mir wie ein kleines Monstrum, das darauf wartet, endlich den letzten Bogen zu verschlingen. Ich merke in diesem Augenblick nicht nur, daß mich ein merkwürdiges Gefühl aus Überdruß und Feierlichkeit beherrscht, ich muß über diese Feststellung gleichzeitig ein wenig lachen.

Ich bin fertig, will die verschlossene Mappe tief unter den Tisch verbannen und mich noch ein wenig über die Lehrbriefe hermachen.

Nur wenige Tage später wurde von der Züricher Bahnpolizei am Hauptbahnhof ein junger Mann aufgegriffen, der mit seinem Verhalten erhebliche Aufregung und Verwirrung verursacht hatte. Dieser Mann war als Reisender des von Rom kommenden Skandinavien-Expreß bereits auf der endlos-dunklen Strecke des Gotthard-Tunnels durch eine seltsame Unruhe aufgefallen und war dann, als sich der Zug Zürich näherte, immer mehr in einen derart bedrohlichen Zustand geraten, daß die Mitreisenden in ihrer Hilflosigkeit nur noch mit Bangen auf den nächsten Zwischenhalt warteten.

Als der Mann schließlich, von fünf Leuten festgehalten, in der Halle des Züricher Hauptbahnhofes den zuständigen Behörden übergeben wurde, versuchten die Zeugen, den Schrecken noch in allen Gliedern, den Hergang des Geschehens zu rekonstruieren. Sie gaben zu Protokoll, es habe damit begonnen, daß dieser von allen guten Geistern verlassene junge Mann während der Fahrt seinen Koffer von dem Gepäcknetz heruntergerissen, ihn geöffnet und den Inhalt wahllos im Abteil verstreut habe. Gegen alle, die versucht hätten, ihn zur Räson zu bringen, sei er tätlich geworden. Schließlich habe er sich auch der Koffer seiner Mitreisenden bemächtigt und sei dazu übergegangen, sie zum Abteilfenster hinauszubefördern. Doch da sei das Maß voll gewesen, da habe man kräftig eingegriffen, und es sei zu einem dramatischen Handgemenge gekommen, das mit Glasscherben und auch ein wenig Blut geendet habe. Das Schlimmste an allem sei das unaufhörliche Geschrei gewesen, das jener Tobsüchtige von sich gegeben habe, auch als man ihn wieder notdürftig unter Kontrolle hatte: diese fürchterlichen, beleidigenden und obszönen Schimpfworte wie auch das wirre, unheimliche Gerede von Weltuntergang, Tod und Teufel, das er mit angstverzerrtem Gesicht und weit aufgerissenen Augen ausgestoßen habe. Immer wieder habe er etwas von einem Würge-Engel gestammelt, der ihn verhext habe, und der ihn jetzt überallhin verfolgen würde. Eine der Reisenden habe er sogar als eben diesen Engel identifiziert. »Ja, *mich* hat er angestarrt und behauptet, *ich* wäre es«, rief, immer noch ganz außer sich, eine auffallend gekleidete, korpulente ältere Dame in einer eigentümlich singenden Sprechweise, die auf eine ostpreußische Herkunft zu deuten schien. »Er hat r-richtig durch mich hindurch-ge-kuckt«, wiederholte sie mehrmals und meinte abschließend, man könne ja von Glück reden, daß dieses ganze Spektakel nunmehr ein Ende gefunden habe und man dieses Geisteskranken jetzt habhaft geworden sei, wobei sie mit dem Zeigefinger ostentativ an ihre Stirn tippte.

Am Ende dieses unwürdigen Hergangs wurde der junge Mann auf schnellstem Wege mit Blaulicht und Sirene in die zuständige Nervenklinik gefahren. Es war elend anzusehen, mit welcher Apathie und doch unverkennbar inneren Gespanntheit er auf dem Holzbänkchen im halbdunklen Aufnahmeraum saß, offensichtlich völlig erschöpft und wie ein Knochenbündel wirkend, die Hose verdreckt, das Hemd zerrissen und mit Blutspuren, das hellblonde Haar wirr im schmalen, ausgezehrten Gesicht, die starkblauen Augen schauten nur halb hervor.

Der an einer Schreibmaschine sitzende junge Assistenzarzt war für seinen Aufnahmebericht ganz und gar auf die ihm überbrachten spärlichen Protokoll-Notizen angewiesen, da der Patient weder Ausweispapiere noch irgendwelche ihn näher kennzeichnenden Dinge bei sich trug. Einzig übriggeblieben von jener tumultuösen Bahnreise war eine schwarze Ledermappe voll von handschriftlichen Aufzeichnungen, die jedoch unleserlich zu sein schienen, so daß man sich ihnen vorerst gar nicht zuwenden wollte. Mehrere verzweifelte Versuche, die harte Mauer des Schweigens und der Ablehnung, die der Eingelieferte um sich aufgebaut hatte, zu durchbrechen, schlugen fehl. Nicht einmal seinen Namen wollte er nennen, und schon gar nicht machte er irgendwelche Angaben zu seiner Person oder Herkunft.

Auch auf der sogenannten Aufnahmestation für unruhige Männer, wohin er anschließend gebracht wurde, stand man nur kopfschüttelnd vor dem rätselhaften Fall. Gleich fünf weißbekittelte Experten standen mit verschränkten Armen und betont ernstem, aber recht verlegenem Gesicht um den Kranken wie um ein Fragezeichen herum und murmelten einander unter weisem Kopfnicken allerlei Brocken in ihrer fachärztlichen Geheimsprache zu. Doch auch sie erbrachten keinerlei weiterführende Gesichtspunkte. Im Gegenteil: Der steif im Bett liegende Patient blieb weiterhin stumm wie ein Fisch, und man tappte, abgesehen von der offenkundigen Tatsache, daß er etwa Anfang zwanzig sein mußte, im Dunkeln.

»Ein ausgesprochen asthenisch-leptosomer Habitus, meine Herren, sehen Sie, dieser außerordentlich schmale Körperbau, die auffallend feine Struktur der Gelenke, besonders die Hände, und der zarte Gesichtsschnitt, fast aristokratisch anmutend – konstitutionell geradzu prädisponierend für einen Morbus Bleuler«, belehrte der in einigem Abstand von den anderen breitbeinig dastehende Ranghöchste, offenbar der Chefarzt, seine Kollegen und ergänzte, indem er den regungslos im Bett Liegenden mit einem flüchtigen Seitenblick streifte: »Woher ein Mensch von dieser Statur überhaupt die Kraft aufbringt für solcherlei Gewaltakte?«

Man beeilte sich, die routinemäßig durchgeführten körperlich-neurologischen Untersuchungen voranzutreiben, machte sich einige Gedanken zur Versorgung der Schnittwunde, die der Patient sich bei der gewalttätigen Auseinandersetzung durch Glassplitter am Kinn zugezogen hatte, und erledigte rasch das Problem der medikamentösen Behandlung.

Dann aber wandte man sich der Frage zu, wie man endlich Aufschluß bekommen könnte über die Person des Kranken, und erinnerte sich schließlich an den Hinweis des Assistenzarztes auf jene ominöse schwarze Mappe mit einem dicken Bündel vollgeschriebener Blätter. Diese Aufzeichnungen wurden herbeigeschafft und einer ersten Betrachtung unterzogen.

»Mein Gott, das scheint ja so etwas wie ein Tagebuch zu sein ... Es beginnt mit dem 11. Dezember 1962 und endet ... jetzt, am letzten August. Na also, meine Herrschaften, da haben wir doch alles drin, was sich seit einem Dreivierteljahr zugetragen hat«, rief der Chefarzt begeistert.

Man hatte eine wichtige Beute gemacht, auf die man sich nun mit neuer Hoffnung, aber auch mit einer gewissen respektlosen Neugierde und Sensationslust stürzen konnte.

Der Einwand einer nicht mehr ganz jungen, hageren Kollegin mit verhärmten Gesichtszügen, daß es doch persönliche Aufzeichnungen seien, wischte der Chefarzt mit großzügiger Geste vom Tisch.

»Das Einverständnis holen wir ein, sobald dieser Mensch ansprechbar ist. Jetzt ist sowieso nichts aus ihm herauszubekommen. Schauen Sie sich's mal an. Bei der nächsten Visite sprechen wir weiter darüber!«

Und nach der Lektüre erkannte die Ärzteschaft trotz aller Verwirrung und Verunsicherung während des Lesens relativ rasch die wahren Zusammenhänge zwischen dem Tagebuchautor und dem Kranken, von dem sie jetzt immerhin wußten, daß er Manuel Gadun hieß. Und auch die genaueren Umstände, unter denen das rätselhafte Schriftstück seinen Weg in die Klinik gefunden hatte, waren nunmehr bekannt.

Die Person des Tagebuch-Schreibers selbst war für die Psychiater vorerst nur soweit von Interesse, als sie sich von ihm weitere hilfreiche Aufschlüsse bezüglich der Vorgeschichte des Kranken erhofften. So versuchten sie immer wieder, aus Manuel herauszubekommen, wer jener andere sei. Aber es dauerte etliche Wochen zähester therapeutischer Bemühungen und zermürbenden Wartens auf Manuels allmähliche Rückkehr in einen normalen Zustand, bis sie die ersten genaueren Hinweise auf den derzeit in Rom lebenden Freund erhielten. Und da letzterer erst zu Weihnachten einen kurzen Besuch in der Schweiz machen wollte, der im übrigen mehr Bettinas Vater als seinen eigenen Angehörigen gelten sollte (zumal er seine Hoffnung auf Bettina immer noch nicht aufgegeben hatte), mußte man sich lange gedulden, bis eine Begegnung mit ihm zustande kam.

So also hatte Alexander mit seinem Freund auch sein Tagebuch wieder, das er doch am liebsten ganz und gar vergessen hätte.

Was die in diesen Aufzeichnungen vorkommenden, für Alexander einst so wichtigen Personen betrifft, so scheinen sie inzwischen nur noch in blasser Erinnerung zu existieren. Mehr oder weniger sind alle aus seinem Herzen verbannt und ausgelöscht.

Die ihm ehedem nahestehenden Kollegen aus dem Züricher Musik- und Theaterleben gehen ihn nichts mehr an, den Jesuitenpater Rösch hat Alexander noch ein einziges Mal aufgesucht. Bettina Glaser und ihre Eltern haben im Laufe der Jahre – vor allem als Bettina und Alexander sich anderweitig verlobten – einige Anläufe zu einer freundschaftlichen und versöhnlichen Kontaktaufnahme unternommen, was Alexander jedoch jeweils ängstlich abwehrte, so daß sie allmählich ihre Bemühungen einstellten. Alexander lernte schon bald nach seiner Trennung von Bettina seine spätere Frau kennen. Sie trägt den mit dem Namen Bettina eng verwandten Namen Elisabeth, als ob bei Alexanders leichtfertiger Art, mit seinen Mitmenschen umzugehen, doch ein unleugbarer Hang zu Treue und Beständigkeit vorhanden wäre.

Was Manuel angeht, so wurde er bald als gesund entlassen, und Alexander verlor ihn für längere Zeit aus den Augen. Doch ist der Unglückliche mehrfach rückfällig geworden und wurde wiederholt aufgegriffen und erneut in eine Klinik eingeliefert. Es war aber nicht das letzte Mal, daß er Alexanders Weg kreuzte. Wie ein geheimnisvoller Magnet schien dieser ihn immer wieder anzuziehen.

Wir wollen hier nicht müßigen Spekulationen über eine Aufspaltung von Alexanders Ich in zwei Personen nachhängen – als ob es ein tragisch verquicktes Leidens-Gespann sei, von dem der eine, Kraft und Erfolg verkörpernd, also Alexander, sich aus Anfechtungen und Bedrängnissen vorläufig zu retten vermag, der andere hingegen, Manuel, als zum Scheitern Verurteilter unter die Räder gerät. Es gibt Hinweise in Alexanders Kindheitserzählung, daß ihm selber bereits als Vierjährigem von seinem Großvater in literarischem Gewand eine Todesrolle zugeschoben worden ist, die ihm sein Lebtag lang wie ein Fluch anhaftet. Ist dieser vielleicht erst gebannt, wenn es ihm über eine andere Person gelingt, sich von diesem negativen Ich zu befreien? Auch Manuels seltsamer, in seinem ersten Anfall geistiger Umnachtung hergesagter Spruch vom todgeweihten goldlockigen Elfenprinzen, den er selber als Alexanders »Echo« darstellen würde, gibt diesbezüglich zu denken. Feststeht aber, und dabei sollten wir es hier belassen, daß wir es mit einer recht mysteriös anmutenden, von Gemeinsamkeiten und Gegensätzen zugleich bestimmten Beziehung zu tun haben, die für Alexander noch keinesfalls ausgestanden ist.

Was ist es, so kann man sich nach der Auseinandersetzung mit diesem Tagebuch und den näheren Umständen seines Wiederauftauchens fragen, was Alexander immer wieder dazu veranlaßt, seine Mitmenschen auf dem Schachbrett seines Lebens zuerst zuversichtlich aufzubauen und alsbald enttäuscht wieder beiseitezuschieben? Hat er nicht auch dieses Tagebuch nach kurzer Zeit von sich gestoßen, als könnte er zu seiner eigenen Person nicht mehr stehen? Vielleicht wird seine weitere Entwicklung eine Antwort darauf geben.

III.
»Überväter«

Alexander hat sich nach Beendigung seines einjährigen, nicht sehr ertragreichen Aufenthaltes in Rom nach München begeben und sich an der dortigen Universität immatrikuliert, um als sogenannter ›Laientheologe‹ katholische Theologie zu studieren. An der Prinzregentenstraße hat er ein unsinnig teures Appartement bezogen, das ihm eine Tante vermittelt hat, obwohl er kaum einen Pfennig besitzt (das Angebot seines Vaters, ihm das Studium zu finanzieren, hatte er stolz ausgeschlagen). Schnell geknüpfte Kontakte mit einflußreichen Theologieprofessoren und hohen Vertretern der Geistlichkeit ermöglichen ihm über irgendwelches ihm diskret zugestecktes Geld eine erste Überbrückung, bis ihm, nur zwei Monate später, ein kirchliches Stipendium gewährt wird. Auch tritt er sogleich in eine vor allem aus Schweizer katholischen Theologiestudenten bestehende nichtschlagende Verbindung ein, in der er sich für etwa ein Semester mehr oder weniger willig dem bierseligen Kommißleben unterwirft, um freilich bald zu merken, daß dies auf die Dauer nicht der richtige Ort für entspannende oder gar menschlich bereichernde Geselligkeit ist. Einen ersten ernsthaften Riß erhält die Beziehung zwischen ihm und seinen fast ausschließlich dem späteren Priesteramt verpflichteten Kommilitonen, als er schon im ersten Semester Elisabeth, seine zukünftige Frau, kennenlernt und das immer intensivere Beisammensein mit ihr von den neidischen Seminaristen nicht nur registriert, sondern mit entsprechenden anzüglichen Kommentaren bedacht wird.

Es ist schwer zu sagen, ob es diese enttäuschenden persönlichen Erfahrungen oder Alexanders Auseinandersetzungen mit den Grundinhalten der katholischen Theologie sind, die ihn noch vor Beendigung des ersten Studienjahres in eine überaus kritische Distanz zu der Glaubensgemeinschaft versetzen, zu der er sich erst vor kurzem mit Taufe, Bußsakrament und Abendmahl öffentlich bekannt hat.

Bereits im zweiten Semester beginnt er, sich mit dem Werk des Reformators Martin Luther zu beschäftigen, vertieft sich mit Besessenheit in dessen Schriften, die er Tag und Nacht liest, und im Zusammenhang mit nicht minder eifrig betriebenen philosophischen Studien aller Art stellt er auch noch die kühnsten Verbindungen von Luthers Lehre zur Existenzphilosophie des neunzehnten und zwanzigsten Jahrhunderts und zur jüdischen Religionsphilosophie Martin Bubers her.

Seine neuerliche Rückbesinnung, die Radikalität, mit der der junge Heißsporn wieder eine Kehrtwende vollzieht, hat etwas Beängstigendes an sich und ist durchaus dazu angetan, bezüglich seiner weiteren Entwicklung eher ungünstige Prognosen zu stellen.

Man sollte freilich die weltanschaulichen Luftsprünge dieses jugendlichen Wahrheitsfanatikers nicht voreilig mit irgendwelchen naheliegenden, aber allzu bequemen tiefenpsychologischen Analysen abqualifizieren, die etwa auf die Profilneurose eines erblich Belasteten hinzielen. Vielmehr gibt es immer wieder ernstzunehmende Auseinandersetzungen, die Alexanders fiebriges Suchen nach dem Stein der Weisen belegen. Beispielsweise einen theologischen Disput, den Alexander kurz nach Aufnahme seiner Luther-Studien mit einem seiner Schweizer Kommilitonen geführt hat, und dessen Verlauf und Ausgang folgender kurzer Dialog wiedergibt:

ALEXANDER: Luther hat einmal deutlich gesagt, daß jeder Gläubige von wahrhaft geistlichem Stande sei, und jedes Glied der Kirche sei ein Priester. In diesem Satz ist unsere ganze heutige Laienbewegung angelegt.

KOMMILITONE: Ja, in der Praxis schon. Luther hat zweifellos ein echt christliches Anliegen gehabt, nämlich die Beseitigung von Mißständen und die Erneuerung des lebendigen Glaubensvollzuges. Aber er hat das alles theologisch zu wenig reflektiert und dann entscheidende Substanzen unserer kirchlichen Tradition abgebaut, zum Beispiel das eigentliche Amtspriestertum und den sakramentalen Vollzug der Eucharistie und anderes mehr. Luther war ein genialer Praktiker, aber im Vergleich zu den großen katholischen Theologen ist er wirklich kein Theoretiker.

ALEXANDER: Genau das bezweifle ich. Luther hat nicht blinde Gefühlsduselei betrieben. Hinter dem, was er sagt, steckt ein

Gedankensystem: Es ist der Individualismus und Aktualismus als explizit neues theologisches Programm...

KOMMILITONE: Kannst du das erläutern?

ALEXANDER: Ich meine die Abkehr vom starren Universalismus. Das zeigt sich zum Beispiel im Abendmahl. Im Mittelalter war es leicht, sich eine regelrechte Verwandlung der Hostie vorzustellen, da man in universellen Kategorien dachte. Nicht die einzelne Hostie, sondern der universale Gott stand im Mittelpunkt. Bei Luther hat sich das Verhältnis umgekehrt. Für ihn bleibt die einzelne Hostie trotz der leibhaftigen Gegenwart Gottes ›im Brot‹ bestehen. Und auch Gott ist und bleibt vor allem einzeln erlebbar. Er ist eben in diesem Abendmahlsvollzug jedem einzelnen allein im Glauben gegenwärtig, und nur dieser persönliche Glaube vermag zu rechtfertigen. Daran muß ich seit einiger Zeit besonders während der Messe denken, wenn ich sehe, wie der Priester sich bei der Wandlung über die Hostie und den Kelch beugt. Es ist im Grunde doch die konkrete Wahrnehmung und das individuelle Erleben, das zählt, und real wahrnehmen und erleben kann ich nur das, was sich von mir im einzelnen festhalten läßt.

KOMMILITONE: Real wahrnehmen, sagst du? Ist es nun real oder nicht? Zum Beispiel der Leib Christi im Altarssakrament...?

ALEXANDER: Es ist real, weil ich es wahrnehme...

KOMMILITONE: Das ist doch reinster Nominalismus, was du da vertrittst.

ALEXANDER: Aber wie kannst du denn annehmen, daß etwas existiert, wenn du es selber nicht feststellst mit deinen Sinnen und deinem Verstand?

KOMMILITONE: Ja was nun, das einzelne oder das allgemeine?

ALEXANDER: Das einzelne natürlich, denn man kann doch nur das einzelne wahrnehmen, als etwas greifbar Vorhandenes...

KOMMILITONE: Dann existiert es also doch, unabhängig von dir?

ALEXANDER: Nein. Es existiert nur in meinen Sinnen.

KOMMILITONE: Dann würde ich dir mal empfehlen, daß du mit deinem Schädel gegen diese Hausmauer dort drüben anrennst. Dann wirst du schon merken, ob sie real existiert oder nicht.

ALEXANDER: Ich werde dir die Stellen bei Luther zeigen, in denen er diese Gedanken überzeugend herausgearbeitet hat. Das hat etwas Großartiges an sich, etwas Bahnbrechendes. Es ist viel mehr als nur Nominalismus; die ganze neuzeitliche Philosophie und Lebensweise baut darauf auf.

KOMMILITONE: Mit Katholizismus hat das aber nichts mehr zu tun.

ALEXANDER: Doch. Wenn man Mut zu seiner Erneuerung hat, schon...

Der andere Tummelplatz für Alexanders geistige Aktivitäten liegt in einem Bereich, der sich sehr früh mit seiner theologischen Welt überschneidet: Es ist die Atmosphäre im Hause seiner späteren Frau Elisabeth, wo Alexander schon bald eine erste freundliche Aufnahme findet. Diese Verbindung, gewissermaßen aus dem theologischen Hörsaal heraus geboren, in dem Elisabeth sich zeitweilig als interessierte Gasthörerin aufhält, wird für ihn immer wichtiger.

Das Oberhaupt dieser – übrigens bemerkenswert großen – Familie, Elisabeths Vater, der dem Alter nach fast Alexanders Großvater sein könnte, ist einer der bekanntesten Wissenschaftler seines Landes, ja, man kann sagen, der Welt. Es ist gewiß eine bezeichnende Fügung, die Alexander ausgerechnet in diesen Kreis geführt hat. Die Begegnungen zwischen ihm und seinem zukünftigen Schwiegervater häufen sich in dem Maße, in dem eine dauerhafte Verbindung mit Elisabeth immer sicherer wird. Es sind vor allem drei Zusammentreffen, die entscheidende Bedeutung für Alexander haben. Alle sind sie von Emotionen getragen, die erste aus privatesten Gründen:

An einem Sonntagnachmittag steht Alexander im langen Erdgeschoß-Flur der Münchner Villa von Elisabeths Eltern. Es ist der allgemein zugängliche vordere Teil des Flurs, der den Hauseingang und das ›offizielle‹ Wohnzimmer verbindet und durch einen schweren, tagsüber meist offenen Vorhang vom hinteren, privaten Trakt abgetrennt ist. Alexander ist mit Elisabeth und ihren Eltern, vom frühherbstlichen, naßkalten Wetter bis auf die Knochen durchkühlt, von einem Ausflug in die Umgebung zurückgekehrt. Dieser war arrangiert worden, damit Alexander, wie mit Elisabeth verabredet, dabei Gelegenheit hätte, bei ›Vater‹ um ihre Hand anzuhalten.

Nun findet er sich hilflos und allein auf dem blauen Korridorläufer wieder, weil man sich allseits kurz zurückgezogen hat.

Da erscheint Elisabeth wie ein rettender Engel.

»Sag mal, als dein Vater und ich vorhin den Berg hinunterstiegen, immer in diesem merkwürdig großen Abstand vor euch, hat er überhaupt nichts angesprochen«, sagt er vorwurfsvoll. »Wie soll denn das jetzt beim Tee weitergehen?«

»Alexander«, entgegnet sie etwas trocken, »das mußt du doch von dir aus machen; du mußt das aussprechen!«

»Ja? Aber wie denn?«

»Na, du gehst am besten zu Vater hin und sagst ihm: Ich möchte Sie gerne fragen, ob ich Elisabeth heiraten darf.«

Er tut es sogleich. Denn es ist nicht mehr viel Zeit bis zur angesetzten Teestunde in größerer Runde, in der eine solche Aussprache nicht mehr möglich sein wird. ›Vater‹ tritt eben mit frisch gestriegeltem und feucht anliegendem Haar aus dem Badezimmer hinten im Privat-Trakt, um rasch den Flur zu seinem Arbeitszimmer zu überqueren.

»Herr Professor, ich möchte Sie gerne sprechen!«

»Ah ja, bitte, kommen Sie doch mit herein!«

Sie lassen sich nach dem Betreten dieses für Alexander bisher unzugänglich gewesenen Kabinetts in einer von Buchregalen eingerahmten Sitzecke auf grünen Polstersesseln nieder. Und Alexander stellt, dankbar an den ihm in letzter Minute von Elisabeth gegebenen Instruktionen festhaltend, sogleich seine Frage.

Und wie sich manchmal der Bittsteller beim Vorbringen heikler Anliegen auf die schlimmsten Reaktionen seines Gegenübers gefaßt macht und dann mit Verblüffung feststellt, daß er nicht nur auf keinerlei Widerstände, sondern auf fast erfreutes Wohlwollen stößt, so ähnlich ergeht es Alexander. ›Vater‹, der von seinen Verrichtungen im Bad offenbar gutgelaunt ist und vor Frische glänzt, gibt mit einer unglaublichen Geschwindigkeit, noch ehe der kurze Satz ganz zu Ende gesprochen ist, seinem etwas verwittert-unscharfen und gerade deshalb außerordentlich charaktervollen Gesicht mit den buschigen Augenbrauen ein geradezu herzliches Aussehen.

»Das freut mich sehr. Ich finde, daß Sie gut in unsere Familie passen. Das muß ich wirklich sagen. Nur sehe ich da im Augenblick noch Probleme etwas anderer Art, die wir wohl miteinander erörtern müßten.« Seine Augen nehmen rasch ihren gewohnten konzentrierten Ausdruck an, wobei ein Anflug von Müdigkeit nicht zu übersehen ist. Alexander ist allerdings nicht mehr sicher, wie er ›Vaters‹ unbeirrbar gleichbleibendes, verbindliches Lächeln aufzufassen hat.

»Sie studieren jetzt im zweiten Semester katholische Theologie. Und da stellt sich mir die Frage, was Sie später mit Ihrer Ausbildung anfangen werden, da Sie ja nicht das Priesteramt, sondern die Existenz eines Laientheologen anstreben. Hinzu kommt, daß Ihr Studium wohl noch eine ganze Weile in Anspruch nehmen wird. Ich bin sicher, daß Sie schon genau darüber nachgedacht haben, wie Sie sich unter diesen Voraussetzungen zum jetzigen Zeitpunkt die Gründung einer Familie vorstellen.«

Es ist deutlich, was ›Vater‹ hören will, obwohl Alexander von der höflichen Form dieses kritischen Nachfragens angenehm überrascht ist. Denn er hatte kürzlich von Elisabeth erfahren, daß ihr Vater, als die Verlobung unabwendbar schien, einen von Alexanders Theologie-Professoren aufgesucht und sich in einer diskreten Unterredung genauestens über die beruflichen Möglichkeiten eines frisch von der Universität kommenden Laientheologen unterrichtet hatte. Jetzt selber Rede und Antwort stehen zu müssen, fühlt sich Alexander hinlänglich gerüstet und gibt, so gut er kann, all seine schon so oft mit Elisabeth durchgesprochenen beruflichen Pläne, seine Hoffnungen und Vorsätze bekannt, deren konsequente Verfolgung ihn in ›Vaters‹ Augen als verantwortungsbewußten, soliden und würdigen Schwiegersohn erscheinen lassen.

»Gut, ich denke, wir müßten jetzt im einzelnen die Durchführung der Verlobung und der Heirat ins Auge fassen.« Daß er so schnell einlenkt und auch schon anfangs gleich Zustimmung signalisiert hat, zeigt: Er war auf Alexanders Antrag nicht nur vorbereitet, sondern hat sich auch – wie Alexander ebenfalls hinterbracht worden war – nach verzweifelten und ergebnislosen Versuchen, Elisabeth von ihrem ›riskanten‹ Vorhaben abzubringen, inzwischen versöhnlich darauf eingestellt.

Alexander ist also jetzt in die Familie aufgenommen, und es ist wie ein fließender Übergang, daß ›Vater‹ zur Festlegung von Zeitpunkt und Ablauf der Verlobung und der in angemessenem Abstand folgenden Hochzeit seine Frau ruft, die sich mit einem wissenden Lächeln sogleich einfindet und die Regelung der Aufgaben energisch in die Hand nimmt.

Das Gespräch dauert nicht mehr lange. Alexander stürzt sich danach gierig auf den nebenan im Wohnzimmer gereichten heißen Tee mit Rum, da er von dem kalten Mittagsausflug immer noch erbärmlich friert und auch zunehmend ein unheilverkündendes Kratzen im Hals verspürt. Und schon am folgenden Tag wird er von einer heftigen und ihn lange ans Bett fesselnden Grippe überfallen.

Die zweite bedeutsame Begegnung mit Elisabeths Vater findet später in dem im oberbayerischen Icking gelegenen Landhaus der Familie statt, in dem Alexander während der Sommerferien eine Woche als Gast zubringt. Diesmal geht es um philosophische Grundfragen, die den Geist des großen alten Mannes bekanntlich sein ganzes Leben lang beschäftigt haben.

Sie sitzen in der Wohnstube. Die Herzmitte des mit vielen kleinen Fenstern und einigen Bauernmöbeln versehenen, holzgetäfelten Raums bilden Ofenbank und Eßtisch am fast bis zur Zimmerdecke reichenden, grün gekachelten Holzofen. Diese Sitzecke ist hell erleuchtet, im Hintergrund steht ein Wandklavier mit einem großen Stapel Noten, nahebei sind drei Stühle und Notenständer davor. An der Wand hängen große, farbig leuchtende Landschaftsbilder. Auch ein ausladendes, vollgestelltes Bücherregal fehlt nicht.

Der Professor, in einer grauen, trachtenähnlichen Joppe, breit vornübergebeugt, blickt unter seinen buschigen Augenbrauen mit solcher Intensität schräg nach vorn, als würde er durch sein Häuschen hindurch weit ins Weltall hineinschauen wollen. Seine Gestalt läßt ein wenig an einen mit sanfter Energie geladenen Gummiball denken, und seine verschleiert-hintergründigen Gesichtszüge wirken in Anbetracht sich abzeichnender Altersverwitterung äußerst imposant.

Der PROFESSOR: »Du hast dich also in einem Extra-Seminar mit Martin Buber beschäftigt und eine ausgezeichnete Seminararbeit über sein ›Ich und Du‹ verfaßt, wie ich gehört habe.« Sein Lächeln wirkt trotz der Unverbindlichkeit gütig. »Und du sagtest, daß Bubers Auffassungen zwar auf die jüdische Chassidim-Bewegung zurückgehen, daß er sich aber auch um christliche Grundgedanken bemüht?«

ALEXANDER: »Ja, der Evolutionsaspekt des Ganzen, die im Glaubensvollzug zunehmende Annäherung des Menschen an das ›ewige‹ oder ›absolute‹ ›Du‹ hat sicher etwas Christliches an sich. Aber ich denke auch umgekehrt, daß das Christentum von Bubers Personalismus viel lernen kann und daß dadurch das heutige Christentum von seinem immer noch viel zu starken griechisch-aristotelischen Substanzdenken und dem manichäischen Leib-Geist-Dualismus noch weiter wegkommt.«

Der PROFESSOR, in fast getragenem Vortragsstil: »Ich finde die heutigen verschiedenen Versuche einer Synthese aus Teilen alter Religionen zu umfassenderen religiös-weltanschaulichen Systemen eigentlich faszinierend. Würdest du nicht auch meinen, daß wir uns heute langsam auf eine einzige große und einheitliche Weltreligion zu entwickeln, auf ein übergreifendes weltanschauliches Ganzes?«

ALEXANDER: »Wieso Synthese? Was meinst du damit?«

Der PROFESSOR, indem er die Fingerspitzen seiner ausgestreckten, etwas rustikalen Hände aneinanderlegt und die Augen schließt, die hinter den Lidern genauso konzentriert-nachdenklich zu blicken scheinen wie im geöffneten Zustand: »Nun, wir leben heute in einer Welt, in der alles einer einheitlichen Ordnung zustrebt. Es dürfte eine Frage der Zeit sein, und es wird nur noch einen einzigen Weltstaat geben, in dem sich verschiedene Wirtschafts-, Rechts- und Kulturformen zu einer überschaubaren Gesamtgröße, gewissermaßen einem gemeinsamen Nenner zusammenschließen lassen. Ja, und genauso«, er öffnet die Augen wieder und lächelt, als würde er über die gelungene Schlußfolgerung triumphieren, »genauso könnte ich mir auch ein Esperanto der Religionen vorstellen, eine Synthese, auf die man sich gewissermaßen einigt.«

ALEXANDER, mit etwas verstörtem Gesicht, ohne sich aber wirklich beirren zu lassen: »Ich glaube nicht, daß man Religionen in dieser Art konstruieren kann. Sie sind kein logisches System, sondern ihr eigentlicher Kern ist das unmittelbare persönliche Erleben des Menschen.«

Der PROFESSOR lächelt und schließt wieder die Augen: »Ja, nun sind aber doch alle traditionellen Religionen in einer Ordnung klarer und vernünftiger Formulierungen eingefaßt, in denen die Leitsätze, die grundlegenden Werte und Normen einer Religion ausgedrückt sind. Und meinst du nicht«, das Lächeln wird etwas weicher, unsicherer, so daß es fast schutzlos wirkt, »daß eine zukünftige Weltreligion in einer Quintessenz all der wichtigsten inneren Orientierungsprinzipien und ethischen Grundnormen bestehen wird, von denen die Menschen in den verschiedenen Kulturen und Epochen sich bisher haben leiten lassen?«

ALEXANDER: »Nein. Es ist zwar nicht auszuschließen, daß es in Zukunft vielleicht einmal eine einheitliche Weltreligion geben wird. Aber wie diese aussehen mag, kann niemand wissen. Denn sie würde sicherlich auf etwas für uns unvorstellbar Neuem beruhen, das von den Menschen von innen her unmittelbar und gegenwärtig erlebt werden muß und dessen Inhalte wir heute unmöglich voraussagen können. Und wenn darin Einzelelemente anderer Religionen eingebaut werden sollten, würde ich niemals von einer Synthese sprechen, sondern allenfalls von einer coincidentia oppositorum, einem Zusammenfallen von Gegensätzen in eine Erlebnismitte.« Er lächelt jetzt auch und kommt sich vor wie ein stolzer kleiner Sieger.

Auch wenn Alexander, wie in diesem Dialog, sich von Anfang an fast rivalisierend von der Denkweise seines Schwiegervaters abzugrenzen bemüht ist, wird der Einfluß doch immer stärker, den der Ältere auf ihn hat. Alexander begibt sich in einen lange anhaltenden und teilweise erfolgreichen Kampf gegen die von ihm befürchteten Vereinnahmungen durch den Riesen. Und das Ergebnis dieses Kampfes ist, bevor es für Alexander später zu einer abrupten vorläufigen Loslösung kommt, durchaus bemerkenswert. Er bleibt zuerst eine Weile bei seinen von neuer protestantischer Religiosität beseelten Studien von Luthers Theologie. Ja, er verfaßt nicht nur im Rahmen irgendwelcher Seminarveranstaltungen kleinere wissenschaftliche Traktate über diese oder jene den Vätern der Reformation besonders am Herzen gelegene Fragen, sondern er stürzt sich bereits im dritten Semester – recht bald nach seiner Heirat mit Elisabeth – voller Leidenschaft in die exegetische Bearbeitung der in der sogenannten Weimarer Ausgabe abgedruckten Originaltexte von Luthers Abendmahlslehre in Form einer großangelegten Dissertationsarbeit. Dafür benötigt er etwa zwei Jahre, ist aber in der letzten Phase innerlich bereits wieder in ganz anderen, neuen Regionen angelangt. Er beginnt – wie es seine neue familiäre Einbindung mit sich bringt – sich immer intensiver mit den philosophischen Gedanken auseinanderzusetzen, denen man sich im Kreis seines Schwiegervaters verpflichtet fühlt: nämlich einer teils an Platons Ideenlehre angelehnten, teils neuzeitlich-idealistisch gefärbten Natur- und Weltphilosophie auf der Grundlage der Interpretation naturwissenschaftlicher Fakten. Dies beschleunigt Alexanders innere Abkehr von der christlich-protestantischen Rechtfertigungs- und Glaubenstheologie, was sich übrigens auch darin zeigt, daß seine Teilnahme am sakramentalen Geschehen seiner Kirchengemeinde immer seltener und dürftiger ausfällt. Der zentrale Begriff in Alexanders neuen Gedankenexperimenten ist der des ›Lebens‹, wobei das glaubende, fühlende und erlebende Subjekt wohl immer noch das tragende Moment ist. Alexander scheint sein aus christlich-personalistischen Elementen und aus dem naturwissenschaftlichen Indeterminismus-Prinzip zusammengewürfeltes Konzept als Orientierung für die geistig ausgehungerte und sich nach neuen Werten sehnende junge Generation ausgeben zu wollen. Jedenfalls geht aus Gesprächen zwischen ihm und seinem Schwiegervater hervor, daß er sich offenbar einbildet, mit diesen neuen Anschauungen eine für die Allgemeinheit brauchbarere weltanschauliche Lösung gefunden zu haben, als jener mit seiner, wie Alexander meint, nur für Intellektuelle verständlichen ›Schreibtisch-Philosophie‹. Die ausgeprägte Ambivalenz Alexanders seinem Übervater gegenüber kommt wohl daher, daß dessen gigantische Unerreichbarkeit ihn immer wieder zu einem aussichtslosen Konkurrenzkampf reizt.

Zu dieser Zeit schreibt Alexander aus den mit Elisabeth verbrachten Sommerferien in Holland einen Brief über seine Reiseeindrücke an seinen Schwiegervater, dem gegenüber er letztlich doch auch sehr liebevolle Gedanken zu hegen scheint. Nach Alexanders

Rückkehr hatte der Alte sich so begeistert über den Inhalt des Briefes geäußert, daß Alexander kurzerhand beschließt, diese Passage aus dem Gedächtnis zu rekonstruieren. Sie gibt in Ansätzen seine damaligen Gedanken wieder:

Ein Gott der Ordnung? Ich hielt mich im Kölner Dom auf und betrachtete die spitz nach oben strebenden symmetrischen Strukturen dieses gotischen Wunderbaues, die eine Welt des Heils und der inneren Ordnung verkünden. Jede einzelne Figur zeigt in sich ein Stück dieser heilen Welt, und doch wirkt sie nur als Teil eines großartigen Ganzen. Der schlichte, halbdunkle Raum vermittelt den Eindruck von strenger Düsterkeit, die den Menschen zur konzentrierten Frömmigkeit anhalten und seinen Blick vom Erdverhafteten zur reinen Höhe des Friedens und der Ordnung hinaufführen soll.

Auf einmal ergoß sich ein Schwall atonaler Orgelmusik in den Raum, die aus durcheinanderwirbelnden chromatischen Einzelfiguren bestand, deren Nachhall wie schrille Sirenen klang. Die innere erschaute Ordnung brach in sich zusammen. Es blieb nur noch eine geometrisch-äußere Ordnung zurück. Die Spitzbögen waren nicht mehr ein Höhepunkt von nach oben verlaufenden Linien und Formen, sondern vermittelten den Eindruck einer dramatischen Zuspitzung irgendwelcher Linien an einem räumlich nicht mehr fixierbaren Punkt. Der den Menschen der Gotik bekannte innere Sinn der einzelnen Formen des Baus war nicht mehr erkennbar. Nur äußerlich blieb in der schlichten Anordnung der Linien eine Ordnung übrig. Gemessen am Glauben an eine heile, sinnvolle Welt im Zeitalter der Gotik mochte dies eher von einer unheilvollen, nur äußerlich geordneten Welt zeugen. Aber in sich schien mir diese Welt ohne klare Richtungen, weder heil- noch unheilvoll, sondern eben wegen ihrer Ungeschlossenheit geradezu den Betrachter herauszufordern, in ihr zu leben.

Der dritte und letzte entscheidende Impuls für die in diesen Jahren stürmische, um nicht zu sagen: chaotische Entwicklung Alexanders geht aus von der Politisierung, der er – wie jeder in den unruhigen sechziger Jahren lebende wachsame junge Mensch –

unausweichlich ausgesetzt ist, und die sich auch keineswegs schmerzlos mit seinem familiären Leben und seinen Berufsplanungen verzahnen wird.

Das Ganze beginnt mit dem im Juni 1967 zwischen Israel und den arabischen Staaten geführten Blitzkrieg, dem Alexander gespannteste Aufmerksamkeit entgegenbringt, wobei er sich von dem Freudentaumel über Moshe Dayan mitreißen läßt. Ja, solange dieses Drama das tagespolitische Geschehen beherrscht, identifiziert sich Alexander selber so stark mit Israel, als ginge es um seinen Staat, sein Volk, seine Rasse, was deutlich macht, daß er sich wohl in seiner teiljüdischen Abstammung angesprochen fühlt.

Dieses jählings aufgekommene Fieber klingt, entsprechend der zeitlich begrenzten Brisanz des Nah-Ost-Geschehens für die Öffentlichkeit, ziemlich bald wieder ab. Es folgt jedoch kurze Zeit später die nächste, entschieden länger dauernde, nachhaltiger wirkende und ungleich ernstere Auseinandersetzung.

Etwa im Herbst desselben Jahres beginnt Alexander sein Interesse zunehmend auf eine Bewegung zu lenken, die schon seit einiger Zeit viele seiner Altersgenossen in ihren Bann zieht und allmählich das politische und kulturelle Gesicht von Ost und West einschneidend verändert: die sogenannte Achtundsechziger-Studentenbewegung, von der insbesondere auch die Universität München ergriffen wird. Auch wenn die von ihr ausgehende, immer gewalttätiger werdende revolutionäre Kritik sich später auf grundsätzliche gesellschaftliche Bereiche ausdehnen wird, besteht das eigentliche Aufbruchsignal in der wachsenden Empörung und Auflehnung bestimmter intellektueller Kreise gegen die Rolle der Vereinigten Staaten im Vietnamkrieg.

Alexander liest in der Zeitung mit wachsender Bestürzung Berichte über das Vorgehen der amerikanischen Militärs in Süd- und über Nordvietnam. Auch durch die eindringlichen Briefe seiner ebenfalls sehr engagierten Mutter aus Kalifornien fühlt er sich von Mal zu Mal heftiger zur Parteinahme in diesem Krieg aufgerufen. Er beschafft sich alsbald eine Reihe von Büchern, in denen einflußreiche liberale US-Politiker wie Fulbright oder McCarthy Aufklärung über die geschichtlichen Hintergründe sowie den weltpolitischen Kontext dieses Konfliktes liefern, und es dauert nicht lange, und die Wißbegier des politisch Wachgerüttelten verlagert sich zunehmend auf die Sichtweise der anderen Seite, nämlich die des kommunistischen Lagers. Dies treibt Alexander bald zu einer Beschäftigung mit den grundlegenden Theorien des Marxismus, in die er sich, über zahllose Bücher und Schriften, immer tiefer hineingräbt. Und wieder erfolgt die Rezeption dieses Stoffes in einer für ihn charakteristischen Weise: nicht mit dem Ziel eines praktisch-politischen Anschlusses an seine vor allem auf der Straße oder auf dem Podium agierenden Gesinnungsgenossen, sondern theoretisch und metaphysisch im Sinne einer Suche nach den endgültigen Wahrheiten, die es mit missionarischem Geist unter die Menschen zu bringen gilt.

Dabei kommt es zu dem dritten bedeutsamen Gedankenaustausch mit seinem Schwiegervater, der diesmal nur sehr viel emotionsgeladener ist und folgenreicher für Alexander endet.

Es ist im Dezember 1967. Man feiert in der Münchner Villa des Professors den Ausklang seines Geburtstags im Familien- und Freundeskreis.

In dem geräumigen, hellerleuchteten Wohnzimmer mit seiner tief eingezogenen Decke, dem Parkettboden und dem elegant-modernen Mobiliar, beherrscht von dem mit einem bunten handgewebten Tuch zugedeckten mächtigen schwarzen Bechstein-Flügel, sitzt man, festlich gekleidet, in kleineren Gruppen bei einem Glas Wein zusammen. An dem einen Tisch der Jubilar, die Hausfrau, der älteste Sohn Hans-Werner, Anfang der dreißig, und Astrid, Elisabeths siebzehnjährige, bläßliche und etwas verstört wirkende Schwester, von der trotzdem etwas unerklärlich Ansprechendes, ja Faszinierendes ausgeht – man könnte es fast neurotischen Charme nennen. In geringer Entfernung, zusammen mit seiner etwas farblos blonden Gattin, des Professors Oberassistent Dr. Wängelein, bärtig, bebrillt, etwas schielend, aber mit seiner hochgewölbten Stirn gescheit und sympathisch aussehend. Er spricht gerade mit Alexander, der Elisabeth neben sich hat.

»Wie halten Sie das nur aus, diesen beengenden Studienbetrieb, die Ihnen doch gar nicht liegenden Professoren und Kommilitonen und dazu noch diesen theologischen Stoff, bei Ihren neuen Interessen, die doch in eine ganz andere Richtung gehen?«

ALEXANDER seufzt: »Nun ja, ich habe das Ganze einmal angefangen und muß es jetzt recht und schlecht durchziehen. Wer A sagt, muß auch B sagen. Nächsten Sommer ist das zweite theologische Examen, gleichzeitig gebe ich die Doktorarbeit ab, und etwa ein halbes Jahr später folgt das abschließende Rigorosum. Irgendwie muß ich auf einen grünen Zweig kommen, auch beruflich – man hat schließlich Familie. Was ich freilich auf längere Sicht wirklich einmal machen werde, weiß ich nicht. Aber jetzt heißt es durchhalten. Auch wenn's nicht leicht ist, bis zum Schluß auszuharren.«

Da drängt sich ein zwischen dem Professor und Astrid geführter Dialog akustisch in den Vordergrund. Alexander und sein Gesprächspartner horchen auf.

»Ach, ihr versteht uns überhaupt nicht«, sagt Astrid gerade heftig. »Ihr seid so fremd und starr. Es ist alles ohne Realität und Leben. Ihr müßtet doch eigentlich auf die Straße laufen vor Empörung über das schreiende Elend und Unrecht überall in der Welt. Durch eure Anpassung und eure Untätigkeit unterstützt ihr das nur, so wie unter den Nazis auch schon.«

Der Professor, scheinbar unbewegt, in Haltung und Gesichtsausdruck gleichbleibend, zieht nur die Unterlippe etwas nach oben zusammen: »Das würde ich eigentlich nicht so sehen. Was meinst du denn mit Realität und Leben? Und was meinst du, was wir tun sollten?«

»Ach..., ich finde, da muß einfach etwas passieren«, meint Astrid traurig. »Neues Licht und Farbigkeit, wodurch das allgemeine Bewußtsein erweitert wird, so wie das der Benno mit seiner kubischen Malerei und seinen Regie-Ideen in der Theatergruppe macht. Die Freunde, mit denen ich im letzten Sommer in die Türkei trampte, waren davon auch ganz begeistert. Nur so kann man die Menschen mobilisieren, so daß sie was ganz Neues proklamieren und alles von Grund auf verändern.«

Der Professor runzelt die Stirn: »Ich kann wohl verstehen, daß ihr jungen Menschen eine gewisse neue Bewegung in euer Leben bringen wollt und das Bestehende kritisch betrachtet. Das war zu unserer Zeit während der Jugendbewegung nicht anders. Aber ich finde, ihr könnt nicht einfach eine existierende Ordnung aufgeben, ohne daß eine neue Ordnung wenigstens dem Plan nach feststeht.

Das kann sonst überaus gefährlich werden. Gute neue Vorschläge für kleinere Veränderungen soll man auf alle Fälle machen, aber was so einige Jugendliche von heute, vor allem gewisse Studenten, tun, etwa wenn sie das sogenannte Establishment einfach niederschreien und den totalen Umsturz und die Umwertung aller Werte proklamieren, das erinnert mich doch zu sehr an den Ruf ›Deutschland erwache‹. Und man weiß schließlich, wohin das damals geführt hat.«

Alexander blickt teils verstört, teils zornig zum Professor hin, wendet sich dann aber wieder Dr. Wängelein zu, der sich weiter mit ihm unterhalten möchte.

»Ja, aber ist da von einer grundsätzlich theologisch-religiösen Haltung nichts mehr übriggeblieben?« fragt Wängelein beharrlich. »Ich meine, Sie haben sich doch mit Luther beschäftigt. Ist das vielleicht eine Art evangelische Theologie, der Sie jetzt noch anhängen, oder was ist es denn, wozu Sie sich heute bekennen?« Er sieht dem Jüngeren besorgt ins Auge.

»Ich glaube, die philosophischen Grundgedanken meines Schwiegervaters«, dabei blickt Alexander scheu zu ihm hinüber, »haben mir da sehr geholfen, aus diesem klassischen, engen christlichen Geist herauszukommen, obwohl ich seine Gedanken auch nur teilweise wirklich bejahen kann. Aber jetzt ist noch etwas Neues hinzugekommen.« Dr. Wängelein schaut ihn neugierig fragend an.

Doch der schon eine Zeitlang ziemlich bewegte Wortwechsel auf der anderen Seite steigert sich. Man hört deutlich sich wiederholende Zwischenrufe wie »deutsche Atombombe«... »damals«... »Rüstungsministerium«, »dageblieben...«

Doch Alexander spricht weiter: »Ich habe mich neuerdings im Zusammenhang mit den amerikanischen Verbrechen in Vietnam, um mich zu informieren, auch neuer marxistischer Literatur zugewandt wie Robert Havemanns ›Dialektik ohne Dogma?‹ oder dem französischen Marxisten Henri Lefèvbre. Und dann auch...«

Dr. Wängelein: »Was sagten Sie, was für Literatur?«

Alexander laut und deutlich: »Marxistische Literatur!«

Das Gespräch drüben verstummt plötzlich, der Professor blickt verdutzt und irritiert zu Alexander hinüber. Es scheint, daß das Reizwort Marxismus die anderen hat aufmerken lassen.

Alexander blickt seinerseits seinen Schwiegervater an: »Ja genau, marxistische Literatur lese ich zur Zeit, recht viel davon, nicht nur Neues aus Westeuropa, sondern auch zeitlich und geographisch Fernerliegendes, Lenins und Stalins Schriften und auch Marx selber und Mao Tse-Tungs ›Theorie des Guerillakrieges‹ und natürlich auch das ›Rote Buch‹, das ich eben angefangen habe. Aber was ich gerade über Vietnam mitbekommen habe von euch, das läßt mir das Blut in den Adern stocken. Die Einmischung Amerikas in den vietnamesischen Bürgerkrieg ist das größte Verbrechen seit Hitler...«

Da fällt plötzlich Hans-Werner ein: »Wieso Einmischung? Das dortige Eingreifen der Amerikaner hat seinen ganz entscheidenden politischen Sinn. Sie haben es schließlich auf sich genommen, die Südvietnamesen vor den Übergriffen Hanois und Moskaus zu schützen. Denn wenn Vietnam dem Kommunismus ganz in die Hände fällt, dann fällt ein benachbartes Land nach dem anderen, und das führt letzten Endes zu einer Bedrohung der freien Welt. Deshalb wäre es wichtig, daß hier eine wirklich brauchbare politische Lösung gefunden wird...«

Alexander lacht höhnisch: »Freie Welt..., was heißt das schon?«

Der Professor klingt energisch: »Ich würde auch sagen, es gibt klar vereinbarte Abgrenzungen zwischen den beiden großen Machtbereichen der Welt. Diese Trennungslinie verläuft unter anderem quer durch Vietnam hindurch, so ähnlich wie bei uns in Deutschland, und Südvietnam gehört nun einmal zur amerikanischen Ordnung. Das ist international geregelt und sollte von der anderen Seite respektiert werden.«

»Na ja, von Ordnung würde ich in Südvietnam nicht sprechen«, meldet sich da Wängelein zu Wort. »Das ist doch ein korruptes, verfallenes System, politisch und moralisch bankrott. Das läßt sich mit bestem Willen nicht mehr aufrechterhalten. Ich finde, die Amerikaner tun nicht recht daran, dieses kaputte System in dieser Weise zu stützen. Sie sollten eigentlich raus aus diesem Land.«

Der Professor schiebt seine überaus buschigen Augenbrauen zu einem kleinen schrägen Dach zusammen und schließt die Augen halb: »Es mag richtig sein, daß dort einiges veränderungswürdig ist. Aber ich finde, daß die notwendigen Reformen von den politischen Kräften im eigenen Land durchgeführt werden müßten, das heißt also, unter der Schirmherrschaft von Amerika.«

Alexander: »Aber die Mehrheit der südvietnamesischen Bevölkerung ist doch für eine einheitliche Regierung unter Ho Chi-Minh. Man kann ihr doch nicht einfach das Gegenteil mit Waffengewalt aufzwingen!« Alexanders Stimme klingt vor Erregung eine Oktave höher als sonst.

Hans-Werner reagiert: »Das behauptet die Propaganda der Gegenseite. Das ist aber keineswegs bewiesen.«

Alexander gerät in immer heftigere Bewegung: »Zu Hunderten, zu Tausenden werden sie hingeschlachtet von amerikanischem Napalm und Giftgas, die Äcker verwüstet, die Wälder entlaubt. Das Land wird einfach vernichtet und das Volk ausgerottet, und Amerika *ist* ein fremdes Imperium, das dort noch nie etwas zu suchen hatte. Und die noch aus der französischen Kolonialzeit stammende katholische Kirche erhält auch noch vom amerikanischen Klerus Schützenhilfe. Der arbeitet mit der Politik, der Rüstung und den Chemie-Konzernen Hand in Hand... die täglich verbrennenden und verkrüppelnden Kinder, die Auslöschung ganzer Ortschaften, die ständigen Geisel-Morde an Zivilisten, an Frauen und Säuglingen...«

Hans-Werner wendet ein: »Man kann hier nicht einfach vor Mitleid zerfließen, wenn es in Wirklichkeit um harte politische Tatsachen geht. Die Russen haben in Ungarn klar gezeigt, was sie in der Lage sind anzustellen, wenn man sich ihnen kampflos ergibt. Und die massive kommunistische Front aus dem Norden muß von uns in Vietnam einfach mit allen Mitteln aufgehalten werden.«

Alexanders Stimme kippt fast über: »Aber das ist doch lächerlich! Front... So was! Jeder weiß doch, daß China und Rußland überhaupt nicht am selben Strang ziehen. Die nordvietnamesische Armee und Regierung ist nur mit Moskau verbündet, die Viet-Cong im Süden hingegen erhalten nur Hilfe von den Chinesen. China und Rußland arbeiten sogar gegeneinander.«

»Innerhalb eines jeden Systems gibt's auch mal Meinungsverschiedenheiten«, gibt Hans-Werner zu bedenken, »das ändert aber nichts daran, daß in ihren politischen Grundzielen beide Staaten zum selben Machtblock gehören.«

Der Professor schiebt seine Augenbrauen noch mehr zusammen: »Ich glaube, wir bieten den anderen auch ein ausgesprochen schlechtes Beispiel, wenn wir uns innerhalb unseres Bereiches nicht einig sind. Auch unser zur westlichen Welt gehöriger Teil Deutschlands hat seine Freiheit einzig Amerika zu verdanken, und Amerika garantiert auch für die Aufrechterhaltung dieses Zustandes. Ich halte diese sich hierzulande allmählich breitmachende Gegnerschaft gegen die Vereinigten Staaten für sehr gefährlich. Wenn wir Amerika nicht mehr die Treue halten, dann dürfen wir uns nicht wundern, wenn es uns eines Tages den Rücken kehrt und uns nicht mehr hilft.«

Alexander fährt hoch, vor Aufgebrachtheit schneidet er eine Grimasse, er zittert am ganzen Körper: »Ja, ja, sie sollen nur kommen, wenn hier die Bewegung gegen den faschistischen Terror«, seine Worte gehen allmählich in ein Schluchzen über, »so umfassend wird, daß sie diese tolle Ordnung verteidigen zu müssen glauben. Sie sollen nur kommen mit Napalm und Giftgas und die Studenten vergasen...« Er steht auf und bewegt sich auf die Tür zu, »...sollen die Studenten nur massenweise vergasen wie damals die Juden... von euch.« Jetzt schreit er: »Da haben sie gute Vorläufer, von denen sie lernen können, anscheinend schon viel gelernt haben – gut gelernt haben... von den Deutschen, von euch.« Mit diesen Worten verläßt er den Raum und schlägt die Türe hinter sich zu. Alle blicken ihm entgeistert nach, nur Astrid nickt zustimmend.

Das so entstandene Zerwürfnis Alexanders mit seinem Schwiegervater hält einige Zeit an. So entschieden Alexander auch inhaltlich an der von ihm vertretenen Position festhält, so registriert er bei sich doch bald ein ziemliches Erschrecken über die außergewöhnliche Heftigkeit, mit der sich sein leidenschaftlicher Einsatz ausgerechnet am Geburtstag seines Schwiegervaters entladen hat. Und es wird ihm auch deutlich, daß er dafür nicht allein sein kürzlich entwickeltes politisches Bewußtsein verantwortlich machen kann. Es ist noch anderes, Tieferliegendes mit im Spiel: nämlich die persönliche Auseinandersetzung mit seinem neuen ›Übervater‹, ein schon lange schwelendes inneres Aufbegehren, das sich bei diesem Anlaß befreiend nach außen kehrt. Und unwillkürlich wird Alexander an ein anderes einschneidendes Ereignis erinnert: an den Eklat mit seinem Großvater, der sich im Zusammenhang mit Alexanders ersten Schreibversuchen zugetragen hat und auf den im ersten Kapitel kurz hingewiesen wurde. Wieder ist es ein Geburtstag, an dem lange Angebahntes zum Ausbruch kommt.

Alexander hatte als Dreizehnjähriger ein Märchen verfaßt, das von einer Expedition in die Hölle handelte. Sein Großvater nahm sich huldvoll dieses opusculums an, korrigierte mit Bleistift darin herum und brachte sogar geistreich-spielerische Ergänzungen da und dort in den Text mit ein (»Der Teufel war bei der Zubereitung des Brennessel-Salats wahrhaft teuflisch anzusehen« usw.). Als er fertig war, beschloß Alexander das Manuskript in einen ursprünglich für Brausetabletten bestimmten kleinen Aluminiumbehälter zu rollen und ihn – für die Nachwelt – tief in die Erde des großelterlichen Gartens zu vergraben. Während der folgenden Weihnachtsferien legten ihm dann die beiden Alten mit großer Belustigung eine Zeitungsnotiz aus der Illustrierten Quick vor, die Alexander nebenher Einblicke in das Presse-Unwesen gab und ihn lehrte, wie Gerüchte sich bilden. »Alexander (13), Enkel des berühmten Romanschriftstellers, verfaßte klassenbesten Aufsatz und vergrub ihn aus Stolz über seinen Erfolg im Garten seines großväterlichen Hauses«. Diese possierliche Ente muß ihren Anfang bei irgendeinem Tee- oder Abendbesuch genommen haben, bei dem die Großeltern dem Gast den wahren Hergang ahnungslos zum besten gegeben hatten. Inzwischen genügten Alexander jedoch keine Märchen mehr, sondern er begann, ein, zwei Jahre später den Roman zu schreiben, von dem ebenfalls schon die Rede war. Da nahm das Unglück seinen Lauf.

Der Großvater beging seinen letzten Geburtstag mit allem Pomp. Es war bei der Feier im Züricher Schauspielhaus. Alexander hatte an jenem Abend ein Kapitel seines Romans mitgenommen, um es dem Großvater bei einer günstigen Gelegenheit als Geschenk zu überreichen. Damit die Sache einen seriösen Anstrich bekäme, hatte er einige Tage vorher bei dem mit seinen Großeltern eng befreundeten Kritiker-Papst Sauerbrey für den Fall einer späteren Drucklegung vorgefühlt. Als Anlaufstelle schien ihm dessen Tochter Josy besonders geeignet zu sein. Ein fesches, blondes Frauenzimmer, dessen Ungezwungenheit im Umgang mit der Männerwelt in seiner Familie schon fast sprichwörtlich geworden war. Etwa seit einem Jahr hatte sie offenbar auch für ihn ein besonderes Faible, das er nur zu gerne erwiderte, obwohl die Dame schon fast dreißig war. Er hatte sie jedenfalls bald nach ihrem Eintreffen zu den Geburtstagsfeierlichkeiten in ihrem Hotel aufgesucht, wo sie ihn als erstes zu einem fantastischen Eis-Essen einlud, sich dabei voller Entzücken seine Veröffentlichungs-Pläne anhörte und ihm schließlich mit glänzenden Augen eine gemeinsame Bootsfahrt vorschlug, auf der man dann alles »ganz ruhig und entspannt« bereden könne. Und der Kuß, den sie ihm zum Abschied auf die Stirn drückte, gab ihm die letzte Gewißheit, daß er in dieser Vollblutfrau eine tatkräftige Wegbereiterin für seine künftige Schriftstellerlaufbahn gefunden hatte. Vor Stolz gebläht und in der festen Absicht, diese Erfolgsmeldung seinem Großvater sofort zu überbringen, begab er sich kurz vor Beginn der Veranstaltung ins Schauspielhaus und stieß über den Hintereingang zum Bühnentrakt vor. Der Großvater saß schon auf der Bühne. Es mußte Alexander entgangen sein, daß der Vorhang bereits aufging und sich der Jubilar eben anschickte, mit der Lesung zu beginnen. Fröhlich mit seinem Manuskript wedelnd, stürmte sein Enkel zu ihm hin, redete ihn laut an und legte ihm sein Geschenk auf den Tisch. Der Großvater blickte irritiert auf, auch die verschiedenen Herrschaften um ihn herum sahen Alexander höchst verwundert an. Als der Vorhang sich schließlich ganz öffnete und die am Bühnenrand Stehenden ihm wütend zuzischten, wurde ihm bewußt, was er angerichtet hatte. Sein Elaborat schnell an sich nehmend, zog er sich augenblicklich zurück und wartete wie gelähmt am Hintereingang, bis der Großvater die Bühne verließ. Wieviel hätte Alexander dafür gegeben, daß der Alte ihn mit furchtbarem Donnerwetter abgekanzelt hätte, um es dann wieder gut sein zu lassen. Aber die Strafe war weit schlimmer. Der Großvater tat das, was er auch zu Hause zu tun pflegte, wenn er ungehalten war: Er schwieg. Mit abgewandtem Gesicht, die Braue zornig erhoben und die mit Schnurrbart bedeckte Oberlippe unter der hervorspringenden Nase noch länger nach unten ziehend als sonst, schritt er, ohne den Jungen auch nur eines einzigen Blickes zu würdigen, an ihm vorbei und verschwand. Alexander fühlte sich erledigt, vernichtet, ja in seiner ganzen Existenz wie aufgelöst. Seine Majestät hatte ihn überhaupt nicht beachtet, und doch war ihm so gewesen, als hätte er ihn laut sagen hören: »Was stehst Du noch da? Du bist doch eben nur ein Tor...«

Alexander verzog sich in die Angehörigenloge, und dumpf und taub ließ er den Rest des Abends über sich ergehen. Während all der endlosen Festreden, Lesungen und musikalischen Darbietungen wirkte er in der Tat auch auf andere sehr bedrückt. Als man sich nach dieser stundenlangen Tortur im nahegelegenen Zunfthaus zur Fortsetzung des Festes einfand, hatte seine Tante E. scherzhaft zu ihm bemerkt, er würde abgemagert wirken. Alexanders Niedergeschlagenheit wurde auch nicht durch das fantastisch dekorierte kalte Buffet behoben. Denn das Durcheinanderwogen der riesigen Menschenmenge in den hellerleuchteten Parkett-Sälen, das an- und abschwellende Stimmengewirr und der Dunst aus Speisen, Tabak und Toilettenwasser, diese ganze prunkvolle Atmosphäre, ließ ihn sich erst richtig schlecht fühlen. Er hatte noch nie auf so engem Raum so viele Leute gesehen, die, zum Teil von weit her, alle zusammengekommen waren, einer einzigen Person zu huldigen: Herzensfreunde, Künstler, Verleger, Staatsbeamte. Auch der eine oder andere westdeutsche Länderminister und sogar der Schweizer Bundespräsident erwies seine Referenz. Man wollte sich, der vorangegangenen ernsten Zeremonien müde, ungezwungen bewegen und verzichtete deshalb auf Toasts oder sonstige Förmlichkeiten. Alexander ging in diesem Ozean schlechthin unter. Jedoch auch sein Großvater machte auf die Festgäste einen überaus erschöpften Eindruck. Dieses alte, schiefgeneigte Haupt, sein halboffener Mund, hektisch gerötete Wangen und Augen drückten für kurze Momente eine seltsame Verwirrtheit, ja fast Leere aus, die besonders erschreckte, wenn man sich seine Rückkehr zu weiterem Schaffen vorzustellen suchte.

Am nächsten Tag bestellte die Großmutter ihren Enkel zu sich und eröffnete ihm sozusagen als Vermittlerin zum tief verstimmten Großvater (den er dann übrigens lange nicht zu Gesicht bekam) mit beunruhigend feierlichem Ernst, daß sein unseliges Hineinplatzen in die Feier das Faß zum Überlaufen gebracht habe, denn Großvaters nachhaltige Erbitterung über ihn habe tiefere Gründe. Er habe sich vor allem maßlos geärgert über seinen vorlauten Vorstoß bei Josy im Zusammenhang mit der geplanten Veröffentlichung seines ja noch in den Kinderschuhen steckenden Romans (er hatte also offensichtlich von Alexanders tête à tête mit Josy Wind bekommen). Großvater hätte ihn einen »grünen Jungen« genannt, der überhaupt noch nicht die Reife und das Format dafür besäße, sich mit Literatur zu befassen, er sollte lieber die Finger davon lassen und zuerst die Schule abschließen, um etwas Anständiges zu lernen usw. usw....

Alexander fühlte sich regelrecht verstoßen und ohne Boden unter den Füßen. Auch der Fortgang seines Romans schien ihm fraglich – ja, eine Schreibtätigkeit überhaupt.

Dann war, Gott sei Dank, der Geburtstag vorbei. Auch die Flut der dieses Festmarathon begleitenden Zeitungsartikel ebbte ab. Der Großvater reiste nach Holland, wo er weitere Ehrungen mit einem wohlverdienten Erholungsurlaub an der Küste verbinden wollte. Alexander litt sehr darunter, daß er sich nicht einmal von ihm verabschiedet hatte.

Doch nach einigen Wochen hatte sich die leidige Angelegenheit wieder eingerenkt. Alexander logierte mit seinen Eltern in einer prächtigen Villa von Verwandten, die ebenfalls verreist waren. Eines Abends stand er mit seiner Mutter auf dem breiten Balkon des Hauses. Da trat sein Vater, etwas in der Hand schwenkend, zu ihm heraus. »Du hast Post«, rief er und reichte ihm eine Ansichtskarte. Sie war vom Großvater und zeigte auf der Rückseite einen verschnörkelten Torbogen, der zu einem Innenhof führte, irgendwo in Den Haag. Der Großvater berichtete von seinem Besuch bei der niederländischen Königin und einer Ordensverleihung, doch er begann mit der Bemerkung: »Mir kommt vor, als hätte ich Dir noch gar nicht gesagt, daß mir der erste Satz Deiner Sonate *sehr* gefallen hat« (das ›sehr‹ war jedenfalls unterstrichen), und dann noch: »Viel Glück für die Fortsetzung.« Das war der alte herzliche Ton. Immerhin erwähnte er die Sonate - im Gegensatz freilich zum Roman. Von dem wollte er wohl nichts mehr wissen. Alexander gab sich Mühe, seine Beklommenheit zu verbergen, denn beim Lesen der Karte wurde er die ganze Zeit von seinem Vater scharf beobachtet. Sobald er aufschaute, sagte der Vater mit betonter Ironie: »Na, du wirst doch sicher wissen, wie du das aufzufassen hast«, was Alexander mit einem säuerlichen Lächeln quittierte.

Als dann die letzte Krankheit den Großvater überfiel, war zwischen ihm und seinem geliebten Enkel wieder alles wie einst, es kam sogar etwas ganz Entscheidendes hinzu. Noch im Krankenhaus befaßte sich der Alte mit den fertigen Kapiteln des Romans. Aber das Manuskript stieß offenbar auf keine besondere Begeisterung bei ihm. Genaueres hatte man Alexander hinterher nicht gesagt, nur soviel, daß der Großvater sich mit einem überraschenden Ernst und einer so unerwarteten Gründlichkeit über das Geschriebene hergemacht habe, daß dem Jungen noch im nachhinein richtig ängstlich zumute wurde. Gleichsam im letzten Moment hatte etwas ganz Neuartiges, Echtes die Beziehung des großen alten Mannes zu ihm verändert, wodurch die bisherige Affenliebe und der Hang, seinen Liebling für seine eigenen Zwecke ein wenig zu mißbrauchen, schlichtweg durchkreuzt wurden. Was hatte ihn zu dieser Kursänderung gezwungen? Daß er diese literarischen Fingerübungen nicht mehr einfach als Kinderei abtun konnte, sondern ihnen trotz oder vielleicht auch wegen ihrer mangelhaften Qualität kritische Beachtung zu schulden meinte? Aber dies war nur ein allerletzter, unvollendeter Akt, und niemand schien nach seinem Tode mehr in der Lage oder auch nur willens, Alexander den Inhalt der großväterlichen Beurteilung seines Manuskripts zu übermitteln.

Doch wieder zurück zu dem anderen großen alten Mann in Alexanders Leben. Hier hat die Zeit den durch überschäumendes Temperament und immer stärker werdendes politisches Engagement unseres Helden verursachten Zwist schließlich beigelegt, wenn auch noch länger auf beiden Seiten ein Gefühl der Entfremdung und des Mißtrauens zurückbleibt.

Obgleich Alexanders leidenschaftliche Beteiligung an der politischen und geistigen Bewegung seiner Zeit sich fast ausschließlich auf theoretisch-weltanschauliche Auseinandersetzungen beschränkt und er sich prinzipiell nicht den sich häufenden Saal- und

Straßenaktionen seiner Altersgenossen anschließt, so sucht er doch in der Zeit des ihn ziemlich belastenden Zerwürfnisses mit seinem Schwiegervater persönlichen Kontakt mit dem einen oder anderen Gleichgesinnten aus der Studentenschaft. Vor allem sind es kleinere Diskussions- und Planungszirkel, an denen er gelegentlich als stiller Zuhörer teilnimmt, um damit ein wenig aus seinem Einzelgängertum herauszukommen. Eines Abends, als die Besetzung eines in diesen Kreisen als klerikal verschrienen Münchner Verlagshauses vorbereitet werden soll, und Alexander noch unentschlossen ist, ob er an dieser Sitzung teilnimmt oder nicht, erhält er einen Anruf.

»Du, wir haben heute einen Spezialisten aus der Schweiz als Gast bei uns... einen Landsmann von dir... Der wird uns eine Menge nützlicher Hinweise für unser Unternehmen geben. Willst du nicht vielleicht doch kommen?«

Und Alexander kommt – allein schon aus Neugierde. Und als er sich am Treffpunkt im engen, rauchgeschwängerten Hinterraum einer Gaststätte in der Innenstadt einfindet und Platz nimmt, entdeckt er inmitten der Runde einen äußerst verwegen und extravagant aussehenden jungen Mann, eine merkwürdige Mischung aus Dandy und Vagant. Er trägt eine zerlöcherte schwarze Lederjacke, über der vorne eine Art Halstuch, ein riesiger buntgeblümter Stoffknäuel, baumelt. Das Blond seines filzigen Haares freilich hat eine Alexander bekannt vorkommende Tönung, ja, und dann dieses leuchtende, harte Blau der tiefliegenden, unruhig umherwandernden Augen... Nein, es kann doch nicht wahr sein! Das ist Manuel... Sein Schweizer Freund Manuel Gadun.

»Alexander«, ruft der andere im gleichen Augenblick, springt wie elektrisiert auf und umarmt ihn. Als beide nach dieser stürmischen Begrüßung erst einmal das Wichtigste ausgetauscht haben, was sich seit ihrer letzten Begegnung zugetragen hat, stößt Manuel ihn an und sagt vertraulich: »Du mußt unbedingt mitmachen. Ich meine, nicht nur hier, bei dieser Verlags-Besetzung – das ist eine harmlose Kleinigkeit... Nein, da gibt's viel Sensationelleres. Ich will's dir gleich erzählen, richtig knusprige Molotow-Cocktails haben wir dafür bereitstehen...!«

Alexander ist nicht nur über diese Worte erschrocken, sondern bemerkt jetzt, da er eben von Manuels wildem, von Krankheitsrückfällen und zunehmendem sozialem Dérangement bestimmten Leben erfahren hat, jenen ihm so schmerzlich vertrauten, blicklosen und gläsernen Glanz in Manuels Augen und sein gedunsenes Gesicht.

Als nächstes erfährt er von ihm, daß unter Manuels Leitung auch die Sprengung eines nahegelegenen Chemie-Werkes beabsichtigt sei, dessen geschäftlichen Verbindungen mit amerikanischen Schwester-Firmen bei der Herstellung von im Vietnamkrieg eingesetzten Kampfstoffen ein möglichst rasches Ende gemacht werden müßte.

»Du weißt«, ergänzt Manuel mit einem verzerrten Grinsen, »daß ich mich durch meine wiederholten Einkerkerungen in der Irrenanstalt nicht davon abbringen lasse, für eine Korrektur der Welt-Moral zu kämpfen.«

Und je heftiger Manuel seinen Freund um Teilnahme an dieser Aktion bittet, desto stärker wird die Versuchung, in die Alexander sich durch das Werben gestürzt sieht. Es bedrängt ihn weniger der Umstand, daß er seinem alten Gefährten nichts abschlagen kann, zumal dessen Art, sein Anliegen vorzubringen, ohnehin nicht überzeugt. Vielmehr geht es Alexander um die Sache selbst. Er fühlt während Manuels Ausführungen tiefste Empörung, ja Haß gegen den amerikanischen Kreuzzug in Ostasien, ja gegen alles Imperialistische in sich aufsteigen. Und er steht schon kurz davor zu geloben, daß er unter Einsatz aller Kräfte an dieser Sühne mitwirken wolle. Der innere Aufruhr, in den er sich hineinsteigern läßt, lähmt ihn jedoch zusehends und hindert ihn am Sprechen. Er versinkt bald in dumpfes Brüten und hört Manuel gar nicht mehr zu. Dann spürt er langsam, wie Ruhe und Zuversicht zurückkehren.

»Manuel... ich kann nicht... ich will nicht«, hört er sich wie aus weiter Ferne sagen. Jetzt steht er auf und geht von Manuel weg, ohne ihm die Hand zu geben, geht aus diesem Raum und hinaus auf die regennasse Straße.

Alexander weiß jetzt mit Sicherheit: Er will für Frieden, Menschenwürde und Gerechtigkeit einstehen, aber nicht mit Mitteln der Gewalt. Seine Waffe ist die Vernunft – sein eigentliches Rüstzeug –, nicht der plumpe Zerstörungsdrang.

In diesen aufrüttelnden Wochen, die soviel in ihm in Bewegung setzen – erst der Streit mit dem Schwiegervater, dann die Begegnung mit Manuel –, muß Alexander eigenartigerweise oft an einen Menschen denken, dem er sich sehr nahe fühlt, ohne ihm im Leben besonders nahegekommen zu sein.

Es ist sein Onkel K. Erst nach seinem Tode wurde er für ihn eine Art Leitfigur.

Alexander denkt zurück – an einen Sonntagmorgen im Mai, er ist neun Jahre alt und liegt in seinem Bett im großelterlichen Zollikon. Das von allen Seiten hereinbrechende vielfältige Gedröhne und Gebimmel der Kirchenglocken nimmt er wohl deshalb so bewußt wahr, weil es das in Amerika so wenig gibt wie das sommerliche Vogelgezwitscher, dem er gerade an diesem Tag freudig gelauscht hatte. Jetzt aber sind die hübschen kleinen Sänger nicht mehr zu hören, es ist, als ob sie ehrfürchtig verstummt wären vor den machtvollen Klängen der Glocken. Fast wie auf Befehl haben sie alle gleichzeitig eingesetzt, die großen und die kleinen, die schwerfällig und schleppend schlagenden und die leicht und hell klingenden in all ihren Tonlagen. Fröhlich und dennoch feierlich laden sie die Gläubigen zum Kirchgang ein. Die vertrauteren in der unmittelbaren Umgebung tönen unvermittelt, fast drängend, vom anderen Ufer trägt der Wind den Schall von weit her über den See, vom Berg herab oder von der Stadt herüber.

Minutenlang dauert diese akustische Orgie. Sie scheint kein Ende zu nehmen. Diese ungewohnten Klänge vermitteln dem still daliegenden Alexander die Empfindung von Höhe und Tiefe zugleich und rufen Erinnerungen an weit zurückliegende Eindrücke wach, die mit traurigem Gefühl wahrgenommen werden. Erste Ahnungen von Untiefen menschlichen Seins und ein seltsames Gemisch von Schmerz, Angst und Hoffnung bewegen ihn.

Erst gestern hat er erfahren, daß sein Onkel K. vor wenigen Tagen in Frankreich gestorben ist. ›Herzschlag‹, wurde ihm gesagt, woran er noch viele Jahre lang geglaubt hat. Die eisigen Gesichter, die er sah, deuteten freilich an, daß etwas Ungewöhnliches mit im Spiel sein mußte. Er wußte nur, daß sein Vater, der vor zehn Tagen mit einem Schiff aus Amerika nachgekommen war, seinen Bruder, der lange auf ihn gewartet haben muß, bei einer Zwischenlandung knapp verfehlt hatte. Und zurück fährt der Papa zur Beerdigung mit seiner Geige.

Während dieses langsam unerträglich werdende Glockengelärm ausklingt und all die laut schwingenden Ungeheuer, eines nach dem anderen, allmählich wieder zur Ruhe kommen, tauchen erste flüchtige Erinnerungen an Onkel K. in ihm auf. Er wundert sich darüber, wie wenig davon eigentlich in seinem Gedächtnis geblieben ist, obwohl er ihn doch häufig bei Santa Monica, in Carmel und Mill Valley gesehen haben muß. Die Situationen, in denen er ihn sich greifbar nahe vorstellen kann, sind paradoxerweise solche, in denen sie nicht direkt miteinander zu tun haben: zum Beispiel Familiengespräche im living room der Großeltern bei Likör und schwarzem Kaffee nach dem Mittagessen, wo K. angeregt mitdiskutiert, Alexander aber abseits steht und das Geschehen wie von außen betrachtet; oder am Strand von Carmel, wo Alexander nahe am Wasser sitzt und zusieht, wie K. mit dem Vater in einiger Entfernung vorbeigeht. An Zwiegespräche mit ihm kann sich Alexander eigentlich nicht erinnern, nur an ein höchst unscharfes Erinnerungsbild – Alexander ist – etwa als Fünfjähriger – auf der Suche nach seiner Mutter in K.'s Arbeitszimmer geraten und bleibt verwirrt und schüchtern, die Klinke in der Hand, im Türrahmen stehen. In einen Dunst von Zigarettenrauch gehüllt, ist K. für ihn am Ende des Zimmers, am Fenster an der Schreibmaschine sitzend, nur schwach erkennbar. K. regt sich kaum, Alexander spürt nur, daß er ihn sehr freundlich, interessiert und hilfsbereit anblickt, und seine warme Stimme, mit der er zugleich ermunternde Worte spricht, hat für den Kleinen etwas ungemein Beruhigendes. Das ist alles, was Alexander behalten hat, obwohl ihm später erzählt wurde, daß K. sich mit den Kindern oft und gern abgegeben hat und dabei sehr liebevoll mit ihnen umgegangen sein soll. Es müßte mit dem Teufel zugehen, wenn hier nicht Verdrängungskräfte am Werk gewesen sind, die noch lebhaft Präsentes auslöschten, als der Onkel so plötzlich und unheimlich aus dem Leben verschwunden war. Dies ist eine Erklärung, mindestens so naheliegend wie eine andere, an die Alexander auch manchmal denkt, nämlich, daß vielleicht K.'s tiefer Wunsch, bald davonzugehen, schon vorher eine Barriere zwischen ihm und dem Jungen aufgebaut hatte. Menschen, die im Aufbruch begriffen sind, können den Zurückzulassenden gegenüber eine heiter-gelöste Liebenswürdigkeit an den Tag legen, die dennoch von Unverbindlichkeit und unterkühlter Distanz gekennzeichnet ist, weil sie vorhandene Bande eher lockern als festigen möchten. Aber erst viel später sind Alexander die Bedeutung, die Onkel K. für ihn gehabt hat, gewisse Ähnlichkeiten im Denken und Fühlen und wohl auch im Handeln – doch auch Unterschiede und Gegensätze deutlich geworden. Das war, als er auf das eine oder andere seiner Bücher stieß, die bei ihm vieles in Bewegung setzten.

Heute ist ihm voll bewußt, daß der verlorene Friede, der dem Zweiten Weltkrieg unmittelbar folgte, eine solche verbindende und zugleich trennende Gegebenheit zwischen ihnen ist. Alexander war, ahnungslos und voll Hoffnung, von seinem ersten Schweizer Besuch in seine amerikanische Kinderwelt zurückgekehrt, dort mit der faden, geisttötenden Atmosphäre konfrontiert worden und als Achtjähriger schon unterschwellig zu ähnlichen Auffassungen gekommen wie K. in seinen letzten Büchern und Aufsätzen. In seinem Schulalltag hatte Alexander schon einiges von der wachsenden Atomkriegs-Hysterie mitbekommen, wenn natürlich auch nicht so scharf gesehen wie von seinem Onkel K. Was also für ihn, den am Anfang Stehenden, zwar eine erschrekkende Begegnung mit jenem neuen Desaster auf heimatlichem Boden gewesen war, zugleich aber Auftakt für kommende Auseinandersetzungen, war für K. das Ende eines langen, zuletzt nur noch qualvollen Tanzes auf dem Vulkan. Ein Zustand, in dem auch scheinbar geringfügige persönliche Ärgernisse wie letzte Tropfen wirken, die das Faß zum Überlaufen bringen. Dies ist wohl das eigentlich Trennende zwischen den beiden. Politisches Engagement, für Alexander noch in weiter Zukunft, war sinnlos geworden für K. Seine im Krieg erfolgreich eingesetzten Energien im Kampf gegen den Faschismus liefen jetzt ins Leere und verbrauchten sich ganz, als ihm schließlich gar nichts mehr gelang. Eine 1941 gegründete literarisch-politische Zeitschrift war bald wieder eingegangen, sein Kriegsdienst in der US-Army war vorüber, und schließlich hatte er sich mit allerlei Böswilligen herumzuschlagen, die ihn als Kommunist denunziert hatten. Und der deutsche

Büchermarkt blieb ihm für seine Exil-Romane verschlossen, sie paßten politisch nicht in die westdeutsche Nachkriegslandschaft. Diese Fatalitäten waren wie Gift in seinen ohnehin geschwächten Lebensnerv eingedrungen.

Dieser Ausgang war in K.'s so intensiv gelebtem Leben von Anfang an angelegt und die Neigung dazu schon früh erkennbar gewesen.

Nun liegt Alexander also im Bett seines Zolliker Zimmers. Es ist inzwischen still geworden. Nur ganz langsam scheinen sich die Singvögel draußen nach dem verstummten Glockenlärm wieder an ihr unbeschwertes Geträller und Gepfeife heranzutrauen. Der geschlossene blaugemusterte Stoffvorhang am Fenster bauscht sich leicht im Wind, so daß durch einen Spalt hindurch sich sanft bewegende Blätter sichtbar werden. Ihrer kräftigen Grünfarbe nach ist es draußen sonnig. Ansonsten ist es im Raum noch halbdunkel. Die im Zimmer verstreuten Gegenstände – Spielsachen und Schuhe auf dem Boden, Kleider auf dem Stuhl, irgendein zusammengefaltetes Deckchen auf der Kommode, haben schon längst ihre magische Anziehungskraft verloren, die sie in der Dämmerung hatten, als man fast glauben konnte, es wären unwirkliche, ängstigende Figuren: merkwürdig verwachsene Gnome, absurd verrenkte Kobolde oder dreist grinsende Fratzen, die gemeinsam einen ausgelassenen Reigen aufführen wollten. Ihres nächtlichen Zaubers entledigt und in die Wirklichkeit zurückgekehrt, wirken sie im nüchtern-fahlen Morgenlicht wie abgelegte Masken und leblose Hüllen. Etwas traurig und allein ist ihm zumute, während er an den toten Onkel denkt. Davon vermögen ihn auch nicht plötzlich hörbare Schritte abzulenken – irgend jemand geht gerade behutsam die knarrende Treppe hinunter zur Küche oder zum Frühstückszimmer. Natürlich kommen ihm jetzt im Bett nicht all die Gedanken und Überlegungen in den Sinn, die sich erst später in Alexander abgesetzt und geklärt haben. Im Augenblick herrschen Verlustgefühle und vage Erinnerungen vor, vermischt mit einer düsteren Ahnung, daß sich da Schlimmes ereignet hatte.

Wenn ein naher Verwandter gestorben ist, kann man sich dazu aufgerufen fühlen, stellvertretend das von ihm in Angriff Genommene weiterzuführen, unabhängig davon, ob es in seinem Sinn ist oder nicht. In der Entfernung des Todes vergrößert sich die bewunderte Figur. Es geht von ihr eine Art Ruf aus, dem man folgen zu müssen glaubt.

Dies ist sicherlich ein Grund dafür, daß Alexander sich zwei Jahrzehnte später mit einer schon ans Dramatische grenzenden Intensität von den Büchern seines Onkels angesprochen fühlt. Was er darin findet, sind nicht nur wegweisende Gedanken und die Berichte über seine mutigen Initiativen auf kulturellem und politischem Gebiet. Alexander erkennt nun darin seine eigene, inzwischen entwickelte Denkweise wieder und sieht auch im Handeln Parallelen, obwohl ihn eine Generation von seinem Onkel trennt.

Faszinierend für ihn sind einmal die politischen Gemeinsamkeiten: fast im selben Alter der jähe Umschwung von jugendlicher Indifferenz zu politischer Wachsamkeit durch aufrüttelnde Ereignisse, bei K. Anfang der dreißiger Jahre, bei Alexander, als das völkerrechtswidrige Vorgehen der Amerikaner in Vietnam bekannt wurde. Dann K.'s Interpretationen der politischen Ereignisse, in denen nicht nur hinsichtlich des Antifaschismus eine Kompromißlosigkeit zutage tritt, wie sie sein Vater zumindest am Anfang nicht so konsequent gezeigt hat. Dort liegen auch für die jüngere Generation Leitlinien zum Verständnis und zum Handeln in der gegenwärtigen weltpolitischen Konstellation. Gemeint ist damit vor allem die Dreiecksbeziehung: Demokratie plus Faschismus gegen Kommunismus, damals in der Appeasement-Politik des Westens gegenüber Hitler, heute in der ebenfalls gegen den Kommunismus gerichteten Unterstützung faschistischer Regime durch die USA und Westeuropa, diesmal aber im Weltausmaß. Nicht, daß Alexander diese Einsichten nicht schon vor der Lektüre von K.'s Büchern und Aufsätzen in sich getragen hätte. Aber die Bestätigung von Gewußtem durch treffende Worte tut gut. Es spornt dazu an, sicherer als zuvor für seine Erkenntnis einzustehen.

K.'s Beziehung zum Marxismus, insbesondere zur Sowjetunion, ist in Alexanders Augen freilich ein etwas widersprüchliches, inkonsequentes und extremes Gemisch aus Verherrlichung und Verurteilung. K. hatte allerdings – im Vergleich zu Alexander später – keine Gelegenheit gehabt, ein solches System, dazu noch ein deutsches, aus nächster Nähe, in seinem nüchternen Alltag kennenzulernen. Eins spürt Alexander dabei richtig heraus: die bisher recht grobe Struktur der marxistischen Ideologie, ihren Mangel an differenzierter Auseinandersetzung mit existentiellen Bedürfnissen wie Liebe und Tod, Sinn und Existenz des Menschen – Probleme, auf die der Marxismus auch heute noch keine befriedigenden Antworten hat, sie allerdings inzwischen zu suchen beginnt.

In diesem Zusammenhang machten die weltanschaulich-philosophischen, stark religiös gefärbten Fragmente am Ende von K.'s letztem autobiographischen Werk auf Alexander stärksten Eindruck. Daß diese flüchtigen Assoziationen zu Unendlichkeit, Welt und Gott oft hastig, in abgerissener Formulierung, zu Papier gebracht wurden, mag einmal von der Scheu herrühren, sie öffentlich preiszugeben. Der andere Grund liegt vielleicht in den Inhalten selbst. Es sind nicht – wie sonst in seiner Autobiographie – Wiedergaben und Reflexionen von Vergangenem, sondern ein vorsichtiges Vortasten in neue, geheimnisvolle Bereiche. Es ist wie ein erster verhaltener Blick von einem, dem kaum mehr Kraft und Zeit bleibt, sich mit dieser Gedankenwelt auseinanderzusetzen.

Daß sich in K.'s Bekenntnissen zum Teil auch eine gewisse Umkehrung religiöser Anschauungen findet wie die Behauptung, daß Gott erfunden werden müßte, gäbe es ihn nicht wirklich, weil es nämlich ein unfaßbares, unerträgliches Leid für ihn wäre, nicht mit uns leiden zu dürfen, erklärt sich für Alexander damit, daß der Autor wenige Jahre vor seinem Tod konvertieren wollte, es aber nach einem kurzen energischen Anlauf nicht dazu kam. Unklar bleibt, wie weit K. aus eigener Einsicht zurückgetreten ist, oder ob der katholische Feldgeistliche seiner Armee-Einheit ihm abgeraten hat.

Was beschäftigt Alexander bei der Entdeckung dieser (vorher nie geahnten) religiösen Regungen seines Onkels so sehr? Ist es, daß hier ein Weg vorgezeichnet ist, den Alexander gleichsam an seiner Stelle später weitergegangen ist – gemeint ist sein Eintritt in dieselbe katholische Kirche nur ein gutes Jahrzehnt nach K.'s Tod? Oder ist es ein ehrliches Bemühen, Antworten zu finden auf Fragen, die sich dem Suchenden in Stunden der Bitternis gewaltsam aufgedrängt haben?

Vielleicht ist es aber gerade das Vorläufige, Unfertige, dieses Gedankenexperimentieren, das Alexander so beeindruckt, das nie endenwollende Suchen und ständige Auf-dem-Wege-Sein? Es mag ihn an seine eigene Entwicklung erinnern, in der Konversion und Theologiestudium nur eine Station auf dem Weg zu anderen Zielen gewesen ist.

Alexander wird später an einige in ihrer Aktualität fast prophetisch anmutenden Zeilen aus K.'s letztem Essay denken. Vielleicht hätte Alexander sie, wenn er sie an jenem Zolliker Sonntagmorgen gekannt hätte, auch schon empfinden können. K. bezieht sich dabei auf die scharfsinnigen und kritischen Betrachtungen eines Zeitgenossen. »So wichtig und willkommen dergleichen Kommentare aber auch sein mögen«, meint er in diesem Zusammenhang, »– die verstörte Jugend Europas braucht anderes. Sie braucht Führung und Trost, neue Ideale und Hoffnungen, einen Glauben.«

In den Osterferien 1968 fahren Alexander und Elisabeth nach Prag, um an Ort und Stelle den demokratischen Sozialismus nach dem neuen osteuropäischen Modell zu erleben. Sie werden mitgerissen von dem freudigen Optimismus, der auch den Fremden überall entgegenschlägt. Am Ostermontag stoßen sie auf eine Art Versuchsschule, für deren Stundenplan sich Elisabeth als angehende Lehrerin interessiert. Sie gehen einfach hinein und fragen die erstbeste Lehrerin, ob sie als Westdeutsche beim Unterricht hospitieren dürfen. Sie sind willkommen und werden mit einem lauten Lied und Blumen begrüßt, als sie zur verabredeten Zeit in die Klasse treten. Elisabeth ist vom Fachlichen sehr angetan und findet, daß viel Disziplin und Zielstrebigkeit zu spüren sind. Zum Beispiel nimmt man im ersten Jahr schon die Mengenlehre durch, und auch in den anderen Fächern scheint ihr der Unterricht sehr fortschrittlich zu sein. Nur das Musische wird ein wenig stiefmütterlich behandelt. Im Zeichenunterricht werden ihrer Meinung nach die Kinder zu sehr eingeengt, können sich in ihrer schöpferischen Eigeninitiative nicht genügend entfalten. Die Lehrerin, die ihr alles erläutert und dolmetscht, hält ein Blatt hoch und sagt: »Kinder, in diese Ecke zeichnet ihr das, hier dies, dort jenes.« Das ist Elisabeth zu reglementiert. Als sie schließlich erschöpft und herzlichst verabschiedet mit den Blumen wieder auf der Straße stehen, gehen sie in das Kaufhaus ›Bila Labud‹, das heißt auf deutsch ›Weißer Schwan‹, am Pulverturm, um dort eine Vase zu kaufen. Nach langem Suchen in den überfüllten Gängen findet Alexander ein großes Bierglas mit aufgemaltem böhmischen Wappen und streckt es der Kassiererin entgegen, die, dick, mit blonden Dauerwellen und stumpfem Brillengesicht, gerade durch ein Schwätzchen abgelenkt ist.

»Ich hole erst einmal Wasser, sonst gehen die Tulpen noch ein«, sagt Elisabeth und nimmt ihm das Glas aus der Hand, für das er inzwischen bei der Kassiererin zwölf Kronen bezahlen konnte. »Such du uns einen Platz zum Ausruhen, es war ganz schön anstrengend heute nachmittag.«

Als sie schließlich etwas abseits vom Gedränge auf einem Mauervorsprung sitzen, müde, aber mit zufriedenen Gesichtern, reden sie noch einmal über diesen beglückenden Nachmittag.

Nach einer Pause, in der beide ein wenig vor sich hinstarren, sagt Alexander fast feierlich: »Diese Blumen nehmen wir morgen im Auto mit über die Grenze. Du kannst die Vase ja während der Fahrt zwischen deine Füße stellen.«

»Schade, daß wir wieder abfahren«, meint Elisabeth. »Dieser Prager Frühling hat etwas Mitreißendes. Überall auf der Straße sieht man freudige Gesichter. Und die Leute sind alle so freundlich und offen. Als du an der Karls-Universität das Vorlesungsverzeichnis suchtest, fand ich diese Studenten, die uns ansprachen, ungeheuer sympathisch.«

Doch Alexander ist mit seinen Gedanken schon über der Grenze: »Ich bin neugierig, was uns drüben erwartet, nach dem, was wir im Radio gehört haben.«

Die Studenten hatten versucht, das Springer-Verlagshaus in Berlin anzuzünden. Und auch sonst gab es überall in der Bundesrepublik Großkundgebungen, Demonstrationen und Straßenschlachten.

»Eine regelrechte Revolution, die im Westen in Gang kommt«, sinniert er. »Sie wird sich freilich besser direkt am neuen osteuropäischen Modell orientieren, ohne die stalinistischen Irr- und

Umwege gehen zu müssen...« Und nach kurzer Pause: »Wir haben im kommunistischen Osten das Osterfest in Frieden und in der Sonne des kollektiven Freudentaumels gefeiert. Und bei uns drüben, im sogenannten freien Westen, ist die Hölle los. Worauf das bloß hinauslaufen wird?«

Doch Elisabeth will nichts davon hören. »Wir haben jetzt unser neu eingerichtetes Zuhause in Landshut. Wenn wir erst einmal dort sind, geht's uns sicherlich gut.«

Er lächelt sie an. »Ja, ein Glück, daß du dorthin versetzt worden bist und wir nicht mehr in München sind, zu nahe am elterlichen Streitherd... obwohl sich ja vieles wieder beruhigt und ganz gut eingerenkt hat in der Zwischenzeit. Habe ich dir eigentlich seinen Antwortbrief schon gezeigt, der am Tag unserer Abreise ankam?«

Elisabeth ist erstaunt: »Einen Brief? Nein...«

Alexander zieht zwei Briefe aus der Jackentasche und entfaltet den ersten etwas umständlich.

»Wenn ich an die peinliche Szene ausgerechnet an seinem letzten Geburtstag in München denke, wie ich mich einfach nicht mehr in der Gewalt hatte«, erinnert sich Alexander verlegen. »Obwohl ich nach wie vor unglaublich finde, was er und Hans-Werner über Vietnam und Amerika von sich gegeben haben! Glücklicherweise klingen in dem Brief wieder versöhnliche Töne an.«

»Ja? Was schreibt er denn?« Elisabeth wird schon ungeduldig.

»Zuerst erwähnt er unseren letzten Musikabend, Ende Februar. Der hat ja das Eis wieder gebrochen. Er schreibt ausdrücklich, daß er den sehr schön fand. Dann nimmt er Bezug auf meinen letzten langen Brief an ihn, in dem ich meine Überlegungen zum Freiheitsbegriff darlegte.«

»Und? Was schreibt er dazu?«

»Ich lese am besten vor. Hier ist die Stelle: ›Vielleicht darf ich gleich zum zentralen Punkt kommen, nämlich zu der Frage, in welcher Gestalt das Göttliche für die jungen Menschen heute erkennbar sei.‹ Und dann hier, das ist wichtig: ›Das Wort Freiheit scheint mir äußerst gefährlich, da es zwei ganz verschiedene Bedeutungen hat, die man als Freiheit wovon oder als Freiheit wozu unterscheiden kann. Ich glaube, daß sehr viel Unglück in der jungen Generation davon herrührt, daß man beide Bedeutungen verwechselt und daher Freiheit von etwas als einen absoluten Wert setzt. Die äußerste Form dieser Art von Freiheit aber ist das völlige Chaos, die reine Sinnlosigkeit, also das absolut Wertlose. Die andere Freiheit bedeutet die Möglichkeit, sich völlig frei einer gewählten Ordnung, einem Gesetz zu unterwerfen. Denn das Gesetz nur kann uns Freiheit geben ...‹ Ja, und dann greift er noch kurz das Thema ›Revolution‹ auf. Das klingt schon wieder etwas härter. ›Hinsichtlich der Frage der Revolution liegt mir in der Tat viel daran, daß man auch von der früheren Ethik alles beibehält, von dem man nicht nachweisen kann, daß es der Situation der heutigen Menschen nicht mehr entsprechen kann. Die Beweislast muß hier unbedingt bei dem liegen, der ändern will.‹«

Alexander lacht, »das letzte finde ich nicht nur inhaltlich konservativ, sondern auch in der Ausdrucks- und Denkweise so, daß es eigentlich viel eher für den naturwissenschaftlichen Bereich zutrifft als für den gesellschaftlich-sozialen.«

Elisabeth sieht anderes als wichtig an: »Das ist richtig. Aber ich bin froh, mit wieviel gutem Willen er sich bemüht, sich sachlich mit dir auseinanderzusetzen, wie er versucht, mit klaren Antworten auf deinen Brief einzugehen. Es ist ja auch echte Sorge, die aus seinen Zeilen spricht. Und für seine eigenen Sorgen gibt es ja, wie wir wissen, genug Anlässe: Astrid und ihre nächtlichen Eskapaden mit all ihren Folgen. Was er über die Freiheit und ihre beiden Aspekte gesagt hat – Freiheit von und Freiheit zu – empfinde ich in diesem Zusammenhang als gar nicht so falsch.«

»Ja ja, ich weiß schon. Im Grunde ist ja auch seine Gesprächsbereitschaft gegenüber den Studenten beeindruckend«, lenkt Alexander ein. »Wenn ich da an die Diskussion während der Weihnachtsfeiertage mit Rolf Pohle und einigen anderen denke, der er sich einfach gestellt hat. Viel dabei herausgekommen ist zwar nicht, aber man hat sich immerhin, jeder von seiner Position aus, vernünftig verständigen können. Im übrigen, was seine Reaktion auf meine Überlegungen zum Freiheitsbegriff betrifft, stimmt vieles mit dem überein, was mir Onkel G. dazu in seinem Brief geschrieben hat, der ebenfalls am Tag unserer Abreise eintraf. Auch ihm gegenüber hatte ich mich vor etwa vierzehn Tagen brieflich geäußert.«

Er steckt den ersten Brief weg und entfaltet den andern: »Ich les' dir die Stelle vor. Wirklich erstaunlich, die Ähnlichkeit zwischen den unabhängig voneinander abgegebenen Kommentaren.« Alexander liest vor: »Was die Auflösung des Gottesbegriffes in Möglichkeit, Zukunft, Freiheit etc. betrifft – ja, das scheint die Tendenz zu sein. Daß ich persönlich nicht mitmachen kann, ist keine Kritik; ich bin halt altmodisch. Und ich sehe sehr wohl, daß der Begriff, so wie er durch die Jahrtausende mehr und mehr sublimiert geherrscht hat, heute ›wissenschaftlich‹ nicht mehr interpretiert, geschweige denn ›erforscht‹ werden kann. Es können mir auch, übrigens zu meinem Bedauern, zu meiner immer wiederholten Enttäuschung, die zeitgenössischen Theologen, die noch auf alte Art in Gottesweisheit plätschern (Guardini, Josef Pieper) nicht recht imponieren. Wenn ich in diesen Texten lese, verstehe ich kaum, wie ihre Autoren so großen Ruhm gewinnen konnten. ...« »Und dann weiter unten: ›Nur: Gottes-Furcht sollte man doch irgendwie stehen lassen! Und daß man eine tausendjährige Tradition nicht so einfach abbrechen darf, betonst du ja selbst. So ganz leicht wirst du's nicht haben, soviel sehe ich. Natürlich hat das, was du da machst, mit Theologie im herkömmlichen Sinn nichts mehr zu tun. Aber die Theologie herkömmlichen Sinnes ist in hellichter Krise, um nicht zu sagen Auflösung. Es kann sehr wohl sein, ich könnte es mir denken, daß Zukunft in dem liegt, was du da versuchst; daß Philosophie nur noch in engem Kontakt mit Wissenschaft möglich ist. ...‹ Na, was sagst du dazu?« Alexander ist tief beeindruckt und möchte, daß auch sie es ist.

»Sehr schön. Im Grunde persönlicher und engagierter als der andere Brief. Und er ermutigt dich auch, weiterzumachen. Das gefällt mir.«

»Ja. Aber in politischen Fragen, wieder dort, wo es um Revolution, um Dialektik, um das Wesen des qualitativen Sprunges oder Umschwunges geht, da ist auch er viel kritischer und skeptischer. Hier zum Beispiel ist eine Stelle, wo er ausdrücklich auf Prag Bezug nimmt, weswegen wir ja schließlich auch hierher gereist sind.« Er wendet sich wieder unbeirrt dem Text zu, obwohl Elisabeth sich offensichtlich schon langweilt.

»Was in Prag im Februar 48 geschah, würde ich einen Staatsstreich oder eine Machtergreifung nennen. Sie war nur möglich dank besonderer historischer Umstände, nämlich dem Sieg Rußlands über Deutschland, der Nachbarschaft Stalins. Ein ›Umschlag‹ in irgend etwas war diese Revolution nicht. Sie hat auch den Tschechen und Slowaken zwanzig Jahre lang wenig Erfreuliches gebracht. Erfreulich, in allerhöchstem Grade erfreulich ist, was augenblicklich geschieht. Aber auch dies ist kein Umschlag ins Gegenteil oder irgend etwas dieser Art. Es ist eine freie Aktion, eine befreiende, die zahlreiche Reformen durchführen wird. Dann wird es natürlich auch wieder versacken. Denn die Stunden, in denen die Menschen im Kollektiv frei und befreiend und schöpferisch agieren, sind selten und kurz.«

Alexander blickt einige Zeit nachdenklich, ernst und ein wenig verträumt in die Weite, gleichsam durch die Mauern der Kaufhalle hindurch.

Elisabeth stößt ihn an. »Ich glaube, wir sollten langsam gehen. Es wird Zeit.«

Er reißt sich von seinen Träumereien los, faltet den Brief zusammen, ordnet beide Briefe und steckt sie sorgfältig in die Jackentasche.

Als sie auf dem Weg zum Hotel sind, horcht Elisabeth plötzlich auf und schaut einem jungen Mann nach, der mit einem laut dröhnenden Kofferradio vorbeigeht.

»Hör mal, kennst du das?«

»Ja, herrlich... die ›Moldau‹ aus Smetanas ›Mein Vaterland‹«. Und beide gehen glücklich lächelnd weiter.

Der schließliche Zusammenbruch aller Hoffnungen auf eine neue Gesellschafts- und Wertordnung in Ost und West nach dem Einmarsch der Warschauer Paktstaaten in die CSSR im August 1968 sowie das Ende der verheißungsvollen Reformbewegungen in Frankreich, Amerika und Deutschland etwa zur selben Zeit, ließ Alexander wie viele seiner Mitstreiter vorerst in eine Art innere Emigration gehen. Ungefähr ein Jahr nach dem denkwürdigen Besuch der Goldenen Stadt hatte er seine theologische Doktorprüfung bestanden, und die Frage, wie es nun weitergehen solle, duldete keinerlei Aufschub mehr. Eine Anstellung im Kirchenfunk, die Mitarbeit in einer bayerischen katholischen Fortbildungsakademie oder auch die Tätigkeit als Religionslehrer, das waren die Möglichkeiten, die dem jungen Nicht-Priester-Theologen offenstanden.

Als fast lebensrettende Fügung empfand er es, als in einer norddeutschen Stadt unverhofft die Stelle eines theologischen Universitäts-Assistenten frei wurde. Alexander griff rasch zu und zog noch im selben Jahr, zusammen mit Elisabeth, dorthin. Zu diesem überstürzt eingegangenen Kompromiß stehen konnte er freilich erst, als er sich zur sofortigen Aufnahme eines Zweitstudiums entschloß, das er parallel zu seiner Arbeit begann. Verständlich dürfte nach dem Verlauf der letzten Jahre sein, daß Alexanders Wahl dabei nicht auf die Soziologie, auf die politische Wissenschaft oder ein ähnlich abstraktes akademisches Fach fiel, sondern auf ein Gebiet, in dem sich die Verinnerlichung seiner früher gemachten Erfahrungen ausdrückte: die Psychologie. Und schon kurz nach seiner Immatrikulation konnte Alexander sich davon überzeugen, daß er nicht der einzige war, der diesen Weg gegangen war. Es schien sich um eine zeittypische Erscheinung zu handeln, daß viele politisch Gestrandete der Achtundsechziger-Bewegung, darunter auch etliche Theologen, nunmehr ihr Heil in der wissenschaftlichen Analyse der menschlichen Psyche suchten, insbesondere auch der eigenen.

Solange sich Alexander im theoretisch-vorklinischen Stadium die ersten Grundkenntnisse und einiges experimentelles Rüstzeug aneignete, konnte er den eigentlichen Wert seiner neuen Ausbildung noch nicht so recht erkennen. Der Umschwung trat erst ein, als er sich der klinisch-therapeutischen Praxis zuwandte. Er wurde dort mit einem therapeutischen Konzept konfrontiert, der aus Amerika stammenden ›klientenzentrierten Gesprächspsychotherapie‹ nach Carl Rogers. Alexander glaubte zu spüren, daß die Therapieform, der ein von Optimismus und Zukunftsglauben geprägtes Menschenbild zugrundeliegt, ihm neue Anregungen und Impulse verleihen könnte. Seinen Einstieg in die klinische Praxis fand Alexander schließlich, als er den Wunsch, mit echten psychiatrischen Patienten in Berührung zu kommen, in die Tat umsetzte. Er begann sein erstes obligatorisches Krankenhaus-Praktikum während der Sommersemester-Ferien in einer psychiatrischen Klinik.

Er fand sich innerhalb kürzester Zeit in die belastende Atmosphäre dieses Ortes hinein. Es waren nur zwei, höchstens drei Tage, an denen er abends noch Zuflucht nehmen mußte zu einigen Gläsern kräftigen Cognacs, den ihm mitleidige Freunde zum Antritt seines Praktikums geschenkt hatten. Dann aber gewöhnte er sich ein. Die Ärzte bemerkten schnell, daß Alexander in der Wahrnehmung der ihm übertragenen Aufgaben förmlich aufblühte und sich geradlinig in ihre Verrichtung hineinsteigerte. Und sie konnten bald ihrem Praktikanten ein überdurchschnittliches Einfühlungsvermögen im Umgang mit psychisch Kranken nachsagen.

Eines wußte unser angehender Therapeut: Auf das von ihm neu betretene, äußerst steinige und viele schauerlich-aufregende Einblicke verheißende Terrain hatte sich bisher noch keiner aus seiner Verwandtschaft in der Rolle des Helfenden und Heilenden begeben. Vielleicht war dies der Ort, an dem er sich mit Zuversicht und für längere Zeit seinen neuen Aufgaben würde stellen können.

IV.
Irren ist menschlich

Mitten in der Provinz, irgendwo in der nordwestdeutschen Tiefebene, erhebt sich, unscheinbar grau, wenig anmutig, aber selbstbewußt und stolz, das Industriestädtchen Gattersleben. Es ist ein Nest von etwa sechzigtausend Seelen, betriebsame, fleißige, mehr oder weniger auf ihren täglichen Broterwerb eingegrenzte Menschen, überwiegend evangelisch, die kaum etwas anderes kennen als die ihnen zugänglichen Stätten ihrer eigenen Gemeinde sowie das umliegende ausgesprochen eintönige bäuerliche Flachland. Nähert man sich der Stadt auf den schmalen, krummen Landstraßen, die nur einige Abschnitte lang plötzlich großzügig ausgebaut sind, so erkennt man schon von weitem die kleinen giebeligen, wie maßgeschneiderten Vorstadthäuschen, die sich, fantasielos aneinandergereiht, wie ein steinerner Ring um das eigentliche Zentrum schließen. Das Grün der Wiesen und Anger und des reichlichen Busch- und Baumbestandes am Stadteingang wirkt angesichts der einem hier entgegentretenden Düsterkeit nur wenig trostreich. Der ansehnliche Wohlstand der Einwohnerschaft von Gattersleben wird durch eine Anzahl von Fabriken, vor allem aus der Textil- und Fleischwarenbranche gesichert, wobei neben einer bekannten Mausefallenfabrik besonders eine koloßhaft alles andere überragende Herstellerfirma für Waschmaschinen und andere Haushaltsgeräte gleichsam das Prunkstück der Stadt darstellt. Weiterhin erwähnenswert ist, daß zum wirtschaftlich-kulturellen Leben dieses Ortes auch zwei kleinere Verlagshäuser gehören und eine einigermaßen regelmäßig bespielte Provinzbühne, von der man sagt, sie würde der selbstzufriedenen und geistig eher trägen Bürgerschaft wenigstens einen bescheidenen Ausgleich für ihren wenig abwechslungsreichen Alltag bieten.

So kahlgefegt und still die Straßen von Gattersleben abends nach Geschäftsschluß auch sind, so sehr ist das Städtchen tagsüber von Emsigkeit und pulsierender Geschäftigkeit erfüllt. Zu Fuß oder per

Rad gehen die Menschen zielstrebig ihren Erledigungen nach, gewöhnlich mit maskenhaft starren Gesichtern und eingeengtem Blick, der selbst bei den hübschesten und anziehendsten jungen Mädchen und Frauen etwas abträglich wirkt, vor allem, wenn man ihre teure und solide, aber doch farblose und biedere Konfektionskleidung sieht. Eigentlich gibt es in ganz Gattersleben keine Stelle, keinen Platz, keine Straße, die wirklich hell, bunt und freundlich dem Auge schmeichelt. Der alte Stadtkern, das ehemalige Kirchdorf Gattersleben, um das herum während der industriellen Revolution im letzten Jahrhundert der heutige Häuserbestand gleichsam aus dem Boden gestampft wurde, ist auf ein Häufchen vereinzelter, recht verloren dastehender Fachwerkhäuser zusammengeschrumpft, das für den Charakter des Städtchens keinerlei Bedeutung mehr hat. Alle übrigen Straßenzüge und Häuserreihen, ja auch die eng umzäunten Parkanlagen, Gärten und Lauben scheinen einem einzigen und einheitlichen Prinzip zu dienen: dem der Zweckhaftigkeit. Auch die anderswo oft das Stadtbild reizvoll verschönernden Straßencafés fehlen hier. Kraft Stadtratbeschluß sollen sie mehrfach verboten worden sein, weil unzumutbare Störungen und allgemeine Unruhe seitens der dort sich einfindenden Jugendlichen befürchtet wurden.

Es gibt noch eine weitere Institution, die das äußere wie auch das innere Gesicht von Gattersleben prägt, ein am Stadtrand gelegenes psychiatrisches Großkrankenhaus, eines von den vielen, die um die Jahrhundertwende zur Verwahrung angeblich ruhe- und erholungsbedürftiger Geisteskranker in ländliche Gebiete verlegt wurden. Von der Rückseite des ungetümen, allseits gemiedenen und gefürchteten Gebäudekomplexes blickt man ins offene Land, auf Äcker, Wälder und einzelne Gehöfte und eine Eisenbahnlinie, die, wie wir sehen werden, der Krankenhaus-Leitung ab und zu schweren Kummer zu bereiten pflegt. Von der Öffentlichkeit abgeschirmt wird die Anstalt durch eine Reihe meist grauer, schlecht gepflegter Massivhäuser, die vor allem von Klinikärzten und deren Familien bewohnt werden, im Klinik-Jargon als ›Ghetto‹ bezeichnet. Das Klinikum selbst ähnelt ein wenig einer Dorfgemeinschaft mit Selbstversorgungscharakter. Etwa dreißig bis vierzig düstere Steinklötze, nur die wenigsten notdürftig renoviert, die meisten von einer dunkelgrauen Schmutzschicht überzogen, als wären sie rauchgeschwärzt, stehen auf dem Areal, umgeben von Bäumen und wildwuchernden Pflanzen, die mit ihrer urwüchsigen Kraft von diesem Platz Besitz ergreifen, als wollten sie der hier eingenisteten Morbidität etwas ungebändigt Naturhaftes entgegensetzen. Als Magen des Ganzen fungiert die nahe am Haupteingang gelegene mehrstöckige Anstaltsküche, die sowohl das etwa fünfhundertköpfige Personal als auch sämtliche Stationen mit Essen versorgt, das in der Regel von altgedienten Patienten in unförmigen Metallkübeln auf Handwagen an seinen Zielort geschleppt wird. Ansonsten gehören noch eine Wäscherei, eine Plättstube, mehrere Handwerksbetriebe und eine Gärtnerei zum Klinikgebäude, alle von zuverlässigen und willigen Kranken unterhalten. Seit einiger Zeit hat die eben schon erwähnte Gatterslebener Waschmaschinen-Firma eine 500 qm große Werkhalle zur Verfügung gestellt, in der Patienten für ihre ärztlich verordnete arbeitstherapeutische Ertüchtigung Einzelteile und Teilaggregate eines automatischen Wäschetrockners zusammensetzen dürfen und dafür als ›Arbeitsbelohnung‹ monatlich ganze 40 Mark erhalten.

Daß es sich bei diesem Klinikum um einen relativ selbständigen kleinen Staat im Staate handelt, der einer zentralen straffen Organisation bedarf, zeigt sich dem Besucher, wenn er beim Hereinkommen als erstes auf das monströse, ihm quer in den Weg gestellte Verwaltungsgebäude stößt, das der Außenwelt wie eine trotzige Bastion entgegenragt, und von dessen vielen zellenhaft kleinen Abteilungen aus die Geschicke der Anstalt gelenkt werden. Sein Anblick läßt schon erahnen, was sich dahinter für ein Panorama auftun wird, sobald man es auf der Rückseite wieder verlassen hat, um das eigentliche Gelände zu betreten.

Um so überraschter freilich wird der Besucher sein, wenn er nach einem Spalier traurig aneinandergereihter Krankenstationen mitten im Klinikum plötzlich einem Haus begegnet, das sich in dieser Trostlosigkeit wie eine Märchenerscheinung ausmacht. Es ist ein von Zierbäumen, Beeten und Springbrunnen umgebener hölzerner Flachbau im finnischen Stil, das der zur Zeit amtierende Direktor, Professor Reuther, kürzlich als Kommunikationszentrum für Patienten, Personal und Bürger der Stadt errichten ließ.

Es soll mit seinen Annehmlichkeiten eine lebendige Begegnung zwischen den hier ein- und ausgehenden Menschen fördern: eine Cafeteria, ein Schwimmbad, ein Musiksaal und eine Bibliothek laden dazu ein. Bedauerlich nur, daß diese Oase der Menschlichkeit ihren Platz nicht dort hat, wo man sie, ihrer Bestimmung entsprechend, erwarten würde, nämlich an der Pufferzone zwischen Krankheit und Zivilisation, am Rande der Klinik, wo der häßliche Verwaltungskasten steht.

So führt diese Begegnungsstätte, leider tief im gigantischen Anwesen verborgen, ein eingesponnenes, dornröschenartiges Schattendasein. Sie wirkt, da sie die meiste Zeit kaum genutzt wird, recht verloren und in ihrer Anlage verfehlt.

Das hauptsächliche Leben in der Gatterslebener Anstalt spielt sich nur an ganz wenigen Brennpunkten ab. Es sind die Aufnahme- und Entlassungsstationen mit ihrer starken Patienten-Fluktuation, dazu noch zwei besonders schön ausgestattete Psychotherapie-Stationen mit den Namen bekannter medizinischer Persönlichkeiten: Otto-Rank- und Elsa-Brändström-Haus, für die ›gehobenen‹ Patienten. Es sind die Reste des nach angelsächsischem Muster als ›Therapeutische Gemeinschaft‹ bezeichneten, großangelegten Reformprogramms, mit denen Direktor Reuther nach seinem Amtsantritt in den sechziger Jahren Gattersleben zu einer Elite-Anstalt zu machen versprach – einer der vielen hochherzigen Anläufe zur Erneuerung unserer Psychiatrie, die euphorisch begannen, aber schon bald in einem Gestrüpp vorschneller Selbstzufriedenheit und kleinlicher interner Querelen erstickten und versandeten. Nur etwa sechs oder acht Stationen sind Gegenstand täglicher kollegialer Auseinandersetzung auf der Ärztekonferenz geblieben. Um sie dreht sich alles, nur sie werden den Besuchern vorgezeigt, und nur sie bleiben weiterhin Gegenstand gelegentlicher euphemistischer Publikationen und Kongreßvorträge über die angebliche Musterklinik Gattersleben. Bezeichnend ist außerdem, daß viele der angestellten Ärzte, die nicht das Glück haben, auf einer der sogenannten Edelstationen zu arbeiten, sondern in einer der über zwanzig ›chronischen‹ Stationen dahinvegetieren, mit entsprechendem Neid, Mißgunst und verhaltenem Groll auf die privilegierte Minderheit blicken und insgesamt eher in einer Atmosphäre von Unzufriedenheit und Unterdrückung ihr Dasein fristen.

Das ist also Gattersleben. Ein Ort, an dem Elend und Idylle sich seltsam und makaber vereinen, und in dem, was das medizinische Personal betrifft, Selbstzufriedene und Enttäuschte auf verhältnismäßig engem Raum nebeneinander existieren. Diese Gegensätze und Widersprüche lassen zwar gelegentlich kleinere Wellen schlagen, sie erzeugen manchmal auch lebhaftere Bewegung, doch Gewöhnung und Resignation sorgen dafür, daß sich solche Aufwallung in der Regel rasch wieder legt. Aus der Vogelperspektive betrachtet, ist der Alltag in Gattersleben von ziemlicher Gleichmäßigkeit, um nicht zu sagen, Langeweile gekennzeichnet; wie gemacht dafür, sich irgendwann von außen eindringenden Kräften, die folgenreiche Unruhe und Verwirrung stiften könnten, nur allzu gern zu öffnen.

Unser für kurze Zeit sich selbst überlassener Freund Alexander befand sich auf dem Wege nach Gattersleben, um wegen einer freigewordenen Psychologenstelle vorzusprechen, die man ihm vor kurzem angeboten hatte. Er fuhr mit dem Auto übers flache Land, freute sich an dem hellgrünen und noch flaumhaft zarten Frühlingskleid ringsum und ordnete seine ganz auf die berufliche Zukunft ausgerichteten Gedanken. Es war ihm wohl zumute, so angenehm und leicht wie schon lange nicht mehr. Denn er hatte eine Entscheidung getroffen und fühlte, daß er glücklich mit ihr war.

Es war eine sehr grundsätzliche Entscheidung gewesen, bei der es nicht um diesen oder jenen Arbeitsposten ging, sondern um seine berufliche Zukunft schlechthin. Nach Abschluß seiner Ausbildung zum klinischen Psychologen war dem nunmehr Zweiunddreißigjährigen zunächst eine ehrenvolle Position in einem namhaften psychiatrisch-psychotherapeutischen Forschungsinstitut angeboten worden. Er sollte dort einen ganz neuen Forschungszweig eröffnen. Die Durchführung therapeutischer Experimente mit schizophrenen Patienten und deren wissenschaftliche Auswertung war ihm angetragen worden, und er wäre, wie ihm der Direktor mit gewichtiger Miene versichert hatte, damit in der fachlichen

Welt womöglich zu Ruhm und Ansehen gelangt. Je länger er sich jedoch mit dieser reizvollen Möglichkeit vertraut gemacht hatte, desto mehr beschlichen ihn Gefühle, die in ganz andere Richtung gingen.

Es erfüllte ihn zwar mit Stolz, sich endgültig in einem handfesten Fachgebiet berufliche Anerkennung verschaffen zu können. Zunehmend unwohl jedoch fühlte er sich bei dem Gedanken, unter welchen Voraussetzungen und mit welchen langfristigen Perspektiven er seine Tätigkeit aufnehmen würde; denn wieder einmal waren es seine persönlichen Beziehungen gewesen, die er ausgespielt hatte, um zu jenem Posten zu gelangen, familiäre und gewichtige schwiegerelterliche dazu. Auch war Direktor Cervelli großen Namen gegenüber wohl sehr anfällig. Es war überhaupt ein sehr feines, vom normalen Klinikbetrieb elitehaft abstechendes Unternehmen, ein mit höchstens einem Dutzend auserwählter und zahlungskräftiger Patienten belegter Zauberberg, in dem bisher ausschließlich Psychoanalysen auf der Couch betrieben worden waren, und in den Alexander jetzt die Gesprächspsychotherapie als weitere neue Methode einführen sollte. Für Professor Cervelli war das offenbar eine Vorstellung von besonderem Reiz. Nicht aber für unseren frischdiplomierten Psychologen. Denn der hielt ohnehin – theoretisch wie praktisch – nicht viel von der traditionellen Psychoanalyse, seitdem er im Psychologiestudium in der seiner Meinung nach wissenschaftlichen Erfolgskontrollen leichter zugänglichen und dem gegenwärtigen Erleben des Patienten mehr zugewandten neueren Methode der Gesprächspsychotherapie nach Rogers ausgebildet worden war. In der Psychoanalyse wurde ihm der Patient zu einseitig in ein vorgefertigtes theoretisches System gepreßt. Das unmittelbare Aufgreifen und klärende Vertiefen momentan geäußerter Gefühlsinhalte jedoch, sozusagen Satz für Satz, durch den Gesprächstherapeuten, ließ dem Patienten mehr Raum für eine kurzfristig heilsame Entfaltung seiner Persönlichkeit als dies abstrakte, tiefenpsychologische Interpretationen vermochten. Und als besonders ärgerlich empfand es Alexander, wenn Psychoanalytiker – wie er es auch bei Cervelli vermutete – in der Gesprächspsychotherapie lediglich eine Zusatzmethode sahen, um das eigentliche Allheilverfahren der Psychoanalyse anzureichern und besser auszubauen. Es hatte Alexander bei der Vorstellung, in Cervellis Institut zu arbeiten, sogar regelrecht gegraut, je detaillierter ihm das, was ihn da erwartete, bewußt wurde. Es mag sein, daß auch ein wenig Angst dabei war, so viel Verantwortung auf sich zu laden und dieser anspruchsvollen und risikoreichen Aufgabe gerecht zu werden. Entscheidend aber war, daß dieses überzüchtete psychotherapeutische Herumhantieren wie mit Glacéhandschuhen nicht dem entsprach, was in ihm in den letzten Jahren als neue Bestimmung, als neues Ziel herangereift war. Es schien ihm zu ähnlich jenem freischwebenden akademischen Getändel, das er schon zu lange betrieben hatte, und das ihm keine rechte Freude mehr machte, seitdem er durch seine praktische Therapeutenausbildung zunehmend mit der Erdennähe und Erdenschwere psychiatrischer Großkrankenhäuser in Berührung gekommen war.

Nicht nur Alexander selbst, sondern sämtliche Vorfahren und Familienmitglieder, der große Kreis von Freunden und Geistesverwandten um ihn herum waren ganz und gar dem Schreibtisch und der Gedankenarbeit verhaftet gewesen und hatten sich zeitlebens auf dem Gebiet des Theoretischen, Intellektuellen oder feinsinnig Künstlerischen bewegt. Je mehr ihm das bewußt geworden war, desto mehr hatte es ihn dazu gedrängt, einen weiteren entscheidenden Schritt aus seinem familiären Bannkreis heraus zu tun und eine ganz andere Tätigkeit zu wählen. Unmittelbarer Anlaß zu dieser Erkenntnis war die ihm von Cervelli angebotene Institutsstelle. Auch begann er jetzt Vergleiche zu ziehen mit einigen seiner Kollegen, die unmittelbar nach dem Studienabschluß, selbstverständlich und ohne mit der Wimper zu zucken, in den umliegenden psychiatrischen Großkrankenhäusern angefangen hatten zu arbeiten. Er hatte sich von Tag zu Tag weniger in der Lage gefühlt, Cervelli zuzusagen und hatte, so gut es eben ging, die Verhandlungen mit ihm in die Länge gezogen. Dann hatte er sich kurzerhand in Gattersleben beworben, das ihn unter mehreren Kliniken dieser Art wegen seines als aufgeschlossen und reformfreudig geltenden Direktors am meisten anzog. Er wußte, daß mühselige und undankbare Aufgaben ihn in diesem Massenlager psychisch und sozial verelendender Menschen erwarteten, wußte aber auch, daß er sich damit für einen wirklichkeitsgetreueren Bereich der Psychiatrie entscheiden würde, in dem es handwerklich und menschlich ungleich mehr zu lernen gab als in Cervellis Wolkenkuckucksheim. Dieser Abstieg in die Niederungen der Gatterslebener Klinik war von seiner Umgebung sehr unterschiedlich bewertet worden. Die einen bewunderten seinen Mut und seine ernste und kritische Selbsteinschätzung, andere hingegen – darunter vor allem ein hochnäsiger Psychologie-Professor, der sich noch nie an einem Patienten die Hände schmutzig gemacht hatte – erklärten ihn schlechthin für verrückt und meinten, ihm zu allem auch noch nachsagen zu können, seine Entscheidung für Gattersleben wäre gar keine freie gewesen, sondern jener Cervelli hätte ihm dieses ehrenvolle Angebot nie ernsthaft gemacht. Es spielte dabei wohl auch Schadenfreude mit, weil seine Herkunft immer schon ein offensichtliches Ärgernis für einige gewesen war und Anlaß zu Neid und Mißgunst gegeben hatte. Nunmehr war er so tief gefallen, daß er ihnen nicht mehr so schnell für eine akademische Laufbahn tauglich erschien.

Als Alexander mit seinem Wagen kurz hinter der Ortseinfahrt von Gattersleben nach rechts, einem zum Krankenhaus weisenden Schild folgend, einbog, spürte er, daß ihm solche Gedanken Unbehagen bereiteten und seine bisherige Hochstimmung durchkreuzten. Doch, dachte er weiter, als er sich das holprige Nebensträßchen zur Klinik vorarbeitete, eigentlich müßte sich aus meinen therapeutischen Erfahrungen eine brauchbare wissenschaftliche Studie verfertigen lassen, die ich da oder dort veröffentlichen könnte. Ich muß das unbedingt mit Direktor Reuther besprechen. Und schon war er wieder beruhigt.

Am Verwaltungsgebäude des Krankenhauses angelangt, parkte er sein Auto auf dem gegenüberliegenden Platz und begab sich zum Hauseingang. Leichter Nebel war inzwischen aufgestiegen, erstaunlich für diese Jahreszeit, aber die Luft roch frisch und angenehm und war von würzigen Frühlingsdüften durchtränkt. Eine junge, adrett aussehende Frau mit kurzen blonden Haaren, die vor ihm den Eingang passierte und sich interessiert zu ihm umdrehte, zog seinen Blick an und ließ seine Schritte unbewußt schneller werden.

Bald gelangte er, durch eine Vorzimmer-Dame hineingeleitet,

ins Direktionszimmer, wo Professor Reuther, ein trotz seines vorgerückten Alters kantig, mächtig und zugleich ein wenig abweisend-fremd wirkender Mann, ihn mit Handschlag empfing und zum Tisch führte, an dem bereits drei den Ankömmling neugierig musternde Personen saßen. Eine von ihnen war jene Frau, die er draußen gesehen hatte. Sie wirkte aus der Nähe ungleich weniger anziehend. Der Raum war groß und unfreundlich dunkel. Im Hintergrund stand ein massiver Schreibtisch und in seiner Nähe ein schwarzer Schrank mit Glasfenstern, der eine Fülle dicker Bücher barg.

»Nun, ich freue mich, daß Sie gekommen sind«, hub Reuther mit einer Baßstimme an, die hart und knarrig, fast wie ein Reibeisen klang. Er setzte sich und griff nach einer bereitliegenden, blau eingefaßten Akte. Nachdem Alexander auf dem ihm zugewiesenen Sessel Platz genommen hatte, fragte Reuther ihn:

»Sie möchten bei uns arbeiten?«

Komisch, dachte Alexander, nachdem er bekräftigend genickt und ein leises ›Ja‹ von sich gegeben hatte, diese Psychoanalytiker, sie haben alle denselben bohrenden und mißtrauischen Blick. Reuthers bis in seine arthritisch gekrümmten Fingergelenke hinein stark geknickte Haltung, die derbe Bräune seiner Haut, zu der die erdige Farbe seines Anzugs schlecht paßte, sowie das unfein markante Schädelprofil verstärkten Alexanders gemischte Gefühle. Aber es ging unleugbar auch Kraft von dem anderen aus und ein Schuß Gutmütigkeit, wovon besonders die Augen sprachen, braune Hundeaugen, die nicht nur forschend bohren, sondern gelegentlich auch lustig zwinkern konnten. Man hatte Alexander schon viel von ihm erzählt, von seinen ganz von psychoanalytischem Geist durchdrungenen Vorlesungen, die er als Honorarprofessor an einer Universität hielt, von seiner sprichwörtlichen felsenhaften Ruhe und persönlichen Unnahbarkeit. Letztere, so sagte man ihm nach, würde sich sogar in der Bauweise seiner unweit der Klinik gelegenen Villa, in die er seine Studenten manchmal einlud, widerspiegeln: Der Eingang wäre nur über komplizierte Seitenwege erreichbar, weil ein großes, reich bewachsenes Pflanzenbeet sich wie ein Burggraben vor dem Haus hinziehen würde und erst mühsam umschritten werden müsse.

Während Alexander die imposante Erscheinung seines Gastgebers auf sich wirken ließ, spürte er, wie er von den anderen mit ähnlichem Interesse fixiert wurde. Es waren durchweg freundliche Blicke. Die Befürchtung, sein legeres Aussehen, der wilde schwarze Bartwuchs, den er sich nach studentischer Manier schon seit längerem zugelegt hatte, und die dazu passende, bunte und hautenge Kleidung könnten Anstoß erregen, stellte sich anscheinend als falsch heraus.

»Ich habe zu dieser Besprechung«, fuhr Reuther freundlich fort, »alle hier arbeitenden Psychologen eingeladen. Darf ich sie Ihnen vorstellen? Das ist Herr Doktor Schwenger, unser leitender Psychologe.«

Der Angesprochene, eindeutig der Älteste im Raum, eine etwas eunuchenhaft fette und zu Reuther deutlich kontrastierende Erscheinung, lächelte selbstgefällig, mit Augenaufschlag und leichtem Wiegen seines Kopfes, noch bevor der Direktor geendet hatte.

»Dies ist Frau Sulzmeier...«

Es war die junge Frau von vorhin, über die Alexanders Meinung sich so schnell geändert hatte, sobald er sie aus der Nähe betrachten konnte. Nicht nur ihre Figur, auch ihr Gesicht war unansehnlich klein und etwas verkniffen, und mit einem gewissen Widerwillen bemerkte Alexander bei ihr denselben Ausdruck von Selbstzufriedenheit wie bei dem neben ihr sitzenden Kollegen Schwenger.

Auch Herr Stummer, der als letzter vorgestellt wurde, noch ein halber Knabe mit flockigem Bart und dicken Brillengläsern, schien ähnliches, vielleicht auch ein wenig Lustlosigkeit und Apathie auszudrücken. Es wirkte auf den Außenstehenden so, als hätten die beiden sich im Schlepptau des Alten befindenden Psychologen-Lehrlinge unbewußt das Gehabe ihres Herrn und Meisters kopiert, wie das manchmal auch bei Haustieren der Fall sein kann.

»Ja, Herr Doktor P.«, Reuther setzte seine Amtsmiene auf und krallte sich mit krummen Fingern an der auf seinem Schoß liegenden Akte fest. »Sie haben Anfang dieses Jahres Ihr Psychologie-Diplom absolviert, vorher in katholischer Theologie promoviert, und...«, seine Augen klimperten, »Sie haben auch schon klinisch gearbeitet?«

»Ja, ich habe zweimal ein achtwöchiges Praktikum im Marienkrankenhaus absolviert, das erste vor zwei Jahren. Und im Studium habe ich eine volle Therapieausbildung durchgemacht«, antwortete Alexander mit einer Handbewegung zur Akte hin.

»Ihr Hauptinteresse scheint auf dem Gebiet der Gesprächspsychotherapie zu liegen?« Das klang knapp und schnarrend, ein wenig interrogativ – wie er wahrscheinlich seine Patienten exploriert, dachte Alexander, antwortete jedoch mit Schwung und Begeisterung, denn sein Gegenüber hatte just die Sache getroffen, die ihm am Herzen lag.

Er sprach von seinen diversen therapeutischen Erfahrungen mit Klinikpatienten und setzte seinen Plan auseinander, Gesprächstherapie auch auf kleinere Patientengruppen anzuwenden. Dann führte er die Ergebnisse einer von ihm durchgeführten experimentellen Untersuchung zur Wirkung von Gesprächspsychotherapie bei bestimmten Patiententypen an und versäumte auch nicht, seine Tätigkeit als Tutor in der universitären Therapieausbildung stolz zu erwähnen.

Direktor Reuther hörte sich dies schweigend an, finster in sich zusammengesunken, nicht unfreundlich, aber streng und ein wenig lauernd, wie es Alexander schien, und er schob nach einer wohlbemessenen Pause nur ein kurzes, abgehackt grunzendes ›Mhm‹ hinterher. Gleichzeitig blätterte er zerstreut in der Akte und blickte dann fragend den Psychologenchef Schwenger an. Dieser verstand und setzte sogleich ein.

»Wir haben durchaus gute Erfahrungen damit gemacht, bei einer analytisch aufdeckenden Psychotherapie manchmal auch gesprächstherapeutische Elemente einzustreuen. Das wirkt für den Patienten oft auflockernd. Es kann besonders bei resistenten Neurotikern Widerstände abbauen helfen und macht sie unter Umständen bereiter, tiefenpsychologisch erhellendes Material zu liefern.«

O Gott, dachte Alexander, noch ein Psychoanalytiker, der von Gesprächspsychotherapie nichts versteht und sie zudem in sein tiefenpsychologisches System zu integrieren versucht.

»Das ist eine gute Methode, mit der wir schon viel Erfolge gehabt haben«, ergänzte Schwenger mit einem Lächeln, bei dem sich zu der Selbstgefälligkeit jetzt auch ein wenig Freundlichkeit gesellte.

Schwenger hatte dies alles in einem singenden Ton und mit einem lustvollen Wippen und Wiegen seines Oberkörpers von sich gegeben, ja mit einem solchen Tänzeln, als wären seine Therapien ausgelassene Karussellfahrten, bei denen die Patienten als willige Holz- oder Plastikpferdchen zu fungieren hätten. Dann aber wurde er konkreter.

»Ich glaube schon, daß Sie sich als diesbezüglich voll ausgebildete Kraft hier recht gut auf diese Methode verlegen könnten. Es gibt unter unseren Patienten immer wieder Fälle, bei denen Gesprächstherapie auch längerfristig indiziert ist; und die würde ich dann Ihnen überlassen.«

»Aha, und Patientengruppen... Meinen Sie, daß ich auch mit solchen arbeiten könnte?« fragte Alexander, die Augenbrauen hochziehend.

»Das müßte man sehen. Wenn sich das so ergibt...«

Direktor Reuther, der sich aus diesem Disput herausgehalten hatte, ohne daß freilich der Eindruck entstand, er wäre abwesend, schaltete sich wieder ein.

»Ich denke, man müßte ihm den Arbeitsablauf, die einzelnen auf ihn zukommenden Aufgaben näher schildern.« Er schaute auffordernd zu Schwenger. Der aber gab den Blick weiter an seine Nachbarin und lehnte sich demonstrativ zurück, als wollte er damit ausdrücken, daß er organisatorische Kleinarbeiten – wie etwa das Abgeben von Routine-Erklärungen – gerne den jüngeren Kollegen überließ. Und mit forciertem Selbstbewußtsein und piepsiger Stimme, in der aber, vor allem durch eine ausgeprägt fränkische Sprechweise verstärkt, auch etwas einnehmend Sanftes lag, holte Ilse Sulzmeier in der gewünschten Weise aus.

»Wir arbeiten alle in der psychologischen Untersuchungsstelle und führen mit den Patienten eine ausführliche Psychodiagnostik durch, je nach Fragestellung des Arztes: Intelligenz- und Persönlichkeitsdiagnostik. Und manchmal ergibt sich dann auch eine Indikation für eine Psychotherapie, zu der wir dann den Patienten zu uns bestellen.«

»Bestellen?«

»Ja, wenn der Patient nicht alleine kommen kann, wird er vom Pflegepersonal gebracht und wieder abgeholt.«

»Was für Patienten sind das und wie viele in der Regel?« hakte Alexander etwas erschrocken nach, da er sich vorstellte, wie die Patienten gewissermaßen im Polizeigriff die Treppe hochgebracht wurden. Hier griff Schwenger wieder ein. Anscheinend lag die Kompetenz zur Beantwortung dieser Frage bei ihm.

»Es sind natürlich in der Hauptsache neurotische Patienten aus den Entlassungs- und Rehabilitationsstationen, vor allem aus dem Otto-Rank- und dem Elsa-Brändström-Haus. Manchmal sind auch Fragen zu klären, ob zum Beispiel eine organische Hirnschädigung vorliegt. Psychotische Patienten kommen in der Regel nur dann zu uns, wenn es sich um Grenz- oder Mischfälle unklarer Natur handelt, etwa wenn psychologische Komponenten ins Gewicht fallen. Die Anzahl ist unterschiedlich. Wir gehen da ganz der Reihe nach vor. Die Ärzte reichen uns ihre Aufträge schriftlich übers Postfach herein. Wir stapeln die Formulare in unserem Büro, und wer von uns gerade frei ist, zieht den untersten Zettel heraus und bearbeitet den betreffenden Fall.«

»Dauert das nicht recht lange, bis jeder drankommt?«

»Manchmal ja. Vor allem müssen ja auch die Befunde fürs Krankenblatt geschrieben werden. Das braucht seine Zeit. Aber wir tun unser Bestes. Und es kommt auch nur selten vor, daß der Patient schon entlassen ist, wenn wir ihn anfordern.«

Allmählich kam Bewegung in das Gespräch, das so steif und förmlich angefangen hatte. Man kam sich näher, wurde mutiger und offenherziger, und Alexander fing an, sich diesem Kreise zugehörig zu fühlen. Was ihm als unangenehm oder komisch aufgefallen war, was vielleicht Angst und Unbehagen bei ihm erzeugt hatte, verdrängte er, da er sich immer genauer vorstellte, wie er seine Therapie hier durchführen wollte. Er wußte, daß er selbst möglichst bald geeignete Patienten für seine Gesprächspsychotherapien gewinnen mußte. Er war auch davon überzeugt, daß dieser anscheinend nicht sehr kompetente Psychologen-Chef und der distanziert wirkende Direktor Reuther erst recht ihm verhältnismäßig viel Freiheit lassen würden. Vielleicht konnte es ihm sogar gelingen, die Überlegenheit der Gesprächspsychotherapie gegenüber der Psychoanalyse unter Beweis zu stellen. Schließlich war er wissenschaftlich gut ausgewiesen und promoviert dazu. Um diese

Vorzüge deutlich zu machen, führte er das Angebot von Professor Cervelli ins Feld, was ihm von allen Seiten Bewunderung einbrachte. Vor allem Reuther reckte sich kurz aufhorchend in die Höhe, als er den Namen seines berühmten Kollegen vernahm, und er zwinkerte anerkennend mit den Augen.

Inzwischen war, wie man durch die weißen Stores am Fenster erkennen konnte, die Aprilsonne aus den Wolken hervorgekrochen, erhellte angenehm den Raum und malte kleine Kringel auf den Gesichtern der Anwesenden sowie auf Tisch und Stuhllehnen. Und die Atmosphäre wurde so freundlich, daß selbst der junge Stummer, der die ganze Zeit über teilnahmslos, schweigend und nur manchmal etwas albern und verächtlich vor sich hingrinsend dabeigesessen hatte, die eine oder andere Bemerkung beisteuerte.

Überrascht war Alexander, als Direktor Reuther ihn plötzlich auf seine musikalische Vergangenheit ansprach.

»Sie haben früher Musik studiert? Was haben Sie denn für ein Instrument gespielt?«

»Klavier.«

»Spielen Sie auch heute noch?«

»Ja, gelegentlich.«

»Was für Stücke?«

Alexander verstand nicht, was das sollte, wehrte sich aber dagegen, hier irgend etwas Tiefgründiges zu vermuten, sondern nahm ganz einfach an, daß Reuther musikbegeistert oder vielleicht selber dem Klavierspiel zugetan war, und er beantwortete artig seine Frage. Doch es dauerte nicht lange, und Direktor Reuther setzte wieder seine finstere Amtsmiene auf und knarrte in seiner kontrolliert abgehackten Sprechweise.

»Ich fasse zusammen, Herr Doktor P. wird bei uns als klinischer Psychologe tätig werden. Sein Arbeitsschwerpunkt liegt auf der Gesprächspsychotherapie. Er wird in Absprache mit Herrn Dr. Schwenger Patienten behandeln, bei denen nach hinreichender diagnostischer Abklärung diese Therapieform angezeigt ist. Dies wird in Anbetracht des großen Andrangs der von den Stationen an die psychologische Untersuchungsstelle überwiesenen Patienten eine weitere erfreuliche Entlastung für unsere Klinik sein.«

Alexander war höchst erstaunt, daß der Direktor über den Kopf seiner Mitarbeiter und ohne ihn selbst zu fragen bereits so definitive Entschlüsse gefaßt hatte. Er war davon ausgegangen, daß noch eine ausgiebige Beratung unter den Kollegen stattfinden und auch er nach seiner endgültigen Entscheidung gefragt würde. Andererseits berührte es ihn angenehm, daß Reuther ihn so rasch in den Krankenhausbetrieb integrieren wollte.

Als man sich, befriedigt durch die geglückte Unterredung, von seinen Plätzen erhob, die Direktionsgemächer verließ und den langen düsteren Korridor des Verwaltungsgebäudes entlanglief, bemerkte Alexander plötzlich Frau Sulzmeier an seiner Seite. Sie wandte sich ihm zu, reckte sich dabei hoch wie eine Henne und raunte ihm mit spitzem Munde und einer noch ungezügelteren fränkischen Artikulation zu:

»Es würde mich sehr freuen, wenn Sie bei uns arbeiten würden.«

Es mag sein, daß dies, obwohl er von dieser Frau nicht besonders eingenommen war, den allerletzten Ausschlag dafür gab, daß sich Alexander bald vertraglich nach Gattersleben verpflichtete und dort binnen weniger Wochen seinen Dienst antrat.

Um das ungeheuer kompliziert und fein, aber zäh gesponnene Netz der menschlichen Beziehungen in einer ländlichen psychiatrischen Großklinik zu verstehen, muß man immer wieder von neuem das oft wunderliche Verhalten der dort Beschäftigten beobachten.

Es kristallisieren sich auf die Dauer fast regelmäßig wiederkehrende Abläufe heraus. Da ist zum Beispiel die einmal wöchentlich stattfindende Morgenkonferenz aller Ärzte, Psychologen und Sozialarbeiter mit ihrer mehr oder weniger feststehenden Hackordnung oder nach Dienstschluß im Sommer das rege nachbarliche Leben der Ärzte über den Gartenzaun hinweg, im sogenannten Ghetto, oder auch der sonntägliche Spaziergang der Arztfamilien auf dem Anstaltsgelände, Kinderwagen schiebend. Wer bei diesen Gelegenheiten welchen Kollegen wie grüßt oder wer unter dem Deckmantel fachlicher Kontroversen wen permanent öffentlich attackiert, wie die Gattinnen oder selbst die Kinder während der unvermeidlichen alltäglichen Begegnungen miteinander umzugehen pflegen, wo Freundschaften und wo Neid und Mißgunst ausgetragen werden, das alles läßt recht bald zuverlässig erkennen, wer in dieser Institution welche Rolle spielt, wem hier welche Position zuerkannt wird, welche Bündnisse geschlossen werden, und was für mörderische Intrigen, Rivalitäten und Gegnerschaften im Soziogramm dieser unter außergewöhnlichen Bedingungen zusammenlebenden Großfamilie bestehen.

Unser frischgebackener Anstaltspsychologe hatte nur wenige Monate in Schwengers Psychologen-Abteilung zugebracht und war dann unter erheblichem Eklat dort ausgeschieden, um, wie es von Anfang an sein Wunsch gewesen war, sich am eigentlichen Puls des psychiatrischen Lebens, an der Patientenbehandlung im Stationsbereich, aktiv zu beteiligen. Er hatte sich schon früh gegen den Willen seines Kollegen Schwenger auf verschiedene Stationen begeben, um – zur Freude der Abteilungsärzte – mit ihren Patienten eine neue, von ihm entwickelte Gruppenpsychotherapie auszuprobieren. Schließlich hatte er, als sich der Konflikt mit Schwenger zuspitzte, in einer Art Nacht- und Nebelaktion eine schriftliche Umfrage unter den Stationsärzten durchgeführt, in der diese – anonym – Stellung beziehen sollten zur Rolle des Psychologen in der psychiatrischen Klinik. Auf die in dieser kämpferischen Situation von Alexander eher suggestiv formulierte Frage, ob Psychologen ›fernab vom Stationsleben‹ oder besser auf der Station selbst agieren sollten, ob der Patientenbehandlung nicht mehr Therapie und dafür weniger umständliche Psychodiagnostik dienlich wäre, und schließlich, ob eine Gruppentherapie nicht ›ökonomischer‹ wäre als das ›Auseinanderdividieren‹ der Kranken in die Einzelbehandlung, antworteten die Ärzte in der Tat so, daß Schwengers psychologische Untersuchungsstelle mit einem Schlag völlig überflüssig erscheinen mußte. Und tatsächlich wurde bald die Auflösung dieser Abteilung beschlossen, und alle Psychologen wurden auf verschiedene Krankenstationen verteilt. Alexander hatte in einer von einem Dr. Langkopf geleiteten Station für psychisch kranke Frauen Stellung bezogen, Frau Sulzmeier bekam das Elsa-Brändström-Haus zugewiesen, und dem jungen Stummer fiel eine weniger erfreuliche geschlossene Alkoholiker-Abteilung zu. Dem alten Schwenger freilich wurde eine solche Versetzung nicht mehr zugemutet. Er geisterte noch einige Zeit mutterseelenallein in seinen Räumen umher. Und noch ehe das Jahr um war, reichte er vorzeitig ein Pensionsgesuch ein und begab sich alsbald in den wohlverdienten Ruhestand.

Auch wenn Alexander sich in diesem heftigen Kampf, bei dem es um grundsätzliche Dinge gegangen war, mit beachtlichem Erfolg durchsetzen konnte, vermochte er sich trotzdem die nüchterne Distanz des die Lage skeptisch von außen Beurteilenden zu bewahren. Dies ergab allein schon der Umstand, daß er in Gattersleben keine Wohnung bezogen hatte, sondern täglich nach Dienstschluß sein Auto bestieg und sich in eine nicht nur räumliche Entfernung begab. Er konnte regelmäßig seine Kräfte regenerieren, wenn er abends nach fünfzig Kilometern in seine normale Umgebung kam, mit Elisabeth und anderen Menschen, die nichts mit der Klinik zu tun hatten, zusammen war und seinen privaten Beschäftigungen nachging. Am nächsten Morgen, wenn er in sozusagen entschlacktem und erfrischtem Zustand die Anstalt betrat, hatte er jedesmal ein wenig Mitleid mit seinen Kollegen, die sich dieses Privileg nicht leisten zu können glaubten, und deren Gesichter ihm dies deutlich zeigten.

Aber nicht nur sein demonstrativer täglicher Ausbruch aus der drückenden Krankenhaus-Atmosphäre in die abgelegene häusliche Schutz-Zone verhalf Alexander zu diesem heilsamen Abstand vom Klinik-Alltag, sondern auch seine ihn selbst überraschende, intensiv gebliebene Beziehung zur Universität. Sie schlug sich in psychologischen Forschungs- und Lehraktivitäten nach Feierabend oder an freien Tagen nieder, in denen er seine neu gemachten praktischen Erfahrungen verwertete.

Langsam begann sich für ihn, besonders während der wöchentlichen Ärztekonferenzen, aus dem Gewirr der rätselhaften Anspielungen und der voller Paradoxien und Widersprüchlichkeiten stekkenden Sticheleien unter den Kollegen das eigentliche Rollengefüge dieser Klinik herauszuschälen. Er gewann den Eindruck, daß Langkopf, bei dem er jetzt arbeitete, das äußere, auf Respekt und Ansehen bedachte Gesicht der Klinik verkörperte und deswegen auch von Professor Reuther als zweite Führerpersönlichkeit neben sich, gleichsam als sein eigener Adlatus innerhalb der Ärztegruppe, geduldet und in gewisser Weise auch gefördert wurde.

Langkopf, eine imposante, wenngleich etwas kränklich wirkende Erscheinung, mit glattem Scheitel und verkniffenen Gesichtszügen, verbarg die Augen gerne hinter einer Sonnenbrille. Er erschien neben den Internisten und Neurologen als einziger mit weißem Kittel zu den Konferenzen. Mit unumstößlicher Regelmäßigkeit saß er zur Rechten des Direktors, der in der Ärzte-Bibliothek am oberen Ende des Tisches den Vorsitz führte. Allein hätte Langkopf sein joviales, aber sicheres Auftreten bei diesen dienstlichen Treffen niemals durchhalten können, hätte er nicht in seinem ihm zur Seite sitzenden jungen Assistenten Hans-Hermann Massage, mit dem Alexander auf Langkopfs Frauen-Abteilung zusammenarbeitete, einen starken und willigen Gehilfen gehabt. Massage seinerseits verbreitete einen Glanz, der Langkopf zwar völlig abging, von dem er aber durchaus profitieren konnte. Blond, blauäugig, das Gesicht geradezu perfekt proportioniert, von Kopf bis Fuß tipptopp gekleidet, ließ das Äußere von Massage an die bildschönen Wunderdoktoren in den bei manchen Frauen so beliebten Arztromanen denken. Es ging eine strahlende Heiterkeit von ihm aus, die man ihm zwar nicht recht glauben mochte, die er aber auch in Augenblicken höchster Anspannung und heftigster Verstrickung in irgendwelche Widrigkeiten unbeirrt zur Schau trug. Mit heller Trompetenstimme und einem gelegentlichen, ein wenig dümmlich wirkenden Augenblinzeln gab er grundsätzlich nur ausgewogene, abgerundete Äußerungen von sich, etwa wenn es um zu beratende oder zu beschließende ärztliche Maßnahmen oder um organisatorische Dinge ging, oder wenn er über von ihm musterhaft Geleistetes berichtete. »Bei uns«, »auf unserer Station«, »wir pflegen...« waren die häufigsten Redensarten, die man von ihm hörte, und gerade wenn es um seine eigene Station, sein unantastbares Revier ging, pflegte sich in seine Lauterkeit ein metallener Unterton zu mischen, der bisweilen auch den Charakter offener Feindseligkeit annehmen konnte, sobald er das Gefühl hatte, daß man ihm etwas streitig machen wollte.

Der eigentliche Gegenspieler von Hans-Hermann Massage war ein immer am unteren Tischende sitzender, klein und etwas schief gewachsener Kollege, der aus dem tiefsten Schwaben stammte und den unseligen Namen Lotterhans, Ulrich Lotterhans, trug. Im

›Ghetto‹ waren die beiden ausgerechnet Nachbarn und hatten einen so extrem unterschiedlichen Lebensstil, daß ein dauernder, zermürbender Kleinkrieg zwischen ihnen herrschte, der im Krankenhaus zwar verhalten, aber nichtsdestoweniger offenkundig fortgesetzt wurde. Lotterhans hatte, bevor er nach Gattersleben kam, eine Zeitlang irgendwo im Ruhrgebiet in einer Obdachlosensiedlung gearbeitet und dort seine Frau kennengelernt, die er zusammen mit ihrem unehelichen, verhaltensgestörten Sohn von acht Jahren mit nach Gattersleben nahm. In der Atmosphäre ihres jetzigen Heims schien einiges aus dieser vergangenen Zeit nachzuwirken. Es strotzte vor Schmutz und Unordnung, gleichzeitig aber auch vor derber Herzlichkeit und Lebenswärme. Es roch nach Windeln, Abwaschwasser und abgestandenem Bier, man hörte unentwegt Kindergeschrei und zwischen Zank und Jubel wechselnde Erwachsenenstimmen. Ganz im Gegensatz zu dieser Erdennähe war die Luft in Massages Umgebung rein und klar, aber eisig. Alles hatte hier seinen Platz: die verchromten und staubfreien Möbelstücke, jedes Bild an der Wand, jede Blumenvase. Auch für Tischdeckchen, Figürchen oder sonstige Ziergegenstände war der Standort wohlüberlegt. Selbst Massages Frau, ebenfalls blond, blauäugig und makellos geformt, schien in diesem Haus ihre präzise Bestimmung zu haben. Doch hinter der Fassade glanzvoller Selbstdarstellung war die Ehe zwischen den beiden nicht in Ordnung, Frau Massage nahm es – anders als ihre Nachbarin Lotterhans – mit der ehelichen Treue nicht immer genau, und auch ihr Mann war in der von ihm selbst geschaffenen sterilen Atmosphäre nicht glücklich. Am deutlichsten kam das im Verhalten ihrer Kinder zum Ausdruck, die alle blitzblank, aber recht gedrückt wirkten und sich manchmal in wilden, mir-nichts-dir-nichts angezettelten Prügeleien mit Lotterhansens Buben Luft zu machen wußten, was natürlich wiederum zu endlosen nachbarlichen Verwicklungen führte und die Fehde zwischen den beiden Häusern zusätzlich schürte.

Kurzum, es herrschte auf der ganzen Linie eine Gegnerschaft, und es zeigte sich Alexander vor allem während der Konferenzen immer deutlicher, daß es sich hier nicht nur um die persönliche Abneigung zwischen zwei Individuen handelte, sondern um eine tiefere und grundsätzlichere Kluft zwischen zwei Gruppierungen.

Die eine Seite war gleichsam die weiße Weste der Klinik. Dazu gehörten Langkopf und Massage, die für die Frauenstationen zuständig waren, dann Direktor Reuter mit seinem Reich, dem Elsa-Brändström-Haus sowie einer Reihe unterversorgter Langzeit-Stationen, von denen es hieß, der Professor würde sie nur einmal im Jahr, am Heiligabend, betreten, wenn ein aus der Stadt engagierter Bläserchor Weihnachtslieder spielte und jedem Patienten ein Stück Seife geschenkt würde. Jenseits des Grabens befand sich die sogenannte Männerseite. Sie hatte zur Zeit kein Oberhaupt. Die Verantwortung für sie lag in den Händen einiger weniger Ärzte, und sie galt wegen ihres verwahrlosten Zustands und ihrer Benachteiligung in jeder Hinsicht als Strafabteilung der Klinik. Diejenigen Ärzte, die vor einer Versetzung dorthin sicher waren, bedachten ihre Kollegen mit Mitleid und Verachtung, alle anderen jedoch fürchteten sie. Lotterhans war einer der dort Tätigen. Er arbeitete gleichzeitig auf drei Stationen, für Alkoholiker, für sehr schwierige chronische Fälle und für akut kranke Männer. Bei dieser Springer-Situation wußte er sich angesichts der täglich an ihn gestellten Anforderungen und der überall lauernden Gefahren und Schrecknisse kaum zu retten. Ganz ähnlich erging es der griechischen Kollegin Patsikis auf Station 13 und einer mit den Lotterhansens befreundeten Ärztin, die ebenfalls zum Verein der Getretenen gehörte. Sie hieß Erika Glaubitz. Ihr haftete in den Augen der Anständigen ein anderer Makel an: Sie sprach selber übermäßig dem Alkohol zu und war lesbisch veranlagt, was ausgerechnet in einer schon langjährigen, tief unglücklichen Beziehung zu der verführerischen Frau Massage zum Ausdruck kam.

Das ebenfalls von einigen Langzeit-Stationen umgebene Otto-Rank-Haus wurde von einem Professor Yüce aus Ankara geleitet, der für einige Jahre in Gattersleben gastierte, im übrigen viel zu vornehm und unabhängig war, um sich einer der Cliquen anzuschließen, und deswegen in diesem ganzen unwürdigen Gerangel strikte Neutralität zu wahren wußte.

Vom Prügelknaben-Dasein aber, das vor allem Lotterhans hier führte, konnte sich Alexander ein immer plastischeres Bild machen. In abgewandelter Form und in erschreckender Weise wiederholte sich immer wieder, was Alexander auf einer der ersten Ärztekonferenzen erlebt hatte.

»Herr Lotterhans«, hatte Direktor Reuther diesen angeredet, ohne Doktortitel, denn Reuther nahm es genau, und Lotterhans war nicht promoviert. »Sie haben uns von einem besonderen Vorkommnis auf Station 9 zu berichten, einem alarmierenden Suizid. Patient Berkhahn hat sich gestern abend unerlaubt von der Abteilung entfernt und ließ sich im Buchenhain von einem Zug überfahren. Er konnte erst heute früh identifiziert werden.«

So hatte die Sitzung begonnen. Und jetzt war es an Lotterhans, Rechenschaft darüber abzulegen, was sich in seinem Verantwortungsbereich zugetragen hatte.

»Herr Berkhahn war schon seit Montag in einem Stimmungstief..., das wir genau beobachteten und das auch vorauszusehen gewesen war... Bei ihm stellten sich ja – schon seit Jahren – seit Jahren... diese depressiven Verstimmungszustände ein..., vor allem, wenn er wieder verstärkt seine Wahnideen produzierte«, stotterte er, so leise und undeutlich, daß es fast niemand verstehen konnte.

Er wirkte heute noch kleiner und verwachsener als sonst, sein stirnlos platter, mit dunkelbraunem zerzaustem Haar bedeckter Schädel lag noch tiefer zwischen den Schultern, und sein Gesicht schien noch abgehärmter und irrer im Ausdruck. Der Schuß von Schalk und Pfiffigkeit, der sich sonst gern in den seltsam stieren Blick seiner hervortretenden Augen zu mischen pflegte, fehlte heute. Lotterhans machte im Gegenteil einen fahlen und übernächtigten Eindruck.

»Gestern war Herr Berkhahn besonders schlecht zuwege. Morgens berichtete er, in der Nacht von seinem Bettnachbarn Themeier sexuell belästigt worden zu sein, der ihn sogar tätlich bedroht habe. Das scheint Berkhahn schwer zugesetzt zu haben. Er wirkte völlig hilflos in seiner Antriebsminderung. Ich habe dann gestern in der Früh zusätzlich zu seiner antidepressiven Medikation ein wenig Tofranil verordnet und dann länger mit ihm gesprochen, bin mit ihm seine Situation zu Hause, die Beziehung zu seiner überprotektiven Mutter, die ihn kürzlich wieder einmal besucht hatte und arg bedrängend wirkte, durchgegangen. Nachmittags...«

»Tofranil haben Sie ihm gegeben?« unterbrach ihn Reuther gereizt. Er gab sich kaum Mühe, sein Mißfallen und seine Geringschätzung zu unterdrücken; alles schien sich in ihm bis in seine arthritisch gekrümmten Fingergelenke zusammenzuziehen. »Tofranil hebt zuerst rasch und einseitig den Antrieb eines Kranken, auf den herabgesetzten Gemütszustand aber wirkt es sich erst später aus. Und, das habe ich noch vor kurzem mit Nachdruck in einem Seminar gesagt, diese Interimszeit mit gesteigertem Antrieb und noch herabgedrückter Stimmung ist besonders gefährlich. Der Patient neigt dann leicht zu abnormen selbstdestruktiven Handlungen. Warum haben Sie ihm nicht Melleril oder ein entsprechendes Präparat verabreicht?«

»Auf unserer Station«, mischte sich der unweit vom Direktor sitzende Massage mit harter Stimme ein, »sind wir ganz von diesem Tofranil abgekommen. Ich berichtete ja vor einer Woche von Fräulein Pöppelmann, einer depressiven Patientin, bei der sich genau dieser Mechanismus einzustellen drohte und wo wir rechtzeitig mit einer Medikationsänderung interveniert haben.« Massage, der ein bestätigendes Kopfnicken von Langkopf erhielt, warf einen kurzen, aber vernichtenden Blick zum anderen Tischende hinüber, zu Lotterhans.

»Ich glaube, Herr Direktor Reuther«, schaltete sich nun die Oberärztin Patsikis indigniert ein. Ihre rauchige und herbe Stimme hatte einen ausgeprägten südländischen Akzent. Sie kniff dabei ihre Augen zu winzigen schwarzen Strichen zusammen, so daß ihr ohnehin kleines Gesicht noch putziger und aparter wirkte. »Ich glaube zu wissen, daß es sich im Fall des armen und unglücklichen Patienten Berkhahn um einen problematischen sozialen Fall handelt. Er war psychisch schwer belastet, zuwendungsbedürftig und nach emotionaler Stützung verlangend wie kaum ein anderer, und mit Medikamenten allein war ihm gewiß nicht zu helfen. Ich weiß genau, daß Herr Lotterhans sein Bestes getan hat. Er hat sich tagelang um diesen Patienten bemüht und sich seiner Probleme angenommen. Und mehr, als sich in diesem Ausmaß engagieren, kann sich beim besten Willen kein Assistenzarzt, der sich auf drei Stationen mit insgesamt etwa achtzig Patienten aufteilen muß. Ich glaube im übrigen, daß das nicht nur ein persönliches Problem des

Kollegen Lotterhans ist, sondern ein generelles auf unserer Männerseite.«

»Nun, ich würde Herrn Lotterhans bitten, mit seinem Bericht fortzufahren. Ich muß das alles genau wissen, weil wir schließlich dem Zentralverband darüber eine schriftliche Meldung erstatten müssen«, knarrte Reuther dazwischen und klimperte dazu kurz mit den Augendeckeln, diesmal freilich ganz ohne die sonstige fröhlich-gutmütige Tönung.

Und Lotterhans fuhr fort, in ängstlich geduckter Haltung, weitschweifig und umständlich und nicht besonders instruktiv, wie immer in solchen Situationen. Vom oberen Tischende prasselten ständig unangenehme Zwischenfragen und Kommentare auf ihn ein. Die in seiner Nähe saßen, versuchten ihn, so gut es ging, dagegen abzuschirmen. Alexander, der diesem Schauspiel widerwillig und mit Mitleid beigewohnt hatte, begann sich, je häufiger Ähnliches stattfand – in der Regel waren es harmlosere Begebenheiten als der Suizid –, allmählich daran zu gewöhnen, daß mit Lotterhans so umgegangen wurde. Es paßte ihm vielleicht auch besser ins Konzept, denn so sehr ihm Massages Auftreten bei diesen Sitzungen mißfiel, arbeitete er eigentlich ganz gut mit ihm zusammen. So merkte Alexander offenbar gar nicht, daß er dabei war, langsam in das Gefüge dieses Krankenhauses hineinzuwachsen.

Es erfüllte ihn vor allem mit Stolz, als vollwertige Arbeitskraft gebraucht zu werden. Neben den zweimal wöchentlich abgehaltenen Gruppengesprächen bekam er, wie jeder Arzt auf der Abteilung, von Dr. Langkopf einzelne Patientinnen zugewiesen, die er von der Aufnahme bis zur Entlassung zu betreuen hatte. Dabei handelte es sich in der Regel um sogenannte leichtere und psychologisch ergiebigere Fälle. Sobald Massage bei den aufgenommenen Patientinnen die körperlich-neurologische Routineuntersuchung durchgeführt und die entsprechenden Medikamente verordnet hatte, nahm sich Alexander ihrer an und explorierte sie oft stundenlang in dem sehr engen und kahlen, nur mit einer weißen Liege, einem klobigen, abgeschabten Büro-Schreibtisch und zwei Stühlen versehenen Untersuchungsraum der Aufnahmestation. Alle wichtigen Angaben, die die Patientinnen – je nach dem Gemütszustand, in dem sie sich befanden – ihrem jungen Betreuer über den Ausbruch ihrer Erkrankung, über die näheren und die bis in die Kindheit zurückreichenden Lebensumstände machten, brachte er gewissenhaft zu Papier, um es später für die Krankenakte ins Tonbandgerät zu diktieren. Während der regelmäßigen Abteilungsbesprechungen stellte er ausführlich die Ergebnisse seiner Explorationen vor und beriet mit den Kollegen, wie man therapeutisch am besten vorankäme. Dann führte er mit den Patientinnen oft therapeutische Gespräche und beendete ihre Behandlung, wenn sie sich schließlich auf der Entlassungsstation befanden, mit einem an den Hausarzt gerichteten sogenannten ›Arztbrief‹. Manchmal freilich konnte es für unseren mit jugendlicher Unbefangenheit und Begeisterung auftretenden Therapeuten zu prekären Situationen kommen, wenn er es mit anlehnungsbedürftigen und auf dunkelhaarige Männer besonders ansprechenden jungen Damen zu tun hatte.

Einmal war es eine mit fülligen Reizen ausgestattete achtzehnjährige Blondine, die, mit einem akuten Alkoholrausch eingeliefert, aber sehr bald wieder ausgenüchtert, rasch spürte, daß sie auf Alexander eine erotische Wirkung ausübte. Während der Exploration antwortete sie mit treuherzigem Augenaufschlag freimütig auf seine Fragen nach ihrem Liebesleben, wobei sie sich lasziv räkelte und ihm immer deutlicher zu verstehen gab, daß sie auf der Frauenstation Mangel leide. Nach einigem hitzigen Hin und Her kam es schließlich so weit, daß die beiden sich für eine Fortsetzung ihres Gesprächs am nächsten Morgen im hochsommerlich warmen Wäldchen verabredeten, wo sich auch die männlichen und weiblichen Patienten zu treffen pflegten. Und wirklich fanden sich beide pünktlich am vereinbarten Ort ein. Angelika, so hieß sie, war heute mit einem provozierenden Miniröckchen bekleidet, und ihre ganze Erscheinung machte sich draußen im Grünen besonders reizvoll aus. Das Mädchen schien alles, was ihr noch tags zuvor an patientenhafter Gräue angehaftet haben mochte, restlos abgelegt zu haben. Und als sie zu allem auch noch ungeniert bekundete, sie habe letzte Nacht nicht, wie sonst, für sich allein in gewohnter Heimlichkeit Abhilfe geschaffen, sondern sich alles für diese Stunde aufgespart, und ihre Worte mit einem verzehrenden Blick bekräftigte, war es um Alexander geschehen. Er ergriff ihre kindlich weiche Hand und war dabei, mit ihr ins Gras zu sinken, als er plötzlich ein heftiges Erschrecken spürte. Irgend etwas in Angelikas Blick, ein warnender Hauch von Krankhaftigkeit hatte ihn gebremst. Bestürzt über sein Verhalten fuhr er hoch, wandte sich ruckartig von Angelika ab und suchte schnellstens das Weite. Als sich die beiden noch am selben Tag wieder auf der Station sahen, wichen sie einander stumm und scheu aus. So war die so verheißungsvoll begonnene therapeutische Beziehung zwischen den beiden praktisch beendet, und Alexander, durch eine lehrreiche Erfahrung reicher geworden, atmete auf, als die junge Frau, auch im Hinblick auf ihre psychologische Betreuung nicht auf ihre Kosten gekommen, aus der stationären Behandlung wieder entlassen wurde.

Dieses Ereignis blieb für Alexanders weitere Entwicklung innerhalb der Klinik nicht ohne Folgen. Er hatte während jenes Rendezvous' im Wäldchen plötzlich eine panische Angst verspürt, von Frauen wie Angelika – ganz ähnlich wie seinerzeit sein Freund Manuel – in den Abgrund psychischer Erkrankung gezogen zu werden. Diese schreckliche Vorstellung beschäftigte ihn noch lange und zog ganz allmählich einen grundlegenden Wechsel in seiner Einstellung gegenüber den Patienten der Klinik und seiner Arbeit dort nach sich. Eine Zeitlang freilich arbeitete Alexander erfolgreich weiter, betätigte sich, wie dies eben seine Art war, auf mehreren Gebieten gleichzeitig und trieb auch die Anwendung der Gesprächspsychotherapie als neue Methode in fast allen Bereichen des Klinikums voran.

Vor allem während des zweimal wöchentlich stattfindenden Gruppengesprächs mit den zwanzig Patientinnen der Entlassungsstation vermochte Alexander nach einigen Widerständen seinen Kollegen Massage und das Pflegepersonal von den Vorzügen gesprächstherapeutischer Gruppenarbeit zu überzeugen. Er konnte ihnen zeigen, daß ein direktes Eingehen auf den Patienten therapeutisch viel günstiger ist als ein abstrakter psychologischer Kommentar oder eine einschüchternde Belehrung seitens des Gruppenleiters. Eine junge, zerbrechlich wirkende Patientin fühlte sich nach einer akuten psychotischen Episode von ihren Leidensgenossinnen bedrängt und mißachtet. Als Alexander dies während einer Gruppensitzung auf den einfachen Nenner brachte: »Es ist hart für Sie, von allen abgelehnt zu werden«, brach die junge Frau in ein erlösendes Schluchzen aus. Auch die anderen zeigten Betroffenheit. Da schien Massage zu spüren, daß es sich weniger um ein methodisch durchdachtes Therapieverfahren oder gar um eine Technik handelte, sondern um ein auf Respekt und Achtung beruhendes partnerschaftliches Verhalten. Schließlich wurde Alexander gebeten, mit dem Stationspersonal und interessierten Mitarbeitern aus anderen Abteilungen ein Fortbildungsseminar durchzuführen, in dem die Teilnehmer einmal in der Woche mittels praktischer Rollenspielübungen mit dieser Therapieform vertraut gemacht werden sollten.

Bald jedoch trieben Neugierde sowie eine eigenartige Unruhe – wohl im Zusammenhang mit dem im Wäldchen Erlebten – Alexander von Langkopfs Frauenstation weg zur Männerseite. Er arbeitete hier eine Zeitlang mit Frau Patsikis, Ulrich Lotterhans und Erika Glaubitz zusammen und übernahm die schwierige, doch so notwendige Aufgabe, in dieses Elendsasyl einen Hauch gesprächstherapeutischer Wärme zu tragen. Viel Freude und Erfolg wurden ihm dabei freilich nicht zuteil. Und als ihm eines Abends die kluge Erika Glaubitz bei ihrer allnächtlichen Flasche Wein mit schwerer Zunge und nur mühsam offengehaltenen Augen sagte: »Alexander, meinst du nicht, daß du bei uns im Grunde fehl am Platze bist? Mir kommt es manchmal so vor, als hätte sich ein Prinz mit einer Kuh vermählt«, spätestens da wußte er, daß er die Abteilung wechseln müsse, und es kam ihm sehr gelegen, daß seine Kollegin Sulzmeier drüben in Reuthers Elsa-Brändström-Haus das Handtuch warf und ihm den Platz freimachte.

Bald stellte sich heraus, daß es ein geeigneter Ort für Gruppen-Experimente war: Alexander konnte dort seine Methode nicht nur ausbauen, sondern etwas Neues daraus entwickeln, und zwar mit Hilfe von Ulrich Lotterhans. Mit einigem Geschick war es Alexander gelungen, seinen Kollegen als Stationsarzt in seine Abteilung hineinzuschleusen, so daß die beiden in dieser Zeit eng zusammenarbeiten konnten. Lotterhans entdeckte bald, angeregt durch Alexanders Gesprächspsychotherapiekurs, eine mit diesem

Konzept verwandte, ebenfalls aus Amerika kommende Erziehungsmethode.

Beide gingen nun in mehrmonatiger mühsamer Kleinarbeit daran, sie auf der Station einzuführen. Alexander entwickelte daraus allmählich ein – im Unterschied zu den Amerikanern – theoretisch genauer durchdachtes eigenes Gruppenmodell, dem er den hochtrabenden Namen Sozialtherapeutisches Modell für partnerschaftliche Konflikt- und Problemlösung gab. Es wurde auch auf anderen Stationen erfolgreich angewandt. Da ein sogenanntes ›soziales Lernen‹ aller Patienten ohne Ansehen ihrer gesellschaftlichen Herkunft im Mittelpunkt der Methode steht, vollzog sich auf Alexanders Station bald eine Wende um hundertachtzig Grad. Die sogenannten Edelpatienten wurden, vor allem auf Veranlassung von Lotterhans, ausgetauscht gegen Landstreicher, Obdachlose und asoziale bzw. sogenannte soziopathische Kranke, die bislang – schon aus hygienischen Gründen – abgewiesen oder bestenfalls auf eine Langzeitstation gelegt worden waren. Nunmehr bevölkerten sie – sehr zu Reuthers Verdruß während seiner Chef-Visiten – die Abteilung. Und unter großem therapeutischem Einsatz des Personals brachte man ihnen bei, sich aktiv ins Stationskollektiv einzugliedern. Einer der wenigen übriggebliebenen Stammgäste aus gutem Hause bemerkte kurz vor seiner Entlassung zu Alexander: »Ich bin wirklich verwundert, wie Sie mit dieser Gruppenarbeit sogar aus dem verlottertsten Patienten das Allerletzte herausholen!« Alexander verging fast vor Stolz.

Je mehr sich seine Erfolge herumsprachen, desto mehr Ausbildungskurse wurden unter seiner und Lotterhans' Leitung eingerichtet. Dabei rissen sich nicht nur Ärzte und Psychologen innerhalb und außerhalb von Gattersleben um einen Platz, sondern auch Schwestern und Pfleger, Beschäftigungstherapeuten, Gemeindehelfer, ja sogar vereinzelte Verwaltungsbeamte aus den umliegenden Gesundheits- und Sozialämtern pilgerten in die Gatterslebener Klinik, um in dieser neuen therapeutischen Wundermethode unterwiesen zu werden. Das Modell, wie man es kurz nannte, wurde der große Schlager in Gattersleben.

Als es Alexander auch noch gelang, an Stelle der inzwischen ausgeschiedenen Kollegen Schwenger, Sulzmeier und Stummer fünf von der Universität kommende Psychologen – alle der Gesprächspsychotherapie und nicht der Psychoanalyse verschrieben – nach Gattersleben zu holen und in ihnen eifrige Mitstreiter für sein Modell fand, da erst begann Direktor Reuther die neue Situation zu begreifen. Er intensivierte psychoanalytische Fortbildungsseminare und stellte neue Ärzte ein, die das psychoanalytische Konzept vertraten. Außerdem tat er noch einiges mehr, wovon später zu sprechen sein wird.

Im Elsa-Brändström-Haus gewann Alexander aber noch einen neuen Freund: An einem Montag betrat er, guten Mutes und voller Tatendrang wie immer nach einem wohltuenden Wochenende, die Station und ließ sich von Schwester Bernadette die wichtigsten Ereignisse seit dem Freitag nachmittag mitteilen. Ein junger Kollege von ihm, aus einem der benachbarten psychiatrischen Landeskrankenhäuser, war in der vergangenen Nacht als Patient aufgenommen worden. Es handelte sich um einen akut Selbstmordgefährdeten, der selbst beim diensthabenden Arzt um Aufnahme in die Klinik gebeten hatte und unbedingt auf Reuthers Station gelegt werden wollte. Seine geschiedene Frau befände sich schon seit Jahren beim Professor in psychoanalytischer Behandlung. Man habe dem jungen Arzt sogleich ein Einbettzimmer zugewiesen, wo er schon seit Stunden auf Alexanders Eintreffen warte.

Alexander begab sich mit einigen Befürchtungen zu seinem Gast. Denn sein Verhältnis zu Patienten akademischer Herkunft war gestört, seitdem er sich als Gegengewicht zu den Elite-Patienten mit Hilfe von Ulrich Lotterhans, fast ausschließlich mit Angehörigen der untersten sozialen Schichten beschäftigt hatte. Die wenigen Akademiker hier – es waren meist plötzlich erkrankte Universitätsstudenten – hatten nach Alexanders Erfahrung erhebliche Schwierigkeiten, auf einen Sonderstatus zu verzichten und sich bereitwillig in das Kollektiv einzufügen. Außerdem hatte Alexander des öfteren bei sich gewisse Widerstände gegen diese Extrasorte von Patienten gespürt, die ihm zuerst unerklärlich waren, die er aber allmählich als Angst vor einem eigenen ähnlich tiefen Sturz in Krankheit und Elend zu durchschauen gelernt hatte.

Und diesmal, dachte Alexander, als er durch den dunklen Korridor auf das Zimmer des Patienten zuging, handelte es sich sogar um einen Doktorkollegen mit denselben Aufgaben und Pflichten.

Als er jedoch das Zimmer betrat und auf dem Bett ein pfiffiges Rapunzelmännlein sitzen sah, das bei näherem Hinschauen von entwaffnender Natürlichkeit war, verschwanden Alexanders Ängste ins Nichts, und er fand auf Anhieb einen guten Kontakt zu dem Neuen. Sein Vorname war Holger – sein sonstiger Name tut nichts zur Sache –, und er lieferte unserem Psychologen ohne Umschweife eine Fülle von Angaben zu seiner Person, so daß Alexander sofort ins Bild gesetzt wurde über die traurige Vorgeschichte, die Holger schließlich hierher geführt hatte. Er teilte sein derzeitiges Leben auf drei Orte auf, zwischen denen er ständig hin- und herpendelte: seine Arbeitsstelle, wo er sich als Leiter einer Behindertenwerkstatt für seine Patienten einsetzte, den Wohnort seiner Frau, zu der Holger in einer freundschaftlichen Beziehung stand, und schließlich eine weitere Stadt, in der eine Krankenschwester lebte, die kürzlich ein Kind von ihm bekommen hatte. Die Situation hatte sich dramatisch zugespitzt, als seine Geliebte bald nach der Geburt des Kindes aus heiterem Himmel einen Pfleger heiratete. Durch immer häufigere Abend- und Wochenendfahrten zu der für ihn Verlorenen fühlte er sich von lähmenden Depressionen überfallen. Da beschloß er kurzerhand, im Gatterslebener Krankenhaus, an dem ihn sein Weg vorbeiführte, um ärztliche Hilfe zu bitten.

Holger blieb drei Monate auf der Station. Er fügte sich nicht nur selbstverständlicher in das dortige Leben ein als irgendeiner der verkrachten Hochschulstudenten, sondern bemühte sich auch rührend, Alexander als Co-Therapeut an die Hand zu gehen. Umgekehrt versuchte Alexander für ihn alles zu tun, was in seinen Möglichkeiten stand, auch wenn er damit nicht allzuviel auszurichten vermochte. Er bestellte die treulose Freundin zu sich, führte aber mit ihr ein leider mehr oder weniger ergebnisloses Gespräch. Holgers Frau bekam er gar nicht erst zu Gesicht, da Professor Reuther eine Begegnung zwischen ihnen energisch unterband, offensichtlich, um jeglicher Einmischung Alexanders in seine eigene Therapie vorzubeugen. Als sich zwar Holgers Situation nicht gebessert hatte, wohl aber seine psychosomatischen Beschwerden, wurde seine Entlassung vereinbart. Die Wege von Holger und Alexander trennten sich fürs erste, doch beide bewahrten eine gute Erinnerung an ihre gemeinsam verbrachten Monate. Auch für Alexander waren die ›schönen Tage in Aranjuez‹ bereits gezählt, wenn es auch zunächst noch auf dem Weg des Erfolgs weiterging.

Zwei Jahre später war seine Zeit in Gattersleben ebenfalls beendet. Auch er kam sich dabei nach dem langsamen schmerzhaften Zerbrechen seiner therapeutischen Existenz wie ein entlassener Patient vor. Erzählen wir genau, wie es dazu kommen konnte, nachdem sich alles erst so gut angelassen hatte.

Wir schreiben Rosenmontag 1976. Selbst die Gatterslebener Anstalt ist von ausgelassenem Narrentreiben erfüllt. Zu den Klängen einer in der Nähe des Kommunikationszentrums auf einer Wiese postierten Musikkapelle hopsen grotesk gekleidete Patienten in allerlei Verrenkungen ihrer schweren, ganz aus der Übung gekommenen Glieder herum und ziehen mit ihren buntverschmierten Gesichtern noch mehr Grimassen als sonst. Sie johlen sich alles, was sich aufgestaut hat, von der Seele. Diese clowneske Verrücktheit mutet geisterhaft an, scheint auch nicht jedermanns Sache zu sein. Denn andere vermummen ihr Gesicht mit riesigen Hüten, Mützen oder Tüchern, als wollten sie kundtun, daß sie in ihrem Zustand unheilbarer Verletztheit nichts mit dieser einmal im Jahr verordneten Fröhlichkeit im Sinn haben. Mit maskenhafter Starre weigern sie sich, in dem heiteren Treiben aufzugehen. In manchen Augen ist trotzdem ein bißchen Glück über das Pappmaché-Fest zu lesen. Ein Einzelgänger, der sich unvermummt auf der Wiese herumtreibt, scheint von alldem überhaupt nicht berührt. Es ist ein unförmiger Riese, ein ›Chronischer‹, mit aufgeschwollenem Anstaltsbauch, Mehlgesicht und schuppigem Haar, der auf seinen abgetretenen Absätzen wippend immer dasselbe Rechteck abschreitet: zehn Meter vorwärts, sechs Meter quer und so fort.

Attraktionen gibt es nur ganz wenige: eine Würstchenbude, ein Krapfen- und Getränkestand und dann die unvermeidlichen Kunstprodukte aus den Patienten-Töpferstuben, die immer feilgeboten werden, wenn Öffentlichkeit sich einfindet. Allenthalben herrscht Trubel und hitzig aufgemachte Lustigkeit unter einer unfreundlichen kalten und fahlgelben Februarsonne.

Auch Alexander sucht dort ein bißchen Zerstreuung und will einen Kollegen treffen. Außerdem gehört es zu den Therapeuten-Pflichten, sich – und wenn es noch so kurz ist – bei Patienten-Festen blicken zu lassen.

Aber ihm ist überhaupt nicht freudig zumute. Eben hatte er einen alarmierenden Anruf seines Kollegen Rösler bekommen, einem der fünf vor einem knappen Jahr eingestellten Psychologen.

»Ich möchte dir der Fairness halber etwas aus der heutigen Konferenz der leitenden Ärzte mitteilen«, hatte Rösler mit einem Ernst in der Stimme begonnen, der nichts Gutes verhieß. »Du weißt ja, daß ich als ein von den Psychologen delegierter Zuhörer daran teilnehme. Reuther hat seine Absicht bekundet, dich vom Elsa-Brändström- ins Otto-Rank-Haus zu versetzen. Er wird dich also gegen Frau Schmählich austauschen, die angeblich gerne zu ihm möchte.« Alexander erschrak tief. »Was? Ohne mich zu fragen? Soll das endgültig sein?«

»Das glaube ich nicht. Aber keiner der leitenden Ärzte hat widersprochen. Sicherlich wird man dich korrekterweise auch fragen, aber ich weiß nicht, ob dir das letzten Endes viel nützt. Ich wollte es dir nur rechtzeitig gesagt haben, damit du weißt, was da auf dich zukommt.« Rösler war es sichtlich unangenehm.

»Aber das können die doch gar nicht, mich einfach so hinüberschieben. Nachdem ich mir jahrelang hier etwas aufgebaut habe.« Nervös hatte sich Alexander beim Reden eine Zigarette angezündet. »Hast du denn eine Ahnung, was dahinter steckt? Hat man denn sonst irgend etwas in dieser Richtung geäußert? Warum will denn die Schmählich schon das Haus wechseln? Sie arbeitet doch erst seit einem halben Jahr in Gattersleben.«

»Ich wollte dir das wirklich nur erstmal mitgeteilt haben. Wenn du mehr darüber reden willst, komm doch auf die Festwiese.«

Dumpf im Kopf hatte Alexander seinen Mantel angezogen und war sogleich aufgebrochen. Wie er, über den wässrig schmutzigen und zerstapften Schneematsch gehend, in das von Gejohle und Gedudel erfüllte Treiben eintaucht, gröhlt ihm ein Patient entgegen: »Möchten Sie nicht auch ein bißchen verrückt spielen, Herr

Doktor?« Alexander lächelt verwirrt und blickt an ihm vorbei zu einer Würstchen-Bude hinüber. Dort sieht er den Kollegen Rösler stehen, geht schnell auf ihn zu und spricht ihn an: »Da bist du ja schon. Nett, daß du gleich gekommen bist.« Rösler schürzt seine wulstigen Lippen, so daß sein breites, kräftiges Gesicht kurz in Bewegung gerät. »Merkwürdige Sache, das mit eurem vorgesehenen Stationstausch. Irgendwie kam mir das Ganze komisch vor. Das Nähere wollte ich dir aber am Telefon nicht sagen.«

»Ja. Ich habe auf dem Weg hierher auch darüber nachgedacht. Die Schmählich, erst vor kurzem aus der DDR gekommen, psychoanalytisch bis in die Knochen, scheint gut in Reuthers Konzept zu passen. Er zieht jetzt möglichst viele heran, um ein Bollwerk gegen das Modell und unsere Gruppenaktivitäten zu errichten. Unser Engagement für die sozial Benachteiligten paßt ihm ganz und gar nicht.« Alexander lächelt grimmig. »›Der Knabe Don Karl fängt an, ihm fürchterlich zu werden‹. Ich glaube, er sieht sein psychoanalytisches Konzept in Gefahr. Dabei wollte ich ihm überhaupt nichts anhaben, sondern ihn eigentlich immer nur von den Vorzügen unseres Modells überzeugen. Hat er mir doch neulich tatsächlich nahegelegt, eine siebzigjährige depressive Oma nach ihrer Kindheit auszufragen, um so die tieferen Krankheitsursachen herauszufinden.« Er seufzt tief. Rösler nickt. »Ja, er glaubt nicht an die Wirkung unseres Modells. Darüber hinaus scheint er mir vor allem dahingehend zu argumentieren, daß sein Haus seit Ulrich Lotterhans' Weggang in die Neurologie wieder einer soliden ärztlichen Betreuung bedarf. Und da kommt ihm Frau Schmählichs Wunsch natürlich gelegen. Ich glaube übrigens, daß dir die Entdeckung des Tabletten-Diebstahls von eurer Oberschwester Gaby, die sich auch noch als schwer süchtig entpuppt hat, entschieden geschadet hat. Du bist eben ohne Lotterhans in deiner Psychologenrolle ziemlich schutzlos. Nur, mit diesen psychoanalytischen Ärzten, die Reuther sich an Land gezogen hat, ist es auch nicht allzuweit her. Entweder sind es laue Psychoanalytiker – einige sind sogar sehr an der Ausbildung in deinem Modell interessiert –, oder aber sie haben eine gesundheitspolitisch fortschrittlichere Haltung als er.« Bevor Alexander antworten kann, kommt eine Patientin ihm zuvor.

Es ist Frau Maus aus dem Elsa-Brändström-Haus, klein, verhutzelt, mit schiefem Kopf und die Hände stets in Pfötchenstellung. Als Alexander ihr Zigeunerkostüm und ihr von kohlschwarzer Schminke entstelltes Gesicht sieht, weiß er nicht, ob er entsetzt oder traurig sein soll.

»Herr Doktor, wann darf ich nach Hause?« fragt sie ihn.

»Ja, Frau Maus, diese Frage läßt Sie wohl einfach nicht los«, antwortet Alexander begütigend. »Ich hatte Ihnen ja schon gesagt, daß wir morgen in der Versammlung gemeinsam darüber beraten wollen. Ich glaube sicher, daß wir dieses Problem zur allseitigen Zufriedenheit lösen werden.«

»Ja, aber ich möchte nach Hause, Herr Doktor. Es ist soviel liegengeblieben, was ich erledigen muß. Wann darf ich nach Hause?«

»Frau Maus, ich bin gerade dabei, mich mit Herrn Rösler zu unterhalten. Ich sagte Ihnen ja, morgen sprechen wir darüber. Ich wäre jetzt wirklich froh, wenn ich in Ruhe weiterreden könnte.« Als die Patientin unbeirrt ein drittes Mal ansetzt, und Alexander allmählich ärgerlich wird und sich bedrängt fühlt, kommt die Sozialpädagogin Goosbeck dazwischen und faßt Frau Maus fest, aber freundlich um die Schultern. Frau Goosbeck, die sonst das Kommunikationszentrum leitet, fühlt sich für das Gelingen des Karnevals verantwortlich. Grau im Gesicht, bebrillt und von langer dünner Gestalt, bewegt sie sich beschwingt zwischen den Patienten und animiert sie mit einem munteren Lächeln zu Ausgelassenheit und Frohsinn.

»Kommen Sie, Frau Maus«, ruft sie mit einer nicht ganz echt klingenden Herzlichkeit. »Dort drüben findet gerade eine Verlosung statt. Da können Sie schöne Sachen gewinnen.« Jetzt klatscht sie auch noch in die Hände und zieht Frau Maus mit sich.

»Ja, Heinz, was glaubst du nun, was ich tun soll?« setzt Alexander die unterbrochene Unterhaltung fort.

»Zwingen kann dich keiner, deine Station einfach zu verlassen. Man kann dir nur nahelegen, freiwillig zu gehen«, antwortet Rösler bedächtig. »Aber wir müssen das verhindern. Das geht nicht, daß du das auf deiner Station mühsam Aufgebaute, wovon wir alle zehren, mit einem Schlag aufgibst. Wir müssen das unbedingt auf die Assistentenkonferenz heute abend bringen. Und es wird sicher die überwiegende Mehrheit für dich stimmen.«

»Herr Schretzel und Herr Lohmeyer«, schreit Frau Goosbeck schrill dazwischen. »Nicht übertreiben, meine Herren! Fröhlich sein heißt doch nicht groben Unfug machen.«

Die beiden angerufenen Patienten haben an einem der Stände einen großen Karton Konfetti entdeckt und versuchen, vor Vergnügen quiekend, sich gegenseitig seinen Inhalt über den Kopf zu schütten, so daß die Papierschnitzel wie ein bunter Staubregen durch die Luft wirbeln.

»Meine Herren, wenn ich bitten darf, so nicht. Das geht wirklich zu weit. Hören Sie mit dem Blödsinn auf!« Frau Goosbecks Stimme überschlägt sich.

»Heinz, ich glaube, hier wird es zu laut. Man versteht sein eigenes Wort nicht mehr.« Alexander zieht den Kopf ein. »Wir vertagen unser Gespräch besser. Heute nachmittag sehen wir uns sowieso.«

Nicht nur gegen Alexander hatte Reuther seit geraumer Zeit – quasi unter der Hand – ein Netz gesponnen. Auch sein eigener, erst kürzlich eingestellter Stellvertreter, der sich schon sehr bald wie alle anderen energisch für eine interne Umstrukturierung des Krankenhauses und für die Verlegung von chronischen Patienten in Heime ausgesprochen hatte, war ihm zu aufmüpfig geworden. Er nutzte einen fünfwöchigen Urlaub von Schramm, so hieß derselbe, um ein Disziplinarverfahren wegen Störung des Betriebsklimas gegen ihn einzuleiten. Auch die Ärztekonferenz als eines der wichtigsten beschlußfassenden und die Geschicke des Krankenhauses koordinierenden Gremien löste er eigenmächtig auf, was dazu führte, daß allmählich in der medizinischen Betreuung alles drunter und drüber ging. Als der ›Flachland-Kurier‹ die Meldung unter der Überschrift ›Krach im Landeskrankenhaus‹ auch noch auf der ersten Seite brachte, war das Image der ›Vaterfigur‹ Reuther dahin. Sein Autoritätsdenken, seine Angst vor dem öffentlichen Träger des Krankenhauses, der bei vermehrten Heimverlegungen und Bettenreduzierungen mit einer Kürzung des Personalbestandes drohte, ließen seine einstigen Führungsqualitäten ins

Gegenteil umschlagen: Er war jetzt fast nur noch ein Werkzeug in der Hand der ihm übergeordneten Stelle. Nun fand Alexander, daß es bei ihm liege, diesem Zustand ein Ende zu machen und unter der Krankenhaus-Belegschaft Stimmen zu sammeln, um mit dem Personalrat eine Betriebs-Vollversammlung einberufen zu können. Dafür brauchte er ein Drittel des ganzen Personals, bei den 540 Angestellten des Hauses also 180 Stimmen. Auch seine Mitstreiter setzten sich dafür ein, um Schramms Sache Gerechtigkeit widerfahren zu lassen. Sie wußten, daß sie damit letztlich auch ihn, Alexander, in seinen eigenen Belangen unterstützten. Reuther sollte Farbe bekennen und seinen Antrag wieder zurückziehen, denn sicher hatte er vor, Schramm in aller Heimlichkeit abzuschieben. Es hieß sogar, Oberlandesrat Schwachhausen wolle persönlich zur Vollversammlung kommen. Das war Alexander nur recht, so konnte sich der hohe Beamte vom Zentralverband selbst ein Bild von der ganzen Misere machen. Denn die Zustände in Gattersleben hatten sich in mannigfacher Hinsicht zum noch schlechteren verändert und schrien nach einer Revision.

Die so positiv begonnene Entwicklung des Modells war der Leitung sehr schnell unheimlich geworden und in ein Politikum umgeschlagen. Eine Kündigungswelle rollte durch die Klinik. Die Ärzte mußten sich vom Dreiergremium der Direktoren inquisitorische Verhöre gefallen lassen. Durch die Auflösung ihrer Konferenzen waren sie praktisch entmachtet. Gleichzeitig wurde die Pflegedienstleitung mit in die Führung des Krankenhauses einbezogen. Das wertete die Pflegerschaft enorm auf. Sie machte sofort Stimmung gegen das akademische Personal. Die Patienten waren bei diesem vergifteten Klima die Leidtragenden. Alexander und seinen Kollegen kamen immer mehr Berichte zu Ohren, daß Patienten schlimmen Mißhandlungen durch das Pflegepersonal ausgesetzt waren.

Besonders jüngere Ärzte wurden von der Pflegerschaft nicht nur als unerfahren eingestuft, sondern kurzerhand zu Kommunisten gestempelt, die es im Namen von Recht und Ordnung scharf zu bekämpfen galt. Und der im Urlaub befindliche Schramm wurde zum roten Rädelsführer gemacht, der für die linke Richtung verantwortlich sei. Auch hieß es, einer der Ärzte habe beim Nachtdienst auf der Station 13 die Pfleger Nazilieder singen hören.

So hatte alles auch politische Dimensionen angenommen. Alexander, zutiefst deprimiert, fragte sich, ob er unter solchen Umständen noch therapeutisch arbeiten könne. Er hatte sich in Schwengers altem Spukschloß ein Refugium geschaffen und begab sich nur zur Erledigung der allerwichtigsten Pflichten auf die Station. Er ging damit um, einen Kündigungsbrief just am Tage der Vollversammlung abzuschicken oder ihn dort vorzulesen, um sich öffentlich mit Schramm zu solidarisieren und gegen seine eigene Versetzung zu protestieren. Auch das Wort ›Entdemokratisierung‹ im Zusammenhang mit den jüngsten Ereignissen mußte hinein. Eine Kopie wollte er an den Zentralverband, an Oberlandesrat Schwachhausen, schicken. Dann wiederum dachte er an das, was sie schon erreicht hatten. An die psychosoziale Arbeitsgemeinschaft in Röderswinkel, auf die er so stolz war, und an die schwierigen Anfänge, bis sie die ambulanten Dienste, die Laien-Selbsthilfegruppen und die Administration in der Kommune zu einem großen Verbundsystem zusammengeschlossen hatten, das an der Basis präventiv arbeiten konnte. In diesem ländlichen Bereich war sein Konzept auf besonders fruchtbaren Boden gefallen. Aber war Röderswinkel sein Lebensziel? Er wollte doch lieber ein begonnenes Lehrbuch über sein Modell zu Ende schreiben und strebte endlich wieder an die Universität zurück...

Ein halbes Jahr später hatte Alexander die Gatterslebener Klinik für immer verlassen. Er ging genau zu dem Zeitpunkt, den er in jener Betriebsvollversammlung im Hochsommer festgelegt hatte. Reuther hatte sie mit demagogischem Geschick zu einem regelrechten Schauprozeß gegen Schramm umfunktioniert und schließlich auch dessen Strafversetzung in ein Sonderkrankenhaus für unzurechnungsfähige Triebtäter erreicht.

Nur wenige Wochen nach seinem Abschied machte Alexander die Ankündigung wahr, Reuther die Gründe für seine Entscheidung bekanntzugeben. Er verfaßte ein sechsseitiges Memorandum, in dem er die Vorkommnisse im Krankenhaus anprangerte, vor allem die katastrophalen Zustände auf den Stationen und die Übergriffe gegen Patienten. Er hatte dieses Schreiben zusammen mit etwa einem Dutzend noch im Krankenhaus beschäftigten Kollegen aufgesetzt. Er unterzeichnete jedoch allein, weil er nicht mehr von der Klinik abhängig war, und verschickte diesen an Direktor Reuther gerichteten offenen Brief an über hundert Adressaten: an die umliegenden Krankenhäuser, den Zentralverband, zahlreiche örtliche und überregionale Zeitungen und auch an bestimmte Gremien und Ausschüsse des Gesundheitsministeriums in der Bundeshauptstadt. Die Wirkung war durchschlagend. Der Zentralverband hielt schon einen Tag nach der Veröffentlichung im Ärztekasino der Gatterslebener Klinik eine Pressekonferenz ab, von der Alexander wie ein Verbrecher ferngehalten wurde. Der lokale ›Flachlandkurier‹ berichtete auf der Titelseite von dem ›Skandalbrief‹ eines Ex-Mitarbeiters mit ungeheuerlichen Anschuldigungen gegen ›unser renommiertes Landeskrankenhaus‹, wobei die einzelnen aufgeführten Beschwerdepunkte von Oberlandesrat Schwachhausen ausdrücklich dementiert wurden (»Ich bin sofort unangemeldet im Landeskrankenhaus erschienen, um die Behauptung zu überprüfen. Ich habe Schränke und Bettwäsche untersucht wie in meiner Feldwebelzeit und fand nur Ordnung und Sauberkeit«).

Alexander aber wurde in diesem Artikel als rachsüchtiger Querulant und Nestbeschmutzer abgetan, der lediglich mit seinem Vorgesetzten persönlich (dem Träger des Bundesverdienstkreuzes, eine im In- und Ausland hochangesehene Kapazität) hätte abrechnen wollen. Die Staatsanwaltschaft wurde eingeschaltet und beim Landgericht Strafanzeige wegen Verleumdung und übler Nachrede erstattet. Schließlich wurde eine Einstweilige Verfügung gegen ihn erwirkt, die ihm die weitere Verbreitung seines offenen Briefes untersagte. Alexander wurde täglich mit Telefonanrufen und Briefen überschüttet, die von begeisterten Sympathiebekundungen bis zu den wüstesten Beschimpfungen reichten.

Auf dem Höhepunkt der Affäre – etwa zehn Tage nach der Aussendung des Memorandums – mußte Alexander einer Verpflichtung nachkommen, die er schon vor längerer Zeit eingegangen war. Es handelte sich um einen zweiwöchigen Ausbildungskurs, den er an der Universität eines anderen Landes nach seinem Gruppenmodell mit Psychiatern, Psychologen und Pflegepersonal durchführen sollte. Man war dort schon vor zwei Jahren durch seine wissenschaftlichen Veröffentlichungen auf ihn aufmerksam geworden und wollte nun die praktische Anwendung kennenlernen. Anläßlich einer früheren Vorstellung seiner Arbeit dort war Alexanders Schweizer Staatsbürgerschaft bei den diesem Lande eigenen, sehr komplizierten und langwierigen Einreisemodalitäten vorteilhaft gewesen. So konnte er der erneuten Einladung ohne Schwierigkeiten folgen. Vor Antritt seiner Reise übergab Alexander seine Akten zu dem Gatterslebener ›Fall‹ noch rasch einem Rechtsanwalt, den er mit den nötigen Vollmachten ausstattete, und brach auf.

Zehn Tage später sehen wir ihn in einem hellen Zimmer sitzen, mit viel Grüngewächs an den Fenstern. Es liegt in dem Psychotherapie-Institut, das in einer enteigneten ehemaligen Herrschaftsvilla am Eingang eines großen Volksparks untergebracht ist.

Die zehn Personen, die in diesem ›Wintergarten‹ genannten Raum versammelt sind, unterhalten sich angeregt mit Alexander. Der Übungskurs in ärztlich-psychologischer Gesprächsführung geht offenbar seinem erfolgreichen Ende entgegen. Als einer der Ärzte gerade auf die Taste eines Tonbandgerätes drücken will, um ein aufgezeichnetes und zu analysierendes Übungsgespräch vorzuspielen, öffnet sich die Schiebetür und eine Krankenschwester bittet Alexander heraus: »Ein Ferngespräch aus der Bundesrepublik.«

Alexander folgt ihr rasch in den angrenzenden Raum und drückt sich an einigen schwerfälligen Möbeln vorbei zum Schreibtisch am Fenster, wo der abgelegte Hörer eines altmodischen Telefonapparates auf ihn wartet.

»Hallo, Alexander«, tönt ihm eine bekannte Stimme entgegen. »Hier spricht Holger. Ich rufe dich in meiner Funktion als Vorsitzender der Nordwestdeutschen Gesellschaft für Gemeindenahe Psychiatrie an. Wir hatten ja seinerzeit vereinbart, daß du bei unserer Tagung Ende nächster Woche eine Arbeitsgruppe leitest. Im Zentralverband hat man inzwischen deine Mitwirkung festgestellt, und vorgestern rief Oberlandesrat Schwachhausen an und versuchte mich zu überreden, dich kurzerhand aus dem Programm zu streichen. Andernfalls würde er als Hausherr und Gastgeber unserer ganzen Gesellschaft Hausverbot erteilen. Ich habe mich danach gleich mit anderen Vorstandsmitgliedern zusammengesetzt, und wir haben einstimmig beschlossen, uns diesem Druck nicht zu beugen, sondern geschlossen in ein Hotel umzuziehen und dort die Tagung mit dir zusammen abzuhalten. Wir haben bereits einen neuen Raum gemietet. Ich möchte dir im Namen des ganzen Vorstandes unsere Solidarität ausdrücken. Okay?«

Alexander bleibt vor Verblüffung und Freude einige Sekunden sprachlos, findet nur stockend ein paar Worte des Dankes und fügt hinzu: »Kommenden Montag reise ich wieder zurück. Dann melde ich mich sofort bei dir wegen der Einzelheiten. Ich bin ja hier von allem abgeschnitten. Habe überhaupt keine Ahnung, was inzwischen passiert ist. Weiß du etwas?«

»Nein. Ich weiß nichts. In Gattersleben scheint der Teufel los zu sein, auch was die Gerüchteküche betrifft. Der Oberpfleger Klapp von der Station dreizehn soll erzählt haben, du hättest dich aus Angst vor der Staatsanwaltschaft in den Ostblock abgesetzt.«

Beide lachen herzlich darüber und verabschieden sich. Alexander begibt sich wieder zu seiner Gruppe in den Tagungsraum und führt den Kurs weiter, als ob nichts gewesen wäre.

Als er zurückkehrte, hatte inzwischen sein Anwalt gegen die Einstweilige Verfügung Widerspruch eingelegt, und es kam zu der jetzt unvermeidlich gewordenen Gerichtsverhandlung.

Die Sache endete mit einem Vergleich. Der Zentralverband verzichtete auf einen Widerruf von Alexander und zog sämtliche Strafanträge zurück, während Alexander sich verpflichtete, sein Schreiben nicht weiter zu verbreiten. Und das hatte er ohnehin nicht vor.

Als er mit seiner Kampfschrift in die Arena gezogen war, hatte er zwar von einem heroischen Waffengang geträumt, doch dann bekam er es mit der Angst zu tun. So war er fast erleichtert, so glimpflich davongekommen zu sein.

Damit aber war die Angelegenheit noch nicht zu Ende. Im Gegenteil, eine zwar langsamere, dafür um so gefährlichere Maschinerie kam in Gang. Der Zentralverband sah sich gezwungen, wegen der schweren Vorwürfe eine Anzeige gegen das eigene Landeskrankenhaus zu erstatten. So wurde ein umfangreiches

Ermittlungsverfahren gegen Ärzte und Pfleger in Gattersleben eingeleitet. Alexander war kein ›Antragsgegner‹ mehr, sondern sah sich jetzt schlicht und einfach zum Zeugen gemacht. Mit Genugtuung sah er, wie sehr ihm die Wendung der Dinge recht gegeben hatte.

Als sich freilich die Ermittlungen in die Länge zogen und Formen annahmen, die seinen Intentionen überhaupt nicht mehr entsprachen, begann Alexanders Triumph allmählich einer traurigen Resignation zu weichen. Er hatte sich ohnehin wieder neuen Zielen zugewandt und Abstand gewonnen. Nichtsdestoweniger hielt er sich auf dem laufenden. So mußte er ohnmächtig mit ansehen, wie die Bekämpfung der Misere in Gattersleben zunehmend in eine sinnlose Jagd nach einzelnen Schuldigen umfunktioniert wurde. Dabei hätte man vor allem die Krankenhausleitung zur Verantwortung ziehen müssen. Tatsächlich geriet am Ende jahrelanger Vorermittlung nur ein einziger in die Mühlen der Justiz, irgendein Pfleger, an dem der Verdacht der Körperverletzung hängenblieb, und der jetzt stellvertretend für das ganze Anstaltssystem zu büßen hatte. Dabei wurde er derart durch die Instanzen geschleift, daß er zweifellos größeren Schaden erlitt, als er selbst Patienten zugefügt hatte.

Diese verfehlte Behandlung eines im Grunde gesellschaftspolitischen Problems hatte spürbare Auswirkungen auf den Gatterslebener Klinikalltag.

Der einstige reformerische Unternehmungsgeist schmolz zu einem traurigen Rest zusammen. Man verrichtete seine Tagesgeschäfte nach den Vorschriften; man therapierte Patienten, weil es Vorschrift war; und man unterließ es, sie zu schlagen, weil es Vorschrift war. Die Mitstreiter von früher waren inzwischen in alle Winde verstreut. Der Zentralverband führte schließlich die Neuerungen, für deren Realisierung sie damals voller Leidenschaft gekämpft hatten, mit einer Selbstverständlichkeit in Gattersleben ein, als hätte er niemals ernsthafte Einwände gehabt. Diese Reformen wurden von der neuen Klinik-Mannschaft nicht etwa als teuer erkauft empfunden, sondern im Gegenteil als lästige, ungern ausgeübte Pflicht.

Eines allerdings erfüllte Alexander und die anderen Initiatoren mit Stolz: Die von ihnen ins Leben gerufene Arbeitsgemeinschaft in Röderswinkel hatte sich inzwischen zu einem bundesweit anerkannten Modell für gemeindenahe Psychiatrie entwickelt, das von Bund, Land und Kommune finanziert wurde. Immer häufiger wurde in Fachbüchern und Zeitschriften lobend darauf hingewiesen.

Und trotzdem reduzierte sich für Alexander, je weiter Gattersleben für ihn in den Hintergrund rückte, die Fülle der Erinnerungen an diese Zeit auf eine einzige Frage.

Er hatte sie sich bereits an dem Tag gestellt, an dem er die Klinik verließ und sich nach dem letzten Mittagessen mit seinen Freunden noch einmal in sein kahlgeräumtes Dienstzimmer zurückgezogen hatte. In der ihn dort plötzlich umgebenden Stille liefen all die im Krankenhaus verbrachten Jahre wie in einem nur Sekunden dauernden Film vor seinen Augen ab.

Hat sich denn das alles wirklich gelohnt? lautete diese Frage. Was ihn selbst betraf, konnte er sie uneingeschränkt bejahen. Doch bezogen auf die Psychiatrie und die Patienten, für deren Belange er so leidenschaftlich eingestanden war – wie verhielt es sich damit?

V.
Grenzübergänge

Was zuerst nur wie ein beruflicher Wechsel von einem Ort zu einem besseren aussah, stellte sich wieder einmal als Aufbruch in neue, bisher verschlossene Welten heraus.

Schon als man Alexander nach den ersten schriftlichen Kontakten geheimnisvoll mitgeteilt hatte, sein Einreisevisum werde noch einige Monate auf sich warten lassen, hatte er gespürt, daß dieses fast vor seiner Nase liegende Land sich eigentlich in unerreichbarer Ferne befand.

Um so beglückter war er, als er ein halbes Jahr später erfuhr, daß sein Besuch nunmehr willkommen sei. Dabei schrieb ihm sein Brief-Freund, wie Alexander den Psychiater Mergels inzwischen für sich nannte, er freue sich, ihn als seinen persönlichen Gast bei sich zu Hause aufnehmen zu dürfen. Dem handschriftlichen Brief lag das lang erkämpfte Visum, eine Zeichnung des Weges von der Autobahn-Ausfahrt bis zu Mergels' Wohnung und das vorgesehene Programm in Stichworten bei. Am Ende seines Briefes griff Mergels noch eine wissenschaftliche Behauptung aus Alexanders letztem Schreiben auf, setzte ihr einige trockene Antithesen entgegen und schloß damit, daß ja schließlich »bald Gelegenheit sein wird, uns über dieses Thema in freundschaftlichem Kampf auseinanderzusetzen.«

An einem Regentag fuhr Alexander über die Grenze, mit Manuskripten und zwei Flaschen Rheinwein im Gepäck, über die er sich am Zoll genauestens auszuweisen hatte. Er fuhr auf holprigen Straßen, zum Teil noch mit Kopfsteinpflaster, übers Land, das ihm zwar ungepflegter, aber auch urwüchsiger als die ihm vertraute Umgebung erschien. Er kam durch Städte, an denen er erst merkte, wie herausgeputzt sie zu Hause manchmal waren. Schließlich brachte er auf dem morastigen Parkplatz einer noch im Bau begriffenen Vorstadtsiedlung von Hochhäusern seinen Wagen zum Stehen und suchte mit dem Zettel in der Hand nach der ›Willi

Weidelstraße‹, die wie viele andere nach einem antifaschistischen Widerstandskämpfer benannt war. Als er schließlich an dem richtigen, wie eine Steckrübe in die Höhe ragenden Betonklotz angelangt war und nach Betreten der niedrigen Eingangshalle erst einmal fassungslos vor einer Klingel- und Sprechanlage mit über hundert Knöpfen und Namensschildern stand, entdeckte er irgendwo auch den Namen seines Gastgebers. Er fand heraus, daß die Zahlen 5 und 3 nach der Hausnummer 14 einmal die Etage und zum anderen die Wohnungsnummer bedeuteten. Als er sich zum Aufzug begab, wartete schon die nächste Überraschung auf ihn. Die Tür des Fahrstuhls schloß sich nicht, so oft er auch auf den gewünschten Etagenknopf drückte. Dann bemerkte er, daß sich der Fahrstuhl offenbar erst schloß und in Bewegung setzte, wenn auch ein zweiter Knopf betätigt wurde.

Mit Schweißperlen auf der Stirn, sich am Griff seiner Reisetasche festklammernd, stand Alexander schließlich am Ziel, vor einem Messingschild mit dem Namen Dr. Mergels, und klingelte. Sekunden nur vergingen. Er konnte gerade noch mit Verwunderung ein mit mehreren Paar Schuhen besetztes gelbes Plastikkörbchen am Boden entdecken, da öffnete sich die Tür, und im Rahmen stand Klaus Mergels. Fast ungehörig lange standen die beiden einander schweigend gegenüber und starrten sich an. Es war, als hätte sich in Bruchteilen von Sekunden der eiserne Vorhang zwischen ihnen aufgelöst, so daß nichts mehr im Wege stand, endlich zueinander zu kommen. Alexander glaubte in den Augen seines Gegenübers dasselbe zu lesen, was er in diesem Moment empfand.

Dieser knabenhaft aussehende Enddreißiger hatte also in seinen Briefen immer eine forsche Tonart angeschlagen, so daß Alexander sich eine energische Persönlichkeit darunter vorgestellt hatte. Was er hier sah, war ein kleiner Mann mit einem runden, von langem schwarzem Haar umrahmten Gesicht und einem hilflosen Lächeln hinter seinen Brillengläsern. Schließlich fanden beide den Übergang zu einer ersten zögernden Begrüßung. Mergels führte seinen Gast durch einen schmalen Korridor zur kleinen Wohnstube und bot ihm auf einem Plüsch-Konfektionssofa Platz an.

»Nun ist es also endlich soweit. Es hat ja wirklich lange gedauert, bis die letzte Instanz ihr Placet gegeben hat. Aber ich habe halt immer wieder nachgebohrt, bis es schließlich doch noch geklappt hat.« Mergels lächelte stolz über seinen Erfolg. Alexander entdeckte dabei einen harten Zug in seinem Gesicht, den er nicht recht zu deuten wußte. Sprach Ehrgeiz oder gar Verschlagenheit daraus?

»Ich freue mich, endlich die Klinik und die Psychiatrie bei Ihnen kennenzulernen«, antwortete er. »Man wird ja betriebsblind, wenn man zu lange im eigenen Laden sitzt und sich nicht auch einmal anderweitig orientiert. Hinzu kommt, daß bei uns in Gattersleben Schwierigkeiten aufgetreten sind, Konflikte mit dem dortigen Direktor, der sich längst fälligen Krankenhausreformen widersetzt. Ich bin froh, hier Abstand von der ganzen Angelegenheit bekommen zu können.«

»Das ist doch Direktor Reuther, nicht wahr?« fragte Mergels mit spürbarem Staunen, das er jedoch zu verbergen suchte. »Der war vor zehn Jahren auch einmal bei uns zu Besuch. Er wirkte damals recht fortschrittlich und berichtete von der Realisierung der therapeutischen Gemeinschaft in seiner Klinik. Aber das ist lange her.«

»Er ist eben durch und durch eingefleischter Psychoanalytiker«, seufzte Alexander.

»Ja, das merkte man damals auch. Übrigens, es gibt bald Abendbrot, aber ich darf Ihnen doch sicher schon etwas zu trinken anbieten. Vielleicht ein Bier? Sie brauchen ja heute nicht mehr zu fahren...«

»Zu fahren?« fragte Alexander erstaunt.

»Ja, bei uns herrscht absolutes Alkoholverbot am Steuer, sonst gibt es Fahrerlaubnis-Entzug.«

»Fahrerlaubnis?«

»Ja. Ich weiß, bei Ihnen heißt es Führerschein. Bei uns aber hat das Wort Führer nirgends mehr Platz. Auch nicht im Auto.«

Alexander bemerkte hinter Mergels' Brillengläsern ein kaltes Blitzen sowie den Ausdruck verkniffener Strenge. Dann aber gewann er die Weichheit zurück, die Alexanders erster Eindruck von ihm gewesen war.

»Ich möchte auf Ihre Publikation in den ›Sozialpsychiatrischen Nachrichten‹ zurückkommen, die ja der Ausgangspunkt unserer jetzigen Begegnung gewesen ist. Sie machen sich kaum eine Vorstellung, wieviel...«, Mergels erhob sich, offenbar um das angekündigte Getränk zu holen, »wieviel in unserer Klinik darüber diskutiert worden ist.« Nach wenigen Augenblicken war er wieder da und reichte Alexander ein halb gefülltes, vor Schaum fast überquellendes Glas.

»Ah, das schmeckt vorzüglich, das hat eine charaktervolle Würze, ganz anders als bei uns.« Alexander leckte sich anerkennend nach dem ersten tiefen Schluck den Schaum von den Lippen.

»Was die Kollegen an Ihrem Konzept besonders interessiert, sind die praktischen Anwendungsmöglichkeiten. Wir haben schon seit einiger Zeit versucht, mit den Patienten im Sinne der klassischen Gesprächspsychotherapie zu arbeiten, die an der Leibniz-Universität angewandt wird. Aber wir kommen da nicht sehr weit. Ihre Vorgehensweise scheint uns da besser zu greifen, und Sie berichten ja auch von handfesten therapeutischen Erfolgen.«

»Na ja«, entgegnete Alexander, der merkte, daß es ernst zu werden begann. »Unsere Methode ist ein Konflikt- und Problemlösungsmodell mit zwar eingebauten gesprächstherapeutischen Elementen, aber gleichzeitig mit sozialen und gesellschaftlichen, ja gesellschafts-*politischen* Zielsetzungen, die weit über die Gesprächstherapie amerikanischer Provenienz hinausgehen. Das theoretische Gerüst unseres Modells hat sich sehr langsam entwickelt. Es ist das Ergebnis unserer jahrelangen Auseinandersetzung mit der verzweifelten Situation der Anstaltspatienten, an der nach unserer Auffassung das kapitalistische System schuld ist. Und mit einer Therapie der Trostpflästerchen ist dem nicht beizukommen. Der eigentliche Durchbruch zu den politischen Dimensionen dieses Modells zeigt sich freilich erst in meinem von Ihnen erwähnten Aufsatz. Da beziehe ich mich einerseits auf gesellschaftskritische Autoren im Bereich der Therapie, andererseits aber auch auf allgemein marxistische Gesellschaftstheoretiker wie Herbert Marcuse oder Habermas.«

Hier räusperte sich Mergels nervös, kniff seine Lippen zusammen und machte Froschaugen, aus denen Alexander nicht klug wurde.

»Nun, diese gesellschaftspolitischen Ansprüche...«, das klang leicht abwehrend. »Sie sagten eben ›marxistisch‹ ... Diese Seite Ihres Modells ist bei uns ebenfalls diskutiert worden. Ich denke, wir sollten die Frage bald in einem größeren, offizielleren Kreis ansprechen.«

Und formeller fuhr er fort: »Ich darf Ihnen vielleicht bei dieser Gelegenheit schon mitteilen, was wir für morgen abend geplant haben, und Sie nach Ihrem Einverständnis fragen. Wir wollten mit mehreren Mitarbeitern unserer Klinik und Professor Heller in der Gaststube des ›Hauses der Solidarität‹, bei uns einfach ›HDS‹ genannt, eine zwanglose Zusammenkunft abhalten, bei der wir über unsere Arbeit reden können.«

»Ich freue mich darauf. Und gibt es tagsüber schon ein festes Programm?«

»Ja, das ist wichtig.« Mergels Ton wurde immer offizieller. »Sie müssen sich unbedingt als erstes bei der Sicherheitspolizei anmelden. Das verlangt das Meldegesetz. Ich sage Ihnen noch genau, wo sie ist. Danach kommen Sie am besten gleich in die Klinik, um Direktor Heller zu begrüßen. Reden Sie ihn einfach mit ›Herrn Heller‹ an. ›Professor‹ gibt's bei uns nicht. Und was wir in den nächsten Tagen machen, können wir beim Abendbrot besprechen. Ich schlage vor, daß wir jetzt hinübergehen. Es ist höchste Zeit, daß Sie meine Frau und meine Kinder kennenlernen.«

Alexander rätselte noch lange über Mergels' nervöses Hüsteln bei der Erwähnung des marxistischen Gedankenguts. Erst am nächsten Abend im besagten Gästeheim der Universität, in rustikaler Atmosphäre bei Braten und Bier, verstand er, was es bedeutet hatte.

Man begegnete dem Gast aus der Bundesrepublik zwar mit Respekt wegen seiner Verdienste um die therapeutische Gruppenarbeit. Aber es war nicht leicht zu unterscheiden zwischen der Bewunderung seiner fachlichen Leistung und der Ehrfurcht vor seiner Herkunft, sowohl familiär als auch geographisch, kam er doch aus einem Land, das durch die politischen Umstände für alle Anwesenden schon seit langem unzugänglich war. Andererseits nahm man Alexander auch tüchtig in die Zange, als er unbekümmert seine emanzipatorischen Theorien von der schrittweisen Veränderung der Gesellschaft durch therapeutisch-erzieherische

Gruppenarbeit ausbreitete und sich auch noch einbildete, mit der offiziellen Ideologie seines Gaststaates übereinzustimmen. Aber Alexanders Gesprächspartner, in der marxistisch-leninistischen Lehre hinreichend geschult, machten dem jungen Eiferer höflich, aber eindringlich den entscheidenden Unterschied zwischen Individuum einerseits und Gesellschaft, Staat und Partei andererseits klar. Sie hoben jedoch diesen Unterschied so sehr heraus, sprachen von sogenannten ›dialektischen Spannungen‹ oder gar ›Zerreißproben‹ zwischen Individuum und Gesellschaft, daß Alexander wiederum eine versteckte Kritik an ihrem eigenen Regime herauszuhören meinte und sich in der Richtigkeit seiner Anschauung eher bestätigt fühlte.

Mergels, übrigens an diesem Abend mit einem für die hiesigen Verhältnisse hocheleganten roten Jeans-Anzug angetan, gehörte zu den wenigen, die kein einziges Wort sagten. Er saß vornübergebeugt dicht neben Alexander, lauschte angestrengt und hatte eine lauernde Miene aufgesetzt, als sein Nachbar seine Ansichten von sich gab. Alexander fühlte sich dadurch verunsichert, vielleicht aber auch zu seinem eigenen Vorteil gebremst, seine Gedanken allzu kühn und unbesonnen zu äußern. Offenbar fühlte sich Mergels dafür verantwortlich, daß sein Gast trotz aller Narrenfreiheit, die er hier genoß, nicht mit allzu extravaganten Thesen auffiel.

Wie Alexander tags darauf erfuhr, war dieser Abend trotzdem ein Erfolg für ihn gewesen. Und auch während der folgenden, mit einem reichhaltigen Besucherprogramm ausgefüllten Tage kam man sich immer näher. Alexander war beeindruckt von der fortschrittlichen, sehr patientenbezogenen Arbeitsweise dieser Klinik, die offenbar zu den besten des Landes gehörte. Baulich ließ sie sicherlich zu wünschen übrig. Denn sie fristete ihr Dasein statt im Bereich der Universitätsklinik in einem der baufälligen Backsteinhäuser der riesigen, an Gattersleben erinnernden psychiatrischen Bezirksanstalt in der Vorstadt. Um so mehr war die straffe Klein- und Großgruppenarbeit zu bewundern, die mit sozialtherapeutischem Elan, wenngleich ohne erkennbare methodische Systematik, durchgeführt wurde. Auch um die Wiedereingliederung des entlassenen Patienten in die Gesellschaft schien es nicht schlecht zu stehen. Ein Rehabilitations- und Arbeitssicherungsgesetz aus dem

Jahre 1969 bot dafür eine äußerst günstige Grundlage. Danach waren sämtliche Produktionsbetriebe des Landes verpflichtet, jeden an seinen Arbeitsplatz Zurückkehrenden wieder aufzunehmen, wenn nicht ein ausdrücklich anders lautendes ärztliches Attest vorlag. Alexander war besonders beeindruckt von einem Vorfall in einem volkseigenen Betrieb, in dem ein Sozialarbeiter der Klinik einen dortigen Brigadeleiter energisch an seine Schutz- und Aufsichtspflichten gegenüber einem eben entlassenen Alkoholkranken erinnerte – ein Vorgang, von dem Alexander in Gatersleben niemals auch nur zu träumen gewagt hätte.

Kurzum. Am Ende der zehn Besuchstage herrschte Übereinkunft zwischen Alexander und seinen neugewonnenen Freunden, daß dies nicht sein letzter Besuch gewesen sein sollte und es für beide Seiten ein großer Gewinn wäre, wenn Alexander diese aufnahmebereite Ärzteschaft in seiner Therapie-Konzeption unterrichten würde. Und man beschloß, für das kommende Frühjahr einen zweiwöchigen Aufenthalt für ihn zu beantragen, in dem der Ausbildungskurs stattfinden sollte.

Während dieses Besuchs, ein halbes Jahr später, zeigte ihm Mergels wieder seine beiden Gesichter: das amtliche, von Disziplin und Ehrgeiz bestimmte und das private, gemütvoll zarte. Geradezu gerührt war Alexander, als Mergels und seine Frau am letzten Abend – es war am Gründonnerstag – ihren Gast gleichsam als Krönung des gelungenen Kurses zu einer Festaufführung von Bachs Matthäus-Passion mitnahmen. Es sang die weltberühmte Clemenskantorei, ein von christlicher Tradition geprägter Knabenchor, der soeben unter seinem Kantor Vopan von einer Japan-Tournee zurückgekehrt war. Der Staat duldete ihn, ja in gewisser Weise förderte er ihn sogar. Und schon als die in schwarze Matrosenanzüge gekleidete junge Schar der Clementinen, wie man sie im Volksmund zu nennen pflegte, in dem großen Eingangschor ›Kommt ihr Töchter, helft mir klagen‹ mit ihrem engelreinen Gesang von der Empore herab den Kirchenraum erfüllte, bemerkte Alexander bei seinem neben ihm sitzenden Freund eine geradezu religiöse Andacht. Ratlos fragte sich Alexander, welche Bewandtnis es denn mit dieser frommen Haltung habe. Eigentlich kannte er sie nur bei Menschen, die von Kindheit auf im christlichen Geist erzogen worden waren. Vielleicht würde sich, so dachte er, Gelegenheit dazu ergeben, den Dingen bei seinem nächsten Aufenthalt auf den Grund zu gehen.

Dieser dritte Besuch erstreckte sich gleich auf ein halbes Jahr. Alexander hatte bis zuletzt nicht daran geglaubt, daß die Hürden für eine so lange Zeit tatsächlich genommen würden. Immerhin mußte er als Ausländer mit seinen Vorlesungen und Pflichtseminaren in den Universitätsplan integriert werden. Außerdem gab es noch andere Fragen zu lösen, wie die Auszahlung eines Monatsgehaltes in nichtkonvertierbarer Landeswährung, die Beschaffung einer Wohnung sowie die Organisation eines Dauervisums. Er verspürte freilich keinerlei Eile, zumal er nach seinem gewaltsamen Abschied von der Gatterslebener Klinik als Hochschulassistent an der Universität Medizinstudenten psychiatrisch und psychologisch zu unterweisen hatte.

Und schließlich – etwa fünf Monate nach Alexanders zweitem Besuch – war es soweit. Schnell wurden die letzten Vorbereitungen für seine Ankunft getroffen: Einerseits wollte man dem geachteten Kollegen bestmögliche Behaglichkeit bieten, andererseits sollte er offenbar vor einer allzu großen Nähe zur Bevölkerung abgeschirmt werden. Für beides sorgten praktisch dieselben Personen, allen voran natürlich Klaus Mergels als Alexanders bisher engster Vertrauter.

Alexander ließ sich von seiner Universität beurlauben. Er fuhr an einem sonnigen Herbsttag los und meldete sich nach seiner Ankunft in der Gast-Klinik, um gleich in seine neue Unterkunft geführt zu werden. Er war noch etwas verstört von der Reise, da er wenige Minuten nach dem Grenzübertritt auf der Autobahn in eine Radarfalle geraten war und wegen einer, wie ihm vorkam, lächerlichen Geschwindigkeitsüberschreitung gleich einen dreistelligen Betrag aus seinem kostbaren Vorrat an heimatlichen Devisen entrichten mußte. Seine dem Polizeibeamten gegenüber geäußerten ›Ich-Botschaften‹ im Sinne seines Modells hatten ihm dabei freilich nicht das geringste genützt, denn die Angelegenheit war ganz und gar zugunsten des anderen gelöst worden.

Alexanders Logis befand sich in einer Art Gäste-Dépendance der Universität. Sie lag in einem ehemals sehr vornehmen Vorort der Stadt mit vielen ziemlich verfallenen, inzwischen staatlich enteigneten Jugendstil-Villen, umgeben von verwilderten Gärten und abends kaum beleuchteten Straßen. Das Haus, in dem Alexander anderthalb herrschaftliche Zimmer im Erdgeschoß bezog, gehörte bis zum Kriegsende einem Verleger. Ein monströser Schreibtisch aus Eichenholz, der vor zwei riesigen, zum Garten führenden, aber kaum mehr zu öffnenden Balkontüren stand, war offenbar das einzige Überbleibsel aus dieser Zeit. Der Rest des Inventars, Bett und Schränke sowie die mit grellfarbigem Plastik bezogenen Sessel waren Massenware, die in dieser großbürgerlichen Atmosphäre merkwürdig verfremdet wirkte.

Die Eremitage wurde ausnahmslos von ausländischen Gästen bewohnt. Jeder hatte sein eigenes Zimmer, und man traf sich nur in der gemeinsamen Küche oder in einem mit einem Fernseher ausgestatteten Clubraum. Ein offenbar magenleidender Pathologe aus Polen, der täglich etwa um sechs Uhr morgens das Haus verließ und auf dem Frühstückstisch regelmäßig eine beträchtliche Menge Knäckebrot-Krümel zurückließ, sowie ein junger dänischer Kirchenhistoriker, der für einige Monate in irgendwelchen Archiven herumforschen durfte, mit dem sich Alexander ab und zu auf dem Treppenabsatz oder am Hauseingang unterhielt, bewohnten die obere Etage. Ein weiteres Zimmer im Erdgeschoß wurde alsbald einem Kollegen aus dem Irak zugewiesen, von dem Alexander nie erfuhr, welcher Fakultät er angehörte, obwohl er ausgesprochen gesprächig war. Nur brachte er zum Leidwesen aller Mitbewohner nicht nur Unruhe, sondern auch Schmutz und Gestank ins Haus. So war die Küche, in der Alexander gewöhnlich seine Morgen- und Abendmahlzeiten zubereitete, schlechthin unbetretbar, wenn der Orientale dort herumgewirtschaftet hatte. Er hinterließ sie in einem Zustand, daß selbst die abgehärtete alte Haushälterin Schwofel die Hände über dem Kopf zusammenschlug und erschütterte Urlaute in ihrem einheimischen Dialekt ausstieß. Zu allem Unglück brachte dieser unliebsame Nachbar zu jeder Tages- und Nachtzeit ungeniert recht zweifelhafte Gäste mit, die sich überall breitmachten und sich in unaufhörlichem Palaver – offenbar in der Landessprache ihres Freundes – miteinander unterhielten.

Mit seinem zwar aiten, aber immer noch leuchtend gelben Auto begab sich Alexander täglich zur Klinik ans andere Stadtende, vorbei an den überfüllten, kreischenden Straßenbahnen und den vielen kleinen Personenwagen, deren spezielles Motorengeräusch seinen Ohren schon ganz vertraut klang. Als die ersten Herbststürme einsetzten, merkte er, daß irgend etwas mit seinem Wagen nicht stimmte. An einer Tankstelle fand man heraus, daß ein bestimmtes Metallstück innerhalb der Bremsanlage defekt sei und schleunigst ersetzt werden müsse. Bei seiner Beschaffung begann nun eine wahre Odyssee, die sich auf mehrere Städte erstreckte und Alexander neue Erfahrungen mit einigen Kollegen machen ließ. Jedesmal, wenn er unverrichteter Dinge zurückkehrte, konnten sie ihre Schadenfreude nicht verhehlen, daß es ihm nun auch einmal wie ihnen erging, wobei er fühlte, daß ihr Spott durch die Scham über ihre eigenen Zustände vermindert wurde.

Alexander lebte sich trotzdem rasch in dieser Fremde ein, sowohl beruflich wie privat. Am meisten daheim fühlte er sich in der Klinik, obgleich er wußte, daß seine Zeit dort begrenzt war. Denn sie war nur ein Teil dieses ihn faszinierenden Gesellschaftssystems, von dem er nie gedacht hätte, jemals so tiefe Einblicke zu bekommen. Ein Vierteljahr etwa, also die Hälfte des vorgesehenen Aufenthaltes, wollte er der Mediziner-Ausbildung und -Weiterbildung in dieser Stadt widmen, um dann auch noch andere Bereiche der psychosozialen Versorgung in diesem Staat kennenzulernen oder gar auf sie einzuwirken. In diesem Sinne war der Besuch von psychiatrischen Einrichtungen überregionaler therapeutischer Verbände, vielleicht auch der einen oder anderen klinischen Abteilung psychologischer Universitäts-Institute vorgesehen.

Auch die Gastgeber beeilten sich, die zur Verfügung stehende Zeit optimal zu nutzen. Alexander führte jetzt neben Vorlesungen und Studentenseminaren nicht nur mehrere Kurse für Akademiker und Pfleger in seinem Konflikt- und Problemlösungsmodell durch, sondern bildete auch eine kleine Elite künftiger Kurs-Trainer – oder wie es hieß: Leitungskader – heran, die später überall im Lande eingesetzt werden sollten. Man stellte ihm alles, was er an Zeit, Technik, Räumen und Hilfspersonal benötigte, ohne weiteres zur Verfügung, auch weil er gleichzeitig eine wissenschaftliche Untersuchung der Effekte und Prozesse seines Modells in verschiedenen Gruppen durchführte. Er strebte sogar einen Ost-West-Vergleich an: Gehen Menschen im kapitalistischen System in Gruppen, die nach diesem Modell geführt werden, anders miteinander um als ihre sozialistischen Nachbarn in derselben Situation? Und wenn ja, wie könnten diese Unterschiede zumindest psychologisch interpretiert werden? Das waren aufregende Fragen. Sie zeigten, daß in dem Modell nicht nur therapeutische und im weitesten Sinn erzieherische, sondern offenbar auch politische Potenzen steckten, vor allem wenn man sich die Anwendung des Modells etwa auf Parteigruppen vorstellte. Und wenn Alexander bei ihrer Beantwortung äußerst behutsam vorging, waren es weniger die wissenschafts-methodischen Probleme, die ihm dabei Kopfzerbrechen bereiteten. Vielmehr begann er, durch Beispiele aus dem Alltagsleben dieses Landes belehrt, allmählich realistischer die Geschicke des einzelnen und die Belange des Staates auseinanderzuhalten. Er verstand immer besser, was seine hiesigen Kollegen während jener ersten Diskussion im ›Haus der Solidarität‹ mit ihren kritischen Bemerkungen zu seiner Emanzipations- und Selbstverwirklichungstheorie gemeint hatten, und wo die eigentlichen Grenzen seines Modells lagen. Schließlich saß ihm noch seine eigene, nicht weit zurückliegende Erfahrung in den Gliedern, die er kurz nach dem Grenzübergang mit jener auf Devisen-Jagd sich befindenden Autobahn-Funkstreife machen mußte.

Am typischsten spiegelte sich für Alexander der betriebliche Alltag in der Krankenhaus-Kantine wider, die in der ehemaligen Anstaltskirche untergebracht war. Dort trafen sich jeden Mittag die Angestellten der Bezirksanstalt und der Universitätsklinik. Von der Essensausgabe am rechten Seitenschiff begab man sich an einen der zahllosen Tische, an denen an sich höchstens vier Personen Platz hatten. Sie waren aber oft mit fünf bis sechs Leuten besetzt, die sich meist mehr auf die Geselligkeit konzentrierten als auf die eher unerfreuliche Kost. Man unterhielt sich nicht nur laut und ungezwungen, sondern schaute auch ständig zu anderen Tischen oder zum Eingang hinüber, um keinen, der kam oder ging, zu versäumen. Der Raum war hell, denn die Kirchenfenster waren inzwischen alle ausgewechselt. Es herrschte eine so starke Gemeinschafts-, ja Familienatmosphäre, daß es auffiel, wenn einer einmal abwesend war, als ob im Gesamtmosaik ein Steinchen fehlen würde. Daß Rangunterschiede dabei nicht die geringste Rolle spielten, Direktor und Krankenschwester, Sekretärin, Fürsorger und Oberarzt an einem Tische saßen, war selbstverständlich. Die mittäglichen Sitzungen zogen sich meist gemütlich in die Länge. Und es gehörte zum Ritus, daß irgend jemand am Ende der Mahlzeit für alle, die es wünschten, Kaffee und Kuchen holte, angeboten auf einer Holzrampe vorne im ehemaligen Altarraum. Das schmackhafte und preiswerte Gebäck wurde in kleine Würfel geteilt und zum gemeinsamen Verzehr in die Mitte gestellt. Alexander saß hier mit den verschiedensten Leuten zusammen. Seine ergiebigsten Gesprächspartner waren zweifellos die sogenannten Dauer-Assistenten, das Stammpersonal der Ärzte und Psychologen.

Dazu gehörte der Schiffsarzt Naujoks, der wieder einmal eines seiner kurzen Gastspiele gab. Dieser aus Ostpreußen stammende unruhige Geist, ein kraftstrotzender, von den Seestürmen ausgebleichter Riesenbär mit meerblauen Augen und einer klotzigen Nase, dessen Gesicht ein wenig an die geschwungene Weite der Kurischen Nehrung denken ließ, war Arzt, Seemann und Schriftsteller zugleich und führte ein entsprechend bewegtes Leben. Manchmal fuhr er Monate und Jahre zur See, wo er sich seinen ärztlichen Aufgaben oder seiner Kunst oder beiden zugleich widmete. Irgendwann erschien dann wieder ein neues Buch von ihm, meistens – wie sollte es anders sein – ein Arztroman. Und mit schöner Regelmäßigkeit meldete sich Kollege Naujoks in der Klinik zurück, an die ihn eine eigentümliche Treue band und die ihn jedesmal wieder aufnahm, bis es ihn erneut in die Ferne trieb. Alexander fühlte diesem Menschen gegenüber Sympathie und eine ihm unerklärliche Anziehungskraft, die ihn Stunden mit ihm verbringen ließ.

Weiterhin gab es noch den Psychologen Mönch. Das war ein schon zum Mobiliar gehörender, nicht mehr ganz junger Mann, der anfänglich wie ein korrekter Beamter wirkte und sich dabei – als überzeugtes Parteimitglied – einen betont proletarischen Anstrich geben zu wollen schien. Sobald man ihm jedoch näherkam, zeigte er eine überraschende Herzlichkeit. Oder da war auch das kleine Fräulein Schmale, Assistenzärztin, schon verwelkendes

Mauerblümchen, das vor Schüchternheit kaum ein Wort hervorbrachte. Man hatte Alexander erzählt, daß sie klug sei und in angesehenen Literatenkreisen verkehre, und er wollte sie immer wieder darauf ansprechen, unterließ es jedoch jedesmal, ohne eigentlich zu wissen, warum.

Eine regelrechte Freundschaft verband Alexander mit Willibald und Annegret Ohnrath, beide auf derselben Abteilung als Therapeuten beschäftigt. Schon bei seinem ersten Besuch, als er noch bei Mergels wohnte, hatte er sie kennengelernt. Mergels hatte ihnen seinen Gast schon am ersten Tag anvertraut, weil er anderweitig beschäftigt war. »Darf ich Ihnen Herrn Doktor P. für einige Zeit an Ihren Busen drücken«, hatte er Frau Ohnrath angetragen, was sich wegen der geradezu walkürenhaften Oberweite der jungen, vital wirkenden Blondine für Alexander fast bedrohlich anhörte. Diese anzügliche Bemerkung hatte wohl die Beziehung zwischen Ohnraths und Alexander unbewußt geprägt, denn Alexander verkörperte zumindest äußerlich das reine Gegenteil von Willibald Ohnrath, der nicht mehr jung war und eher etwas von einem Gartenzwerg an sich hatte.

Als sie bald vertrauter miteinander geworden waren, luden die Ohnraths Alexander zu sich ein, und in gemütlicher Atmosphäre kam schnell das Gefühl auf, sich endlich einmal ungeniert aussprechen zu können. Einerseits waren die beiden darauf erpicht, möglichst viel über das für sie unerreichbare Zuhause ihres Tee-Gastes zu hören und über seine hier inzwischen gesammelten Eindrücke. Umgekehrt erfuhr er Wissenswertes von ihnen: über die Klinik und ihre Geschichte, über die Kollegen und alles, was es so an Klatsch, Intrigen und Affären zu berichten gab. Herr Ohnrath, eigentlich schon zum alten Eisen gehörend, war ursprünglich Lehrer in seinem nahegelegenen Heimatstädtchen gewesen und während der sozialpsychiatrischen Aufbaujahre als Gruppentherapeut eingestellt worden. Er hatte sich autodidaktisch irgendein Therapiekonzept zusammengebastelt. Seine Frau war schon vor ihm als Physiotherapeutin und Mädchen für alles tätig gewesen. Über Klaus Mergels hatten sich die Ohnraths bei dieser ersten häuslichen Begegnung nur sehr vorsichtig geäußert und Alexander lediglich zu verstehen gegeben, daß Mergels offensichtlich bestrebt gewesen sei, ihn während seines zehntägigen Besuches möglichst keine Minute aus den Augen zu verlieren. Er wäre geradezu in Panik geraten, als sich sein junger Gast einmal unabgemeldet auf einen harmlosen kleinen Spaziergang ins Klinikgelände begeben hatte.

Als nach zwei Monaten die Adventszeit nahte, lud Ohnrath bei einem gemeinsamen Mittagessen Alexander dazu ein, am nächsten Sonntag in die Christengemeinde mitzukommen.

»Wir hatten Ihnen schon von unserer Mitgliedschaft erzählt. Es wird im Gemeindehaus ein Krippenspiel aufgeführt.« Dabei schaute er ihn mit seinen kleinen stechenden Augen aufmunternd an.

»Diese Christengemeinde ist eine wohltuende Enklave für uns«, seufzte er.

»Ich weiß. Sie erzählten auch von Ihrer kleinen Tochter und den Schwierigkeiten, die sie deswegen in der Schule hat.«

»Ja, ja.« Ohnraths Stimme klang fast rabiat. »Ich sage Ihnen, unglaublich, diese Schikanen. Aber wir lassen uns dadurch nicht einschüchtern.«

»Was ist das für ein Krippenspiel?« erkundigte sich Alexander.

»Es gehört zu einer Reihe von Krippenspielen, die von einem anthroposophischen Autorenkollektiv verfaßt wurde. Es ist ganz im großen Geist der christlichen Verkündigung geschrieben.«

»Manches hört sich vielleicht etwas fremd an«, warf Frau Ohnrath mit einem teils warnenden, teils entschuldigenden Seitenblick zu Alexander dazwischen, als hätte sie genau gemerkt, wie die letzten Worte ihres Mannes auf ihn gewirkt hatten. Ohnrath schien diese Bemerkung überhören zu wollen.

»Diese Gemeinde hat ein hohes Niveau. Es geht um Werte, die hierzulande einfach nicht mehr gelten, und die wir bewahren wollen: Gefühl, Tiefe, Wahrheit.« Seine Stimme vibrierte.

Alexander wußte zwar schon lange von der Mitgliedschaft der Ohnraths bei dieser seltsamen Sekte, fand jedoch die Vorstellung, sie selber einmal kennenzulernen, durchaus reizvoll.

»Was meinen Sie«, fuhr er nach kurzer Pause fort, »was Herr Mergels wohl sagen wird, wenn er erfährt, daß ich mitkomme?«

Ohnrath zuckte sichtlich zusammen, winkte jedoch sofort mit einer brüsken Handbewegung ab.

»Mergels? Ach der...!« Er schien kurz zu überlegen. »Bei seiner christlichen Vorgeschichte...«

»Christlich?« fragte Alexander verblüfft.

»Ja, natürlich«, trumpfte Ohnrath auf. »Der kann trotz seiner jetzigen politischen Einstellung seine religiöse Herkunft nicht verleugnen. Das steckt in ihm, ob er nun will oder nicht. Wußten Sie nicht, daß er nach dem Krieg als Waisenkind bei seiner Großmutter aufgewachsen ist? Die hat ihn streng christlich erzogen. Später hat das bei ihm dann jäh umgeschlagen. Er ist noch während seiner Tätigkeit als Krankenpfleger, vor seinem Medizinstudium, in die Partei eingetreten – gleichzeitig mit seinem Bruder, der irgendwo in der Nähe ein Stempelgeschäft betreibt. Erster Sekretär der Klinik-Betriebsgruppe ist Mergels erst seit drei Jahren. Inwieweit dieser ideologische Umschwung für ihn ein Gegensatz oder eine konsequente Fortführung seiner religiösen Gesinnung auf anderer Ebene ist, weiß er vielleicht selbst nicht. Ich glaube jedenfalls, daß der Ehrgeiz und die fast krankhafte Karrieresucht dieses Menschen eine wesentliche Rolle bei seinem weltanschaulichen Wechsel gespielt haben. Er weiß natürlich von unserer überzeugten Mitgliedschaft in der Christengemeinde. Aber er würde es nie wagen, auch nur ein Wort darüber zu verlieren. Dafür hat er mit seiner eigenen Vergangenheit nicht gründlich genug aufräumen können.«

Alexander war über diese Neuigkeit zugleich verwirrt und erleichtert, wie einer, dem plötzlich ein Licht aufgeht. Jetzt verstand er viele Einzelheiten aus seinen Begegnungen mit Klaus Mergels, die ihm Rätsel aufgegeben hatten. Sie waren nun einzuordnen, er ahnte sogar, daß diese neue Sicht der Dinge ihm vielleicht zur Klärung einiger Ungereimtheiten bezüglich dieses ganzen Staates, von dem Mergels nur ein Abbild bot, verhelfen konnte. Besonders Mergels' Benehmen während der Matthäus-Passion, das für Alexander in so überraschendem Widerspruch stand zu seiner sonstigen Haltung, wurde ihm jetzt verständlich.

»Würden Sie nicht sagen, daß gerade die im christlichen Glauben Erzogenen in ihrer späteren materialistischen Überzeugung besonders konsequent sind? Steckt nicht schon im Christentum vieles von dem Verantwortungsbewußtsein, das den Vollblut-Marxisten auszeichnet?« fragte er schließlich, mit dem neuen Wissen über Mergels beschäftigt.

»Das, was Sie sagen, auf Mergels anzuwenden, wäre sicherlich ein Euphemismus«, zischte Ohnrath. »Ich sehe da nicht viel Christliches. Seine Strenge und Disziplin würde ich eher als technokratisch, ja gnadenlos bezeichnen. Das hat er schon immer an sich gehabt, seit ich ihn kenne.«

»Er soll schon als Pfleger wegen seiner pedantischen Haltung richtig gefürchtet gewesen sein«, warf Frau Ohnrath wieder mit diesem um Verständnis bittenden Blick dazwischen.

»Und damals, bevor Sie das letztemal kamen«, fuhr ihr Mann fort, »hat uns Mergels angerufen, nur um uns zu sagen, daß wir mit dem Gast aus dem Westen keine allzu engen Kontakte pflegen sollten.«

Diesmal war es Alexander, der zusammenzuckte. Er fühlte sich von seinem Betreuer übergeordneten Parteiinteressen preisgegeben. Um seine Betroffenheit nicht zu zeigen, brachte er das Gespräch in eine allgemeinere Richtung.

»Was ich über die sozialistische Disziplin und ihre Wurzeln im Christentum gesagt habe, wollte ich nicht nur auf Mergels beziehen. Ich meinte damit eigentlich Grundsätzlicheres: eine Haltung, die ich in der hiesigen Bevölkerung recht verbreitet sehe, die sich in vielen Alltagssituationen zeigt – ganz anders als bei mir zu Hause. Dieses Gemeinschaftsbewußtsein, die Fähigkeit, individuelle Bedürfnisse zurückzustellen, sofort einzuspringen, wenn Not am Mann ist, wird dem Bürger hier so früh eingeimpft, daß es ihm zur Selbstverständlichkeit wird ...«

Inzwischen war die akustische Verständigung durch die ansteigende Lautstärke ringsum erheblich erschwert. Anscheinend war auf mehreren Krankenstationen gleichzeitig die Mittagspause angebrochen, denn ganze Heerscharen in weißen Kitteln schwärmten durch die Glastür herein, stellten sich an zur Essensausgabe und verteilten sich mit ihrem Eßgeschirr klappernd an die umstehenden Tische. Alexander nahm sich vor, das Gespräch nicht mehr allzu lange auszudehnen.

»Ich denke, daß auch materielle Einschränkungen den Zusammenhalt fördern. Der Überfluß bei uns im Westen wirkt ausgesprochen demoralisierend. Hier aber ist die Freude, nach langem Suchen endlich zu den ersehnten Badezimmerkacheln oder dem Lampenschirm zu gelangen, um so größer.«

»Na ja, ich glaube, man könnte seine Kreativität etwas sinnvoller einsetzen als ausgerechnet auf diese Weise«, konterte Ohnrath belustigt, offenbar geschmerzt durch eigene Erfahrungen.

»Außerdem habe ich in den zwei Monaten die Beobachtung gemacht, daß die Menschen in ihrer Freizeit viel mehr geselligen Kontakt pflegen als bei uns, wo jeder seinen eigenen Interessen nachgeht, und durch das Konkurrenzdenken und die Profitgier die Vereinsamung des Menschen ja direkt vorprogrammiert ist.«

»Finden Sie?« fragte Ohnrath erstaunt. »Ich habe eher den Eindruck, daß die Menschen sich hier abends erst recht ins Privatleben flüchten, nachdem sie tagsüber genug Kollektives über sich ergehen lassen mußten. Man ist froh, in seinen eigenen vier Wänden die Pantoffeln anziehen, sich vor den Fernseher setzen und das Alleinsein genießen zu können.«

»Das kommt darauf an, in welcher Relation man das sieht«, entgegnete Alexander, nicht locker lassend. »Mir scheint, Sie merken oft gar nicht mehr, welche Rolle die Gemeinschaft bei Ihnen auch im Privatleben spielt, weil Ihnen eben alles schon in Fleisch und Blut übergegangen ist. Und wenn's auch oft nur zweckgebundene Zusammenkünfte sind, nachbarschaftliche Hilfeleistungen oder Tausch-Aktionen über Zeitungs-Kleinanzeigen: ›Tausche alten Elektroherd gegen Wellensittich‹ und so. Selbst den Dingen, die als lästige Pflichten angesehen werden, verstehen manche oft ganz positive Seiten abzugewinnen. Wie oft habe ich Leute schimpfen hören: ›Ach, heute abend schon wieder Brigade.‹ Und am nächsten Tag sagten sie: ›Es war eigentlich doch ganz schön.‹«

Ohnrath hörte ihm mit immer ärgerlicherer Miene zu, runzelte die Augenbrauen und sagte heftig:

»Ich bin schon bald ein alter Mann. Wenn ich unseren Alltag betrachte, dieses graue Einerlei, diese Langeweile und Einfallslosigkeit, und wenn ich das mit früheren Zeiten vergleiche... Ich meine, man kann gegen den Nationalsozialismus... mit Recht... sagen, was man will, aber eines muß man ihm doch lassen: Schneid, Begeisterung und Schwung waren dort immer zu spüren.

Da war, egal, wieviel Schlechtes auch dabei war, wenigstens etwas los. Aber heute?«

Dies reichte Alexander. Für heute hatte er in der Tat genug Gemeinschaft mit den Ohnraths gepflegt. Daß es wegen des weiterhin anschwellenden Lärms im Speisesaal ohnehin an der Zeit war, die Tafel aufzuheben, kam ihm ausgesprochen gelegen.

Erleichternd und erschwerend zugleich war für Alexander der Umstand, daß er ein sogenanntes Mehrfach-Visum hatte, das ihm erlaubte, so oft ein- und auszureisen, wie er wollte. Da Elisabeth nicht mitgekommen war, fuhr er in diesem halben Jahr ungefähr zweimal im Monat über ein verlängertes Wochenende nach Hause, um den beruflichen und persönlichen Kontakt nicht zu verlieren. Seine Ruhelosigkeit hatte also nicht nur berufliche Gründe, sondern war auf eine viel tiefer sitzende innere Zerrissenheit zurückzuführen, zumal er in seinem Gastland ein andersartiges Lebensgefühl zu entwickeln begann.

In diesem Sinne war es für ihn zwar angenehm, am Freitag für drei Tage ›nach drüben‹ zu fahren. Aber jedesmal kam dieser Wechsel einer inneren Zerreißprobe gleich, so stark spürte er den Unterschied zwischen diesen beiden Welten. Er brauchte mindestens einen Tag, um sich an die neuen Verhältnisse zu gewöhnen. Es war für ihn fast qualvoll, wenn er im Westen diese ihm jetzt ausdruckslos vorkommenden, zufriedenen Gesichter sah, wenn er vor den vollgepfropften Regalen eines Supermarktes stand und sich bei dem Überangebot überhaupt nicht mehr zu orientieren wußte. Erst recht kam dieses Gefühl in ihm hoch, wenn er an gelegentlichen Geselligkeiten teilnahm, die im Vergleich zu drüben hauptsächlich von Kompetenzgerangel und belanglosem Gerede beherrscht waren. Kaum hatte er sich zu Hause mühsam umgestellt, reiste er schon wieder ab und mußte sich auf Kargheit und bedrükkende, aber auch verbrüdernde Enge einstellen. Bei diesem entnervenden Hin und Her, bei dem ständigen Wiedersehen und Abschied von Elisabeth, fürchtete Alexander jedesmal den Boden unter den Füßen zu verlieren. Er wußte in diesen Augenblicken manchmal gar nicht mehr, wer er eigentlich war und wo er aus welchem Grunde sich gerade befand. Um so notwendiger erschien es ihm, sich diesem aufreibenden Pendelverkehr zu stellen, um den Verwirrungen allmählich immer besser gewachsen zu sein.

Der erste Abschnitt seines Besuches ging vor Weihnachten zu Ende. Die Adventszeit brachte ihm unerwartete Eindrücke. Er war erstaunt, mit welch schlichter Frömmigkeit die vorweihnachtlichen Wochen begangen wurden. Ob er den dürftig, aber liebevoll hergerichteten Weihnachtsmarkt in der Altstadt besuchte oder die mit Adventskränzen geschmückten Wohnhäuser betrat, aus denen oft die Klänge des von der Clemenskantorei aufgeführten Bachschen Weihnachts-Oratoriums drangen; ob er in die weihnachtliche Feier eines Betriebes geriet, bei der unter den Mitarbeitern kleine Geschenke ausgetauscht wurden – überall kam ihm eine herzerwärmende Feststimmung entgegen, die frei blieb von dem kommerziellen Rummel, der ihm nur allzu gut bekannt war.

Die öffentlichen Veranstaltungen während dieser Zeit, zu denen er von seinen Bekannten mitgenommen wurde, gaben ihm Einblick in das kulturelle Leben dieses Landes, das keineswegs einen Schlußstrich unter seine Vergangenheit gezogen hatte. Im Gegenteil, auch hier wurde Ernst gemacht mit dem Prinzip der dialektischen Aufhebung alles Gewesenen in das Heute hinein. Das Erbe bürgerlicher Kunst wurde als ein für die sozialistische Gegenwart bedeutsamer, schöpferischer Vorgriff sorgfältig konserviert. Ein Beispiel dafür, das ihm eindrucksvoller schien als jenes anthroposophische Krippenspiel in Ohnraths Christengemeinde, war das traditionelle Auftreten der Clementinen zur samstäglichen Vesperzeit in der stets vollbesetzten Clemenskirche. Nicht nur von weitem genoß er die herrlichen Konzerte, mit Hilfe eines mit einer Kollegin verwandten Musikwissenschaftlers bekam er sogar Zutritt zu einer Chorprobe, die unter der Leitung von Kantor Vopan in dem Internat der Knaben stattfand. Sie studierten gerade ein 1945 unter dem Eindruck der Zerstörungen des Krieges geschriebenes Chorwerk eines ansässigen Komponisten ein, das in Alexanders Ohren nach Brahms klang, aber auch die würzige Luft mitteldeutscher Gebirgszüge ahnen ließ.

Alexander lernte außerdem die vorweihnachtliche Atmosphäre einiger Bürgerhäuser kennen. Durch jene Kollegin wurde er bei einer Musikerfamilie eingeführt, die auf eine Ahnenreihe berühmter Pfarrer zurückblickte. Ziemlich alle Instrumente, die man sich denken kann, wurden in diesem Haus teils beruflich, teils auf Liebhaber-Niveau gespielt. Auch eine junge, am Anfang einer beachtlichen Karriere stehende Sängerin gehörte zu diesem Kreis. Alexander ging dort ein und aus und beteiligte sich auch selbst dann und wann, um seine pianistischen Fähigkeiten aufzufrischen, am eifrig ausgeübten Musizieren. Unvergeßlich blieb ihm eine Soirée kurz vor Weihnachten, auf der Mitglieder des Rundfunkorchesters und Laien unbefangen miteinander spielten. Sie improvisierten und geigten und bliesen schließlich ein wunderschönes, an sich für acht Singstimmen gedachtes Adventslied zusammen.

In jenen Wochen machte Alexander auch Bekanntschaft mit kleineren Zirkeln, die sich bewußt an den Rand oder gar außerhalb des gesellschaftlichen Systems stellten. Diese Menschen gingen zwar tagsüber ihrer Beschäftigung in der psychiatrischen Klinik nach, wo sie ihm gelegentlich schon durch sonderbare Bemerkungen aufgefallen waren. In ihrem Privatleben aber war ihnen nichts zu extravagant. Sie richteten ihre Wohnungen ausgefallen ein, gaben ihren Kindern ungewöhnliche Namen und hatten Umgang nur mit ihresgleichen. Die eigentlichen Verrücktheiten, nach denen sie trachteten, spielten sich freilich mehr in ihren Köpfen ab als in der Wirklichkeit, da es in diesem Lande der begrenzten Möglichkeiten unmöglich war, sie in die Tat umzusetzen. So träumten sie zum Beispiel von besonders gearteten Wohnkommunen, rauschhaften Liebesgemeinschaften und noch abgelegeneren Dingen. Aber sie beließen es dabei, sich während ihrer regelmäßigen Zusammenkünfte bis zur Erschöpfung gemeinsam auf diese Fantasiereisen zu begeben.

Eines Abends fand sich Alexander in diesem Kreis. Er war – zusammen mit vielen anderen – eingeladen worden und hatte sich ahnungslos hinbegeben. Im Schein bengalischer Kerzen und auf großen Ohrenkissen am Boden sitzend, mußte er naive Fragen nach den Alternativgruppen in seinem Lande beantworten, wobei die Unwissenheit über sein Zuhause ihn zunehmend ärgerte, um so mehr, als er spürte, daß seine Richtigstellungen auf taube Ohren stießen. Im übrigen stellte er fest, daß sich überraschend viele seiner jüngeren Kollegen gegenüber diesen Untergrund-Parties als recht anfällig zeigten und sich in diskreten Abständen an den Séancen beteiligten. Unter den Gästen befand sich auch Fräulein Schmale, das früh alternde, schüchterne Mädchen, das offenbar eine Alexander bisher entgangene Neigung zu exzentrischer Ausschweifung in dieser Art von Geselligkeit ein wenig ausleben konnte.

Beruflich glückten Alexander in der ihm verbleibenden Zeit nicht nur alle seine Vorhaben, sondern es ergaben sich zusätzliche Pläne, an deren Verwirklichung er noch Monate vorher niemals zu denken gewagt hätte. Um die Jahreswende gehörte das Konflikt- und Problemlösungsmodell bereits sowohl in seiner Klinik als auch in verschiedenen psychiatrischen und psychotherapeutischen Einrichtungen in Stadt und Land zum festen Bestand. In der zweiten Halbzeit schwärmte er zusammen mit seiner zehnköpfigen Ausbildergruppe in die größeren Städte, auch in die Hauptstadt, aus, um öffentliche Kongresse und Sondertagungen zu besuchen. Man wollte ihm wohl den Eindruck vermitteln, daß dieser nationale Siegeszug seines Modells ausschließlich seiner Initiative zu verdanken sei, obwohl es sicher auch im offiziellen Interesse lag, eine sich als effizient erwiesene Heil- und Erziehungsmethode in der Öffentlichkeit vorzuzeigen.

Daß Alexander aus einer auch hierzulande hochgeachteten Familie stammte, spielte dabei sicherlich eine nicht unbedeutende Rolle, obgleich nie darüber gesprochen wurde. Wichtiger aber war, daß er, unter anderem angestachelt durch jene erste kritische Diskussion über sein Modell im ›Haus der Solidarität‹, seine bislang etwas wackligen theoretischen Fundamente inzwischen gründlich revidiert hatte.

Pate gestanden hatte dabei das auch in der westlichen Fachwelt bekannte sogenannte Tätigkeitskonzept des Moskauer Psychologen A.N. Leontjew, in dem auf der Grundlage dialektisch-materialistischer Philosophie versucht wird, auf eine ganzheitliche und praktisch orientierte Persönlichkeitsauffassung hin zu arbeiten. Nach Alexanders Meinung bot es eine Chance, auch das therapeutische Handeln in allen Einzelheiten neu zu überdenken und die methodischen Vorgehensweisen seines Modells übergreifenden gesellschaftlichen Leitzielen zuzuordnen, wie es übrigens im östlichen

Psychotherapie-System bisher noch nicht geleistet worden war. Bei seinem Rückgriff auf das sowjetische Tätigkeitskonzept eignete sich Alexander freilich unversehens eine von der marxistisch-leninistischen Ideologie bestimmte Sehweise an, und es wurde ihm immer klarer, daß er, trotz seiner kritischen Einstellung gegenüber vielen Unzulänglichkeiten seines Gaststaates, in dessen ideologischen Zielsetzungen die Substanz einer künftigen Weltordnung sah.

Die mutig zupackenden sozialpsychiatrischen Erneuerer unter Alexanders Kollegen erblickten in seinen Versuchen die einmalige Chance für eine befreiende Belebung des gar zu engen Therapieverständnisses in ihrem Lande. Andere hingegen, es waren die dem wirklichkeitsfremden, dogmatischen Denken von früher verpflichteten Fachvertreter, warnten vor der Vermischung sozialistischer Therapieprinzipien mit geschickt getarntem kapitalistischem Gedankengut. Sie sahen in Alexanders Modell ein gefährliches Trojanisches Pferd, dessen man sich hierzulande tunlichst zu erwehren habe. »Dieser pseudowissenschaftliche Psychologie-Quatsch«, so meinten sie, »macht unsere Leute nur unruhig und ermutigt sie zu unnötiger und störender Aufmüpfigkeit. Und zu allem versucht dieser hergelaufene Westler, sich bei uns auch noch ideologisch anzubiedern.« Aber diese ängstliche Minderheit wurde alsbald von der großen Gruppe der Experimentierfreudigen zum Schweigen gebracht. Außerdem kehrte man das Argument vom Trojanischen Pferd gegen sie, denn es würde in der Gestalt Alexanders eine Doppel-Funktion ausüben und habe bei seinen regelmäßigen Rückritten in den Westen eine weltanschaulich und wissenschaftlich höchst wichtige Mission zu erfüllen. Alexanders Feinde mußten grollend seiner weiteren ungehinderten Entfaltung in diesem Lande zusehen, und sie schworen sich, diesem Treiben ein Ende zu setzen, sobald sie wieder die Oberhand gewinnen sollten.

In der Gast-Universität ereigneten sich jedoch erst einmal unvorhergesehene Dinge ganz anderer Art: Alexanders bereits in Gattersleben geschriebenes Psychiatrie-Buch über das Modell und seine praktischen Anwendungsmöglichkeiten im kapitalistischen und sozialistischen Gesellschaftssystem war inzwischen erschienen und hatte bei seinen Gastgebern Eindruck gemacht. In einem eher zufällig geführten Gespräch mit Direktor Heller ergab sich der Gedanke einer offiziellen Eingliederung Alexanders in den Lehrkörper der Universität durch seine Habilitation mit diesem gerade veröffentlichten Werk. Beide waren beglückt über diese Idee, die sie sich um so wortreicher ausmalten, je mehr sie sich ihrer Abwegigkeit bewußt wurden. Und als wollte er sich vor einem Fiasko schützen, blieb Heller weiterhin bei seinem leichten Scherzton, als er sich in Einzelheiten darüber verlor, welche staatlichen Instanzen wie und in welcher Reihenfolge mit diesem Ansinnen konfrontiert werden müßten.

Während der kommenden Wochen wußte Alexander überhaupt nicht, ob Heller dieser Frage bei den zuständigen Behörden auf den Grund gehen würde, und war eher bestrebt, das Ganze aus seinem Bewußtsein zu verdrängen. So fiel er aus allen Wolken, als man ihm – etwa einen Monat vor Beendigung seines Aufenthaltes – eröffnete, die Sache sei erfolgreich verlaufen, man habe überall grünes Licht für seine Habilitation erhalten. In der Früh um sechs Uhr sei der entscheidende Anruf erfolgt, und man freue sich von Herzen, Alexander diese Mitteilung machen zu dürfen.

Nun mußte sein Buch erst einmal umgearbeitet und mit theoretischen und empirisch-wissenschaftlichen Ergänzungen aus seinen Untersuchungen erweitert werden, damit es als Habilitationsschrift eingereicht werden konnte. Neben Direktor Heller galt es auch die notwendigen psychologischen Fach-Gutachter zu gewinnen. Einer stand schon fest. Es war der die klassische Form der Gesprächspsychotherapie vertretende Professor August Schumacher an der Leibniz-Universität der Hauptstadt, den man wegen guter, langjähriger Beziehungen schon vorsorglich gefragt und von dem man eine Zusage erhalten hatte. Den akademischen Gepflogenheiten entsprechend mußte sich aber noch ein weiterer an Ort und Stelle lehrender Psychologie-Professor für dieses heikle Unterfangen bereit finden.

Das Verhältnis der Klinik zu dem psychologischen Institut und seinem Direktor Professor Karlheinz Cromme war bisher nur sehr distanziert gewesen. Alexander hatte keinen von dort je zu Gesicht bekommen, so daß neue Kontakte geknüpft werden mußten. Ohne sein Wissen und Zutun wurde eine Veranstaltung im psychologischen Institut organisiert, damit der Habilitand vor der gesamten Belegschaft sein Modell erörtern und zur Diskussion stellen konnte.

Knapp vor Ablauf seines Halbjahresaufenthaltes fand Alexander sich eines Nachmittags im alten Massivbau des psychologischen Instituts ein und ging in einem der gediegen aussehenden, mit Holz getäfelten Seminarräume ans Rednerpult. Der Direktor, hieß es, käme etwas später, er solle ohne ihn anfangen. Von seinen überwiegend jungen Kollegen wurde Alexander freundlich und humorvoll empfangen. Ein Assistent hatte den Vorsitz übernommen und half ihm bei seinen Vorbereitungen, zu denen auch das umständliche Suchen nach einer freien Wandfläche für die Projektion der Diapositive gehörte.

»Nachdem feststeht, daß Herr Kollege P. uns seine Illustrationen links von Genosse Lenin darbringen wird, darf ich die Sitzung eröffnen«, witzelte er, als sie schließlich einen Platz in der Nähe eines riesigen Lenin-Porträts gefunden hatten.

Irgendwann während seines Vortrags bemerkte Alexander im Halbdunkel plötzlich einen etwa Fünfzigjährigen, dessen Augen ihn anzogen, auffallend helle, gescheite Augen, die in seltsamem Kontrast zu einem breiten Gesicht und einer hervorstechenden Hakennase standen. Das konnte kein anderer als Professor Cromme sein, obwohl oder gerade weil er sich bis zum Schluß kein einziges Mal zu Wort meldete und sich Alexander nur mit seinen Augen mitteilte.

Im Anschluß an die Ausführungen wurden überaus kritische Fragen gestellt, die Alexander lebensfremder vorkamen als die seines sonstigen Publikums. Sie wurden in demselben feinsinnig-spöttischen Ton gestellt, den der Diskussionsleiter bereits angeschlagen hatte. Es hatte den Anschein, als kenne man den Geladenen gut und habe ihn schon vor dieser Begegnung ideologisch und wissenschaftlich eingeordnet. Er wußte freilich bis zum Schluß geschickt Rede und Antwort zu stehen.

Später begab man sich noch in die nahegelegene Wohnung des Professors, der sich tatsächlich als jener Herr entpuppte, der so plötzlich im Auditorium aufgetaucht war. Man saß um einen Glastisch herum, in tiefen weichen Fauteuils vergraben, umgeben von kostbaren Mahagoni-Möbeln. Alles war auffallend stilvoll eingerichtet – freilich auch sehr viel beengter, als Alexander es von Professorenwohnungen im Westen kannte. Es gab Tee und das Alexander wohlvertraute ausgezeichnete Gebäck. Doch die eigentliche Entspannung und Zerstreuung, die er sich, ein wenig müde und abgeschlagen, erhofft hatte, blieb aus. Denn die ihn umgebenden jungen Assistenten und Doktoranden des Instituts ließen nicht ab, ihn mit fachlichen Fragen zu bedrängen. Auch die luxuriöse Umgebung konnte sie nicht daran hindern, den illustren Gast mit ihrer unstillbaren Wißbegier auszusaugen.

Neben dem Hausherrn, der zu Alexanders wachsender Verunsicherung weiterhin stumm wie ein Fisch blieb, und den übrigens salopp mit Jeans und bunten Halstüchern gekleideten Kollegen war noch eine junge Psychologin der Universität Tbilisi aus Georgien anwesend. Sie wohnte als Gast bei Cromme und hielt sich in der Küche auf, wohl um eines ihrer Nationalgerichte zuzubereiten. Köstliche Blumenkohl- und Erdnußdüfte drangen herein und schwängerten geradezu unwirklich die nüchterne Atmosphäre des akademischen Wortgeplänkels.

Eine knappe Stunde dieses Hin- und Hergeredes mochte vergangen sein, als Professor Cromme das Wort ergriff. Er lehnte sich umständlich im Sessel zurück und fing mit angenehm sonorer Stimme an zu sprechen:

»Ich habe die ganze Zeit über ein Problem nachgedacht, das mir Ihr Modell aufgibt. Ich würde es Ihnen gerne darlegen und hören, was Sie dazu sagen.«

Schlagartig verstummte ringsum alles. Es war, als ob der König im Rampenlicht stand und die Nebendarsteller sofort zurückzutreten hätten.

»Sie haben heute nachmittag immer wieder darauf hingewiesen, daß bei der Planung und Ausführung therapeutischer Maßnahmen nicht nur logisch-rationale, sondern auch emotionale Aspekte unseres Denkens eine Rolle spielen, die unser Handeln ebenfalls maßgeblich steuern. In den beiden Grund-Dimensionen Ihres Modells sind die emotionalen Gegebenheiten nirgends anschaulich dargestellt. Sehen Sie eine Möglichkeit, diese Antriebsmuster auf einer zusätzlichen dritten Ebene anzusiedeln?«

Dies war ein sehr wesentliches Problem, um das Alexander selber ständig rang, und worüber er eine Menge zu sagen wußte. Er war froh, daß der Professor sich auf diese Frage verlegt hatte. In wenigen Sätzen erklärte er, daß er sich dieser Gefühlsebene sehr wohl bewußt sei, im Interesse der Überschaubarkeit habe er aber auf weitere graphische Differenzierungen innerhalb seines ohnehin recht komplizierten Schemas absichtlich verzichtet.

In diesem Sinne redete er noch eine Weile weiter. Cromme verharrte einige Augenblicke in nachdenklichem Schweigen. Dann machte er eine Bewegung, mit der er auf ihm lastende Spannungen abzuschütteln schien, und sagte in einem freundlichen, ja väterlichen Ton:

»Ich bin von Ihren Ausführungen restlos befriedigt. Das Problem hat sich für mich gelöst. Ich schlage vor, wir gehen zum gemütlichen Teil über und trinken einen schönen Cognac.«

Er erhob sich schwungvoll und schaffte Gläser sowie eine Flasche mit goldenem Inhalt herbei, den er als seltenen, schwer zu erwerbenden sowjetischen Weinbrand ausgab. »Armenische Sorte, die beste, die es überhaupt gibt, besser als französischer Cognac.«

Es wurde in der Tat der gemütliche Teil des inzwischen hereingebrochenen Abends. Die Lampen brannten, die Vorhänge waren zugezogen. Und Karlheinz Cromme wußte in allerlei feuchtfröhlichen Erzählungen geschickt einige Bemerkungen zum weiteren Procedere von Alexanders Habilitation einzuflechten, aus denen hervorging, daß er die Angelegenheit nunmehr rückhaltlos unterstütze.

»Wissen Sie«, erklärte er, »diese Promotionsfeiern hierzulande sind etwas Wunderbares. Da bei uns überwiegend Arbeiter- und Bauernkinder studieren, pflegen die zur Feier geladenen Eltern kaum ein Wort von dem zu verstehen, was vor sich geht. Sie sollten einmal die überglücklichen Gesichter dieser Leute sehen, wenn sie von weither zum Ehrentag ihres Sprößlings angereist kommen, wie gebannt auf ihren Plätzen sitzen und mit hochroten Wangen und vor Stolz glänzenden Augen das Geschehen verfolgen. Promotion und Doktortitel gehören mit zum Höchsten, was es für diese Menschen gibt. Ich selber stamme aus einer Bauernfamilie. Ich erinnere mich, daß meine Eltern furchtbar aufgeregt waren, als ich promovierte. ›Unser Sohn ist jetzt ein Herr Doktor‹, sagten sie. Und das Komische war, daß sie, als ich Professor wurde, kaum mehr Aufhebens davon machten, obwohl dies für mich eigentlich wichtiger war als der Doktortitel.«

Mittlerweile hatte sich auch die georgische Psychologin zu ihnen gesellt, eine stattliche Person, hochgewachsen, mit dunklen Augen, elfenbeinfarbener Haut und hochgesteckten Haaren, die ihr ein stolzes Aussehen gaben.

Alexander, der sich durch den rasch getrunkenen Cognac beschwingt und leichtzüngig fühlte, wollte sie schon fragen, ob in Georgien immer noch die Bilder ihres Landsmanns Stalin hängen würden, besann sich aber eines besseren und erkundigte sich nach bedeutenden russischen Psychologen.

Bald waren die beiden in ein temperamentvolles Gespräch verstrickt, denn sie teilte seine Vorlieben für manche ihrer sowjetischen Wissenschaftler keineswegs und widersprach ihm in ihrem leidlichen Deutsch heftig. Doch schließlich fanden sie sich in ihrer Zuneigung zu Lew Semjonowitsch Wygotski, einem genialen, jung verstorbenen polnisch-russischen Gelehrten, der mit bahnbrechenden, wenngleich fragmentarisch gebliebenen Studien den eigentlichen Grundstein für das materialistische Tätigkeitskonzept gelegt hatte, auf dem auch Alexander sinnvoll hatte aufbauen können.

Sie ergingen sich in allerlei Zitaten und Betrachtungen aus Wygotskis Werk und waren sich einig darin, daß noch kein anderer in seiner wissenschaftlichen Analyse des Verhältnisses von Denken und Sprechen soviel Tiefsinniges ausgesagt habe wie er.

»Den Gedanken könnte man mit einer hängenden Wolke vergleichen, die sich durch einen Regen von Wörtern entleert«, zitierte die Georgierin, und Alexander ergänzte, daß nach Wygotskis Auffassung das Denken keine lautlose Sprache sei, sondern eine eigene vielschichtige Seelen-Qualität habe.

»Aber die letzte und verborgenste Instanz für die Entwicklung der sich in Worte und Sprache verfestigenden Gedanken sind bei ihm die sogenannten Motive, die menschlichen Bedürfnisse, Interessen und Gefühlsimpulse«, fuhr er fort.

»Diese Willens-Motive und Gefühle sind ›dem Wind gleichzusetzen, der die Regenwolke der Gedanken in Bewegung setzt‹«, brachte er als weiteres Zitat, und wie beim Ping-Pong-Spiel warfen sie sich noch eine Zeitlang weitere Wygotski-Erkenntnisse zu, bis schließlich das Essen aufgetragen wurde.

Spätestens an diesem Abend schien es festzustehen, daß für die Beschaffung eines weiteren Dauervisums keinerlei ernsthafte Hinderungsgründe mehr vorliegen konnten.

Ein böser Traum

Neulich hatte ich einen bösen Traum – und ich möchte seinen Inhalt möglichst genau wiedergeben, wie ich es in schwierigen Zeiten mit meinen Tagebuchaufzeichnungen getan habe. Vielleicht wird er dadurch unschädlich gemacht, und ich bleibe von einer weiteren quälenden Beschäftigung mit ihm verschont.

Das Ganze trug sich in dem Land zu, in dem ich mich als Gast aufhielt. Es begann damit, daß ich eines Abends einem merkwürdigen Herrn vorgestellt wurde, der angeblich ein Patient meines Kollegen Klaus Mergels war und dringend meine Bekanntschaft zu machen wünschte. Offenbar schien er sich als ehemaliger antifaschistischer Widerstandskämpfer für das politische Engagement meiner Verwandten in der Emigration zu interessieren.

Als ich abgehetzt das Gästehaus betrat, in dem ich seit einigen Monaten wohnte, sah ich Klaus mit ihm im Gemeinschaftsraum vor einer noch zugekorkten Rotweinflasche sitzen. Der Fremde war ein finsterer, alter Mann, der mir nicht ein einziges Mal in die Augen blickte, auch nachdem wir uns am Wein erwärmt hatten und miteinander ins Gespräch gekommen waren. Ich konnte deshalb nicht feststellen, ob er eigentlich mit Klaus oder mit mir redete. Er brummte zusammenhangloses Zeug vor sich hin, sprach wiederholt von der ›tiefen russischen Seele‹ oder fragte, plötzlich auffahrend: ›Was macht die Partei?‹ Zwischendurch sang er Bruchstücke alter Kampflieder. Kurzum. Mir war nicht klar, was dieser Fremde von mir wollte.

Da ich mich als Gastgeber für die Unterhaltung verantwortlich fühlte, lenkte ich das Gespräch schließlich auf den Anlaß, den mir

Klaus ursprünglich für diese Zusammenkunft genannt hatte: die Rolle meines Onkels K. und meiner Tante E. im spanischen Bürgerkrieg und das Exil der anderen Familienmitglieder in den dreißiger und vierziger Jahren. Aber wieder hatte ich das Gefühl, daß den Alten dies alles gar nicht interessierte. Er zog vielmehr während meines Redens irgendwelche vergilbten, zerknitterten Zeitungsausschnitte aus der Tasche und reichte sie mir herüber. Es ging darin um eine in den dreißiger Jahren heimlich veranstaltete Karl-Liebknecht-Feier sowie um zu dieser Zeit kursierende Raubdrucke vom kommunistischen Manifest. Klaus schien sich dabei unwohl zu fühlen, blickte mich verlegen an und rutschte unruhig auf seinem Stuhl.

Als ich in diesem Zusammenhang erwähnte, der Hausarzt meines Vaters sei vor seiner Emigration in der Nachbarzelle des KPD-Führers Ernst Thälmann eingesperrt gewesen, brüllte der Alte: »Nein sowas!« und schlug sich krachend auf die Schenkel. »Wissen Sie Genaueres darüber? Nein? Können Sie dem nicht einmal nachgehen? Das sollten Sie unbedingt tun, ist doch eine hochinteressante Geschichte!«

Ich weiß nicht mehr, wie dieser Besuch endete. Plötzlich sah ich mich im Fond eines kleinen Autos. Und wieder war dieses knurrige Biest dabei. Er saß zu meiner Rechten, Klaus auf der anderen Seite. Letzterer zeigte wieder Verlegenheit, als hätte er mir gegenüber ein schlechtes Gewissen. Der Chauffeur war ein blonder Schönling, kalt und geschniegelt, mit einer gepolstert aussehenden Jacke, als ob er – wie die Gangster in Al Capone-Filmen – Waffen darunter tragen würde. Man war sehr freundlich zu mir und teilte mir mit, ich wäre von hochoffizieller Seite zu einem mehrtägigen Besuch alter Kulturstätten eingeladen worden. Sie wollten mich zu einer Stadt bringen, in der auch Vorfahren von mir gewirkt hätten. Der Alte redete während der ganzen Fahrt von alten Zeiten, wobei er uns die riesigen Wäschekörbe voll Papiergeld beschrieb, die er während der Inflation zum Bäcker geschleppt habe, um ein wenig Brot dafür zu bekommen.

»In dieser Stadt«, wurde ich sogleich belehrt, als wir am Ziel waren, »sind die Extreme des Bürgertums auf engstem Raum vereint. In der Altstadt befinden sich die zu Museen gewordenen

Wohnstätten der bedeutendsten Klassiker des letzten Jahrhunderts; oben auf dem Eichenberg liegt die Gedenkstätte eines Konzentrationslagers, und in der nächsten Straße werden wir auf das Gebäude stoßen, in dem seinerzeit die Verfassung der kurzlebigen Republik verabschiedet wurde, die jene große Bürger-Ära abgelöst und Deutschland schließlich zur faschistischen Diktatur hingeführt hatte.«

Es war das reinste Chaos, das mir in dieser Stadt begegnete, denn die genannten Epochen gerieten vor meinen Augen ständig durcheinander. Und je verwirrter ich wurde, desto diebischer schienen sich die Herren um mich herum zu freuen. Von einem Totengerippe auf Krücken wurden wir über eine Wendeltreppe in das Schreibzimmer des einen Dichterfürsten geführt, aber statt des erwarteten Schreibtischs sah ich nur ein Spinnrad, an dem eine langmähnige Megäre mit schwarzen Schaftstiefeln saß. Jedesmal, wenn Hufgetrappel und Rädergekreisch zu hören waren, stand sie auf, öffnete das Fenster und warf blutige Fleischstücke auf die Straße – ›den Wölfen und Füchsen‹, wie mir einer der hinter mir stehenden Herren ins Ohr raunte.

Wir durchschritten riesige Säle mit Glasvitrinen, in denen kostbare Pergament-Handschriften aufgehoben waren. Doch bei genauerem Hinsehen bewegten sich die Buchstaben, wobei Kobolde wie besessen an den Schriftsätzen zerrten, so daß man sie nicht mehr entziffern konnte. Manchmal vertauschten sie auch die Buchstaben oder Silben, und es entstand ein ganz neuer Sinn.

Dann befand ich mich auf der Suche nach einem Haus mit bestimmten Vorhängen an den Fenstern, weil ich in einer Novelle gelesen hatte, daß der andere in dieser Stadt wohnende Dichterfürst sich beim Schreiben von ihrem warmen Rot habe inspirieren lassen. Je länger ich freilich treppauf, treppab die verschiedensten Häuser durchstöberte, keuchend und mit hängender Zunge, desto fürsorglicher versuchten mich die Herren zur Teilnahme an einem Bankett zu bewegen und zerrten mich schließlich mit sanfter Gewalt dorthin.

Prunkvoll angerichtete Speisen und Getränke wurden aufgetragen. Keine Kellner brachten sie uns, sondern schwarze Elefanten, die mit schwerem Schritt heranstapften und uns silberne Schüsseln, Karaffen und Pokale, auf ihren Rüsseln balancierend, herabreichten.

Später stiegen wir auf einen Berg und besuchten eine Burg, in der nicht nur die Mauern, sondern auch die Bilder an den Wänden, die Stühle, Tische und Betten aus Stein waren. Auch hier tauchten wieder diese seltsamen Handschriften hinter den Glas-Vitrinen auf. Aber es blieb mir nicht viel Zeit, mich mit ihnen zu befassen, denn erneut ging es zur Tafel. Als wir uns schließlich zu vorgerückter Stunde im Kellergewölbe schweren Weinen zuwandten, schien der Zeitpunkt für ruhigere Gespräche gekommen. Wir saßen wieder zu dritt in der ursprünglichen, schon fast vertrauten Runde. Ich merkte, wie Klaus eine Unterhaltung zwischen dem Alten und mir in Gang bringen und mir dabei ideologische Bekenntnisse entlocken wollte.

Ich ließ mich gern auf dieses Spiel ein, weil ich in dem Alten endlich den Zuhörer gefunden zu haben glaubte, der mir bisher versagt geblieben war. Aber kaum hatte ich mit einem überschwenglichen Lob auf dieses Land begonnen, mußte ich feststellen, daß er schlichtweg eingenickt war und, mit der Nasenspitze seinen Weinpokal berührend, hingebungsvoll schnarchte.

Wahrscheinlich war die dadurch ausgelöste Enttäuschung ein Anlaß für mich, kurz aufzuwachen. Aber wie es bei unangenehmen Träumen so oft der Fall ist, versuchte ich vergeblich, mich von ihm loszureißen und mir zu beteuern, daß dies alles doch gar nicht wirklich passiert sei. Auch den anderen, mit denen ich im Traum zu tun gehabt hatte, wollte ich das sagen. Aber schon war ich wieder eingeschlafen.

Ich sah wieder Klaus, der sich umständlich räusperte und zögernd begann: »Es ist nur ein Vorschlag. Sie sind völlig frei zu entscheiden, wie Sie wollen. Ganz unverbindlich.«

Und er kam, wie ich befürchtet hatte, auf unseren Ausflug in die Stadt und in die steinerne Burg zurück und betonte, der Alte hätte großes Gefallen an mir gefunden und sei überzeugt, in mir einen leidenschaftlichen Mitstreiter im Kampf gegen den Faschismus gefunden zu haben. Er hätte ja schon viele bewegte Jahre auf dem Buckel und wolle sich allmählich zurückziehen und das Feld jungen Leuten überlassen. Es gäbe schon überall größere Gruppen, denen ich mich anschließen könne, wobei Klaus plötzlich das Stichwort ›Nachrichtenübermittlung‹ fallenließ.

Er redete weiter, konfus und unverständlich, aber ich spürte immer deutlicher, daß er um etwas warb, was allein mir gehörte.

»Sie sind völlig frei zu entscheiden. Sie brauchen nicht das geringste zu befürchten, wenn Sie nicht wollen.«

Diese Beteuerung war für mich erst recht ein Signal, daß ich Entscheidendes zu verlieren hätte, wenn ich nein sagte.

»Im übrigen müssen Sie sich jetzt nicht festlegen. Es geht heute nur um Ihre grundsätzliche Bereitschaft. Alles weitere würden wir später regeln.«

Ich fühlte mich diesem Land und seinen Bewohnern schon viel zu verbunden, als daß ich etwas aufs Spiel setzen wollte. Außerdem, dachte ich schnell, kann man ja einen vorsichtigen Einblick in diese obskure Sache wagen, es bleibt schließlich immer noch Zeit, wieder abzuspringen.

»Nun ja, Herr Mergels, grundsätzlich bin ich schon bereit.«

Es war wie ein erlösender Donnerschlag für Klaus.

»Was, wirklich? Sie sind bereit? Das freut mich aber aufrichtig... für Sie und für uns.«

Es sah aus, als ob in Bruchteilen von Sekunden die quälende Anspannung von ihm gewichen wäre.

»Im übrigen«, fuhr er nach kurzer Pause mit einem Lächeln fort, »möchte ich vorschlagen, daß wir angesichts dieser neuen Gemeinsamkeit von jetzt ab... äh... Du sagen. Einverstanden?«

Auf dieses Gespräch folgten dann verwirrende Ereignisse, Gespräche hier, Begegnungen dort. Unbekannte Örtlichkeiten rückten in mein Blickfeld, merkwürdige Behausungen in abgelegenen Straßen. Es waren keine Wohnhäuser, sondern Attrappen, die sich nicht nur verschieben ließen, sondern auch mittels vertrackter Auf- und Zuklapp-Techniken beliebig umgebaut werden konnten. Ein unvermutet auftauchendes chromglänzendes Automobil entpuppte sich als Licht- und Spiegelungseffekt. Auch der Alte geisterte in diesem Labyrinth herum und sang unflätiges Zeug. Schließlich verwickelte er mich in ein ähnliches Gespräch wie mein neuer Duzfreund Klaus, der lauernd hinter mir saß, wie ein zum Sprung ansetzender Frosch.

Zwischendurch befand ich mich in einem Dämmerzustand zwischen Schlafen und Wachen und hörte eine warnende Stimme, die mich flehentlich bat, diesen zweifelhaften Figuren aus dem Wege zu gehen (›du kommst da sonst dein Lebtag nicht mehr heraus‹). Da wurde mir bewußt, daß ich offenbar immer noch über ausreichende Widerstandskräfte verfügte, um selbst, wenn alles wahr sein sollte, diesem schlimmen Abenteuer rechtzeitig zu entkommen. Doch bald geriet ich erneut in den teuflischen Albtraum.

Nicht nur der Ort für die nun folgenden Begegnungen mit den dynamischen jungen Männern sollte immer derselbe bleiben, auch der Weg dorthin verlief jedesmal gleich. Klaus begleitete mich, verband mir zuerst die Augen und fuhr dann eine längere Strecke im Auto mit mir. Als er mir die Augenbinde wieder abnahm, sah ich eine Art Trabantenstadt inmitten einer riesigen Mondlandschaft. Klaus steuerte einen der bis in die Wolken ragenden Beton-Rundbauten an, und kaum waren wir eingetreten, wurden wir von tiefster Finsternis verschluckt. Wieder war ich wie blind und fühlte nur plötzlich, wie wir in einer Art Luftschacht mit unglaublicher Geschwindigkeit in die Höhe gesaugt wurden. Es dauerte endlos. Wir sausten an irgendwelchen Stationen vorbei, von denen seltsame Piep-Geräusche an unser Ohr drangen. Endlich war es wieder hell, als wir auf eine neonbeleuchtete Etage traten, wobei ich eine leichte Übelkeit verspürte und mir schwindlig war. Nochmals ging es weiter, an einer Flucht weißer, beschilderter Türen vorbei. An der letzten, ganz am Ende des Flures, drückte Klaus auf den Klingelknopf. Es dauerte nur Sekunden, bis sie sich öffnete und eine fahle, ausgezehrte Frau uns hereinwinkte.

Drinnen herrschte Halbdunkel. Doch die Frau riß einen riesigen dunkelbraunen Vorhang auf, und ich erblickte einen Raum, der genauso aussah wie das Lehrerzimmer, mit dem ich während meiner Gymnasialzeit manche unliebsame Begegnung gehabt hatte. Um einen länglichen Tisch saßen drei Männer, deren Konturen im hellen Schein der Lampen ähnlich scharf hervortraten wie bei Fernseh-Aufnahmen. Einer von ihnen war der Alte, er hielt sich aber, halb schlafend, im Hintergrund. Die beiden anderen, ausgesprochen jugendliche Gestalten, erhoben sich, kamen, mich neugierig fixierend, auf uns zu und begleiteten uns mit einladenden

Gesten zu unseren Plätzen. Dann setzte der eine zu einem langen Vortrag an, in dem er die Errungenschaften des Sozialismus pries.

Mir fiel auf, daß sein Vokabular Ähnlichkeit aufwies mit der von George Orwell in seinem Roman ›1984‹ beschriebenen ›Engsoz‹-Neusprache der Ozeanier. So gebrauchte mein Gegenüber nicht nur Kürzel wie ›Komintern‹ oder ›Agitprop‹, sondern auch den bei Orwell vorkommenden ozeanischen Begriff ›Gutdenk‹, was soviel heißt wie ›orthodoxe Haltung. Strenggläubigkeit‹, als Verb ›gutdenken‹, weiterhin ›gutdenkvoll‹ und als Substantiv ›Gutdenker‹, wobei auch das Gegenteil, nämlich ›Undenk‹ (also ›Verstoß gegen die Parteidisziplin‹) erwähnt wurde.

Eine bestimmte Wortkombination gebrauchte er gleich dreimal, als wollte er damit gewisse pädagogische Absichten verfolgen, nämlich: ›Altdenker uneinfühl Intersoz‹, was sich nur unzureichend übersetzen läßt, etwa: ›Diejenigen, die ideologisch noch vor der Revolution geprägt worden sind, können sich in die Denkweise des neuen internationalen Sozialismus nicht wirklich hineinversetzen.‹

Ich spürte gegen den einschläfernden Gleichklang und die leere Rhetorik dieser Sprache einen wachsenden Widerstand, entwickelte allmählich eine immunisierende Taubheit und ließ meine Blicke neugierig umherwandern. Die Wände waren kahl, abgesehen von einer dürftigen Bücherattrappe. Um so mehr fiel mir eine einsam an der Wand hängende Maske auf, augenscheinlich die Nachbildung einer alten Theatermaske der Commedia dell'arte, freilich aus billigem dunkelbraunem Plastik. Aus ihren schwarzen Augenlöchern drang gelegentlich ein verdächtiges Blitzen, als wären sie von einem elektrischen Feld erfüllt. Ich mußte daran denken, daß die seltsame Frau von vorhin schon lange verschwunden war und vielleicht hinter der Maske irgendwelche Aufgaben auszuführen hatte.

Als der Vortragende sich dann plötzlich direkt auf mich bezog und meine angebliche ›Grundbereitschaft‹, mich am ›Sozkampf‹ zu beteiligen, erwähnte, war ich wieder ganz bei der Sache. Er lobte meine wissenschaftlichen Verdienste und schloß mit der dreiteiligen Frage:

»Darf ich in Anbetracht dessen also in Zukunft Genosse P. zu

Ihnen sagen? Oder darf ich vielleicht Genosse Alexander – oder einfach gar Alexander und Du sagen?« Damit war ich nun dran.

Irgendwie riß der Faden hier jedoch ab. Ich hatte mir während der langen Aussprache einige Ausreden zurechtgelegt, um meine völlige Unbrauchbarkeit für die mir zugedachten Aufgaben zu demonstrieren. Mit Berichten über geheimnisvolle Schnüffeleien und Nachstellungen in meinem Lande wollte ich beweisen, daß ich dort schon lange als bunter Vogel und ideologisch verstiegener Schwärmer verschrien war, der nicht ernst genommen wurde. Ich weiß aber nicht, wann ich damit begann. Denn so sehr ich vorher diesen quälenden Traumzustand beenden wollte, so sehr versuchte ich jetzt mit aller Gewalt gegen das Wachwerden anzukämpfen. Ich wollte diese dynamischen jungen Männer dazu bewegen, aus freien Stücken von mir abzulassen. Sollte ich es nicht fertigbringen, bevor der Traum zu Ende war, blieb die Gefahr, daß dies alles nicht ausgestanden war, sondern irgendwann von neuem beginnen könnte. Ich versuchte mich in diesem halbwachen Zustand in ein Stinktier zu verwandeln, mir Igel-Stacheln zuzulegen, nur um die mich bedrängende Horde abzuschütteln. Doch trotz aller Anstrengungen trat ich gleichsam auf der Stelle. ›Man darf diesen Tatbestand sicherlich nicht unterbewerten‹, kommentierte einer der Herren eine neuerliche Lügengeschichte von mir, nur um hinzuzufügen: „Aber überbewerten sollte man es gewiß auch nicht!« Und da stand ich und mußte wieder von neuem beginnen. Zwischendurch dachte ich sehnsüchtig an die Brötchenberge, die im Vorzimmer auf uns warteten. Und es schmerzte mich, daß ich nie dazu kam, sie zu vertilgen.

Die Herren redeten unermüdlich weiter auf mich ein und wollten immer mehr wissen über die Verhältnisse bei mir zu Hause, über die Situation an unseren Hochschulen und meine eigene Position dort. Ich blieb sparsam mit meinen Antworten und brachte statt dessen neue abschreckende Märchen aus meinem Repertoire. So ging es hin und her. Und ich wunderte mich, daß sie mir nie sagten, was sie eigentlich von mir wollten, obwohl ich andererseits froh darüber war, daß sie es nie deutlich aussprachen. Der Alte war inzwischen verschwunden. Die anderen nahm ich nicht mehr als unterscheidbare Individuen wahr, sondern als eine einzige

Masse. Einmal war es ein Paar Kohlen-Augen, das mir wie glühende Zangen ins Fleisch stach, dann wieder blendete mich die giftig-grüne Faserung einer Jacke, und fast immer waren mir die weichen Gesichtszüge von Klaus gegenwärtig. Stirn, Ohren und Hals schienen von seinen großen, kalten Augen wegzufliehen. In die Augenlöcher der Plastikmaske an der Wand wurden sie hineingesogen, sie flossen durch den geöffneten braunen Vorhang ins Nebenzimmer, an den Brötchenbergen vorbei, und gelangten in jenen Luftschacht hinein, durch den ich zu jedem meiner Besuche hinaufgezogen wurde.

Dann kam irgendwann der Zeitpunkt, da ich an der Logik meiner Gedanken merkte, daß ich dem Wachzustand nähergerückt war. ›Je mehr Informationen du von denen hast, desto fester haben sie dich in der Hand. Deshalb sieh zu, daß du dich ihnen entziehst, damit sie dich nicht noch ernsthaft in ihre Pläne verwickeln‹. Das schoß mir wiederholt durch den Kopf. Während meines letzten Rückfalls in den Schlafzustand war ich noch einmal in jenem Raum. Die Maske war verschwunden, und der mit Delikatessen beladene Tisch nebenan war blank und leer. Die Kohlen-Augen fehlten. Dafür war jetzt ein grauhaariger Mann zugegen. Ich erkannte in ihm eindeutig den alten Quälgeist aus dem Nachbarhaus meiner Eltern, der mir als Kind häufig hinter dem Gartenzaun aufgelauert hatte, um mich mit seinem Gebrüll zu erschrekken, und sich dann vor Lachen kaum zu halten gewußt hatte. Diesmal wirkte er jovial und geradezu ergeben. Ich bemerkte sogar Schweißperlen auf seiner Stirn, als ich ihm erklärte, daß ich nie mehr kommen wolle.

»Sie können ganz sicher sein, daß wir Ihnen das nicht übelnehmen; Sie werden schon sehen, daß wir Ihnen nicht das geringste nachtragen«, dröhnte er hinter mir her, als ich den Raum endgültig verließ, und dann war doch wieder dieses nicht endenwollende Gelächter von damals zu hören.

Als ich das Nebenzimmer betrat, saß zu meinem Schrecken jener blonde, geschniegelte Chauffeur mit der seltsam gepolsterten Jacke am Tisch. Damals war er jeglicher Tuchfühlung mit mir ausgewichen. Jetzt fixierte er mich mit einem frechen Grinsen, und ich bekam panische Angst vor seinem Eisen unter dem Sakko. Als es mir schließlich gelang, mich unversehrt an ihm vorbeizudrükken, war ich mehr als erleichtert.

Die letzte Fahrt durch den Luftschacht hinunter muß so schnell gewesen sein wie nie zuvor. Sie endete mit einem spektakulären Krachen, und ich fand mich auf dem Boden neben meinem Bett wieder, durch und durch naßgeschwitzt. An ein erneutes Einschlafen war nicht mehr zu denken.

Unmittelbar nach der Habilitation, die über die Landesgrenzen hinaus bekannt geworden war, verspürte Alexander kurzfristige Anwandlungen, das Ereignis überdimensional wichtig zu nehmen. Aber auch als der Alltag wieder eingekehrt war, blieb er von einem starken Selbstbewußtsein erfüllt, und es war ihm ein Bedürfnis, den feierlichen Ablauf des großen öffentlichen Schlußaktes in all seinen Einzelheiten in seiner Erinnerung zu bewahren und immer wieder – mündlich oder brieflich – darüber zu berichten.

Im Anschluß an seinen Halbjahresaufenthalt hatte Alexander sich bei regelmäßigen Besuchen ausführlich mit seinen Betreuern beraten und konnte nach nur einem einzigen Jahr seine in blaßrotes Leinen gebundene Arbeit zur abschließenden Disputation einreichen und damit das Habilitationsverfahren einleiten.

Als aus den beigefügten Unterlagen Alexanders theologische Vergangenheit ersichtlich wurde, hatte sich noch eine geringfügige Komplikation ergeben. Anscheinend war sie den Behörden bei ihrer längst getroffenen positiven Entscheidung entgangen.

»Wir sind auf Sie hereingefallen«, war die lakonische Reaktion des Sachbearbeiters im Universitäts-Prüfungsamt gewesen, als dieser die Papiere gewissenhaft durchgeblättert hatte und mit hochgezogenen Brauen auf diesen trüben Fleck in der Vergangenheit seines Gegenübers gestoßen war.

»Es war bisher hier niemandem bekannt, daß Sie in katholischer Theologie promoviert haben. Was machen wir jetzt mit Ihnen, nachdem dies da...«, er deutete angewidert auf die entsprechende Urkunde und fuhr in scharfem Tone fort: »...nachdem Sie den Ministerien dies da einfach unterschlagen und uns sozusagen hinters Licht geführt haben. Ich fürchte, man wird nichts tun können, denn in der Hauptstadt ist ja schon vor einem Jahr zu Ihren Gunsten entschieden worden.«

Und Alexander spürte deutlich, daß sich in den anfänglichen Triumph des Beamten, als erster diese sensationelle Entdeckung gemacht zu haben, zunehmend das Gefühl der Ohnmacht einschlich, da höheren Ortes längst darüber befunden worden war. Und damit war die allerletzte Hürde vor dem abschließenden Kolloquium genommen.

Die folgenden Sommermonate verflogen im Nu. Und irgendwann im September war es soweit für die festliche Aufnahme Alexanders in die Reihen der Universitätsdozenten.

Der Umstand, daß sich hier erstmalig ein aus dem kapitalistischen Ausland stammender Wissenschaftler habilitierte, war Grund genug, sich auf dieses Ereignis besonders sorgfältig vorzubereiten.

Die drei Professoren Cromme, Schumacher und Heller verfaßten ihr obligates öffentlich vorzulesendes Gutachten zur Habilitationsschrift, Alexander arbeitete an seinem einstündigen Vortrag und bereitete sich auf die anschließende Diskussion vor. Es wurden viel mehr Einladungen als sonst verschickt. Zweihundert gingen hinaus, einige davon sogar ins Ausland. So hatte man sich rechtzeitig um Einreisevisa für westliche Gäste zu kümmern, unter denen sich zwei Kollegen aus Alexanders Heimat-Universität befanden. Zur kulinarischen Abrundung des Festes hatte der Habilitand nach überkommener Sitte auch noch einen Empfang für einen ausgewählten Kreis von Freunden und Mitarbeitern zu geben. Ein ihm bisher ziemlich fernstehender Psychotherapeut half ihm dabei, der zwar im Hinblick auf fachliche Kompetenz und Arbeitsfreudigkeit in keinem guten Ruf stand, jedoch in gastronomischen Fragen als außerordentlich bewandert galt. Er ging Alexander mit allerlei pfiffigen Ratschlägen bei der raschen und preiswerten Beschaffung der Speisen und Getränke zur Hand und zauberte ein prächtiges kleines Menü aus dem Hut.

An einem Spätsommertag – es war die Zeit der zwischen stechender Hitze und erfrischenden Herbstwinden wechselnden Witterung, des von den Bäumen herabreifenden Fallobstes und der verblassenden Bräune der in die Stadt zurückgekehrten Urlauber –

an einem solchen Spätsommertag vollzog sich schließlich das mit Spannung Erwartete. Alexander fühlte sich, je mehr Leute zu seinem Ehrentag anreisten und sich zu Empfängen und halboffiziellen Geselligkeiten zusammenfanden, in seiner Nervosität seltsamen Vorstellungen ausgesetzt. Er vergegenwärtigte sich etwa, was passieren würde, wenn er im allerletzten Moment, mitten im vollbesetzten Hörsaal, plötzlich die Hände in den Schoß legen und mit diebischem Vergnügen verkünden würde:

»Leute, das Spiel ist aus, geht nach Hause, ich will nicht mehr.«

Und als ihm am Vortag bei einem gemeinsamen Kaffeetrinken in der Klinik durchs geöffnete Fenster eine Wespe in die halbvolle Tasse geflogen war, und er sie beim Trinken durch puren Zufall nicht in den Hals bekam, hatte er allen Grund, sich noch extremeren Fantasien darüber hinzugeben, was geschehen wäre, wenn..., wobei ihm diese Vorstellung ein mit Selbstmitleid vermischtes lustvolles Gruseln eintrug.

Alexander betrat als einer der ersten die gruftartige Vorhalle der wuchtigen, baufällig wirkenden Universitäts-Frauenklinik. Das Spalier der Wartenden auf der Straße war noch klein. Er erkannte unter den Herumstehenden einige aus dem Verein der Exzentriker, zu denen er in lockerer, wenngleich nicht gern gesehener Verbindung stand. Fräulein Schmale, die mausgraue femme fatale, trippelte vorsichtig auf ihn zu und wünschte ihm mit feuchtem Glanz in den Augen Glück und Erfolg für seinen bevorstehenden Auftritt. Ein anderer winkte ihm ausgelassen mit seiner Krawatte, die er noch lose in der Hand hielt, als wollte er ihm damit sein Verhältnis zu derlei Kleidungsstücken demonstrieren. Alexander antwortete ihm mit einem zerstreuten und gleiche Gesinnung verratenden Lächeln.

Im Hörsaal III angelangt, begab er sich zum Vorlesungs-Pult, breitete dort seine Unterlagen aus und vertiefte sich ein letztes Mal in sie, doch mehr aus innerer Unruhe als produktiv. Die Zeilen verschwammen ihm vor den Augen. So bemerkte er das Hereinströmen der Gäste gar nicht und erschrak, als er aufblickte und das amphitheaterartig angelegte Auditorium bereits voller durcheinanderwimmelnder, meist schwarz gekleideter Menschen sah. Er begann, in dem schlecht beleuchteten Raum nach ihm vertrauten Gesichtern Ausschau zu halten. Doch da gab Direktor Heller das Startzeichen, und in Sekundenschnelle trat absolute Stille ein. Alexander, der die auf ihn gerichteten Blicke meiden wollte, hörte sich, auf den Boden schauend, seinen Lebenslauf an, den Heller mit monotoner Stimme vorlas. Es war die uns schon wohlbekannte Reihe seiner nur schwer miteinander in Einklang zu bringenden biographischen Daten, die hier auf wenige Zeilen zusammengefaßt wurde und die sich Alexander – je nach Inhalt – mit einer Mischung aus Stolz und Scham anhörte. Er war erleichtert, als dieses Spießrutenlaufen zu Ende war.

Doch mit seinem Vortrag lief nicht alles so, wie er es sich ursprünglich erträumt hatte und es sich selbst und seiner Familie schuldig zu sein glaubte. Noch ehe er dazu gekommen war, anhand von Wandtafelbildern und Diapositiva sein Therapie-Modell vorzustellen, spürte er, daß die Zuhörer, die seine ersten Sätze mit Aufmerksamkeit und Wohlwollen verfolgt hatten, bereits leicht ermüdet wirkten. Der früher von ihm so oft erlebte erotisierende, das eigene Wort beflügelnde Widerhall des Publikums war nicht mehr so recht vorhanden, ja, er redete wie gegen eine Wand aus Watte. Das mochte zum Teil an seinem schwer verständlichen trockenen Vortragsstil liegen, der sich während seiner langjährigen wissenschaftlichen Arbeit eingeschlichen hatte. Besonders in seiner Heimatuniversität hatte man ihm deswegen immer wieder Vorwürfe gemacht. Vielleicht waren es auch die allzu häufig wiederkehrenden Axiome marxistisch-leninistischer Erkenntnis- und Gesellschaftstheorie, gegen die man hierzulande wegen Übersättigung einen erheblichen Widerwillen entwickelt hatte. Das Entscheidende aber war wohl, daß Alexanders eigene Begeisterung für sein Modell abgeflaut war und das alte Feuer, mit dem er früher sein Publikum mitgerissen hatte, nicht mehr richtig brennen wollte. In Gedanken ertappte er sich bereits bei der Beschäftigung mit ganz anderen Dingen, während er sein Manuskript herunterlas.

Je deutlicher ihm dies alles wurde, desto mehr nahm er sich zusammen und bemühte sich um eine lebendige Vortragsweise. Und als er nach einigem Hantieren mit langen Zahlenreihen, umfangreichen Tabellen und verschlungenen graphischen Darstellungen an Wandtafeln und Projektions-Leinwand endlich beim Schlußsatz angelangt war und seine Kollegen bat, den noch ungelösten Problemen nachzugehen, um »damit auf dem hier gelegten Grundstein weiter aufzubauen«, wurde er mit einem warmherzigen, lauten Klopfen bedacht, und viele Gesichter, die eben noch in ein inneres Abseits zu versinken drohten, leuchteten ihm wieder aufnahmebereit entgegen.

Dann folgten die Gutachten, die etwa so ausfielen, wie Alexander es erwartet hatte. Direktor Heller sparte offensichtlich mit konkreten Festlegungen für oder gegen den Gast aus dem Westen und hielt vorwiegend langatmige, unverbindliche Lobreden, die der Sache nicht viel nützten und ihm persönlich ebensowenig schadeten. Mehr dagegen bot der Gesprächstherapeut Schumacher, der sich freundlich, aber bestimmt von Alexanders Modell abgrenzte. Diesem Urteil waren viele unterschwellig geführte Auseinandersetzungen zwischen Alexander und ihm vorausgegangen, in denen Alexander seine Orientierung an der Gruppenarbeit und sozialen Rehabilitation betonte, wohingegen Schumacher, als Verfechter der klassischen Psychotherapie, Alexanders Modell lediglich als Vorbereitung und Ergänzung der eigentlichen psychotherapeutischen Intensivbehandlung hinstellte. Schumacher selbst war an kleinlichen Streitigkeiten nicht interessiert. Dafür hatte er seine Leute. Vor allem eine ältere Assistentin von ihm war, wie dies so oft der Fall ist, päpstlicher als der Papst und hatte schon oft mit einer ihrem Chef fast peinlichen Besessenheit an dem Modell herumkritisiert. Für Alexander schien bei der Heftigkeit ihrer Angriffe eine gekränkte weibliche Eitelkeit mitzuspielen, weil er dieser wenig attraktiven Frau wohl nicht die erforderliche Aufmerksamkeit erwies. Jedenfalls saß sie auch jetzt kampfeslustig in der ersten Reihe. Doch vorher gab Alexanders verehrter Kollege und Freund Cromme seine Stellungnahme ab.

Crommes Papier war das kürzeste und prägnanteste von allen dreien, in dem beides, Lob wie Tadel, unverfälscht hervortrat. Und auch die Art seines Vortrags überzeugte am meisten. In fast militärischer Haltung, seine rundliche untersetzte Figur nach oben reckend, führte er aus, was er zu sagen hatte. Schließlich empfahl er mit seiner Alexander nachgerade vertrauten, sonoren Stimme die Annahme der Arbeit und setzte sich rasch wieder auf seinen Platz. Da brauste ein applausartig heftiges Klopfen durch den Hörsaal, das deutlich zeigte, daß Crommes Ausführungen nicht nur am stärksten gewirkt hatten, sondern auch einen guten Ausgangspunkt für die anschließende Diskussion bildeten.

Die Gutachter durften die ersten Fragen stellen, die noch wie ein Scheingefecht wirkten. Man merkte an Alexanders raschen Antworten, daß er hinreichend darauf vorbereitet war. Nach dieser kurzen Schonfrist aber wurde er gewissermaßen zum Abschuß freigegeben.

Und genau wie er es erwartet hatte, trat jetzt Schumachers Assistentin auf den Plan und setzte mit gezielten, bohrenden Fragen ein.

»Ich kann beim besten Willen immer noch nicht das eigentlich Neue in Ihrem Modell sehen, Herr Kollege. Es würde mir viel von meinem Unbehagen nehmen, wenn Sie mir den Unterschied zwischen dem ›Einfühlenden Verstehen‹ unserer Gesprächstherapie und Ihrem ›Aktiven Zuhören‹ einmal genau aufzeigen könnten.«

Und Alexander holte weit aus, erging sich in allerlei kunstvollen theoretischen Distinktionen, half sich mit diversen Literaturhinweisen und ließ es sich nicht nehmen, sogar aus Veröffentlichungen einiger Anwesender zu zitieren.

»Alles, was Sie angeführt haben, praktizieren wir schon längst in unseren Patientensitzungen. Ich wäre glücklich, wenn Sie mir konkrete Beispiele bringen könnten«, war ihre einzige Antwort.

In seiner wachsenden Unsicherheit begann er, sich in noch komplizierterer Argumentationen zu verstricken und spürte, daß er sich nur noch weiter von überzeugenden Beweisen entfernte. Und mit Entsetzen bemerkte er, daß die eben noch so begeisterten Zuhörer, wankelmütig und sensationslüstern, aufzuhorchen begannen, ob Alexander dieser Herausforderung standhalten oder schändlich versagen würde.

Er versuchte ein wenig Zeit zu gewinnen, verrannte sich dann aber wieder, verlegen die Hände reibend, in Abschweifungen, so daß sich Unruhe im Auditorium auszubreiten begann und da und dort schadenfrohes Gekicher hörbar wurde. Dann aber fing er sich, und ein wenig stotternd, aber zunehmend sicherer werdend, entwickelte er ein Beispiel, das ihm plötzlich vor Augen getreten war. Es war eine Situation, die einmal in einem Trainingskurs durchgespielt worden war, an dem seinerzeit Schumacher persönlich teilgenommen hatte: ein schwelender Konflikt zwischen ihm als Abteilungsleiter und all seinen Mitarbeitern. Das konnte in der Gruppenarbeit viel praktischer gelöst werden als in einer klassischen Individualtherapie. Und Schumacher, damals selber im Zentrum dieses glücklich gelösten Konflikts, hatte das gewissermaßen am eigenen Leibe erfahren können.

Alexander schilderte nun unter liebevoller Ausmalung der kleinsten Details den Hergang des damaligen Geschehens und atmete auf, als sich seine eigene Begeisterung offenbar wie ein Funke auf die Menge übertrug und die allgemeine Stimmung auf seine Seite umschlug.

Man verstand nun ganz und gar, was er wollte. Er hatte mit seiner anschaulichen Erklärung das Steuer wieder in die Hand bekommen. Ein fröhliches, zufriedenes Raunen ging durch den Saal, und selbst Schumachers Assistentin schien nichts mehr sagen zu wollen. August Schumacher selbst fühlte sich dazu aufgerufen, persönlich mit einigen verbindlichen Worten auf Alexanders klärenden Beitrag einzugehen und schlug eine Art Kompromißformel vor. Und Alexander hielt es in dieser Situation und nach all den vorangegangenen Auseinandersetzungen weitaus für das beste, ihm ohne lange Überlegungen zuzustimmen.

Alexander hatte die Feuertaufe bestanden.

Heller verkündete rasch und in seiner nüchternen Art, daß die Kommission einstimmig beschlossen habe, dem Senat der hiesigen Universität zu empfehlen, Herrn Dr. Alexander P. aufgrund seiner hervorragenden wissenschaftlichen Leistungen und seines soeben erfolgreich durchgeführten Kolloquiums etc. etc. den akademischen Grad der Habilitation zu verleihen und ihn damit in das Lehr-Kollektiv dieser der sozialistischen Ausbildung und Erziehung verpflichteten Universität aufzunehmen.

Dies war das Signal für sogleich einsetzende Ovationen. Und man erhob sich von den Plätzen, da es zum Etikett gehörte, daß alle

Anwesenden Alexander persönlich gratulierten. Er fühlte sich in dem Jubel so betäubt, daß er zuerst kaum wahrnahm, was um ihn herum geschah. Glück, Ergriffenheit und vielleicht auch ein wenig Beschämung war es, was er empfand, als er wie im Nebel vor sich eine immer länger werdende Schlange von freudig bewegten Gesichtern sah, inmitten einer Woge bunter Blumensträuße. Und eine Stimme in ihm sagte ihm eindringlich, daß dieser ganze Begeisterungssturm nicht allein auf sein anständiges Abschneiden zurückzuführen sei, sondern daß ihm hier über Jahre angestaute Gefühle von Achtung, Dankbarkeit, ja Liebe entgegenschlugen.

Dann stand Cromme vor ihm. Er wirkte in diesem Augenblick nicht so verhalten und sachlich wie sonst, sondern schien bewegt zu sein. Mit einem fast schüchternen Lächeln umklammerte er Alexanders Rechte und flüsterte ihm zu:

»Ich freue mich mit Ihnen, ich freue mich aus tiefstem Herzen!«

Noch viele Kollegen und Freunde, mit denen Alexander in all den Jahren gearbeitet, gekämpft und gelacht hatte, reichten ihm die Hand und beschenkten ihn mit Blumensträußen, von deren Last er erdrückt zu werden drohte. Die Reihenfolge der Gratulanten war jetzt freilich nicht mehr vom Protokoll diktiert, sondern von natürlichen Impulsen. Schließlich bemerkte Alexander erschöpft und erleichtert, daß die Phalanx vor ihm sich allmählich aufzulösen begann und der Saal sich leerte.

In diesem Moment der einkehrenden Stille um ihn herum fühlte er sich jedoch keinesfalls verlassen. Er wußte, daß er alle, die ihm am Herzen lagen, bei seinem kleinen privaten Fest-Empfang wiedersehen würde.

Dieser Empfang, der sich der offiziellen Feier anschloß, wäre an sich nicht weiter erwähnenswert, wenn sich nicht gegen Ende des Beisammenseins, als die ersten Gäste nach Hause strebten, eine kleine Runde zusammengefunden hätte, in der ganz spontan und in lockerer Atmosphäre noch einige Reden gehalten wurden, die nicht unbedeutend für Alexanders weitere Zukunft in diesem Lande schienen. Besonders Hellers Ansprache zu später Stunde hatte Alexander wohlgetan. Heller hatte sein Glas erhoben und ihm feierlich und herzlich für alles gedankt, was er für die Klinik und darüber hinaus getan habe. Er schloß mit den Worten:

»Damit stellt also dieser heutige Abend einerseits das Ende einer für uns alle wichtigen und fruchtbaren Zeit dar, andererseits aber auch – so hoffe ich sehr – einen möglichen Neubeginn für Kommendes, auf welcher Ebene es auch stattfinden möge.«

In seiner Antwort brachte Alexander zum Ausdruck, wie sehr ihm eine Fortsetzung dieser Zusammenarbeit am Herzen liegen würde, nicht nur aus beruflichen Gründen, sondern auch wegen der inzwischen gewachsenen menschlichen Beziehungen.

In den Wochen und Monaten, die auf diesen Abschiedsabend folgten, mußte Alexander immer wieder an den von Heller geäußerten Wunsch einer Fortsetzung der gemeinsamen Arbeit denken, ja er klammerte sich förmlich daran, als von beiden Seiten unermüdliche, aber letztlich vergebliche Anläufe unternommen wurden, ihn mit neuen Aufträgen weiterhin an die Universität zu verpflichten.

In der Zwischenzeit hatte Alexander in seiner Heimatuniversität wieder ganz neue wissenschaftliche Interessen entwickelt. Es ging ihm jetzt darum, nicht nur in der Psychiatrie, sondern im medizinischen Bereich überhaupt neue praktische Wege zu einer humaneren Patientenbehandlung zu erkunden. Und so verlegte er seine Aufmerksamkeit immer mehr auf die allgemeine zwischenmenschliche Beziehung zwischen Arzt und Patient und untersuchte dabei die praxisübliche Gesprächsführung des Arztes in den verschiedenen Behandlungssituationen wie Krankenhaus-Visite, ambulante Sprechstunde oder Aufklärung vor chirurgischen Eingriffen. Alexander entwickelte hierfür neue Analysemethoden, wobei ihm immer deutlicher wurde, daß sein altes Psychiatrie-Modell nur sehr vordergründige Hilfen zu bieten vermochte und lediglich als Grundlage geeignet war. Einige Kollegen an seiner Gast-Hochschule, darunter Direktor Heller, hatten schon vor Alexanders Habilitation mit Interesse seine neuen Aktivitäten verfolgt und begehrten möglichst viel davon auch für ihre eigene Arbeit nutzbar zu machen. So setzte man verschiedentlich Doktoranden ein, die in dieser oder jener Klinik die Arzt-Patient-Beziehung, die offensichtlich vielerorts im argen lag, unter die Lupe nehmen und Verbesserungsvorschläge ausarbeiten sollten, wobei Alexander als Berater hinzugezogen wurde. Man wollte überhaupt, soweit wie möglich, den immer lauter werdenden Forderungen nach einer mehr patientenorientierten Krankheitsdiagnostik und -therapie nachkommen, und dementsprechend gab es auch hier Pläne, Alexander als frischgebackenem Hochschuldozenten langfristig neue Aufgaben in der Ärzte-Ausbildung zu übertragen.

Außerdem setzte sich sein Freund Cromme mit allen Kräften dafür ein, daß eine in diesem Zusammenhang von Alexander neu entwickelte Theorie, die Cromme für revolutionär hielt, zumindest in akademischen Kreisen dieses Landes bekannt gemacht wurde, und er hielt Alexander an, sie für philosophische und psychologische Fachzeitschriften publizistisch aufzubereiten. Es häuften sich also die Gründe dafür, dem jungen Gastdozenten einen weiteren Verbleib an dem Ort seines bisher so erfolgreichen Wirkens zu ermöglichen. Und die besagten Professoren und Institutsdirektoren stellten Anträge über Anträge an die zuständigen staatlichen Behörden. Ihr Hauptargument, daß Alexander sich schließlich an eben dieser Universität habilitiert habe und damit auch de jure dem Lehrkörper derselben angehöre, wurde dabei immer als wichtigster Trumpf ausgespielt.

Aber es war wie verhext. Was auch immer für Anstrengungen unternommen wurden, nie kam man ans Ziel. Es wurden zwar wiederholt unverbindliche Zusagen gemacht, und Alexander erhielt sogar eine Einladung zu Vorgesprächen. Kaum fand er sich jedoch ein, wurde ihm mitgeteilt, daß sich das vorgesehene Projekt aus diesem oder jenem Grunde leider doch nicht realisieren ließe. Man vertröstete sich dann gegenseitig mit neuen, weniger aufwendigen Plänen, stellte wieder Anträge und mußte ihm bei seinem nächsten Kurzbesuch ein neuerliches Fiasko eingestehen. So ging es mehrere Male. Einmal waren es die Lehrpläne der Mediziner-Ausbildung, die angeblich umgestellt worden waren, oder personelle Umbesetzungen, die ein von Alexander durchzuführendes Vorlesungs- und Seminarprogramm zu Fall brachten, dann fehlten die notwendigen finanziellen Mittel, oder es wurden terminliche oder organisatorische Probleme verantwortlich gemacht. Was die vorgesehenen Veröffentlichungen von Alexanders neuer Theorie in den von Cromme genannten Zeitschriften betraf, passierten ebenfalls merkwürdige Dinge. Meistens wurden seine Artikel gleich von den Redaktionen zurückgesandt, oder sie wurden angenommen, erschienen dann aber nie. In einem anderen Fall wurde die Zeitschrift gerade eingestellt. Endgültig stutzig wurde Alexander, als man ihn, den einst heiß begehrten Redner, nicht einmal mehr zu den wichtigsten wissenschaftlichen Tagungen und Fachkolloquien einlud. Sogar von der Hundertjahrfeier der eigenen psychiatrischen Klinik, um die er sich so verdient gemacht hatte, wurde er stillschweigend ausgeschlossen. Selbst bei den wenigen ihm noch gewährten Dienstreisen in dieses Land wurde Alexanders Aufenthaltsdauer jedesmal knapper bemessen. Von einem Dauervisum war ohnehin schon lange nicht mehr die Rede.

In vertraulichen Gesprächen mit seinen Freunden versuchte er, den wahren Ursachen für dieses total veränderte Verhalten ihm gegenüber auf den Grund zu gehen. War es die sich verschärfende weltpolitische Lage, waren es die zunehmenden Ost-West-Spannungen vielleicht, die dabei eine Rolle spielten? Doch man gab ihm ausweichende, beruhigende Antworten. Oder war er selbst durch unpassende Bemerkungen, falsches Benehmen unangenehm aufgefallen und hatte sich dadurch die Ungnade der Behörden zugezogen? Nein, nein, entgegnete man ihm, wie er denn in aller Welt auf so etwas käme; es läge doch ganz bestimmt nichts gegen ihn vor. Und mit zunehmender Enttäuschung und Ohnmacht merkte Alexander, daß selbst die besten Freunde ihm schließlich auszuweichen begannen und sich in kümmerlichen Gemeinplätzen ergingen, wenn er wieder einmal mit seinen lästigen Fragen zu ihnen kam.

Bald jedoch fanden gar keine Reisen mehr statt, und die Kontakte zwischen Alexander und seinen ausländischen Kollegen drohten einzuschlafen. Erst zwei Jahre später, als er schon gar nichts mehr in dieser Hinsicht erwartete, erhielt er einen Telefonanruf von Direktor Heller, der ihm mitteilte, ihm sei soeben eine dreitägige Dienstreise Alexanders bewilligt worden, und er wäre ihm sehr dankbar, wenn er kommen würde. Man könne ja an Ort und Stelle sehen, ob sich jetzt vielleicht doch etwas arrangieren ließe, es sähe im Augenblick gar nicht so schlecht aus.

Alexander fuhr, obwohl ihm kaum danach zumute war. Er fühlte sich hin- und hergerissen zwischen neuer Hoffnung und einem inzwischen fast ausgeheilten Trennungsschmerz, der wie bei der Wiederkehr einer längst vergessenen Geliebten quälend aufgebrochen war. Wahllos hatte er einige neuere Forschungsunterlagen eingepackt, die für seine Gastgeber von Interesse sein könnten, und hatte sich sogleich an den inzwischen so weit in die Ferne gerückten Ort aufgemacht.

Es war ein befremdlicher Aufenthalt, den er dort erlebte. Die Klinikleitung hatte ihn zum ersten Mal in einem riesigen internationalen Hotel einquartiert, dessen Anonymität und Touristenbetrieb sich nicht eben förderlich auf sein Wohlbefinden auswirkten. Mochte er sich nicht mehr in seiner Schlafzelle aufhalten, saß er verloren in der kahlen Empfangshalle und beobachtete die vielen mit Diplomatenköfferchen ein- und ausgehenden, in Konfektionsanzüge gekleideten Herren, die alle so undurchdringlich wie die Beton-Fassade des Hotelkastens aussahen.

Die spärlichen Treffen mit Direktor Heller erwiesen sich als sinnlos. Viele seiner Mitarbeiter waren zufällig nicht anwesend, entweder krank, beurlaubt oder außer Landes, so daß nur ein kleiner Kreis sich zu den drei Besprechungen einfand, in denen ein unverbindlicher Meinungsaustausch stattfand, und Alexander zu diesem oder jenem Ausbildungs- und Forschungsproblem gehört wurde. Dabei hatte er deutlich das Empfinden, daß seine Autorität nicht mehr die alte war, ja einige ließen sich sogar zu respektlosen Äußerungen gegen ihn hinreißen. Zwar war von irgendwelchen Gesprächsführungskursen im kommenden Herbst die Rede, bei denen er mitmachen sollte, doch alles blieb in der Schwebe. Selbst eine von Alexander gewünschte persönliche Aussprache mit Professor Heller am Ende dieses verfehlten Aufenthaltes blieb dem Gast nicht vergönnt. Der Direktor entzog sich mit einem plötzlich einsetzenden, heftigen Gichtleiden. Selbst wenn es echt war, sah Alexander es als höchst symptomatisch dafür an, daß Heller die ganze Situation offenbar über den Kopf gewachsen war, und er zu seiner ehrlich gemeinten Einladung inzwischen nicht mehr stehen konnte. Ja, Alexander drängte sich die Vermutung auf, daß bei der Erteilung des Dienstvisums an ihn schon von Anfang an etwas schief gelaufen sein mußte. Vielleicht lag ein für die bürokratischen Verhältnisse dieses Landes typisches Versehen vor, und die für

Alexanders Einreisen zuständige Behörde hatte noch gar nicht gewußt, daß übergeordnete Stellen inzwischen gegenteilige Entscheidungen getroffen hatten.

Das einzig Erfreuliche seines Besuchs war die Rückkehr von Klaus Mergels, der nach zweijähriger Abwesenheit irgendwo in Rußland wieder im Lande war. Man sagte, er sei ›abkommandiert‹ gewesen, ohne daß bekannt war, wohin und wozu. Als er wieder kam, erhielt er nicht mehr seinen alten Arbeitsplatz in der Klinik, sondern anderweitige Aufgaben in einem ›Institut‹, wie es hieß. Alexander suchte ihn zu Hause auf, wo einst seine allererste Begegnung mit einem Bewohner dieses Landes stattgefunden hatte. Mergels wirkte völlig verändert. Sein Gesicht war von einem wild wuchernden, kohlrabenschwarzen Vollbart so weit zugewachsen, daß die weichen Züge von ehedem darin verschwanden. Sein früher eher ängstlicher Blick schien jetzt lässig, fast kühn, als ob er immer noch über die endlosen asiatischen Steppen und Tundren schweifen würde. Seine kleine, abgehärtet wirkende Gestalt hatte inzwischen das Aussehen eines Waldschrats angenommen. Alexander merkte bald trotz aller Freude, ihn zu sehen, daß er überhaupt nicht mehr schlau aus ihm wurde. Einerseits unterhielten sie sich frei und unbeschwert, und er fand in ihm einen verständnisvollen Zuhörer für seine Klagen über die ihm zuteil gewordene schlechte Behandlung. Zudem gewann er zunehmend den Eindruck, als hätten die für Mergels früher so wichtigen Dinge wie Arbeit, Disziplin und Leistungswille während seines Aufenthaltes in der Sowjetunion ihren Stellenwert verloren. Auch war Alexander erstaunt darüber, wie offen und kritisch Mergels ganz im Gegensatz zu früher über die Gesellschaftsordnung und Ideologie seines eigenen Landes sprach. Er schimpfte wie ein Rohrspatz über die sich verschlechternde Versorgung, die verlogene Berichterstattung in den Massenmedien, den geisttötenden Bürokratismus und so fort. Diese Einstellung schien sich sogar auf Frau und Kinder zu übertragen, denn auch sie stimmten laut in sein Lamentieren ein. Dann aber gab es Themen, bei denen Mergels sich reserviert und unzugänglich gab und nur, wie um strategisch auszuweichen, den Kopf etwas neigte und verschlagen lächelte. So verhielt er sich auch, als Alexander ihn nach seinem geheimnisvollen Rußland-

Aufenthalt oder seiner derzeitigen beruflichen Tätigkeit fragte. Auch was Alexanders eigene Situation in diesem Lande betraf, hatte Mergels' Anteilnahme ihre Grenzen. Obwohl Alexander merkte, daß er mehr darüber wußte, gab Mergels nichts preis und deutete nur an, daß für ein Dienstvisum im kommenden Herbst so gut wie keine Chancen bestünden. Näher wollte Alexander nicht in ihn dringen. Trotz aller aufkommenden Fremdheit und der veränderten Fassade erkannte er doch manche vertrauten Züge seines Freundes wieder: vor allem warme Zugewandtheit, die aus seinen Augen sprach. Aber sie war nur noch selten zu spüren. Es war ein schwacher Abglanz, der Alexander an Mergels' christliche Erziehung durch seine Großmutter denken ließ.

Als Alexander die Rückreise antrat, wußte er nur zu genau, daß es wohl vorerst der letzte Aufenthalt in diesem Land gewesen war. Wenn ihn auch überwiegend windiges, nasses Aprilwetter bestimmt hatte, schien jetzt die Sonne hell und warm. Kurzerhand entschloß sich Alexander für einen kleinen Umweg, um seine nicht allzu weit abgelegene Lieblingsstadt noch einmal zu besuchen. Er durcheilte einige ihrer berühmtesten Kunstgalerien, ging über bunt belebte Marktplätze, an Kirchen und Verkaufsständen vorbei und blickte zum Abschied von einer Anhöhe versonnen herab auf das vor ihm im Tal ausgebreitete Häusermeer. An einem besonders geschichts- und kulturträchtigen Ort war ihm vor allem gelegen. Er war überzeugt, den alten Stadtkern mit traumwandlerischer Sicherheit zu finden, irrte jedoch auf irgendwelchen Einbahnstraßen an der Peripherie umher, bis er schließlich unter einem zur Innenstadt führenden Torbogen das Auto abstellte, um sich rascher auf die Suche machen zu können. Auf Kopfsteinpflaster lief er straßauf, straßab an leidlich instandgehaltenen Bauwerken mit steinernen Gedenktafeln, an Türmchen und kleinen Parkanlagen und an vielen von Vögeln bekleckmsten Bronzestatuen vorbei, bis er zu einem großen Platz kam. Trotz zahlreicher abgestellter Reisebusse wirkte er äußerst idyllisch und war von schönen alten Bürgerhäusern und luxuriösen Restaurants umgeben. Alexander genoß die Frühlingswärme und fühlte wie schon lange nicht mehr eine sich tief in ihm ausbreitende Ruhe. Auf den im Frühlingslicht gleißenden Stufen eines verfallenen ehemaligen Theaters räkelte sich allerlei Jungvolk, schmuste, schwatzte und blinzelte vergnügt in die Sonne.

Alexander wollte von den großen Dichtern dieses Landes Abschied nehmen und ihre zu Museen umgewandelten Heimstätten aufsuchen. Doch sie waren bereits geschlossen, und er mußte sich mit einigen Minuten gedankenvoller Stille vor dem Eingang begnügen. In einer Novelle hatte er gelesen, daß einer der Dichter die roten Vorhänge seines Schreibzimmers sehr geliebt hatte und sie niemals missen wollte. Doch zu seiner Enttäuschung entdeckte Alexander, daß die jetzigen Vorhänge ein verschossenes, staubig aussehendes Blau hatten, das er nach mühsamem Hochrecken von der Straße aus erkennen konnte.

Dies genügte. Er stieg ins Auto und fuhr durch die eintönigen Außenbezirke an verwahrlost aussehenden Häusern und leeren, meist nur mit Spruchbändern versehenen Schaufenstern vorbei. Am frühen Abend kam er schließlich auf die Zufahrtsstraße zur Autobahn. Das Sonnenlicht hatte sich zum Ausklang dieses schönen Tages zu einem dunklen, matten Gold verfärbt, das reich über die umliegenden Wiesen und Felder strömte. Manchmal blitzten Fenster und Dächer durch die Spiegelung der untergehenden Sonne auf. Viele Radfahrer begegneten ihm auf ihren alten Rädern, vereinzelt sah er Fuhrwerke, die mit ihrer dürftigen Last feldeinwärts abbogen. Die Bäume standen noch in ihrer winterlichen Kahlheit und streckten nur zögernd ihre Triebe dem Himmel entgegen. Alexander empfand in diesem friedvollen Augenblick, daß er dies alles für immer hinter sich lassen würde, ohne es jedoch zu verlieren. Es war ein Gefühl der Dankbarkeit für alles, was er in diesem Land geschenkt bekommen hatte, ein Gefühl der Versöhnung mit allem, was ihm fremd geblieben war. Jeglicher Groll verschwand aus seinem Herzen. Doch je mehr er sich darüber klar wurde, daß er trotz aller Enttäuschungen nicht ohne weiteres von der sozialistischen Idee lassen konnte, desto deutlicher wurde ihm, daß er in dieses Land zurückkehren mußte, um die Bindung nicht wieder zu verlieren. Und, als er in der beginnenden Dämmerung in die Autobahn zur Staatsgrenze einfuhr, da war es wie ein kleiner Trost, sich zu sagen:

»Wer weiß, es könnte ja doch sein, daß im September etwas aus meinem Besuch wird.«

Aber schon war er sich nicht mehr ganz sicher, wie lange er diesen Vorstellungen nachhängen würde.

In der Tat hielten diese vom Gefühl diktierten Gedanken nicht allzu lange an. Er hatte während seiner letzten Heimfahrt noch nicht die notwendige Distanz, sich Rechenschaft darüber abzulegen, was diese lange Episode ihm letztlich gebracht hatte. Erst später fand er den vor Blindheit und Voreingenommenheit schützenden Abstand und sah die Geschehnisse in einem nüchterneren Licht.

Was diese Zeitspanne, die übrigens tatsächlich mit jenem letzten April-Besuch zu Ende ging, von derjenigen in Gattersleben unterschied, war einmal der größere Erfolg, den sie für Alexander gebracht hatte. Und auch der erzwungene Abschied von allen ihm ans Herz gewachsenen Menschen hatte längst nicht den bitteren Nachgeschmack seines freiwilligen Weggangs von Gattersleben. Dort hatte er wieder einmal Menschen, die seinen Erwartungen nicht entsprochen hatten, ohne Skrupel fallengelassen. Wichtiger aber war für ihn die Auseinandersetzung mit der marxistischen Ideologie seines Gastlandes. Seine unbefangene Eigenständigkeit dabei läßt sich allenfalls mit dem Aufbruch des Zwanzigjährigen in die Welt des Katholizismus vergleichen. Nur, was damals ein Akt der Selbstfindung gewesen war, diente diesmal auch anderen. Seine auf der Grundlage einer revolutionären Philosophie entwikkelte partnerschaftlich-demokratische Menschenführung blieb kein reines Gedankenexperiment, sondern ließ sich therapeutisch und pädagogisch verwirklichen. Aber die Sache hatte wieder einmal einen entscheidenden Haken. Dasselbe System nämlich, das ihn ideologisch so erfolgreich angeregt hatte, wie es der westlichen Gesellschaftsform wahrscheinlich niemals gelungen wäre, stellte Alexander schließlich vor die Wahl, sich ihm entweder mit Haut und Haaren zu verschreiben oder seine Versuche abzubrechen und das Feld für immer zu räumen. Was sich in Alexanders sogenanntem ›bösen Traum‹ ereignet hatte, ist sicher als Hinweis auf den Preis zu verstehen, den man ihm für seine Pionier-Reise in das Reich der Erkenntnis abverlangte, den er aber nicht zu zahlen bereit war. Und es ist leicht möglich, daß schon vor seiner Habilitation das Ende seines Gastspiels eine von den Behörden beschlossene Sache war, daß es aber zum Stil dieses Staates gehört, ein mühsam eingefädeltes Verfahren nicht in letzter Minute rückgängig zu machen, sondern es zu einem würdigen Abschluß bringen zu lassen.

Und was ist nun Jahre danach von alledem übriggeblieben? Was Alexanders Einstellung zu seiner eigenen Gesellschaftsordnung betrifft, so ist seine Kritik gegenüber dem Kapitalismus zweifellos fundierter geworden, wenngleich nicht weniger ablehnend als in seiner Sturm- und Drangzeit der achtundsechziger Jahre. Vielleicht hat sich auch die politische Abkehr von seiner ursprünglichen Heimat Amerika damit jetzt um so konsequenter und endgültiger vollzogen. Welche Alternative aber schwebt ihm nun zum kapitalistischen Wirtschafts- und Gesellschaftssystem vor? Glaubt er nach seinen Erfahrungen mit dem Sozialismus immer noch an einen Weltkommunismus dialektisch-materialistischer Prägung? Und wenn Alexander in Zukunft die Auseinandersetzung mit ihm an Ort und Stelle versagt bleibt, was wird er statt dessen tun, um seinem Ziel näherzukommen?

VI.
Im Banne Aesculaps

Vorspiel

»Von diesen Chaoten, dieser fünften Kolonne Moskaus, lassen wir uns bestimmt nicht aus der Fassung bringen, auch wenn sie in ihren Flugblättern wieder Störungen angekündigt haben.«

»Flugblätter?«

»Ja, ich habe gestern eines davon rasch in meine Mappe gesteckt und an die richtige Stelle weitergeleitet... Aber die täuschen sich. Sie kriegen nächste Woche die Rechnung präsentiert. Da sind Fachschaftswahlen, wo sie aller Voraussicht nach die Hälfte ihrer Sitze verlieren werden.«

»Meinen Sie wirklich? Finden Sie nicht, daß man da sehr vorsichtig sein muß? Man darf diese Leute nicht unterschätzen – gerade jetzt, wo wir wieder einen heißen Herbst haben, und sie sich besonders rabiat und unberechenbar aufführen.«

»Gewiß, Herr Doktor. Aber wir haben die Sache letztlich gut im Griff. Der Hausherr kann zur Wahrung der Ordnung immerhin unsere Sicherheitskräfte rufen, falls es allzu bunt wird. Wir brauchen uns im Grunde keine ernsten Sorgen zu machen.«

Es waren Dr. Krause, Oberarzt der Orthopädischen Universitätsklinik, und der Medizinstudent Franz Xaver Schlaupf, Fachschaftssprecher und führendes Mitglied der studentischen Aktionsgemeinschaft Freisinniger Mediziner (AFM), die dieses Gespräch miteinander führten. Beide hielten kurz inne und verbeugten sich leicht, als Kollege Voerkel, der Direktor des in der Nähe gelegenen Anatomischen Instituts, auf dem halbdunklen Flur an ihnen vorbeischritt. Er begab sich in den großen Hörsaal der Chirurgischen Klinik, in dem ein Festakt bevorstand.

»Herr Kollege Voerkel, ich bitte Sie, Herr Direktor Höpfe erwartet Sie im Auditorium«, war eine aufgeregte Stimme zu hören.

Irina Saporin, ein aus Rußland stammendes, untersetztes Mädchen im altmodischen Rüschenkleid, auch ein Mitglied der AFM, zwinkerte im Vorbeigehen ihrem Kommilitonen Schlaupf aufmunternd zu.

»Wissen Sie eigentlich etwas Näheres über diesen Professor Hagemann, dem heute die Ehrendoktorwürde verliehen wird?« richtete sich Krause erneut an den Studenten.

»Er ist Chef an einem Zentrum der Unfall-Chirurgie nahe bei München und hat sich in letzter Zeit als ehemals aktiver Wehrmediziner mit Veröffentlichungen zum Thema Katastrophenmedizin im Kriegsfall einen Namen gemacht. Auch der Ausschluß dieses linken Professors aus der Ärztekammer, wie heißt er bloß, Wolf oder Dorn oder so ähnlich, ist vor allem ihm zu verdanken.«

Die Fistelstimme des Studenten Schlaupf wurde bei den letzten Worten etwas leiser.

»Und in seinem Fach? Ich habe eigentlich noch nie was von seinen chirurgischen Leistungen gehört, obwohl wir Orthopäden mit der Unfall-Chirurgie eine Menge zu tun haben.«

»Na ja, ich weiß nicht. Unser Direktor Höpfe wird in der Laudatio seine fachlichen Verdienste gewiß gebührend herausstellen«, antwortete Schlaupf verlegen und fügte hinzu: »Sie wissen ja, heutzutage kommt der neuen Wehrmedizin eine besondere Bedeutung zu, bei der man eben radikal umdenken muß. Das stärkere Hervortreten massenmedizinischer Gesichtspunkte gegenüber der antiquierten individual-medizinischen Ideologie ist ja ein wahrer Lichtblick für die zukünftige Medizin.«

»Hmm«, reagierte Krause lakonisch, »wir sollten vielleicht doch langsam hineingehen.«

Im Hörsaal ging es turbulent zu. Ein lebhaftes Händeschütteln und Verbeugen war im Gange. Der Rektor der Universität und die Ranghöchsten der Fakultät, darunter jener Anatom Voerkel und der korpulente spitzbärtige Direktor der Hautklinik, Professor Hoeppel, sowie einige Damen in eleganter Toilette, offenbar ihre Ehefrauen, ließen sich von den Eintretenden Reverenz erweisen. Direktor Höpfe und sein Gast Hagemann waren noch nicht zugegen. Wer sich dieser Begrüßungszeremonie entziehen wollte, mußte sich diskret in die hinteren Bankreihen verdrücken. Dort saßen die niedrigeren Chargen: Assistenten in weißen Kitteln, die sich für eine Stunde von ihrem Dienst weggestohlen hatten, Schwestern sowie einige Studenten. Auch Alexander saß nicht vorne bei den Hochschullehrern, obwohl er diesen schon seit einiger Zeit angehörte, sondern in einer hinteren Reihe, in der er sich wohler fühlte. Obgleich er, seiner Position entsprechend, eine Einladung zu dieser Feier erhalten hatte, wäre er, wie gewöhnlich, nicht gekommen, hätte er nicht genau gewußt, was sich neben dem offiziellen Programm sonst noch an Überraschungen ereignen würde. Und die wollte er auf keinen Fall versäumen.

Schließlich traten die beiden Hauptpersonen ein. Professor Höpfe brachte den Ehrengast schnell durch das Spalier der händeschüttelnden Honoratioren an seinen Platz, so daß man von Hagemann nicht viel zu sehen bekam. Höpfe blickte dagegen respektheischend umher, als würde ihm heute der Ehrendoktor verliehen. Hubertus Höpfe, ein Mann in den besten Jahren, war der wegen seines fachlichen Könnens hochgeachtete Leiter dieser chirurgischen Universitätsklinik. Er hatte sich während der kurzen Begrüßungsansprachen und Reverenzen an den Geladenen durch Seine Magnifizenz und Seine Spektabilität immer wieder umgedreht und mit unruhigem Blick vor allem die hintersten Bankreihen beobachtet. Schließlich erhob er sich, als er, wie im Protokoll vorgesehen, selbst an der Reihe war, und begab sich ans Rednerpult, um die Laudatio auf seinen Gast zu halten.

Er setzte seine Brille auf, ein nur den unteren Teil des Gestells mit Glas ausfüllendes Semi-Binokular, das ihm den kontrollierenden Blick zu den oberen Bankreihen freiließ, strich kurz über sein Manuskript und fing an.

Wie bei derlei Anlässen üblich, berichtete Höpfe zuerst über Lebensgeschichte und wissenschaftlichen Werdegang des zu ehrenden Clauß-Otto Hagemann. Dieser hatte als Sohn eines höheren Reichsbahnbeamten nach einer entbehrungsreichen Kindheit nach dem Ersten Weltkrieg schon sehr früh den Wunsch gehabt, Arzt zu werden. Durch seinen ungewöhnlich frühen und glanzvollen Schulabschluß konnte er bereits als knapp Achtzehnjähriger mit dem Studium beginnen. Über die Jahre von 1937 bis

1945 blieben Höpfes Ausführungen etwas lückenhaft und nebulös. Es wäre besser gewesen, wenn er sich überhaupt nicht dazu geäußert hätte. Die Rede war von einer Dissertation über das Gebiet der Eugenik, deren genaueres Thema jedoch ungenannt blieb, sowie von irgendwelchen Missionen in den Ostgebieten während des Krieges. Erst nach dieser Zeit schien wieder alles eindeutiger abzulaufen. Hagemann machte sich bald auf dem Gebiet der Unfallchirurgie einen Namen und entwickelte dafür ein solches wissenschaftliches Interesse, als hätte er gerade in diesem Bereich während des Krieges entsprechende Vorkenntnisse erworben. Dann, bald nach der Wiedereinführung der allgemeinen Wehrpflicht, wandte er sich, in enger Zusammenarbeit mit der Bundeswehr, auch der Erforschung radioaktiver Strahlung zu, wobei ihm ein längerer Aufenthalt in Japan einschlägiges Anschauungsmaterial lieferte. Was von alledem ihm nun eigentlich die hiesige Ehrendoktorwürde einbringen sollte, ging aus Höpfes Ausführungen nicht so recht hervor, da letzterer von den fachlich-wissenschaftlichen Meriten Hagemanns bald abkam und sich mit Begeisterung über seine Aktivitäten innerhalb der Bundesärztekammer, vor allem im Rahmen der Kriegs- und Katastrophenmedizin, ausließ.

»... ein Umstand, der uns, wie vieles, auch persönlich eng miteinander verbindet«, fügte Höpfe hinzu, und jeder im Saal verstand, daß der Redner damit auch seine eigenen wehrmedizinischen Aktivitäten in der Chirurgie andeutete.

Die ›langjährigen freundschaftlichen Beziehungen‹ zwischen den beiden sowie der ›Austausch‹ zwischen Höpfes und Hagemanns Institutionen wurden dann noch ein wenig eingehender erläutert. Und schließlich beendete Höpfe seine Ansprache mit der Ankündigung: »Herr Kollege Hagemann wird jetzt die Freundlichkeit haben, uns seine neuesten Erkenntnisse über die ›Grenzbereiche zwischen konservativer und operativer Knochenbruchbehandlung‹ darzulegen. Ich darf Sie, Herr Kollege, herzlich bitten ...« Er verneigte sich flüchtig zum Angesprochenen hin, der sich umständlich von seinem Platz erhob und sich nach vorne zum Pult begab.

Hagemann schickte sich nicht mit der routinierten Eleganz Höpfes zu seinem Vortrag an, sondern machte sich erst eine Weile am

Katheder zu schaffen, um Manuskript-Ablage, Lämpchen und die Stelle zum Händeaufstützen zu prüfen, und hielt so hilflos nach dem an der Wand lehnenden Zeigestock Ausschau, daß Höpfe, der es sich inzwischen in der vordersten Honoratioren-Reihe bequem gemacht hatte, wie elektrisiert aufsprang, um den Stock zu holen und ihn Hagemann mit einer Geste zu reichen, wie sie ihm wohl während seiner eigenen früheren Assistentenzeit geläufig geworden war. Auch in seinem Äußeren unterschied sich Hagemann trotz der vergleichbaren Körpergröße von Höpfe: Er hatte nicht den etwas kantigen Charme seines Kollegen, sondern eine vierschrötige Gestalt mit einem plump wirkenden Kopf. Seine Gesichtszüge hatten etwas von einem alten Patriarchen, aber seine Augen wirkten müde und fast erloschen.

Hagemanns Vortrag über dieses offenbar bewußt gewählte unverfängliche Thema hörte sich zuerst wie eine mittelmäßige Vorlesung für höhere klinische Semester an, da er ganz schematisch alle Vor- und Nachteile der konservativen Knochenbruchbehandlung einander gegenüberstellte. Schließlich kam er zu dem Schluß, daß besonders bei offenen oder komplizierteren Frakturen eine Operation in jedem Fall eine raschere und anatomisch exaktere Reposition der Bruchstücke gewährleisten würde und daher grundsätzlich zu empfehlen wäre, wenn die Gefahr einer Wundinfektion gebannt, die biomechanischen Grundlagen bekannt und die Legierungen der metallischen Hilfsmittel wie Platten, Nägel und Schrauben optimal wären. Sofern diese Voraussetzungen freilich nicht gegeben wären, sollten dafür um so bessere apparative Hilfsmittel angewendet werden. Und als er dann begann, sie aufzuzählen, angefangen beim Schraubenzugapparat über die diversen Sorten von Schienen bis zum Bildverstärker-Röntgengerät und dazu noch die verschiedenen Herstellerfirmen miteinander verglich und sich dabei immer wieder auf einen gewissen Hautzinger in Graelskirchen berief, schien es, als ob Hagemann für dieses Unternehmen eine etwas zweifelhafte Werbung betreiben wolle.

Er hatte eben den Raum verdunkeln lassen, um auf die Leinwand einige Diapositive zu projizieren. Das erste Bild zeigte eines der im Vortrag angepriesenen Therapie-Geräte. Da öffnete sich plötzlich die Tür des Hörsaals, und sechs irrwitzig aufgemachte

Gestalten stürzten herein. Ehe man überhaupt begriff, was vorging, zuckte ein greller, im verdunkelten Raum besonders wirkungsvoller Blitz auf, offenbar von einer mitgebrachten Kamera. Im nächsten Augenblick warf sich die ganze Gruppe kreischend zu Boden, wälzte sich vor den Füßen der entsetzten Gäste in der ersten Reihe und schrie: »Hilfe! Die Bombe ... es ist alles aus ... die Bombe ...«

Ein Geistesgegenwärtiger unter den Zuhörern betätigte den Lichtschalter. Es wurde hell im Saal.

Zu den sich auf dem Boden Windenden gesellten sich, vom Flur hereinstürmend, weitere Personen. Alexander, der das Auftauchen dieser Leute mit einem wissenden Lächeln quittierte, kannte jeden von ihnen. Im weißen Kittel und mit Arztkoffern und allerlei Gerätschaften ausgestattet, begaben sie sich zu den angeblich Verletzten, an denen sie alsbald mit Verbandmaterial und irgendwelchen Flaschen herumhantierten.

»Ich ordne an, daß jetzt sofort eine Selektion der zu Behandelnden vorgenommen wird«, krakeelte ein rotbärtiger kleiner Mann mit Brille, den Alexander aus der regionalen Vereinigung »Ärzte für den Frieden« kannte, der auch er angehörte.

»Jawohl, Herr Chef-Chirurg«, antwortete ein bäuerlich aussehender Medizinstudent aus einem Seminar, das Alexander im Sommer geleitet hatte.

Und ein Mädchen mit flachsblondem Haar, Alexander ebenfalls von dorther vertraut, fragte hastig und mit belegter Stimme: »Wohin sollen wir die Behandlungsfähigen legen?«

»Stufe eins: die sofortige Behandlung, und Stufe zwei: die Frühbehandlung, bitte auf den Flur, wo Sanitäter zum Abtransport bereitstehen. Stufe drei: die Leichtverletzten, die wir nicht zu versorgen bräuchten, wird es bei dieser Druckwelle und Hitze, die die Megatonnen-Bombe ausgelöst hat, ohnehin nicht geben, ja und die Schwerverletzten von Stufe vier ... wir werden gleich sehen, wer dazugehört ... sie werden hier liegengelassen.«

Im Auditorium wurden empörte Zurufe laut: »Unverschämtheit so was!« – »Sofort aufhören!« – »Was fällt denen ein!« – »Polizei her!«

Doch die Verantwortlichen schienen wie paralysiert und

schwiegen. Der Rothaarige ließ sich indes nicht beirren. Er beugte sich zu den mit grellroter Schminke, Asche und Dreck verschmierten Menschen-Bündeln auf dem Boden herab, tastete an ihnen oberflächlich herum und fuhr fort: »Sehen Sie, eine Contusio Cerebri im Stammhirnbereich ... völlig sinnlos. Wehrtüchtigkeit ist in diesem Falle nie wieder herzustellen. Oder hier: diese ausgedehnte Rückenmarkverletzung – höchstwahrscheinlich eine Querschnittlähmung ...«

Zu einem besonders heftig jammernden Geschöpf: »Hier liegen mit Sicherheit Verbrennungen von über 30% vor. Nicht behandeln ... liegenlassen.«

»Sind Sie sicher? Wirklich nicht behandeln?« fragte das flachsblonde Mädchen ängstlich.

»Aber ich bitte Sie, Frau Kollegin, Sie haben doch die Pflichtfortbildung in der Katastrophenmedizin erfolgreich absolviert. Und Sie wissen genau: Die Verwundeten ohne zu erwartende Diensttauglichkeit für einen Fronteinsatz werden liegengelassen, nicht behandelt, verstanden? Immer noch nicht das ABC des Triage-Prinzips aus dem Handbuch der NATO-ZvD 49/50 kapiert?«

Er steigerte sich in seine Chirurgenrolle geradezu inbrünstig hinein: »Allen steht es schließlich frei, sofern sie wieder zu Bewußtsein kommen, auf ihre Zyankali-Kapsel zu beißen, die jeder Bürger mit sich führt. Das Bundes-Gesundheitsministerium hat sie ja im Sinne der Losung »Humanes Leben – humanes Sterben« kostenlos an die sechzig Millionen Bürger unseres Staates verteilt. Also kein falsches Mitleid, tapfer die Zähne zusammenbeißen, darauf kommt's jetzt an ... Weiter notdürftig verbinden, besonders den hier mit der Schlagaderverletzung ... und schmerzlindernde Medikamente verabreichen, soweit nach der Beschlagnahme durch die Militärbehörden noch welche da sind ... und dann, marsch, ab mit ihnen ins nächste Notlazarett ... Und vor dem Wegtransport nicht vergessen, sie alle mit genügend Jodtabletten zu versehen und sie an den unverletzten Stellen am Körper gründlich abzuduschen und abzuschrubben wegen der radioaktiven Verseuchung. Und wer Schwierigkeiten macht, den am besten mit Valium ruhigstellen!«

Plötzlich stürmte ein hochgewachsener Mann herein: »Melde

gehorsamst, Herr Wehroberstabsarzt, das Neueste von der Kommandozentrale... Die Wirkung der Detonation ist verheerender als befürchtet. Das Atomwaffenlager in Froheide ist auch getroffen worden, das Ausmaß der Katastrophe ist unabsehbar. Die ganze Innenstadt existiert nicht mehr, ist einfach weggeschmolzen, und in den hiesigen Außenbezirken hat sich der Schaden durch die zusätzliche Explosion der Öltanks und der Benzintankstellen ins Unermeßliche gesteigert...«

Die jüngeren Leute in den hinteren Bankreihen, den Demonstranten nach Alter, Rang und Gesinnung offensichtlich nahe, hatten ihre Fassung am schnellsten zurückgewonnen. Da und dort war sogar Zustimmung, ja Belustigung auf den Gesichtern zu lesen. Je weiter vorn man saß, desto schwerer tat man sich freilich, das Gebotene widerstandslos hinzunehmen.

Jetzt erst raffte sich einer der Professoren auf, dieser makabren Überraschung Einhalt zu gebieten: »Was ist denn das für eine grobe Unverschämtheit, verlassen Sie gefälligst sofort den Saal! Hier findet eine Ehrenpromotion statt und kein Fußballspiel. Wenn Sie nicht augenblicklich verschwinden, müssen ordnungsdienstliche Schritte eingeleitet werden. Wir haben es nicht nötig, uns von einer kriminellen Minderheit terrorisieren zu lassen.«

Es war nicht der Hausherr Höpfe, sondern Professor Voerkel aus der Anatomie, der diese Worte den ungebetenen Gästen entgegenschleuderte, nachdem er merkte, daß Höpfe immer noch völlig versteinert dasaß.

Die Spannung näherte sich ihrem Höhepunkt. Die Störenfriede waren zwar unterbrochen worden, doch die Gegenseite beschränkte sich zunächst auf rein verbale Äußerungen. Dies war wohl der Grund dafür, daß der Anführer der jetzt unschlüssig vorne Herumstehenden beschloß, einen direkten Gesprächskontakt zu suchen.

»Wir sind keine Radaubrüder, sondern praktizierende Ärzte und Medizinstudenten, die der regionalen Initiative ›Ärzte für den Frieden‹ angehören. Wir wollten heute auf diese Weise auf die Sache, die wir vertreten, aufmerksam machen. Uns geht es besonders darum, unsere Kollegen anzusprechen und ihr Bewußtsein auf den Ernst der Lage zu lenken. Als Ärzte fühlen wir uns dazu verpflichtet, zur Verhinderung einer weltweiten Atomkatastrophe beizutragen.«

Er hatte seine mitgebrachten Requisiten abgelegt, als er sich mit dieser Erklärung an das Auditorium wandte, und auch die anderen standen jetzt locker um ihn herum.

Die ›Schwerverletzten‹ hatten sich inzwischen aufgesetzt und verfolgten wachsam und bereit, jederzeit ins Gespräch einzugreifen, seine Worte.

»Es ist kein Zufall, daß wir gerade diese Veranstaltung als Forum für unseren Appell ausgesucht haben, weil Sie beide, Herr Professor Hagemann und Herr Professor Höpfe«, fuhr der bäuerlich aussehende Student mit rauher Stimme fort, »weil wir wissen, daß Sie sich in Ihren einflußreichen Stellungen für die Katastrophen- und Wehrmedizin, die wir entschieden ablehnen, stark gemacht haben. Wir würden gerne mit Ihnen darüber öffentlich diskutieren.«

»So, nun reicht's«, fuhr Direktor Höpfe wie eine Granate dazwischen, nachdem er seine Lähmung endlich abgeschüttelt hatte, aufgesprungen war und sich seinem immer noch verängstigt am Rednerpult stehenden Gast Hagemann schützend zur Seite gestellt hatte. Und in schneidendem Ton befahl er: »Sie sind jetzt bitte so freundlich und geben mir einzeln Ihre Namen an, so daß ich sie mir notieren kann. Das wäre doch gelacht, wenn wir nicht in der Lage wären, uns mit ganz normalen Mitteln gegen dieses Gesindel hier zu wehren.«

»Soll ich heruntergehen und die Polizei verständigen?« schaltete sich jetzt Student Schlaupf ein. »Ich kann unten an der Pforte telefonieren ...«

»Nein, halt, so nicht, ich bitte sehr darum, nicht ganz so schnell vorzugehen«, rief plötzlich Professor Hoeppel, der korpulente und spitzbärtige Direktor der Hautklinik dazwischen, so daß es still im Saal wurde und jedermann aufhorchte.

»Ich bin der Meinung, daß wir allen Gerechtigkeit widerfahren lassen müssen, jeden anhören sollten, bevor wir ... zu Recht ... ganz zu Recht ... Konsequenzen aus dieser ungeheuerlichen Provokation ziehen. Nein, Herr Kollege Voerkel, nein, ich teile ganz gewiß Ihre Auffassung, daß dies eine Beispiellosigkeit sondergleichen ist, was uns heute hier geboten worden ist, aber ich möchte darauf bestehen, daß wir uns an Ort und Stelle mit der anderen Seite auseinandersetzen, bevor wir folgenreiche Schritte einleiten.«

Als er merkte, daß sich keiner im Raum seinem Ansinnen widersetzte, fuhr Hoeppel ruhiger fort: »Nun legen Sie uns bitte die näheren Beweggründe Ihres heutigen Auftritts dar.«

Der kleine Rothaarige pflanzte sich vor den Honoratioren auf und begann mit der Selbstverständlichkeit eines Redners, dessen schon häufig vorgebrachte Argumente inzwischen zu einem Teil seiner Person geworden sind: »Unsere Initiative sieht ihren Einsatz für die Erhaltung des immer unsicherer werdenden Friedens als eine wesentliche Pflicht aller praktizierenden und künftigen Ärzte an. Im hippokratischen Eid ist nämlich verankert, menschliches Leben nicht nur wiederherzustellen, sondern es auch nach bestem Wissen und Gewissen zu erhalten. Deshalb bekämpfen wir in erster Linie die Maßnahmen vieler unserer Kollegen, die diese ethische Pflicht des Arztes unterlaufen. Ich meine vor allem das Bestreben, das ganze Gesundheitswesen auf den Kriegsfall auszurichten, mittels eines umfassenden Trainings aller Ärzte Illusionen möglicher Hilfe in einem Atomkrieg zu wecken, bei der Bevölkerung die psychologischen Barrieren abzubauen und damit überhaupt die allgemeine Kriegsbereitschaft zu stärken. Öffentlich mit der Autorität des Mediziners zu behaupten, daß wir dann auch nur das Geringste würden ausrichten können, ist der reinste Hohn und dient nur dazu, das Ungeheuerliche eines solchen Handelns zu beschönigen.«

In der nachdenklichen Stille, die diese Sätze auslösten, hörte man eine klare weibliche Stimme:

»Ich bin Kinderärztin.« Es war eine der nahe beim Katheder auf dem Boden kauernden geschminkten Gestalten, eine Alexander ebenfalls bekannte, junge, energisch aussehende Frau.

»Ich kann es nicht mehr mit meinem Gewissen vereinbaren, mich täglich für die Genesung kranker Kinder einzusetzen und sie am Leben zu erhalten, wenn ich sie nicht zugleich auch vor dem sicheren Atomtod schütze. Ich lüge mich selbst an, wenn ich nicht versuche, mit allen Mitteln an der Verhütung dieses unvorstellbar grausamen Schreckens mitzuwirken. Das ist der Grund, warum ich heute hier bin.«

Auf Professor Hagemanns Gesicht war zu lesen, daß etwas Fürchterliches bevorstand.

»Sie sind mir ja ein schönes Exemplar von Arzt, ein Früchtchen, das der Ärztekammer Freude macht«, fing er mit dröhnender Stimme an. »Meine Damen und Herren, das nennt sich Arzt und gibt im selben Atemzug schamlos zu, im Ernstfall die Hilfeleistung zu verweigern.«

Er zeigte mit dem Finger auf sie und blickte, Zustimmung heischend, im Saal umher.

»Wissen Sie, was diese Frau samt all ihren hier anwesenden Komplizen in Wirklichkeit will? Sie möchte mit diesem Aufruf zu passivem Widerstand gegen eine einsatzbereite Medizin die Kampfmoral unseres Volkes schwächen. Sie hat es darauf angelegt, daß wir uns alle widerstandslos dem Kommunismus ergeben, weil sie offenbar durch Zahlungen vom Kreml den Auftrag hat, an einer Preisgabe der freien Welt mitzuwirken. Das Ganze wird auch noch getarnt mit Kinderliebe und allerlei rührseligem Gerede, nur um diejenigen gefügig zu machen, die besonders auf uns Ärzte hören. Ich frage Sie hiermit allen Ernstes, ob Sie willens sind, solche subversiven Elemente weiterhin in Ihrem – in unserem Berufsstand zu dulden...«

Im Saal wurde es unruhig. Manche Zuhörer standen auf und verließen, Unmutsäußerungen murmelnd, die Feier, die plötzlich einen so anderen Charakter angenommen hatte als vorgesehen.

»Ach, wissen Sie, Frau Kollegin«, fuhr Hagemann unwirsch fort: »Wenn Sie sich schon als Anwalt der Roten aufspielen und behaupten, ärztliche Hilfe wäre im Atomkrieg völlig sinnlos, dann beweisen Sie uns das doch einmal an sich selber. Warum führen Sie nicht einen Versuch zur genauen Bestimmung der jeweils kritischen Dosis verschiedener Arten radioaktiver Strahlung an sich selbst durch? Wäre das nicht ein hochherziges Opfer für Ihre Genossinnen und Genossen, ja für die ganze Menschheit überhaupt?«

Nun machte sich Empörung breit, und vor allem die jüngeren Leute verließen in Scharen den Raum. Es mag sein, daß dies die außerplanmäßige Rede des heute eigentlich zu Ehrenden schließlich beendete, und die bisher noch einigermaßen bewahrte Ruhe unter den Anwesenden vollends zerbrach. Vorne bei den schwarzgekleideten Honoratioren spannen sich ratlose Zwiegespräche an über den Fortgang der total verunglückten Veranstaltung.

»Sowieso Blödsinn, was die erzählen«, wandte sich der korpulente, spitzbärtige Hoeppel zu seinem Nachbarn, dem Orthopäden Krause. »Das ist gar nicht wahr, daß bei über 30% Verbrennungen keine Behandlung mehr möglich ist. Wir bekommen immer wieder Patienten mit bis zu 35% Schädigung herein und führen erfolgreiche Therapien durch. Ich selber habe in solchen Fällen schon mehrfache Haut-Transplantationen vorgenommen. Wir mit unseren Erfahrungen werden das schließlich besser wissen als diese Grünhörner.«

Sein Nachbar zur Linken meinte: »›Ärzte warnen vor dem Atomkrieg‹. Wenn ich allein schon diesen Slogan höre! Da könnte man genausogut verkünden: ›Ärzte warnen vor dem Knollenblätterpilz‹!«

»Ja, ja, Herr Kollege, köstlich...« Hoeppel lachte schallend. Der einzige in diesen Rängen, der beharrlich vor sich hin schwieg, war Hubertus Höpfe. Er saß regungslos auf seinem Platz, auf den er sich inzwischen zurückbegeben hatte, und es war schwer auszumachen, was sich hinter seinem steinernen Lächeln verbarg.

Ein trockener, für die fortgeschrittene Jahreszeit erstaunlich warmer Herbstwind fegte die zusammengerollten Blätter der Laubbäume durch die Luft, als die ganze Jungmannschaft der ›Laienspieler‹ die gepflasterte Hofeinfahrt der chirurgischen Klinik zwischen verwelkten Blumenbeeten hinabging. Es war nicht einer jener von sterbensmattem Dämmerlicht erfüllten Spätherbst-Tage, die die Seele auch zu anderen Jahreszeiten oft schon in der bloßen Vorstellung tief erschauern läßt. Vielmehr trieb die Natur nach den vergangenen warmen Sommermonaten einen grimmig fröhlichen, wie von Galgenhumor erfüllten Totentanz, dessen dürre und weiß-grelle Hektik etwas hohl Fantastisches an sich hatte und zudem ein wenig den Charakter des ungehörigen Hinauszögerns von Unvermeidlichem in sich trug.

»Ob die wohl ihre Feier trotzdem zu Ende führen?« fragte nach einigen Minuten nachdenklicher Stille der bäuerlich aussehende Student und rieb sich die Augen, die unter der verwischten Schminke gerötet waren.

»Kann sein. Große Freude werden sie dabei freilich nicht haben«, lachte der Rothaarige schadenfroh.

»Mm ... Übrigens, diese Veranstaltung heute abend in der katholischen Kirchengemeinde in Froheide, worum geht es da eigentlich?« wollte die schmale Blonde wissen.

»Da soll eine Diskussion stattfinden über die Rolle der Kirche in der Friedensbewegung. Irgendein Pastor hält einen Vortrag. Und dann wollen sie uns Ärzte zu den medizinischen Folgen des Atomkrieges hören.«

»Aha, eines dieser Unternehmen, wo wir aufpassen müssen, nicht falsch vereinnahmt zu werden.«

»Das stimmt. Trotzdem ist es wichtig, daß wir hingehen!«

Alexander, der die Klinik in einigem Abstand zu den anderen verließ, war unsicher, wie weit er den eben erlebten Auftritt als wirklich sinnvoll betrachten sollte, obwohl er die Motive rückhaltlos billigte. Und er fragte sich, ob sein pädagogischer und sonstiger Einfluß auf diese jungen Menschen, von dem er immer geträumt hatte, auch der richtige war.

Schon ziemlich bald nach Gattersleben hatte sich Alexander in ein neues medizinisches Fachgebiet einzuarbeiten begonnen, in das er, vor allem während der bewegten Jahre im Ausland, immer tiefer hineingewachsen war. Dieses noch sehr junge Pflichtfach in der ärztlichen Ausbildung trägt den Namen ›Medizinische Psychologie‹ und wird schon während der ersten Semester in Form von Vorlesungen und praktischen Seminaren absolviert.

Die Hauptaufgabe dieses Faches besteht darin, dem Medizinstudenten schon früh die psychologischen und sozialen Aspekte menschlicher Krankheit und die daraus erwachsenden Konsequenzen für den Umgang des Arztes mit dem Patienten anschaulich nahezubringen. Gewissermaßen als Gegengewicht zur Stoff-Fülle der naturwissenschaftlichen Fächer in der sogenannten Vorklinik sollte deutlich gemacht werden, daß der Kranke nicht die Summe einzelner reparaturbedürftiger Körperteile und Organe sei, sondern ein überaus kompliziert gebautes und in ein weitmaschiges Netz gesellschaftlicher Zusammenhänge eingefügtes Leib-Seele-Wesen.

So wichtig die Medizin-Psychologen selbst ihr Fach auch nehmen, so gilt es in den medizinischen Fakultäten insgesamt eher als vielfach belächeltes ›Orchideenfach‹ mit entsprechend geringer Stundenzahl im Lehrplan und äußerst dürftiger personeller und materieller Ausstattung. Das geringe Ansehen wird auch nicht gerade dadurch aufgewertet, daß der Mitarbeiterstab eines solchen medizin-psychologischen Instituts meist aus nicht zur ehrwürdigen Ärzteschaft gehörenden Psychologen besteht. So war es auch mit unserem Freund Alexander.

Je länger er in diesem Fach arbeitete, desto schmerzlicher wurden ihm die Grenzen seiner Unterrichtstätigkeit bewußt. Obwohl er als inzwischen vom Ausland in sein Institut umhabilitierter Dozent auf dem Gebiet der wissenschaftlichen Erforschung der Arzt-Patient-Beziehung, vor allem der ärztlichen Gesprächsführung, zunehmend Anerkennung bei seinen Kollegen fand, mußte er dennoch im Laufe der Jahre lernen, seine pädagogischen Ansprüche gegenüber den Medizinstudenten immer wieder herunterzuschrauben.

Er hatte am Anfang die vier ihm pro Seminargruppe zur Verfügung stehenden Kursnachmittage dazu benutzt, ähnliche Rollenspielübungen anzuwenden wie bei seinem alten Konflikt- und Problemlösungsmodell, mit denen er in der Psychiatrie jahrelang erfolgreich gewesen war. Gegen diese Bestrebungen, schon die ersten Semester in der Kunst sogenannter ›patientenzentrierter Kommunikation‹ auszubilden, wuchsen jedoch mehr und mehr Widerstände der Kursteilnehmer. Sie empfanden seine Methode als verfrüht, praxisfern und allzu schematisch und zwangen Alexander und seine Instituts-Kollegen umzudenken und ihr Programm entsprechend zu ändern.

Das Konzept, das nach vielerlei Anläufen entwickelt wurde und sich unter den Studenten zunehmender Beliebtheit erfreute, sah nicht so sehr die Ausbildung praktischer psychologischer Fertigkeiten vor, sondern sollte vor allem Impulse vermitteln – die persönliche Auseinandersetzung des zukünftigen Arztes mit den psychologischen und sozialen Problemen seines Alltags: etwa die Angstbewältigung von Patienten vor und nach medizinischen Eingriffen oder die seelische Verfassung des lebensbedrohlich Erkrankten oder Verletzten während der ärztlichen Intensivbehandlung oder auch die Phase des nahenden Todes sowie des Sterbens mit den daraus erwachsenden psychischen Belastungen auch für den Arzt.

Ziel des Kurses wurde immer mehr die Schärfung des Problembewußtseins sowohl dem Patienten gegenüber wie sich selbst als einem noch am Anfang Stehenden, der sich mit den Beweggründen seiner Wahl für diesen verantwortungsvollen Beruf auseinanderzusetzen hatte.

Es waren also Ansprüche, die im Vergleich zu anderen vorklinischen Praxis-Seminaren nach außen hin eher dürftig erscheinen mochten, in Wirklichkeit aber den eigentlichen Kern der Medizin ausmachen. So wurde diese Aufgabe nicht nur von Alexander selbst, sondern, wenn auch unausgesprochen, von einigen der weiterblickenden Kollegen seiner Fakultät ebenfalls als bedeutend und wichtig angesehen.

Im Sommersemester vor jenen spätherbstlichen tumulthaften Ereignissen in der chirurgischen Klinik hatte Alexander wieder einmal die Leitung eines dieser medizinpsychologischen Pflichtseminare übernommen. Wegen des notwendig gewordenen Abbruchs des alten Gebäudes war ihm ein hübscher kleiner Pavillon im Garten einer der großen Kliniken zugewiesen worden. Er war für ein konzentriertes Arbeiten mit einer Handvoll Studenten wie gemacht.

Wie immer waren es genau fünfzehn Teilnehmer, meist aus dem zweiten Semester, die sich einmal wöchentlich für vier Stunden dort einfanden.

Es war heute die zweite von vier Sitzungen. Alexander und ein Teil der Ausbildungsgruppe saßen bereits in der üblichen kreisförmigen Anordnung in dem niedrigen, durch Pappwände und Spannteppich schallgedämpften Übungsraum. Durch die großen Fenster lachte der Junihimmel herein. Nach und nach gesellten sich die übrigen Kommilitonen hinzu, tauschten noch irgendwelche Chemie-Formeln für eine bevorstehende Klausur aus, ließen den einen oder anderen makabren Scherz über den vor einer Stunde beendeten Histologiekurs in der Anatomie fallen oder blickten sehnsüchtig durchs Fenster einer hübschen jungen Krankenschwester nach.

»Ich glaube, wir können anfangen«, sagte Alexander nach einem Blick in die Runde. Er wollte den englischen Spielfilm ›War Game‹ vorführen und anschließend über das Thema ›Der Arzt in der Katastrophe‹ sprechen. Es war unter den jungen Leuten sehr gefragt und sollte dann ja auch zu der eben erlebten Demonstration führen, die nicht zuletzt durch diese Seminarsitzung initiiert wurde.

Alexander und seine Kollegen hatten in ihren Vorlesungen wiederholt deutlich gemacht, daß die Anforderung an den Arzt, in Katastrophensituationen rasch zu handeln, durchaus mit ethischen und psychologischen Konflikten verbunden sein könnte.

Dies betreffe, pflegte Alexander zu sagen, keineswegs nur die Naturkatastrophen oder durch menschliches Versagen verursachte Massenunfälle, sondern auch die Mammut-Katastrophe eines Nuklearkrieges, für den jeder mündige Staatsbürger die Verantwortung mittrage. Je wahrscheinlicher das Eintreten dieser Weltkatastrophe würde, desto dringender ergebe sich gerade für den Arzt die Notwendigkeit einer energischen politischen Auseinandersetzung mit den bereits von den ärztlichen Standesvertretern offiziell proklamierten katastrophen-medizinischen Konzeptionen wie auch die Pflicht einer Mitwirkung an der Vermeidung eines solchen Krieges überhaupt.

Mit der dreiköpfigen Vorbereitungsgruppe war beschlossen worden, die Vorführung des Films zeitlich etwa in die Mitte des Nachmittags zu legen. Davor hatten die drei in einem Kurzreferat die Haupt-Inhalte des ihnen von Alexander ausgehändigten Informationsmaterials zu vermitteln und mit einigen Bild-Skizzen zu veranschaulichen. Es kamen dabei ein paar Aufsätze und Buchartikel zur Sprache, die sich über die Katastrophenmedizin einschließlich des ›Triage‹ genannten Selektionsprinzips und die zur Anwendung gelangenden Notstandsgesetze ausließen. Die medizinischen Folgen eines Atomangriffs hatte die Gruppe am Beispiel der eigenen Universitätsstadt zu demonstrieren versucht. Auf einer an der

Wandtafel befestigten großflächigen Landkarte hatten sie mit konzentrisch angeordneten, bunt ausschraffierten Kreisen die verschiedenen Stufen aufgezeigt, von der Zerstörung sämtlicher Gebäude und der Auslöschung alles Lebendigen im Explosions-Kern bis zu der mit zeitlicher Verzögerung erfolgenden tödlichen radioaktiven Strahlung in den Randzonen.

Dann sollte zur Illustration der Film gezeigt werden. Anschließend war eine ausführliche Diskussion vorgesehen, übrigens in Gegenwart eines Gastes, einer der hiesigen Friedensinitiative angehörenden Kinderärztin.

›War Game‹ war im Jahre 1962 im Auftrag der BBC gedreht, seine öffentliche Vorführung aber von der britischen Regierung lange verboten worden, und er wurde erst viel später, im Zuge der weltweiten Friedensbewegung, auch in anderen Ländern Europas gezeigt. So auch in Deutschland, wo er mit einem entsprechenden Übersetzungstext von privaten Filmverleih-Instituten zuerst kleineren Kreisen zugänglich gemacht wurde.

Alexander kannte ihn aus den Aufklärungsabenden der Initiative ›Ärzte für den Frieden‹. Der Film hat einen Atomwaffen-Angriff auf die britische Insel zum Thema. Hier nur kurz einige Auszüge aus dem die Spielhandlung begleitenden Kommentar.

»Etwa 800 russische Mittelstreckenraketen mit nuklearem Sprengkopf sind gegen militärische Ziele in Westeuropa gerichtet. Diese zum Teil oberirdisch gelagerten Flüssigstoffraketen sind extrem leicht verwundbar. In einer weltweiten Krise werden die Sowjets nicht das Risiko eingehen, sie in einem Gegenbombardement zu verlieren. Nach menschlichem Ermessen werden sie in einem möglichst frühen Stadium alle Raketen auf einmal abfeuern.

Eine Atomrakete mit der Zerstörungskraft von einer Million Tonne herkömmlichen Sprengstoffs rast auf Manson-Airfield zu und explodiert in der Luft. Die Hitzestrahlen pflanzen sich mit Lichtgeschwindigkeit fort. Sie bringen den nach oben gerichteten Augapfel zum Schmelzen, rufen Verbrennungen 3. Grades hervor und setzen das Mobiliar in Brand.

Vier Zehntel einer tausendstel Sekunde nach einer Atomexplosion von der Sprengkraft einer Megatonne ist das Licht des Feuerballs auf einer Entfernung von 100 km 30mal heller als die Mittagssonne.

Auf dem Fluge nach London ist der Sprengstoff einer weiteren Rakete vorzeitig explodiert, 6 km vom Zentrum von Rochester entfernt. Im gleichen Augenblick ist eine dreieinhalb Quadratkilometer große Fläche der Stadt ein einziges Großfeuer. England erlebt seinen ersten Feuersturm. Wie Tokio, Hamburg, Hiroshima, Dresden im Zweiten Weltkrieg. Nach dem Feuersturm in Hamburg im Juli 1943 gab der Polizeipräsident eine Untersuchung dieses Phänomens in Auftrag. Ihr Resultat: Durch das Ineinanderfließen einer Zahl von Bränden wird die darüber befindliche Luft so stark erwärmt, daß sie infolge verringerten spezifischen Gewichts einen gewaltigen Auftrieb erhält, der zu einem starken Sog umliegender Luftmengen in radialer Richtung auf das Zentrum des Brandes führt. Wie in der Meteorologie ist auch bei Feuerstürmen die entstehende Luftbewegung durch den Ausgleich von Temperaturunterschieden zu erklären. Während diese in der Meteorologie im allgemeinen 20 bis 30 Grad betragen, handelt es sich bei Feuerstürmen um Temperaturunterschiede bis zu 1.000° Celsius. Aus diesem Unterschied erklärt sich die ungeheure Gewalt der Feuerstürme, die mit bekannten und normalen meteorologischen Vorgängen nicht verglichen werden kann . . .

Durch den Sog des Feuersturms wird der Sauerstoff verbraucht. Kohlendioxyd, Kohlenmonoxyd und Methan bilden sich. Wer nicht verbrennt, erstickt . . .

Beträgt der Kohlendioxydgehalt der eingeatmeten Luft mehr als 30%, werden die Atmungsfunktionen schwächer, der Blutdruck fällt ab, das Ausbleiben der Reflexe führt zu Schmerzunempfindlichkeit, Bewußtlosigkeit geht dem Tod voraus. Übersteigt der Kohlenmonoxydgehalt der eingeatmeten Luft 1,28%, stirbt der Mensch innerhalb von 3 Minuten. So sieht der Tod im Atomkrieg aus.

92 Minuten nach der ersten Explosion eines nuklearen Sprengkopfes über Großbritannien. Flugzeuge der britischen V-Bomberflotte nähern sich der sowjetischen Grenze. Der Zweck: Vergeltung. Ihr Ziel: Menschen.

An der Anzahl militärischer Objekte gemessen, .dürften bei einem atomaren Überfall etwa 160 Raketen mit der Explosionskraft von je einer Megatonne auf Großbritannien abgefeuert werden. Knapp die Hälfte aller Einwohner würde auf der Stelle getötet oder schwer verletzt. Bis zu 80% der Lebensmittel und der Energiebetriebe würden zerstört.

Aber nicht nur Tote und Verwundete werden die Opfer eines nuklearen Krieges. Viele von den zunächst Davongekommenen stehen unter der Wirkung eines Schocks. Da es unmöglich sein wird, sie alle rechtzeitig psychiatrisch zu betreuen, werden viele von ihnen schwere und dauernde Schäden davontragen.

Nach weiteren 48 Stunden läge ein Drittel Großbritanniens im Bereich intensiver Verstrahlung, die durch die langsam zu Boden schwebenden Partikel des atomaren ›Fallout‹ verursacht wird. Bei 160 Explosionen der angenommenen Sprengkraft wäre die Radioaktivität so groß, daß schon der zehnte Teil tödlich wäre. In diesem Gebiet werden fast alle, die von der direkten Einwirkung der Explosion verschont blieben, innerhalb von fünf Wochen sterben.

Aber schon heute können Atomraketen mit der zehnfachen Vernichtungskraft eingesetzt werden. Das würde das Ende allen Lebens in Großbritannien bedeuten. 53 Millionen Menschen oder in der Sprache der Atomstrategen: 53 Megatote...

Der Vorrat an nuklearen Waffen auf der ganzen Welt hat sich in den letzten zehn Jahren verdreifacht. 20 Tonnen hochexplosiven Sprengstoffs entfallen auf jedes Kind, jede Frau, jeden Mann unseres Planeten. Der Vorrat wächst weiter.«

Der etwa fünfzig Minuten dauernde Film war zu Ende gegangen, und das Entsetzen war so lähmend, daß niemand, auch Alexander nicht, während der folgenden Minuten in der Lage war, sich zu erheben, den Fernseh-Monitor abzustellen und die zur Verdunkelung zugezogenen Leinenvorhänge zu öffnen. Beinahe blind vor Betäubung starrte man auf den Nachspann mit seinen Danksagungen an die am Zustandekommen des Films beteiligten Personen und Institutionen. Und es dauerte peinigend lange, bis der Raum seine normalen Licht- und Lautverhältnisse zurückgewonnen hatte, und alle sich, unter Recken, Strecken und Augenreiben stumm hinaus ins Freie begaben.

Jeder verspürte den Drang, sich draußen ein wenig zu tummeln. Kleinere Gruppen lagerten auf dem Rasen und ließen sich von der Sonne wärmen. Allmählich begann man sich das, was das filmische Inferno ausgelöst hatte, von der Seele zu reden. Alexander,

der, in einigem Abstand zu seinen Schülern, aber aufmerksam ihre Reaktionen beobachtend, mit den Händen auf dem Rücken von Gruppe zu Gruppe ging, konnte den an sein Ohr dringenden Wortfetzen entnehmen, daß die jungen Leute sich – als wollten sie sich damit schützen – eher unverfänglichen Themen zuwandten. Es waren vor allem durch den Film angeregte, abstrakte politische Fragen.

Die Luft war von Stimmengewirr, fröhlichem Vogelgezwitscher und Verkehrslärm erfüllt. Durch ein geöffnetes Fenster des Pavillons konnte man von außen erkennen, daß sich die drei Mitglieder der Vorbereitungsgruppe an einer Kaffeemaschine zu schaffen machten, die soeben mit lautem Glucksen und Zischen das Ende der Koch-Prozedur ankündigte.

»Frischer Kaffee! Wer möchte einen?« Auf diese verlockenden Rufe eilten alle herbei, und durch das belebende Getränk wurden die Gespräche lebhafter, die Stimmung heiterer und offenbar wieder etwas mehr von Hoffnung erfüllt.

Schließlich versammelte man sich drinnen zur Diskussion mit der Kinderärztin, die inzwischen eingetroffen war. Sie hatte einen Stoß Bücher mitgeschleppt, die sie schnell auf dem Boden ausbreitete. Man merkte ihr an, daß sie nicht viel Zeit hatte. Sie machte einen abgehetzten Eindruck, hatte sich wohl aus ihrer Klinik weggestohlen und war, wie sie als erstes entschuldigend sagte, sozusagen auf dem Sprung, weil sie in einer knappen Stunde schon wieder den nächsten Termin in einer Oberrealschule hatte, um ebenfalls über die Friedensaufklärung zu sprechen.

Sie stellte sogleich Ziele und Arbeitsweise der regionalen Ärzte-Initiative vor, der sie schon seit ihrem Bestehen angehörte, und die bereits in ein weitgespanntes nationales und internationales Netz der Ärzte-Bewegung für den Frieden integriert war. Deren zwei wichtigste Repräsentanten seien übrigens ein berühmter russischer Kardiologe und eine amerikanische Kinderärztin. Hierzulande hätten die verschiedenen Ärzte-Initiativen am Anfang einen schweren Stand gehabt: Die wenigen Frauen und Männer der ersten Stunde wären üblen Repressionen seitens der etablierten Ärzte-Verbände ausgesetzt gewesen. Jetzt freilich sähe dies anders aus. »Man kann schließlich nicht mehreren tausend Ärzten die Approbation entziehen«, meinte sie lakonisch. Auch die Zusammenarbeit mit anderen Berufsrichtungen, wie mit der ›Initiative Naturwissenschaftler gegen den Atomkrieg‹, würde immer besser funktionieren. Mit dem Vorsitzenden der letzteren, dem in der Öffentlichkeit immer wieder leidenschaftlich für die Sache des Friedens einstehenden Physik-Professor Wängelein, es handelte sich um den Assistenten und Nachfolger von Alexanders Schwiegervater, schien sie befreundet zu sein.

Sodann knüpfte die Ärztin an ›War Game‹ an, das, wie sie meinte, zur Erzeugung allgemeiner Betroffenheit durchaus geeignet sei und das sie deshalb auch selber oft zu Demonstrationszwekken einsetzen würde. Der Film aber bedürfe, sollte er wirklich überzeugen, einer Ergänzung durch sachliche Aufklärung. Sie würde ihre Hörer deshalb immer mit zusätzlichen detaillierten Informationen zu den medizinischen Folgen des Atomkrieges versehen. Um sie jedoch nicht in lähmender Resignation zurückzulassen, gebe sie auch immer Hinweise, womit man zur Verhütung dieser schrecklichen Gefahr praktisch beitragen könne, und aus diesem Grunde käme sie dann noch auf die gesundheitspolitische Seite zu sprechen. Sie führte das von den Ärztekammern entwikkelte Konzept der Katastrophenmedizin und dessen Verankerung in der deutschen Notstandsgesetzgebung an und betonte, daß sie ihr Publikum zum energischen und aktiven Widerstand dagegen aufrufen würde.

Dann schilderte sie noch den Ablauf katastrophenmedizinischer Fortbildungsveranstaltungen, denen sie selber beigewohnt hatte. Dort würden zum Beispiel junge Ärzte dazu angehalten, auf vorgefertigten Ankreuzbögen mehrere abgebildete Verletzte einer der zur Auswahl stehenden vier Kategorien des Triage-Selektionsprinzips zuzuordnen.

Noch beim Sprechen erhob sie sich, wandte sich mit einem kurzen, hastigen Kopfnicken den Anwesenden zu und schickte sich an zu gehen, als ihr noch rechtzeitig die auf dem Boden liegenden Bücher einfielen. Sie bückte sich nach ihnen, sammelte sie ein und verschwand in größter Eile von der Bildfläche.

Kaum war der Gast weg, begann eine heftige Diskussion. Es waren jetzt vor allem AFM-Mitglieder, die, anfangs noch recht schüchtern, dann immer entschiedener, auf die Gefahr einer zu einseitigen Parteinahme für die Politik des Ostens hinwiesen. Alexander entgegnete darauf, er wisse genau, daß jener Kollegin der östliche Militarismus genauso verhaßt sei wie der westliche und daß es hier nur um einen letzten verzweifelten Versuch ginge, von einer ärztlichen Position aus an der Beendigung des unkontrollierbaren Wettrüstens mitzuwirken.

Danach schlugen die Wogen der Auseinandersetzung nochmals hoch. Einige steigerten sich immer mehr in politisches Gefasel hinein und breiteten ihr Halbwissen über die verschiedenen Eskalationsstufen beim atomaren Angriff, über Erstschlagstheorien, Gleichgewichtserhaltungs- und Abschreckungsmaßnahmen aus.

Alexander griff schließlich energisch ein, um diesem sinnlosen Debattieren, das nichts mehr mit dem eigentlichen Thema zu tun hatte, ein Ende zu machen. Es wurde schlagartig ruhig. Er setzte nochmals an zu einem leidenschaftlichen Plädoyer für eine friedensbewußte Medizin und erreichte, daß in den letzten zwanzig Minuten nur mehr von dieser ärztlichen Verantwortung die Rede war. Die von den Ärztekammern entwickelte Katastrophenmedizin mit dem Triage-Prinzip wurde einmütig abgelehnt. Auch die anwesenden AFM-Mitglieder machten keinerlei Anstalten mehr, dieses Konzept gutzuheißen.

Die nächste Seminarsitzung brachte den Studenten nach der aufrüttelnden Konfrontation mit der Massenvernichtung durch den Atomkrieg die Begegnung mit dem Schicksal eines einzelnen zum Tode Verurteilten. Alexander versuchte, sie behutsam auf diesen Schock vorzubereiten: »Bevor wir mit dem uns heute beschäftigenden Thema ›Zur Psychologie des Kranken‹ beginnen, möchte ich noch etwas zur Person des Patienten sagen, der gleich hier sein wird. Sie haben dann selber Gelegenheit, mit ihm ins Gespräch zu kommen. Es handelt sich um Herrn Jauschner. Er leidet unter unheilbarem Zungenkrebs, der erst seit etwa sechs Wochen erkennbar ausgebrochen ist. Allein in dieser Zeit ist schon dreimal eine Resektion am Unterkiefer vorgenommen worden, von dem nur noch etwa die Hälfte vorhanden ist. Dementsprechend kann er sich nur beschränkt artikulieren. Ich bitte, dies im Gespräch mit ihm zu berücksichtigen. Besonders tragisch ist, daß Herr Jauschner noch sehr jung ist, etwa dreißig; er stand bis vor kurzem erfolgreich im Berufsleben, war ein leidenschaftlicher Sportler, hat vor etwa einem Jahr geheiratet... eine Krankenschwester. Sie haben ein drei Monate altes Kind. Bis zum Krankheitsbeginn war alles in bester Ordnung. Dann fing es mit einem unscheinbaren weißen Fleck an der Zunge an, weswegen der Patient zuerst zum Zahnarzt ging. Dieser hat zuerst nichts gemerkt und seinen Patienten erst spät zu einem anderen Arzt überwiesen, der bald die richtige Diagnose gestellt hat. Ja, und nun, wenn Sie bedenken, wie schnell das alles gegangen ist, können Sie sich vorstellen, welche Prognose dieser Mann hat... Ich möchte Sie nochmals herzlich bitten, an all das zu denken, wenn Sie mit ihm sprechen.«

Es wurde still. Man sah nur verstörte Augen und den Ausdruck von Hilflosigkeit, ja Erschütterung in den jungen Gesichtern.

»Ich muß ehrlich sagen, ich bin entsetzt, daß wir einen solchen Menschen vorgestellt bekommen. Das kann man dem doch nicht einfach zumuten, uns in dieser Situation Rede und Antwort stehen zu müssen«, stieß ein Mädchen hervor, das schon während der letzten Sitzung durch hektischen Lerneifer aufgefallen war.

»Ich kann mir denken«, entgegnete Alexander, »daß meine Ankündigung erst einmal schockierend für Sie ist. Ich selber habe Herrn Jauschner zwar noch nicht kennengelernt, sein behandelnder Arzt aber hat mir versichert, daß er zu den Patienten gehöre, die ihrer Situation schonungslos ins Auge blicken. Er habe sich in diesem Sinne auch ausdrücklich zu dem heutigen Gespräch bereit erklärt. Im übrigen kommt er nicht allein, sondern seine Frau wird ihn begleiten, die sich auch an unserem Gespräch beteiligen möchte. Mein Problem ist vielmehr, ob ich *Ihnen* dieses Gespräch zumuten kann, weil für *Sie* diese Begegnung vermutlich erschrekkender sein wird als für den Patienten... Ich habe mich aber dazu durchgerungen, Sie schon in diesem Semester damit zu konfrontieren. Mit anderen Worten: Ich sehe keinerlei Nachteil darin, daß auf den heutigen Nachmittag vielleicht für Sie alle eine schlaflose Nacht folgen wird. Ich muß im übrigen bekennen, daß auch mir das bevorstehende Gespräch keinesfalls leichtfällt.«

»Heißt das also, daß der Patient genau darüber informiert ist, was ihn hier erwartet?« fragte eine andere Teilnehmerin.

»Er weiß ganz genau, daß dies hier ein vorklinisches Seminar ist, wir ihn also nicht hinsichtlich seiner klinischen Symptomatik befragen oder gar untersuchen wollen, sondern daß es uns ausschließlich um seine persönliche Situation geht und wir ihn keinesfalls in eine Art Verhör ziehen dürfen. Wir sollten einen offenen Dialog mit ihm führen – mit Beteiligung möglichst aller...«

»Offen?« unterbrach ihn ein Student, der ein enger Freund von Franz Xaver Schlaupf war, eines der Mitglieder der AFM.

»Besteht da nicht die Gefahr, daß man Porzellan zerschmeißt, wenn man so unvorbereitet wie wir in das Gespräch einsteigt und falsche Fragen stellt?«

»Wie Sie ja wissen, hat eine dreiköpfige Gruppe anhand der Literatur eine Liste mit Fragen an den Patienten vorbereitet und sie mit mir durchgesprochen. Diese drei Kommilitonen werden gemeinsam mit mir das Gespräch eröffnen und dann...«

Alexander erhob sich, als er sah, daß die Tür sich öffnete und zwei fremde Personen eintraten, ein Mann und eine Frau. Er ging ihnen mit großen Schritten entgegen.

»Herr und Frau Jauschner, ich begrüße Sie herzlich. Wie schön, daß Sie zu uns gekommen sind. Ich darf Sie bitten, Platz zu nehmen.« Er führte sie zu zwei freigebliebenen Sesseln.

»Wir sind eine Gruppe von Medizinstudenten ganz am Anfang der Ausbildung«, eröffnete ein südländisch aussehender junger Mann in gebrochenem Deutsch das Gespräch; es war ein Zypriote namens Azür, der sich mit einem Mut, wie ihn Alexander bei ausländischen Studenten kaum kannte, gleich zur ersten Vorbereitungsgruppe gemeldet hatte. Anscheinend übernahm er heute auch noch die Rolle des Wortführers. »Wir möchten gern etwas über Ihre Situation erfahren, über Ausbruch, Begleitumstände und Folgen Ihrer Erkrankung, vor allem unter dem psychologischen Aspekt, und wir wären Ihnen sehr dankbar, wenn Sie unsere Fragen beantworten würden.«

Der Angesprochene schaute den Zyprioten freundlich an. »Gerne, ich habe mich ja bereit erklärt, zu kommen und Ihnen zu erzählen, was Sie wissen wollen.«

Diese Worte drangen verstümmelt, aber einigermaßen verständlich aus dem kümmerlichen Rest seines Mundes. Das ganze elende Getroffensein dieses Mannes konzentrierte sich auf die zersäbelte und klumpenartig zusammengenähte untere Gesichtshälfte. Ansonsten wirkte an ihm alles intakt, oder: noch nicht miterfaßt von dem jähen Überfall der heimtückischen Krankheit. Er saß in aufrechter Haltung da, was durch sein gepflegtes Äußeres zusätzlich unterstrichen wurde. Aus seinen umschatteten Augen sprach die Bereitschaft, ja der Wille, trotz aller mörderischen Anstrengung nicht so schnell aufzugeben. Nach seiner kurzen Antwort tauschte er mit seiner Frau einen Blick, der die völlige Harmonie der beiden zeigte. Frau Jauschner war eine sehr weiblich wirkende junge Frau. Doch ihre ursprüngliche erotische Ausstrahlung war durch das Leid gedämpft, das ihrer fast durchsichtig wirkenden Blässe einen anderen, nicht minder starken Reiz verlieh.

»Könnten Sie uns vielleicht zuerst etwas zu Ihrer Person sagen und dann zu Ihrer Krankheit: Wie es angefangen hat, was dann alles passiert ist und über den momentanen Zustand?« fuhr Azür mit sanfter Stimme fort.

»Ich bin gelernter Versicherungskaufmann. Wir sind seit etwas mehr als einem Jahr verheiratet und haben ein zwei Monate altes Kind... Vor sechs Wochen entdeckte ich einen kleinen weißen Fleck an der Zunge und ging zum Zahnarzt. Der meinte, das käme vom Scheuern an einem der Backenzähne. Als es nicht besser wurde – erst beim dritten Mal –, schickte er mich zum Arzt. Ja, und da wurde ziemlich schnell festgestellt, daß es Krebs ist...«

»Wie haben Sie das erfahren? Wie hat man Ihnen das mitgeteilt?« erkundigte sich ein älteres Mädchen, eine ehemalige medizinisch-technische Assistentin. Es schien, als würde man sich allmählich an die Sprechweise des Gastes gewöhnen. Offensichtlich war sein Wille, sich mitzuteilen stärker als die Behinderung seines Artikulationsvermögens.

»Ja, man hat anfangs noch so ein bißchen drumherum geredet, hat von ›Neoplasma‹ und ›Zellwachstum‹ und derlei gesprochen. Aber ich wollte es genau wissen.«

»Und als Sie es erfuhren, wie war es für Sie? Was fühlten Sie dabei?« kam es diesmal von der Russin Irina Saporin.

»Es war ein harter Schlag. Aber ich wußte, daß es keinen Sinn hatte, die Waffen zu strecken und mit dem Schicksal zu hadern. Ich mußte da hindurch, da half nichts. Es war für mich eigentlich härter, es meiner Frau mitzuteilen und an unser Kind zu denken.«

Einige blickten rasch und verstohlen zu der jungen Frau, doch sie zeigte keinerlei Gefühlsregung.

»Sie sind dann operiert worden? Von Dr. Hase in der Mund, Kiefer- und Gesichtschirurgie? Können Sie darüber etwas berichten?« setzte Azür wieder ein, nachdem alle einige Sekunden lang betroffen geschwiegen hatten.

»Nein, ich war erst in der Allgemeinchirurgie bei Professor Höpfe. Und das war völlig anders dort... Allein schon der Professor. Mir genügte damals ein einziger Blick in seine Augen, um zu erkennen, daß das kein Arzt ist, sondern ein Manager. Und dann, wie der mit einem umging! Man kam sich vor wie beim Militär. ›Sie können auch gleich wieder nach Hause gehen, wenn Ihnen etwas nicht paßt‹, hat er mir ins Gesicht gesagt, als ich ihn bei der Visite nur einmal ganz harmlos fragte, warum denn die Befunde noch nicht da wären; und dabei war ich eben erst frisch operiert worden.«

Die Atmosphäre entspannte sich sichtlich. Die Zuhörer schüttelten den Kopf, lächelten oder lachten gar grimmig und zustimmend. Seine Worte wirkten ein wenig wie das Ausweichen vor der Krankheit in scheinbar unverfänglichere Bereiche des Klinikalltags, die unter seinen Zuhörern nur allzu gut bekannt waren.

»Hat man Sie denn aufgeklärt über die bevorstehende Operation?«

»Nein. Nichts. Mir wurde eine vorgedruckte Einverständnis-Erklärung vorgelegt mit handschriftlich eingefügten Fachausdrükken, die mir so erklärt wurden, daß ich nichts davon verstand. Und während ich das Formular durchlas, saß der Arzt hinter mir und wartete nur, daß ich es endlich unterschreibe.«

»Wie war die Atmosphäre im Krankenhaus?«

»Atmosphäre? Wenn man einmal die Schwelle einer solchen Klinik überschritten hat, ist es mit der Freiheit vorbei. Man wird auf der Stelle zum unmündigen und hilflosen Kind. Das beginnt schon mit dem Anlegen des hinten offenen Pflegehemdes, das wie

Baby-Wäsche aussieht, und mit der Benutzung des Nachtstuhls, der das Aussehen eines Kinderstühlchens hat ... Und dann dieser Tagesrhythmus, in den man eingepfercht wird: um halb sechs Uhr Wecken und Waschen, dann nach dem Frühstück Blutentnahme fürs Labor, manchmal Röntgen und EKG dazu; und wenn Chefvisite ist, dann ist der Teufel los. Schon Stunden vorher ist Unruhe, das Zimmer wird auf Hochglanz gebracht, die Bettdecke glattgestrichen, und sogar an meine persönlichen Sachen auf dem Nachttisch ging man heran, um sie so umzuordnen, daß sie vor den Blicken des Chefs bestehen konnten. Und das alles für höchstens eine halbe Minute Audienz. So eine Visite hat eher den Anschein einer Betriebskontrolle oder einer militärischen Besichtigung als den eines echten Arztgesprächs.«

»Sind Sie mehrmals in der Allgemein-Chirurgie operiert worden?« fragte der bäuerlich aussehende Student.

»Ja, dreimal innerhalb von vier Wochen, bis ich vor sechs Tagen in die Mund-, Kiefer- und Gesichtschirurgie verlegt wurde. Selbst bei der Operation kam ich mir als Versuchskaninchen vor. Schon beim erstenmal, als ich von der Narkose erwachte und noch nichts sah und nur von weither Stimmen an mein Ohr drangen und ich auch furchtbare Halsschmerzen vom Tubus in der Luftröhre hatte, hörte ich doch tatsächlich im Halbschlaf Stimmen von – wie ich später erfuhr – Studenten: ›Ist ja wirklich großartig, daß wir schon intubieren dürfen!‹ Und kaum war ich auf den Beinen – das war allerdings nach der dritten Operation –, wurde ich im vollen Hörsaal von Professor Höpfe persönlich vorgeführt, ohne daß ich vorher lange gefragt wurde. Er stand da in seinem gestärkten Zweireiher-Kittel, wie Napoleon eine Hand zwischen zwei Knöpfe gesteckt, in der anderen einen Zeigestock. Ohne mich anzuschauen, redete er über meinen Kopf hinweg zu den Studenten und sagte ihnen genau dasselbe, was er während der Visiten seiner ihn begleitenden Eskorte mitgeteilt hatte, was ich nicht verstand, was sich mir aber trotzdem eingeprägt hat ... Wie hieß es bloß? Ein ... rezitierendes ... rezi ... ah ja: rezidivierendes ...«

Jauschner bewegte seine lädierten Lippen und den von bläulichen Narben entstellten Rest der Kinnpartie einige Male lautlos hin und her und preßte schließlich mit traurigem Lächeln hervor:

»Ja, jetzt kann ich es sagen: ›rezidivierendes Neoplasma im Glossal-Bereich mit wiederholter Teil-Resektion des Mandibular- und Mundbodenbereiches und anschließender cytostatischer Therapie‹ ... ja, genau so hieß es.« Es klang, als ob er stolz wäre, diese schwierige Bezeichnung doch noch gefunden und ausgesprochen zu haben.

»Herr Jauschner«, schaltete sich Alexander ein, »wenn Ihnen das Sprechen zuviel wird, sagen Sie es uns bitte. Wir wollen Sie auf keinen Fall überanstrengen.«

»Nein, nein, das geht schon. Das geht wirklich«, beruhigte ihn der Patient und fuhr fort: »Professor Höpfe kramte schließlich eine Liste hervor und überflog sie kurz. Dann nannte er laut drei Namen. Der ganze Saal mit etwa dreihundert Studenten bebte richtig, und die Aufgerufenen kamen wie überführte Verbrecher angeschlichen. ›So, Sie heben jetzt schön den Kopf in die Höhe und öffnen den Mund, ja?‹ rempelte er mich an. Und die Studenten, die er schulterklopfend mit ›Herr Kollege‹ anredete, mußten alle der Reihe nach an meinem Kopf herumfingern ... Ja, so war das!«

»Mein Gott!« ... »Nein!« ... »Das kann doch nicht wahr sein!« riefen seine jungen Zuhörer laut durcheinander. Man merkte deutlich, daß die anfängliche Belustigung über Jauschners Geschichten aus dem Krankenhaus inzwischen blankem Entsetzen gewichen war.

»Mit wie vielen Patienten lagen Sie im Zimmer? Wie haben Sie das Krankenhaus so im Ganzen erlebt?«

»Jetzt in der Mund-, Kiefer- und Gesichtschirurgie bin ich in einem schönen Zweibettzimmer untergebracht, wenn ich nicht gerade nach Hause beurlaubt werde. Aber in der Allgemein-Chirurgie lag ich mit drei Kranken zusammen ... das war ein zusammengewürfeltes Häuflein ... zwei alte Männer und ein dreizehnjähriger Junge. Der Junge, der einen langwierigen Beckenbruch hatte, bekam regelmäßig Schulunterricht von einem auswärtigen Privatlehrer. Der kam fast täglich, hatte eine furchtbar laute Stimme und redete und redete, ohne Gefühl für das Ruhebedürfnis der anderen. Wenn es mir schlecht ging, war es nicht zum Aushalten ... Und überhaupt, dieses Zimmer in dem Altbau, diese schmutzigen Wände, Fenster und Vorhänge... Wenn man den ganzen Tag nichts anderes sieht, wird man richtig depressiv.«

»Ich würde gerne wissen, wie das ist, mit einer solchen Krankheit zu leben. Was ist das für ein Gefühl?« fragte ein schüchternes Mädchen, das über den Mut, etwas laut wissen zu wollen, tief errötete.

»Für mich hat sich seit dem Augenblick, in dem ich davon erfuhr, im Grunde nichts geändert. Höchstens, daß ich jetzt von Tag zu Tag immer deutlicher weiß, daß keinerlei Heilungsaussichten bestehen. Vor nur sechs Wochen war ich ja noch ganz gesund, und jetzt, nach drei Operationen, ist es mit mir schon soweit. Ich lerne immer besser, der Tatsache ins Auge zu sehen, daß keine Hoffnung mehr besteht.«

Die Atmosphäre hatte sich inzwischen so sehr zum Persönlichen gewendet, daß die Fragen mit immer größerer Selbstverständlichkeit gestellt wurden.

»Frau Jauschner, Sie haben sich das alles mit angehört. Wie werden Sie denn mit der Situation fertig?« wollte ein hagerer Jüngling mit Nickelbrille wissen.

»Sie machen sich keine Vorstellung davon, wie hart es für mich ist«, antwortete die junge Frau mit ruhiger Würde. »Das ist so unwahrscheinlich plötzlich über uns hereingebrochen. Es verlief alles so problemlos und glücklich. Dann kam das Kind, vor zwei Monaten, ja, und dann, wieder nur zwei Wochen später, da fing es an... Und ich kann es jetzt noch nicht fassen, ich kann es einfach nicht fassen!«

Alexander, der neben ihr saß, wurde von ihrer klaren Stimme angenehm berührt, ja geradezu eingenommen. Mit einem verstohlenen Seitenblick spürte er, daß er sich von ihr auch als Frau stärker angezogen fühlte, als er es wahrhaben wollte. Er erschrak jedoch im selben Atemzug darüber und bemühte sich, seine Empfindungen als höchst unpassend zu unterdrücken, während der Dialog zwischen ihr und den Studenten weiterging.

»Man wird sicherlich sagen können, daß Sie jetzt und in der Zukunft auf sich selbst gestellt sind?«

»Wie sollte es anders sein«, antwortete die Frau rasch und nüchtern. »Aber wissen Sie, das Entscheidende ist, daß mein Mann und ich fest zusammenhalten, daß wir gemeinsam diese Last tragen. Und ich bin froh, daß er einen so guten und verständnisvollen Arzt hat, der uns in dieser schweren Stunde zur Seite steht.«

»Das hat für uns beide eine sehr große Bedeutung«, stimmte ihr Jauschner mit heftigem Kopfnicken zu, »daß ein Arzt da ist, auf den ich mich jederzeit verlassen kann, der mich über meinen Zustand auf dem laufenden hält und auch sonst immer da ist, wenn ich ihn als Ansprechpartner brauche.«

Azürs dunkle Augen drückten eine so dramatische Anteilnahme aus, daß Alexander fast Bedenken bekam, als der Zypriote sich jetzt impulsiv an Frau Jauschner wandte: »Ich bin sicher, daß Sie in den gemeinsamen Stunden mit Ihrem Mann manchmal darüber nachdenken, wie es später einmal sein wird, für Sie und Ihr Kind, wenn Sie allein sein werden. Was ist das für ein Gefühl, wenn Sie sich dessen bewußt werden?«

In Alexander zog sich alles zusammen, als er diese Worte hörte. Doch ehe er sich Gedanken darüber machen konnte, was sie möglicherweise anrichten könnten, kam schon ihre Antwort, heftig und klagend. Dabei wischte sie mit dem Handrücken die hervorbrechenden Tränen weg.

»Das ist so entsetzlich, daß ich gar nicht daran denken will. Es ist jetzt einfach noch nicht die Zeit, mir zu überlegen, was ich dann tun werde. Wir haben auch schon darüber gesprochen, aber ganz selten nur.«

»Ja, ja, ich sagte dir doch, daß du letztlich mit deiner Ausbildung als Krankenschwester eine gesicherte Existenz hast...«

Das kurze Zwiegespräch der beiden hatte plötzlich den vertraulichen Ton von Liebenden angenommen. Ein scheuer Austausch von Worten, der die Herzen der Anwesenden wie ein feines Messer ritzte.

Alexander fühlte sich zunehmend hilflos und verwirrt angesichts der immer größer werdenden Kluft zwischen der für ein akademisches Seminar üblichen Sachlichkeit und dem, was sich hier an existenzieller menschlicher Not auftat.

»Ich denke, es dürfte für Sie beide auch wichtig sein, Freunde zu haben, auf die Sie bauen können.«

»Ja, das gibt einem Rückendeckung, für jetzt und später«, antwortete die Frau. »Aber wissen Sie, in unserer Situation erfährt man, wer zu den echten Freunden gehört und wer nicht. Glücklicherweise haben wir Menschen, die da sind, wenn man sie braucht.«

Alexander, der im Hinblick auf die Zeit allmählich zum Ende kommen wollte, fragte nun seine Gäste, wie sie diese Zusammenkunft empfunden hätten.

»Als Dr. Hase mir berichtete, daß eine Gruppe von zukünftigen Medizinern etwas über meine Krankheit hören möchte, habe ich ohne weiteres zugesagt. Denn ich will meine Erfahrungen weitergeben an Leute, die sie für sich und ihren Beruf verwerten können. Und vor allem«, hier hob Jauschner die Stimme und legte in seine mühsam vorgebrachten Worte ein fast priesterliches Pathos, »vor allem möchte ich, daß Sie möglichst früh wissen, wie Sie es später *nicht* machen sollen, das wollte ich Ihnen vermitteln.«

Jetzt hatte er wieder dieses hilflos-traurige Lächeln, das ihm von allen im Raum dankbar zurückgegeben wurde. Und da Alexander gleichzeitig das Zeichen zur Pause gab, sprangen viele auf und gingen auf die beiden zu, um noch solange wie möglich mit ihnen zusammenzusein, nachdem man sie in dieser einen Stunde so sehr ins Herz geschlossen hatte. Alexander war es wichtig, beim Hinausgehen Frau Jauschner noch einmal mit einem scheuen Seitenblick zu versichern, daß sie sich jederzeit an ihn wenden könne, wenn sie psychologische Unterstützung brauche.

Nach dem Ende der Pause, als man sich herzlich von den beiden verabschiedet hatte, versuchten alle, in der verbleibenden Zeit die Eindrücke dieser so stark ins Persönliche gegangenen Auseinandersetzung mit Krankheit und Tod zu verarbeiten. Wie eine kleine Familie rückte man zusammen und tauschte mit erhitzten Gesichtern, verwirrt und betroffen, seine Ansichten aus. Für eine allgemeine Erörterung von Fragen zur psychologischen Krankheitsbewältigung, wie sonst im Anschluß an Patienten-Vorstellungen, war heute weder Kraft noch Zeit vorhanden. Auch Alexander fühlte sich von den allseitigen Empfindungen mit fortgerissen. Und er fragte sich danach, wie lange diese Emotionen vorhalten würden, um bei seinen jungen Kursabsolventen das Bemühen um eine ›menschliche‹ Medizin wachzuhalten. Ob sie den auf sie lauernden Gefahren einer ärztlichen ›déformation proféssionelle‹ auf die Dauer erfolgreich widerstehen würden? Obwohl er die eigene Ohnmacht angesichts dieses Falles wieder deutlich gespürt hatte, erfüllte es ihn mit einer gewissen Genugtuung, daß gerade er als Psychologe solche wertvolle Erfahrung seinen Studenten vermitteln konnte.

Ärztliche Fachkenntnisse im eigentlichen Sinn, so sagte er sich, benötige er dazu bestimmt nicht. Und es kam ihm in dem Moment so vor, als ob er diesen jungen Menschen etwas Entscheidendes voraus habe. Diese Erkenntnis tat ihm gut und beruhigte ihn. Denn einige Male hatte er vor diesem zerschundenen Gesicht des Todgeweihten eine völlige Hilflosigkeit empfunden und sich der Versuchung ausgesetzt gesehen, die Tätigkeit des lediglich mit dem Wort ausgestatteten Psychologen gegenüber dem ›gelernten‹ Mediziner in Frage zu stellen, der mit seinen handfesteren Mitteln gar dazu verpflichtet war, bis zum letzten Atemzug des Kranken dem Tod entgegenzuwirken.

Von Frau Jauschner hörte Alexander nie mehr etwas. Er glaubte schon damals, als er ihr seine Hilfe angeboten hatte, ihrem Gesicht anzusehen, daß sie sich vermutlich nie bei ihm melden werde. Jedenfalls führte er ihr Wegbleiben nicht auf eine gesundheitliche Besserung ihres Mannes zurück. Es blieb im Gegenteil noch lange ein quälendes Gefühl, nach soundsovielen Wochen doch die Gewißheit haben zu müssen, daß der Patient Jauschner nicht mehr lebte.

In diesem Gespräch mit dem Patienten und seiner Frau hatte sich ein besonderes Zusammengehörigkeitsgefühl zwischen allen Teilnehmern offenbart. Eine Woche später herrschte ein völlig andersartiges Bild. Denn die Studenten, die Alexander zugewiesen worden waren, gehörten zufällig fast ausschließlich den beiden einander bekämpfenden Haupt-Lagern der studentischen Fachschaft Medizin an. Die als AFM vom rechten Flügel wie auch das KM genannte linke Kritische Medizinerforum waren etwa gleich stark vertreten. Schon in der ersten Sitzung war Alexander störend aufgefallen, daß unter dem Deckmantel fachlicher Kontroversen bald die üblichen ideologischen Differenzen ausgetragen worden waren.

Als erfahrenem Gruppendynamiker war ihm nicht entgangen, daß beide Parteien sich auch räumlich voneinander abgesetzt hatten und einander in zwei Gruppen gegenübersaßen.

Daß die damals durchgeführten Rollenspielübungen etwas zähflüssig und widerstrebend vonstatten gegangen waren, hatte er deshalb auch auf den mißlichen Umstand halbausgetragener Feindseligkeiten zurückgeführt. Um so mehr begannen sich in ihm neue Hoffnungen auf einen guten Fortgang des Seminars zu regen, als die allseitige Erschütterung über ›War Game‹ und das Schicksal des Krebspatienten auch die ärgsten Widersacher vereinte.

›Erhöhte Gruppenkohäsion durch Solidarisierung gegen einen gemeinsamen Außenfeind‹ hatte sich Alexander als fachgerechte Bezeichnung jenes Phänomens in seinem Gedächtnis notiert, wußte aber nur zu genau, daß dieser Zustand nicht lange vorhalten würde, wenn die nächste Zusammenkunft nicht durch weitere einigende Impulse bereichert würde.

Als er an den in frischem Sommerkleid prangenden Zierbäumen auf dem Weg zur letzten Seminarsitzung entlangging, hoffte er schließlich, alles würde sich mit einigen Anstrengungen, wie meistens, auf einen erträglichen Ausgleich einpendeln. Auch vom Thema her war Gelegenheit zu erneuter gemeinsamer Besinnung gegeben, denn es ging diesmal um die psychologische Seite des Arztberufes, um Stichworte wie ›Arztrolle‹, ›Berufsmotivation des Arztes‹, die zur Auseinandersetzung mit sich selbst anregten.

Nach dem von der Vorbereitungs-Gruppe zusammen mit Alexander ausgearbeiteten Plan sollten zuerst alle Anwesenden aufgefordert werden, sich Gedanken darüber zu machen, was sie zum Medizinstudium bewogen hatte, und ob ihre ursprünglichen Vorstellungen, nach den ersten ernüchternden Berührungen mit der Realität ins Wanken geraten oder gar zerstört worden wären. Das Ergebnis dieser Diskussion sollte dann an der Wandtafel gleichsam als Visitenkarte dem Gastarzt vorgestellt werden, der diesmal aus der orthopädischen Universitätsklinik kommen würde. Der Eingeladene sollte dann im freien Gespräch Auskunft geben über seine eigenen Studienerfahrungen, über die wichtigsten mit seinem jetzigen Beruf verbundenen psychologischen Probleme sowie zu gesundheitspolitischen Fragen.

»Wir sollen euch fragen, warum ihr Medizin studiert«, begann einer aus der Vorbereitungsgruppe und schickte sich mit noch einem Kommilitonen an, eine Art Kreuzverhör durchzuführen.

»Sagt doch ihr zuerst, was euch zu diesem Studium veranlaßt hat, bevor ihr uns Löcher in den Bauch fragt«, fuhr sie die ehemalige medizinisch-technische Assistentin an, die sich durch die Frage offenbar in die Ecke gedrängt fühlte. Der Wortführer und sein Gefährte gaben sogleich nach und berichteten in erstaunlicher Übereinstimmung, daß ihr Hauptinteresse zwar dem ganzen Menschen gelte, dem bei gesundheitlichen Störungen jedoch am sichersten zu helfen sei, wenn man seine physisch-organischen Beschwerden heilen würde. Erst von diesem sicheren Fundament aus könne man richtig in die psychosozialen Regionen vorstoßen. Dabei bestünden sicherlich bessere Chancen, etwas auszurichten, als mit scharlatanhaftem ›Psycho-Hantieren‹ die Menschen verändern zu wollen. Und der eine ergänzte noch, daß er ursprünglich Soziologie studieren wollte und sich eigentlich mehr auf Betreiben seines Vaters um einen medizinischen Studienplatz beworben habe, jetzt aber, da er über das Los angenommen wurde, von der Richtigkeit der Wahl überzeugt sei.

Dieses knappe Bekenntnis wirkte wie ein Auslöser für eine Reihe von Begründungen und Erklärungen. Wie schon bei vorherigen Seminargruppen trat hierbei vor allem der Konflikt zutage zwischen dem ethischen Anspruch des Helfens und Heilens und den existenziellen Beweggründen dieser in einer wirtschaftlich so unsicheren Zeit lebenden jungen Generation. Und immer wieder kam die Schwierigkeit, beides miteinander zu vereinen, besonders zum Ausdruck.

»Mit meinem Notendurchschnitt von 1,1 hatte ich gute Chancen, und die wollte ich natürlich wahrnehmen.«

»Den Menschen helfen wollen, ist eine schöne Aufgabe... Außerdem ist das heutzutage immer noch einer der sichersten Berufe. Und das ist ausschlaggebend.«

»Ich?... Nein, Geldinteressen haben bei mir wirklich keine Rolle gespielt. Trotzdem finde ich, daß Ärzte hart arbeiten müssen und genau wie in anderen Berufen ein Anrecht auf entsprechenden Verdienst haben, jawohl!«

Doch die Angaben der sich in der Minderheit befindenden älteren Kommilitonen, die ihre medizinische Ausbildung als Zweitstudium betrieben und dementsprechend mehr Lebenserfahrung und das, was man ›Festigung der Persönlichkeit‹ nennt, mitbrachten, gingen in eine andere Richtung und wurden mit soviel Überzeugung vorgetragen, daß sie das Gespräch angenehm belebten. So erzählte die ehemalige medizinisch-technische Assistentin, daß ihre früheren verhältnismäßig mechanischen Handreichungen sie auf die Dauer nicht ausgefüllt hätten und sie aus der Rolle der Befehlsempfängerin in eine verantwortungsvollere Position hineinwachsen wollte. Ähnlich äußerte sich ein gelernter Kaufmann, der den Warenhandel nicht als Lebensziel hätte betrachten können und erst wieder richtig froh geworden wäre, als er den neuen Weg eingeschlagen habe.

Nach dieser ersten Befragungs-Runde erging die Aufforderung an die Kommilitonen, über ihre bisherigen Studienerfahrungen zu sprechen.

Hier wachte die ganze Mannschaft mit einem Schlage auf. Jetzt wurden, im Vergleich zu der für sie offenbar nicht so wichtigen Frage nach ihrer Einstellung zur Medizin, hautnahe Probleme angesprochen. Alexander war es an sich gewohnt, daß sein Seminar gelegentlich als Auffangbecken für Klagen über den Studienalltag herhalten mußte. Doch was sich jetzt hier tat, überbot alles, was Alexander bisher zu Ohren gekommen war. Es trug dann übrigens auch – ähnlich wie in der letzten Sitzung – zu einem stärkeren Zusammenrücken bei.

»Wir sind niemand ... werden als bloße Nummern von Veranstaltung zu Veranstaltung geschoben ... und dieser stumpfsinnige Paukstoff hat mit wirklicher Medizin nur wenig zu tun ... und dann erst diese arroganten Dozenten, die einen wie den letzten Dreck behandeln«, waren die ersten wie aus der Pistole geschossenen Bemerkungen.

Und einer meinte sogar: »Ich weiß im Grund schon kaum mehr, was ich eigentlich mit diesem Studium will. Ich muß es jetzt halt durchstehen ...«

Schließlich ging man immer mehr zu den Details über. Heraufbeschworen wurden jetzt vor allem typische Angst- und Panikreaktionen.

»Als wir gehört hatten, daß wir die Auserwählten sind, die einen Arbeitsplatz im Anatomie-Kurs bekommen, stürzten alle wie irre zum Präpariersaal hin. Über hundert Mann quetschten sich durch den viel zu schmalen Eingang. Es herrschte eine regelrechte Hysterie, weil jeder möglichst vorne sein wollte und befürchtete, etwas zu verpassen, wenn er sich nicht beeilte.«

Ähnlich klang der Bericht vom Biochemie-Kurs. »Dort sind wir der Panikmache des Dozenten zuerst auf den Leim gegangen. ›Das ist ein umfangreiches Stoffgebiet, was wir in diesem Semester durchnehmen: mehrere schwierige Zyklen mit Reaktionsgleichungen. Wer jetzt schon Zweifel daran hat, diese zentralen Dinge nicht zu verstehen, der sollte am besten gleich zu Hause bleiben.‹ Und dann gab er uns eine ganze Liste von Lehrbüchern an, die wir uns beschaffen sollten, ›unerläßlich wichtige Literatur aus dem Amerikanischen‹, sagte er. Und obwohl wir durch Hinweis aus der Fachschaft genau wußten, daß diese Bücher für die Prüfung garantiert nichts taugen, kauften wir sie alle – aus purer Angst.«

Doch nach einiger Zeit des Wehklagens über die Verhältnisse schlug das Pendel in die andere Richtung aus. Denn was jetzt kam, hörte sich eher wie eine medizinische Ehrenrettung an, ein aufrichtiges Bemühen, auch die positiven Erfahrungen des Studiums herauszustreichen. Das dritte Mitglied der Vorbereitungsgruppe, jenes schmalgebaute Mädchen mit der belegten Stimme und der hastigen Sprechweise, hatte sogar eine Art Tagebuch über ihre Erlebnisse im anatomischen Präparierkurs geführt.

Sie holte ein grellgelbes Ringbuch aus ihrer Mappe, öffnete es mit etwas unsicheren Blicken in die Runde und fing an zu lesen.

Vier Situationen des Anatomiekurses – Versuch einer Bewältigung

Wenn es auch nur die Begegnung mit einer Leiche und nicht mit einem lebendigen Menschen war, so bedeutete für mich die Teilnahme am Anatomiekurs dennoch ein erster richtiger Kontakt mit der Medizin.

Kaum hatte ich die Zulassung zu diesem Kurs erhalten, erkundigte ich mich sogleich bei einem Kommilitonen darüber, der ihn bereits absolviert hatte. Bestehen würde ihn letzten Endes jeder, meinte er; auch an die Leiche würde man sich gewöhnen, obwohl sie alt sei. Trotz der betont sachlichen Darstellung, die er mir gab, war mir seltsam zumute bei der Vorstellung, bald selber zusammen mit sieben Kommilitonen einen Menschen in seine Bestandteile zu zerlegen. Immer wieder in mir aufkommende Phantasien über Leichenhallen und Friedhöfe sowie ein merkwürdiger Kitzel verstärkten sich, als mir deutlich gemacht wurde, daß diese makroskopischen Kurse aus Konservierungsgründen nur bei niedrigen Temperaturen und deshalb lediglich im Wintersemester stattfinden könnten, und daß man den unangenehmen Formalin-Geruch auch außerhalb des Kurses nie ganz aus seinen Kleidern herausbekommen würde. Ich mußte mir schließlich zugestehen, daß ich trotz aller Verleugnungsversuche Angst hatte, und daß mir eine beträchtliche Mutprobe bevorstand.

20. Oktober. Die Anfangs-Sitzung.

Die erste beruhigende Nachricht, die mich kurz vor Kursbeginn erreichte, lautete: Unsere Gruppe wird von einem guten und angenehmen Professor betreut.

Dann ging alles sehr schnell. Eine kleine, mit Lichtbild versehene Karte zur Teilnahmeberechtigung und zum Eintragen der Prüfungs-Testate sowie die notwendige Ausrüstung wurden uns ausgehändigt: Als erstes natürlich der große weiße Kittel, der in diesem Kurs nicht nur symbolischen Wert besitzt, sondern auch in seiner Hygiene-Funktion unentbehrlich ist. Auch dem Präparierbesteck kommt eine Doppelrolle zu. Der uns überreichte Besteck-Kasten enthielt mehr Teile als erforderlich, und er paßte zudem so schön handlich in die Kitteltasche, daß man sich stets der stolzen Vorstellung hingeben konnte, man trüge in Wirklichkeit schon Stethoskop und Reflexhammer mit sich herum. Sogar Handtuch und Seife übten einen gewissen Zauber aus, wenn man an das genüßlich-ausgiebige Waschzeremoniell dachte, dessen kultische Bedeutung nicht nur in den gängigen Arztromanen und -Filmen, sondern bereits in unserem Anfängerkurs, in der oftmals geübten Technik des Einseifens bis zu den Ellenbogen, gebührend herausgestellt wurde.

Schon das Betreten des Seziersaales war mit einer eigentümlichen, quälenden Spannung verbunden. Sein Vorraum war durch eine massive Doppelschwingtür abgegrenzt, die beim rhythmischen Auf- und Zuschwingen nur spaltweise den Blick frei ließ auf die noch zugedeckten Leichen, bevor sie sich wieder beruhigend schloß – ein erster, ein wenig an die Substanz gehender, aber zugleich doch schonungsvoller Anfang.

Es half nichts, wir mußten hinein. Mit einer Präparieranleitung für die ersten vier Wochen und der Kurskarte in der Hand begab ich mich zu dem Tisch, dessen Nummer auf meiner Karte vermerkt war.

Das erste, was sich bei uns acht um den Tisch herum postierten Anfängern breitmachte, war blanke Hilflosigkeit. Niemand wußte, was zu tun sei. Jeder holte sich in seiner Verlegenheit erst einmal einen dreibeinigen Sitzschemel aus einem der Nebenräume, auch um das unangenehme Frösteln zu vertreiben, das einem die Kühle und Feuchtigkeit dieser mit einem kalten Grün gekachelten, an eine Waschküche erinnernden Halle bereitete. Als dann freilich einer der Kommilitonen – offenbar ein eingeweihter ›Wiederholer‹ – mit einem Ruck die Plastikdecke vom Tische zog, war der Bann gebrochen. Denn jetzt lag sie unverdeckt vor uns, die Leiche, unausweichlich und uns gleichsam dazu auffordernd, an ihr tätig zu werden.

Es war der Körper eines alten Mannes, um den wir uns im Halbkreis, wenngleich in einem Meter Abstand scharten. Es drängte mich, meine Augen zuzukneifen oder die gespreizten Finger davor zu halten, um damit nach dem Muster der Schwingtürenspalt-Perspektive von vorhin mein Blickfeld schützend einzugrenzen. Aber ich getraute mich nicht, da niemand etwas dergleichen tat; stattdessen ballte ich ersatzweise meine Fäuste in der Kitteltasche zusammen. Keiner sprach. Jeder schien ganz mit sich selbst beschäftigt zu sein. Ich streckte fast reflexhaft einen Arm aus und berührte mit der Kuppe meines Zeigefingers den Unterarm der Leiche, eine mir besonders harmlos und unverfänglich erscheinende Stelle, aber ich zog meine Hand blitzschnell zurück, als hätte ich eine heiße Ofenplatte berührt. Dieser erste scheue Kontakt mit ihr, der Leiche, unserem Übungsmaterial in diesem Semester, brachte trotzdem eine entspannende, vielleicht auch etwas enttäuschende Ernüchterung: ›Das fühlt sich in Wirklichkeit gar nicht so schlimm an . . . jedenfalls läßt es wenig an einen Menschen denken!‹. Diese Erkenntnis vermochte das von meinem Magen langsam in die Halsgegend hochsteigende Gefühl von Neugierde und Grauen wieder hinabzudrängen.

Anscheinend ging in den anderen um mich herum Ähnliches vor. Man begann mutiger zu werden, tastete sich zuerst behutsam und dann immer unbedenklicher vor und begann sich allmählich auch für die Einzelheiten dieser wächsernen, stark nach Formalin riechenden Menschen-Hülle zu interessieren: für den mit einer Schnur ans Ohrläppchen gebundenen Holzklotz mit der Registriernummer und dem Einlieferungs- oder Todesdatum, für die unter den geschlossenen Lidern wie trübe Glaskugeln wirkenden Augen, die schwarzblauen Flecken an Armen und Handrücken, die inzwischen abstoßend langgewachsenen Finger- und Zehennägel und so fort . . . Und spätestens als ich zum Nebentisch hinübersah und dort die Überreste einer offenbar blutjungen Südländerin erblickte, die sich, wie ich später erfuhr, umgebracht haben soll; mußte ich die wieder aufkommenden Gedanken an das Menschsein dieser verblichenen Gestalten, an persönliche Identifikationen gerade mit der jungen Frau und ihrem Leben niederkämpfen.

Diese ersten Eindrücke hatten sich seit dem Eintritt in das schauerliche Kabinett auf höchstens vier Minuten zusammengedrängt, als endlich der uns zugewiesene Assistent erschien, der uns bei den einzelnen Arbeitsgängen anzuleiten hatte.

Einige kurze theoretische Hinweise über die physiologischen Zeichen des Todes, die er uns zuerst gab, hörten sich wie eine pflichtgemäße Routine-Belehrung an. Dann folgte die langerwartete Einführung in die Technik des sogenannten »Fett-Ausräumens« nach erfolgtem Hautschnitt, eine Aufgabe, die uns sicherlich mindestens eine Woche in Anspruch nehmen würde.

Nach der Festlegung der Reihenfolge, wer von uns wann welche Haut-Region zu übernehmen hatte, gingen wir, die Präparieranleitung in der Kitteltasche, Skalpell und Pinzette in der Hand, an die Arbeit.

Mein Beitrag bestand darin, ein irgendwo am Bauch gelegenes

kleines Haut-Quadrat von Fett zu reinigen, eine erstaunlich langwierige Prozedur, die erst dann mit Hilfe der Pinzette beginnen konnte, als die fast undurchdringlich harte und von Porenvertiefungen zerklüftete Haut mit dem Skalpell vollständig durchstoßen war. Ich war verblüfft, ja ich begann an mir und meinen normalen Gefühlen zu zweifeln, als ich merkte, mit welcher sachlichen Akribie ich mich in diese Beschäftigung fand, selbst dann, als meine immer tiefer in das Innere vorstoßenden Finger direkt mit einer unaesthetisch gelben Fettmasse in Berührung kamen und schließlich ein ungehemmtes, geradezu ins Orgiastische ausuferndes Saften, Tropfen und Triefen in Gang kam. Ich wunderte mich, daß ich nicht wie die anderen um mich herum für einige Minuten die Arbeit unterbrechen mußte, weil der in Nase und Augen steigende, betäubend ätzende Formalin-Geruch eine fast unerträgliche Übelkeit erzeugte. Vielmehr hielt ich vorerst eisern durch. Seltsamerweise verließ mich mein Gleichmut erst, als es galt, die ausgeschabte Fettsubstanz auf die Seite zu schaffen. Die Knie wurden mir weich, und ich fühlte mich verheerenden Anfechtungen ausgesetzt, als ich zusammen mit den anderen mehrere Male in den Nebenraum gehen mußte, wo die sogenannten ›Abfälle‹ der etwa zwanzig zur gleichen Zeit ›bearbeiteten‹ Leichen gesammelt wurden. Daß hierfür nicht etwa gewöhnliche Blech- oder Plastikeimer bereitstanden, sondern ausgerechnet ein Sarg, machte trotz der sicherlich wohlgemeinten Absicht die Sache nur noch schlimmer.

Die Gewißheit des allmählich nahenden Endes dieser Sitzung war für mich ein wahrer Rettungsanker. Als freilich dann die abschließenden Konservierungsmaßnahmen eingeleitet wurden, das Zudecken der Leiche durch schützende und feuchthaltende Substanzen und Tücher bis zum nächsten Arbeitsgang und es danach in den Waschraum zur eigenen, dringend notwendigen Säuberung und zum Umkleiden ging, war ich trotz aller Erschöpfung froh, diesen ersten Schritt gemacht zu haben.

18. November

Daß ich heute keinen detaillierten Bericht über die letzten Sitzungen abgebe, sondern eher einen zusammenfassenden Überblick über die vergangene Woche, hängt wohl damit zusammen, daß ich mich unmöglich über längere Zeit auf das Kursgeschehen konzentrieren kann, ohne innerlich Schaden zu nehmen. Mit einem nur verschwommenen Gesamteindruck und der Erinnerung an wenige Einzelheiten vermag ich jedoch ganz gut zu leben.

Nach einem etwa eine Woche dauernden, mit Skalpell und Pinzette geführten ziemlich zermürbenden Kleinkrieg gegen Haut und Fettgewebe stießen wir endlich in den viel interessanteren und ergiebigeren Muskelbereich vor. Es war, als hätte sich nach einem Tiefflug durch eine nicht endenwollende Wolkendecke hindurch endlich ein wohlstrukturierter Landboden vor unseren Blicken aufgetan. Sämtliche in der Präparieranleitung anschaulich aufgeführten Nerven, Gefäße und Muskeln ließen sich nun identifizieren und mehr oder weniger exakt zuordnen. Das ganze überaus raffiniert konstruierte, dicht verknäulte und doch bis in kleinste Details zweckbestimmte Röhren-, Strang- und Fasernsystem war in einer Art mehrgeschossigem Großraum angeordnet, in dem wir, säuberlich von einer Schicht zur nächsten vordringend, immer tiefer, immer staunender und immer wissender zugleich in unserer spannenden Abenteuer-Reise fortfahren konnten. Lag eine der gerade freipräparierten Gewebsebenen zur näheren Inspizierung vollständig aufgeklappt vor unseren Augen, so konnte in einem nächsten Arbeitsgang die darunterliegende Etage mit weiteren gezielt anzubringenden feinen Messerschnitten langsam dem Blick des Beschauers zugeführt werden. Und immer wieder mußten am Ende jeder Sitzung Tag für Tag zur Schonung des leicht austrocknenden Gewebes alle wie Buchseiten aufgeklappten Muskelebenen vorübergehend wieder geschlossen, mit der vom Fett befreiten, lederähnlich gewordenen Haut zugedeckt und das Ganze dann mit einigen groben Stichen bis zur nächsten Sitzung zugenäht werden.

Wir waren in dieser einen Woche von der neuartigen Begegnung mit unserer eigenen physischen Wirklichkeit so sehr gefangen und von den technischen Einzelheiten der Präparierkunst sowie von unserem zu bewältigenden Testatstoff so sehr in Anspruch genommen, daß für irgendwelche Assoziationen mit dem früheren Leben des vor uns ausgestreckten Verstorbenen kaum Zeit blieb. Verbindungen, die wir allenfalls zogen, dienten eher einer erhellenden Selbsterkenntnis. Immer wieder ertappte ich mich, wie ich unwillkürlich an dieser oder jener Stelle meines Armes oder meines Schulterblattes prüfend herumtastete und dabei einen vergleichenden Blick auf das eben in der Leiche Erkundete warf. Und mit einem gewissen Vergnügen beobachtete ich, wie andere dasselbe taten.

Freilich konzentrierte sich unsere Aufmerksamkeit nicht ausschließlich auf die vorgeschriebene Analyse dieses uns zur Disposition stehenden menschlichen Körpers, sondern auch auf die mit unserem Praktikum eng verflochtene Prüfungssituation. So gehörte es neben den anzueignenden Präparier-Fertigkeiten auch zu unserem Programm, dem aufsichtführenden Dozenten gegenüber Arbeitshaltung vorzutäuschen, um durch erholsame Ablenkungen und Unterbrechungen für ein auch psychisches Überstehen der alle paar Wochen fälligen Zwischenexamina zu sorgen.

Zur Zeit befinde ich mich also in einer leidlich angenehmen Phase unseres Anatomie-Kurses. Ich kann nicht klagen. Nur: Je länger wir so einigermaßen unbehelligt vorantrotten, desto mehr schwant mir, daß es nicht immer so bleiben wird.

9. Dezember

Meine mühsam erkämpfte Fähigkeit, jegliche bei diesen Verrichtungen immer wieder hochkommenden Gefühlsregungen durch rationale Betrachtung im Keime zu ersticken oder mich einfach in den Prüfungsdruck zu flüchten, ist wieder einmal kläglich zusammengebrochen. Vor wenigen Tagen, nach meinem erfolgreichen Bestehen eines Zwischenexamens, sind die verschiedenen Körperregionen der Leiche innerhalb unserer Achtergruppe aufgeteilt worden. Der Umstand, daß wir vorher zum Teil noch gemeinsam an denselben Stellen herumgeschnitten hatten, hatte das Zusammengehörigkeitsgefühl gestärkt und jedem von uns ein wenig Sicherheit und Geborgenheit vermittelt. Durch diese Aufgliederung sind wir nicht nur in eine frostige Vereinzelung gestoßen worden, sondern ein schon vorher schwelender, aber durch die räumliche Enge und den steigenden Prüfungsdruck zusätzlich verstärkter Konkurrenzkampf ist jetzt plötzlich ausgebrochen. Das Ganze hatte schon zu Semesterbeginn mit dem Streit darüber angefangen, wer welchen Teil der Leiche zugewiesen bekommt.

Alle hatten sich sogleich auf Arme, Brust oder Schulter gestürzt, weil in ihnen die Unzahl der herauszuarbeitenden Muskelgruppen, Muskelansätze und Fascien, der Arterien, Venen und Nervenstränge sauber zu erkennen und deren verworrene Bahnen verhältnismäßig leicht zu verfolgen sind. Wer sich nicht hatte durchsetzen können, mußte mit dem Rest vorliebnehmen. Dazu gehören einmal die Zonen des Unterleibs, wo allein schon die Gerüche schwere Pein verursachen, und die ganz einfach Ängste, Widerwillen, ja Abscheu erzeugen und dazu auch in ihrer morphologischen Struktur viel komplizierter und unübersichtlicher sind als etwa der Brustkorb oder die Extremitäten. Wieder andere Probleme bereitet die Sektion von Kopf und Gesicht, was ausgerechnet mir übertragen worden war. Und wenn es auch nicht der Schädel jener neben uns aufgebahrten Südländerin war, der mich sicherlich einer noch viel härteren Bewährungsprobe ausgesetzt hätte als derjenige des alten Mannes, so war der Augenblick, da sein inzwischen abgetrenntes und auf einer Art Tablett präsentiertes Haupt mir zum ersten Mal entgegenblickte, ein erschütternder Einbruch in meinen seelischen Zustand. Zuerst hatte ich gegen ein Gefühl des Selbst-Geköpftseins anzukämpfen, und als ich unter festem Zukneifen der Augen mit dem Skalpell den ersten Hautschnitt in die Wangenregion setzte, spürte ich im eigenen Gesicht ein schmerzhaftes Stechen. Ich flüchtete mich sogleich zu meiner Präparieranleitung, in die ich mich so lange vergraben wollte, bis ich wieder mit meiner Arbeit fortfahren konnte.

Der für unseren Tisch zuständige Dozent muß meine Verfassung bemerkt haben. Er eilte zu mir, redete ruhig auf mich ein und führte behutsam meine Hände, als ich auf seine Anweisung hin den zu präparierenden Kopf umfaßte und in die Höhe hob. Er blieb bei mir, bis meine Ängste abgeklungen waren, und ich mein Gleichgewicht zurückgewonnen hatte. Diese Prozedur wiederholte sich, als ich später nach der Längsspaltung des Schädels durch eine der sonst in Schreinerwerkstätten gebräuchlichen Kreissäge in einen erneuten Schockzustand geraten war.

Entsetzlich, wenngleich verständlich, erschien mir die Art und Weise, mit der einige um mich herum ihre eigene Anspannung und Betroffenheit verarbeiteten. Die anfängliche Ehrfurcht vor den Toten wich immer mehr einem scheinbar befreienden, aber oft schamlosen, zynischen Witzeln. Vor allem Mißgeschicke wie das unabsichtliche Fallenlassen einer der vom Rumpf gelösten Köpfe oder einer Kopfhälfte und ihr lautes Aufkrachen auf Tablett oder Tisch schienen bei vielen jene Lust zu ungezügelter Rohheit hervorzurufen, die oft unter dem Mantel bürgerlichen Wohlverhaltens nur darauf lauert, bei Gelegenheit auszubrechen. Freilich sprach aus der leicht verklemmten Haltung, in der einige ihre Späßchen mit abgetrennten Händen oder Ohren trieben, vermutlich auch ein schlechtes Gewissen. Sie fühlten wohl, daß gerade uns Studenten ein solch pietätloses Verhalten gegenüber Mitmenschen, die sich zu ihren Lebzeiten in den Dienst der Medizin gestellt haben, am allerwenigsten zustehe.

Ich bin inzwischen über das Gröbste hinweggekommen, habe mich leidlich gefangen und schneide zeitweise sogar unbekümmert und wißbegierig am Kopf meines alten Mannes herum. Freilich beginnt sich eine merkwürdige, mich wiederum ängstigende Neigung einzustellen, nämlich der unwillkürliche Drang, die mir in der Öffentlichkeit begegnenden Menschen von oben bis unten auf ihre Präparier-Tauglichkeit hin zu mustern, vor allem wenn sie, etwa in einer Warteschlange oder bei sonstigen Ansammlungen, längere Zeit meinen Blicken ausgesetzt sind. Neulich versank ich förmlich vor Scham, als ich mich beim Durchblättern einer Zeitschrift plötzlich bei der genußvollen Prüfung der prallen, wohlgeformten und für unsere anatomischen Studien zweifellos außerordentlich ergiebigen Waden eines bekannten Fußballspielers ertappte.

11. Januar

Die Situation ist seit der Weihnachtspause merklich verändert. Es gibt in den verbleibenden drei Wochen des Kurses nur noch zwei Stoffgebiete zu bewältigen. Das bedeutet, daß nicht nur der Prüfungsdruck erheblich nachgelassen hat, sondern daß auch unsere Präparier-Aktivitäten im wahrsten Sinne des Wortes zusammengeschrumpft sind. Die Leiche als Ganzes existiert nicht mehr. Nach und nach sind sämtliche inneren Organe herausgelöst worden, die Gliedmaßen wurden abgetrennt und der Rumpf in kleine Stücke zerlegt. Auf den Tischen liegen nur noch verstreute

Leichenteile herum und gehen trotz wiederholter Formalinbäder immer mehr einer völligen Austrocknung und Verwesung entgegen. Es machen sich allmählich auch schlimme Gerüche breit, zurzeit besonders dadurch verstärkt, daß dieser Tage wegen des anhaltenden Frostes die hiesige Klima-Anlage ausgefallen ist. Unter den Kommilitonen greift eine gewisse leere Hektik um sich, deren Grund ich in der allgemeinen Kursmüdigkeit sehe, verbunden mit dem Bewußtsein, daß bis Semesterende noch Entscheidendes geleistet werden muß. Das Ganze hat für mich etwas ausgesprochen Gespenstisches. Alles befindet sich in heller Auflösung. Mir kommt es so vor, als würden Verfall und Tod, ohnehin im Zentrum des Anatomiekurses, sich in diesem Endstadium besonders krass und makaber widerspiegeln. Dies steht für mich freilich im Kontrast zu unserem derzeit noch zu bewältigenden Lernstoff. Denn Kopf und Gehirn des Menschen üben nicht nur eine besondere Faszination auf mich aus, sondern sie liegen mir auch gefühlsmäßig unbedingt näher als die zum Teil recht unappetitlichen Körperpartien der vergangenen Testate.

Mir fehlt im Moment jegliche Orientierung darüber, wie ich diesen Kurs für mich insgesamt einschätze, wieweit er mir vor allem in menschlicher Hinsicht Nutzen oder vielleicht auch Schaden eingebracht hat. Was ich jetzt vor mir sehe, ist ein beziehungsloses Wirrwarr zahlreicher Einzeleindrücke. Der Gedanke, der sich seit einiger Zeit immer mehr in mein Bewußtsein eingenistet hat, ist folgender: Von uns Medizinern wird heute vielfach, insbesondere auch in dem Fach ›Medizinische Psychologie‹, zu Recht eine Zerstückelung des Menschen in einzelne Manipulationsobjekte verurteilt und stattdessen eine ganzheitliche Betrachtungsweise gefordert. Ich habe bisher im Anatomiekurs umgekehrt mit vielen Schmerzen lernen müssen, daß der fachgerechte Umgang mit einzelnen menschlichen Organen nicht nur grundsätzlich zu einer partikularistischen Sichtweise führt, sondern daß ich psychisch überhaupt nur überleben kann, wenn ich dabei von dem ganzheitlichen Menschen absehe. Kommen die Gedanken daran trotzdem hoch, unterdrücke ich sie und konzentriere mich ganz auf das Einzelteil. Ich könnte mir vorstellen, daß dieses lebensnotwendige Ausblenden später, wenn ich es mit lebendigen Menschen im

Operationssaal zu tun haben werde, noch viel wichtiger sein wird als jetzt beim Umgang mit einer Leiche. Diese elementare Erfahrung im Präpariersaal und der mir völlig einleuchtende Ruf nach einem ganzheitlich-patientenzentrierten Handeln, wie es so schön heißt, stehen für mich in einem unlösbaren Widerspruch, der mich in meinem Ringen um mein Selbstverständnis als zukünftige Ärztin nicht losläßt. Ich würde dieses ›Kapitalproblem‹ der Medizin, wie ich es nennen möchte, gerne im Rahmen des Seminars weiterdiskutieren.

Alexander hatte die ganze Zeit über restlos gefangen zugehört. Doch weniger dieser Bericht aus dem Präpariersaal hatte ihn bewegt als die schon seit Beginn der Sitzung erneut schmerzlich empfundene Erkenntnis, daß er selber bei alldem nur wenig mitreden konnte. Trotz seiner Rolle als Seminarleiter empfand er sich irgendwie ausgeschlossen. Man sprach von ersten Erfahrungen innerhalb eines Fachgebietes, das verwandt, aber nicht das seine war und vertiefte sich sogar in Gewissensfragen über die Ausübung dieses Berufes, deren Problematik er als Außenstehender letztlich nur ahnen konnte. Er hatte schon jahrelang Studentengruppen bei ihrer Auseinandersetzung um Traum und Wirklichkeit des Medizinerberufes mit psychologischem Fingerspitzengefühl beraten und sich dadurch auch selber Einblick in dieses Metier verschafft. So hatte er sich allmählich in die komplizierte Welt des Mediziners ganz gut hineingedacht und sich dabei auch einige medizinische Fachkenntnisse angeeignet. Aber mehr war es eben nicht gewesen. Und je länger, desto empfindlicher fielen Alexander seine Lücken auf. Besonders jedoch an solchen Nachmittagen wie heute. Je mehr er sich übrigens mit seinen Studenten dabei identifizierte, desto öfters arrangierte er solche Selbsterfahrungs-Gespräche und setzte die jungen Leute immer provozierenderen Begegnungen mit der Realität ihrer zukünftigen Tätigkeit aus. Merkwürdig dabei aber war, daß Alexander nicht nur die anderen, sondern auch sich selber zu einer Konfrontation mit dieser Wirklichkeit zwang, ja dazu zwingen wollte.

Dieses latente Gefühl, in den Ausbildungsgruppen, sogar in seiner Fakultät, nur am Rande zu stehen, war sicher auch einem gewissen Neid und einer Bewunderung denen gegenüber zuzuschreiben, die sich aus ernstzunehmenden Gründen für dieses Studium entschlossen hatten. Heute, bei dem Selbstbekenntnis der Kommilitonin – einem überraschenden Höhepunkt in Alexanders bisheriger Seminartätigkeit – stand dieser Gedanke urplötzlich wieder im Vordergrund.

Alexander war froh, jetzt erst einmal eine kurze Pause einlegen zu können, nach der dann Oberarzt Dr. Krause aus der orthopädischen Universitätsklinik zu Wort kommen sollte, jener Krause, der Monate später bei der Verleihung der Ehrendoktorwürde wieder auftauchen wird.

Die Anwesenheit eines Fremden jedenfalls würde zu einer Versachlichung der Atmosphäre beitragen, und er selbst konnte die allgemeine Beruhigung dazu nutzen, sich darüber klar zu werden, wie weit seine eigenen Anfechtungen aus dieser momentanen Stimmung heraus kamen und auf die Dauer vielleicht doch überwunden werden konnten.

Krause erschien, eher noch jung, und er setzte sich, in Benehmen und Haltung eine auffallende Distanz zwischen sich und den Studenten aufbauend, auf den ihm zugewiesenen Platz.

Jede Frage zu seiner Person, seiner Vergangenheit und seiner gegenwärtigen Situation beantwortete er mit einem eigentümlich störrischen Ausdruck so knapp, als fände hier ein polizeiliches Verhör statt. Aber nicht nur seine frostige Art, über sich Auskunft zu geben, auch der Inhalt seiner Rede stieß bei den Kommilitonen auf wenig Gegenliebe. Was denn für ihn die wichtigste Erfahrung während seiner doch sicherlich auch sehr praxisfernen Ausbildung gewesen sei, fragte man ihn. ›Auslands-Famulaturen‹, schnarrte er und ließ sich erst nach wiederholten Bitten zu einer eingehenderen Erläuterung herab. Man müsse eben Verbindungen zu industriellen Studien-Stiftungen haben, um Flüge nach Australien oder in die USA finanziert zu bekommen. Er habe, fügte er hinzu, dort in der Tat viel gelernt, und überhaupt gebe es in Amerika eine viel bessere medizinische Ausbildung als hierzulande. Aber das wären doch kostspielige Privat-Universitäten für besonders Privilegierte, entgegnete ein langmähniger Jüngling.

»Gewiß, aber Qualität will bezahlt sein«, war die lakonische Antwort.

Als nächstes wurde der Doktor befragt, wie und wann die Patienten in seiner Klinik vor operativen Eingriffen aufgeklärt würden. Krause unterbrach den artig sich Erkundigenden vorwurfsvoll: »Bei uns wird immer aufgeklärt«, womit er es bewenden ließ. Als es um das heikle Problem der Patientenaufklärung bei unheilbaren Erkrankungen, etwa Krebs, ging, reagierte er noch ungehaltener und schob die Angelegenheit auf höhere Chefarzt-Ebene. Wie ein Signal, das Gespräch möglichst bald zu beenden, wirkte seine Antwort auf die Frage, wie er mit seiner Antipathie gegenüber bestimmten Patienten umgehen würde (›zumal doch dem behandelnden Arzt nicht jeder Patient gleich sympathisch sein kann‹): »Dann lasse ich absolute Sachlichkeit walten.« Das fuhr den Anwesenden in die Glieder, und in der Tat dauerte der Dialog nicht mehr lange. Auf das Ansinnen, noch einiges zur politischen Verantwortung des Arztes hören zu wollen, ging er zuerst nur mit einer wegwerfenden Handbewegung ein, überlegte dann aber kurz und murmelte etwas von »absoluter Neutralität«, wobei niemand akustisch so recht verstand, was er noch an despektierlichen Bemerkungen über die sogenannten ›Polit-Ärzte‹ oder sogar über die ›Politbüro-Ärzte‹ hinterherschob.

In der kurzen Besprechung nach Krauses Abschied herrschte ziemliche Einigkeit: Man lehnte ihn ab. Ungeteilt war in der Runde auch das Bedauern darüber, daß es nicht mehr zur Erörterung wichtiger Themen gekommen war, etwa über die Einstellung Krauses zum Phänomen des Todes und Sterbens. Alexander bemühte sich, diesen Mangel ein wenig auszugleichen und ging selber auf die dringlichsten Probleme ein. Vor allem der Erlebnisbericht über den Anatomiekurs mußte nochmals aufgegriffen werden. Alexander versuchte, so gut er konnte, eine Antwort auf die letzte Frage der Kommilitonin zu geben und flüchtete sich dabei in den Gemeinplatz, daß eine ganzheitliche Beziehung zum Patienten zwar immer vorgehe, der Arzt aber bei allen schwerwiegenderen Eingriffen das betreffende Körpergewebe ausgrenzen, es als Objekt betrachten müsse, ohne dabei den leidenden Patienten im Blick zu haben. Derselbe Arzt sollte aber nach Beendigung oder

Unterbrechung seines Eingreifens flexibel genug sein, sofort wieder auf die Person des Patienten umzuschalten, besonders wenn dieser bei vorhandenem oder wiedererlangtem Bewußtsein der persönlichen Zuwendung bedürfe. Den wirklich guten Arzt, so meinte er, zeichne eben die Fähigkeit aus, genau zu wissen, wann er sich dahin oder dorthin zu konzentrieren habe.

Alexander spürte, daß diese Art der Unterweisung kopflastig und spröde wirken mußte und er sich auch selber unsicher fühlte, sobald er anderen etwas über das Innenleben des Arztes erzählte. Und erneut begann er, an sich und seiner beruflichen Tätigkeit zu zweifeln. Noch lange nach dieser Seminarsitzung dachte er über alles nach. Dabei kam er freilich zu einem anderen Schluß als vor einer Woche, als er schließlich doch noch von den Vorteilen seiner Psychologenrolle innerhalb der Medizin überzeugt gewesen war, vor allem, wenn es um die psychologische und soziale Seite des kranken Menschen ging. Jetzt aber, da die Person des Arztes ins Spiel kam, mußte er sich eingestehen, daß eigentlich nur derjenige einschlägige Wahrheiten über die Psychologie des Arztberufes an angehende Mediziner weitergeben konnte, der selber Arzt war. Alexanders Problem war es heute also nicht mehr, nach einer Rechtfertigung seines Psychologenstatus zu suchen, sondern zu den Mängeln seines Berufes und der Tatsache, daß er eben kein Arzt war, zu stehen und sie zu akzeptieren. Es schien ihm, als hätte er sich damit einer weit schwierigeren Aufgabe gestellt, statt sich hinter künstlich aufgebauten Argumenten zu verstecken. Er fühlte sich wie befreit. Er hatte erkannt, daß dies der bessere Weg war, seinen Frieden mit sich und seiner eigenen Wirklichkeit zu finden.

Am Ende der letzten Seminarsitzung hatte man sich zu einer großen Familie zusammengerauft. Allen fiel der Abschied schwer. Alexander spürte Wärme und Sympathie, als er zu einer kleinen Schlußansprache ansetzte:

»Es gibt zwei Dinge, die ich Ihnen unbedingt noch mit auf den Weg geben möchte, bevor wir auseinandergehen. Vergessen Sie niemals das einzelne Individuum, auch im Sinne der Friedensbewegung, und vermeiden Sie um jeden Preis den Fehler, den gewisse politische Kreise mit ihrer Abkehr von der Individualmedizin zugunsten einer Massenmedizin begehen.«

Er erinnerte an den Krebspatienten und führte ihn stellvertretend für viele künftige Situationen an, in denen seine jungen Kollegen Sterbenden in schweren Stunden beistehen müßten. Diese letzte Pflicht sei im klassischen Eid des Hippokrates noch nicht enthalten, gehöre aber zum Bestand einer jüngeren, aufgeklärteren Medizin, die heute den Anspruch einer vollständigen siegreichen Überwindung von Krankheit und Tod aufgegeben habe zugunsten einer von maßvoller Skepsis getragenen Menschenliebe. Über die Art des Umgangs mit unheilbar Kranken und Sterbenden freilich, und das war der zweite Punkt, gäbe es in der Medizin und in der medizin-psychologischen Forschung bisher wenig wissenschaftlich Verbindliches und Endgültiges: Hier sei der Arzt im wesentlichen auf die in der alltäglichen Praxis zu erwerbende Erfahrung angewiesen. Und dann empfahl Alexander seinen Studenten, sich zwar an Fachbüchern und -zeitschriften zu orientieren, aber auch an den sich mit diesem Thema befassenden Stellen aus der Weltliteratur.

»Ich wüßte gar nicht«, ging er begeistert aus sich heraus, »wo ich anfangen sollte, um Ihnen auch nur die wichtigsten zu nennen. Ich habe hier ein Zeugnis dabei, das ich allerdings zu den großartigsten zähle und das Sie sich nicht nur als Arzt, sondern für Ihre Allgemeinbildung zu eigen machen sollten.«

Und er zog ein in braunes Leinen gebundenes Buch aus seiner Mappe: »Das ist Tolstois ›Anna Karenina‹. Gegen Ende dieses Romans wird eine Sterbeszene beschrieben: das tagelang andauernde qualvolle und am Ende doch erlösende Sterben von Nikolaj Ljewin, im Beisein seines Bruders Konstantin und dessen Frau Kitty. Ich möchte Ihnen kurz etwas daraus vorlesen.«

Er schlug das Buch an der besagten Stelle auf, lehnte sich zurück und begann: »Der Tag graute; der Zustand des Kranken war unverändert. Ljewin machte leise seine Hand los, ging, ohne nach dem Kranken hinzusehen, in sein Zimmer, legte sich nieder und schlief sogleich ein ...«

Alexander brachte das Kapitel zu Ende. Dann gingen sie auseinander.

VII.
»Lieben – verlieren – lieben«

Viel war bis jetzt zu lesen über Alexanders vergebliche Suche nach einem erfüllten beruflichen Leben. Auch am Ende dieses Seminars sah er sich wieder an einem Wendepunkt. Würde ihm die psychologische Lehrtätigkeit zur Verwirklichung seiner Pläne ausreichen? Oder müßte er dafür noch einen neuen Weg einschlagen? Doch diese schwerwiegenden Fragen waren nicht zu trennen von seinen seelischen Nöten, die schon eine geraume Zeit andauerten.

Es gibt keine Aufzeichnungen über die bewegten Jahre seiner Ehe, über Trennung und Scheidung, nicht einmal über die noch gar nicht weit zurückliegende Wiedergeburt oder besser: Neugeburt seiner Beziehung zu Elisabeth. Doch die wichtigsten Szenen seiner Ehe sind ihm so gegenwärtig, daß er selbst zu Wort kommen soll.

Am Vorabend der Hochzeitsfeierlichkeiten vor dem Haus der Schwiegereltern in München

Es ist ein Erfrischung versprechender Abend, denn ein Wind kommt auf, der nach der Glut des hochsommerlichen Tages endlich ein wenig Kühlung bringt. Elisabeth und ich sitzen auf einer Bank und sehen, wie in dem etwas unter uns liegenden Haus bei teilweise offenen Fenstern die Lichter angehen. Wir können das Treiben in den verschiedenen Etagen verfolgen. Es erscheint zusammenhanglos, wie in Puppenstuben-Dimensionen, und dient offensichtlich doch einem gemeinsamen Zweck.

Unten im großen Wohnzimmer fährt ›unsere‹ Putzfrau Aloisia Schratzl in hektischer Betriebsamkeit mit dem Staubsauger übers Parkett. Man hört seinen Ton ganz leise und, wie mir scheint, wegen der Entfernung auch Bruchteile von Sekunden später. Auf ihrem Gesicht glaube ich heute ein besonderes Maß an Konzentration und Energie zu lesen. An der Wand, neben einem der aufgerollten Teppiche, steht ›Vater‹ (er ist es genaugenommen erst ab übermorgen) und tauscht mit zusammengekniffenen Augen und schiefem Kopf ein Gemälde aus. Vor festlichen Anlässen ersetzt er das eine oder andere hier hängende Exemplar seines Bilder-Bestandes gelegentlich durch ein neu erworbenes, das sich gewissermaßen noch im Experimentierstadium befindet. Weiter links sehen wir Elisabeths Brüder Hans-Werner, August und Reinhard Stühle durch den beleuchteten Flur ins Wohnzimmer schleppen. Oben in einem der kleinen Zimmer sitzt ›Mama‹ im Lampenschein an einem Tisch und schreibt gerade irgend etwas auf, vielleicht die Sitzordnung der Gäste beim bevorstehenden Festessen. Im Zimmer nebenan geht plötzlich das Licht an, und man sieht Elisabeths Schwester Sonja hinter sich die Türe schließen (sie knarrt Augenblicke später). Aus einem schwarzen Etui packt sie ihre Klarinette aus, stellt Noten auf einen Ständer und fängt mit einem aus der Ferne etwas grotesk wirkenden ausladenden Schwingen ihres Oberkörpers an zu spielen. Sie übt ihren Part von Mozarts ›Kegelstatt-Trio‹, das sie am morgigen Polterabend zusammen mit unseren beiden Vätern aufführen wird.

»Glaubst du, daß es wirklich Sinn hat, daß wir heiraten?« stöhnt einer von uns vor sich hin. Ich kann mich nicht mehr erinnern, wer es gesagt hat, weil wir uns in dieser Frage weitgehend einig waren.

»Ich weiß es auch nicht. Wenn man sich so furchtbar ineinander verbeißt, wie wir vorhin wieder einmal, dann sollten wir uns das zumindest ernsthaft überlegen.«

Nach einigen Minuten gemeinsamen Brütens sage ich: »Nur, was sollen wir jetzt tun? Die Vorbereitungen sind in vollem Gange. Alle sind sie nach München gekommen, allein zehn von meinen Verwandten aus der Schweiz und meine Eltern sogar von der anderen Seite des Ozeans. Und all die Einladungen, die sonst noch hinausgegangen sind! Stell dir mal vor, der morgige Abend, das Fest-Diner übermorgen mittag im Eugenienhof mit hundert Leuten nach der Trauung und der Nachmittags-Empfang dann hier im Haus, wie das wäre, wenn wir uns jetzt einfach hinstellen und verkünden würden: ›Wir haben's uns anders überlegt, wir heiraten nicht ... die Hochzeit fällt aus.‹«

»Ja? Meinst du?« fragt Elisabeth mit ernstem, nachdenklichem

Gesicht. »Vielleicht hast du recht. Schließlich haben wir uns bereits entschieden und mußten die eigenen Eltern erst mühsam überzeugen. Man sollte eigentlich dazu stehen, sonst wird man unglaubwürdig. Wir sollten es einfach versuchen und zusehen, daß wir durch die Schwierigkeiten hindurchkommen und irgendwie doch zusammenfinden.«

Und dann schiebt sie, verstohlen einige Tränen wegwischend und tapfer lächelnd, noch ein entschiedenes »Tja« hinterher, als wollte sie all ihre Ängste und Zweifel mit Gewalt zum Schweigen bringen.

Wir haben in der Tat eine unserer häufigen Zwistigkeiten ausgefochten. Es muß sich wieder um eine theologische Meinungsverschiedenheit gedreht haben, deretwegen wir in fast regelmäßigen Abständen aneinander geraten und die während eines Spaziergangs in der heutigen Nachmittagshitze überraschend unsere Zweisamkeit durchbrach. Elisabeth ist geistig so beweglich, daß ich in ihrer Gegenwart auch noch nicht ganz ausformulierte Gedanken ungeniert vortrage, weil ich mich bei ihr so gut und sicher aufgehoben fühle. Dabei vergesse ich jedoch leicht ihre Verletzlichkeit, die sie hinter einem äußeren Schutzpanzer verbirgt, so daß die leiseste Erschütterung sie oft zu heftiger, ja verletzender Ironie veranlassen kann. Und dies wiederum reizt mich zu einer nicht minder provozierenden Sperrigkeit, besonders dann, wenn sich Elisabeths Position als genauso unausgegoren erweist wie die meinige.

Vor wenigen Tagen hatte ich es wieder zu hören bekommen.

»Was du da sagst, klingt ganz so wie deine damalige Behauptung: ›Wenn Jesus es nur gewollt hätte, hätte er auch, ohne es erst lernen zu müssen, chinesisch sprechen können!‹«

Und ich, nicht minder verlegen: »Deine Konversion zum Katholizismus hat offensichtlich nichts gefruchtet. Der Einfluß deiner protestantischen Erziehung ist eben doch stärker.«

Diese Gegensätze zwischen uns machen mir das Herz schwer, als ich mir den Streit nochmals vergegenwärtige.

Während Sonja vor uns mit leidenschaftlicher Hingabe das Hauptthema des ersten ›Kegelstatt‹-Triosatzes bläst, sind die letzten Spuren der Tageshelle verschwunden. Klare, von Sternengefunkel durchwirkte Nacht senkt sich nieder und wirkt in ihrer

Frische erlösend auf die noch von der Hitze bleiernen Glieder. Schwiegermama erhebt sich soeben und macht sich an einer Kommode zu schaffen. Ich strenge mich an, nicht mehr ständig in die Vergangenheit zu schweifen, zumal ich jetzt an Elisabeths letzte Äußerung über unsere Zukunft anknüpfen möchte. Aber ich kann es nicht. Irgend etwas lenkt meine Aufmerksamkeit immer wieder auf den Vorbereitungstrubel vor unseren Augen und drängt das, worüber wir eigentlich reden sollten, ins Dunkel.

»Diese Klingel an der Wohnungstür«, setze ich wieder ein, »ist sie inzwischen montiert worden?«

»Oh ja, Vater hat mir gestern noch gesagt, es wäre ihnen beiden wichtig, daß wir in diesem Haus wirklich ganz für uns wohnen sollten. Sie würden sich strikt daran halten und jedesmal, wenn sie zu uns hochkämen, zuerst klingeln und so lange an der Türe stehenbleiben, bis wir ihnen öffneten.«

»Sie haben ja auch den Umbau oben geschickt durchführen lassen, die Vergrößerung der Zimmer und die Trennwand im Flur mit der Eingangstür. Wenn sie sich bloß an ihre Zusicherung halten, uns ganz uns selbst zu überlassen ...«

»Ja, und auch solche Streitereien wie heute nachmittag nicht mitbekommen. Man fühlt sich ja sonst dermaßen beobachtet, daß man gar nicht mehr weiß, wo man in seinen eigenen vier Wänden noch laut sprechen kann.«

Nachdem ich es lange vermieden habe, Elisabeth anzusehen, wende ich mich ihr zu und bemerke im schwachen Schein der Lichter, daß ihre vorhin so angespannten Züge inzwischen weicher geworden sind und mehr Zuversicht ausstrahlen. Darüber bin ich erleichtert und blicke sie zärtlich von der Seite an. Wir sind also stillschweigend übereingekommen, im Moment jedenfalls nicht über die uns bedrängenden Probleme weiterzusprechen. Vielleicht ergibt sich später nochmals eine Gelegenheit dazu.

Während in der oberen Etage die Lichter nacheinander ausgegangen sind, fällt mir ein, daß wir den Pfarrer anrufen müssen.

»Er wollte doch wissen, wer alles zur Trauung kommt, weil er seine Predigt auf die anwesenden Protestanten ausrichten will.«

»Ja, richtig ... komm, wir müssen gehen!«

Sieben Jahre waren inzwischen vergangen. Wir hatten zum wiederholten Male unseren Wohnort gewechselt. Ich arbeitete inzwischen als diplomierter Psychologe (die Theologie hatte ich ja endgültig hinter mir gelassen) in Gattersleben. Dort hatte ich mich von Anfang an der Gruppentherapie verschrieben und war auf der Suche nach einem neuen, für dieses Krankenhaus geeigneten Therapie-Modell, wofür die von mir erlernte ›klientenzentrierte‹ Gesprächspsychotherapie meiner Meinung nach eine wesentliche methodische Grundlage bot. Um der Gefahr einseitiger Theorie zu entgehen und mich stattdessen an praktischen Gruppenerfahrungen zu orientieren, hatte ich ein halbes Jahr nach meinem Dienstantritt bei einem zehntägigen gruppendynamischen Selbsterfahrungs-Laboratorium mitgemacht. Die Teilnahme an solchen individuelle Selbstverwirklichung vorgaukelnden Veranstaltungen, von denen ich später mein eigenes gruppenorientiertes Konflikt- und Problemlösungsmodell rigoros abgrenzte, war gerade für Psychologen, Lehrer und Seelsorger nach dem Zusammenbruch der Achtundsechziger Reform-Hoffnungen eine weitverbreitete Mode – heute in meinen Augen eine Ersatzreligion, die damals eben auch an mir nicht vorbeigegangen war. Diese Treffen fanden in klausurhafter Abgeschiedenheit an einem idyllischen Ort statt. Die Teilnehmer, die – übrigens für teures Geld – aus allen Himmelsrichtungen angereist kamen, begaben sich hier in eine psychisch recht anstrengende und problematische Ausnahmesituation. In sich manchmal dramatisch zuspitzenden, von den beiden Gruppentrainern systematisch geschürten Auseinandersetzungen in Klein- und Großgruppensitzungen durchlebten die etwa dreißig Teilnehmer die typischen Beziehungs- und Machtstrukturen im empfindlichen sozialen Rollengefüge einer Gruppe. Wir wurden dazu angehalten, unsere persönliche Identität zu reflektieren, was oft zu einer grundsätzlichen Infragestellung oder gar Neudefinition derselben führte.

Der mit der endlosen Geschichte meiner Identitätssuche vertraute Leser wird sich denken können, wie die Erfahrung dieser zehn Tage und Nächte sich auf meine seelische Verfassung auswirken mußte. Bereits mein erster Zusammenstoß mit anderen Kursteilnehmern und die fragwürdige Analyse meines Verhaltens durch die Leiter brachten mich empfindlich aus dem Gleichgewicht. Ich hoffte es schnell wiederherzustellen, indem ich bei Beate, einer attraktiven Grundschullehrerin aus dem Hessischen, Schutz suchte und fand. Dadurch wurde meine Lage freilich nur noch komplizierter, denn jetzt hatte ich gleich zwei Probleme am Hals: einmal meine neue Beziehung zu Beate, die trotz leidenschaftlicher Empfindungen füreinander vorerst noch platonisch blieb. Soweit ich überhaupt fähig war, an zu Hause zu denken, geriet ich in einen Konflikt zwischen Beate und der ahnungslosen Elisabeth. Und weil für mich Ehebruch nicht erst mit dem Beischlaf beginnt, machte sie mir schwer zu schaffen. Zum anderen blieb die Charakterisierung meiner Person als ›mangelhaft transparent und ungenügend ich-nah‹ tief in mir haften. Ich rückte sie in den Mittelpunkt meiner Selbstbewertung und geriet in eine regelrechte Krise, der ich nur noch durch ein schonungsloses Selbstbekenntnis in einer der Kleingruppensitzungen entrinnen zu können glaubte.

Doch die Tage zogen sich quälend hin, ohne daß ich den Mut dazu aufbrachte, mein Vorhaben auszuführen. Und je mehr sich das Seminar seinem Ende näherte, desto schweigsamer wurde ich. Erst am letzten Nachmittag kündigte ich den anderen für die Schlußsitzung am Abend eine ausführliche Selbstdarstellung an. Ich vergesse nicht die Stunden davor, in denen ich mich auf meinem Bett umherwälzte und mich am Rande einer Psychose oder Schizophrenie glaubte. Nachdem ich mein Abendbrot hinuntergewürgt hatte, versammelten wir uns im schallgedämpften und wegen seiner hochmodernen Video-Ausstattung wie ein Fernsehstudio wirkenden Übungsraum, der von der untergehenden Sonne nur noch schwach erhellt war. Ohne viel Federlesens legte ich mit meinem Bericht los, der all das umfaßte, was in den bisherigen Kapiteln dieses Buches über mein Leben enthalten ist. Es dauerte endlos lange, viel länger, als ich gedacht hatte. Inzwischen war es fast dunkel geworden. Ich konnte die Gesichter um mich herum kaum noch erkennen. Was mir freilich am wichtigsten war, nämlich Beate dabei zu beobachten, war mir sogar noch im Schein des heraufziehenden Mondes möglich. Wieder bewunderte ich ihre graziöse Erscheinung, über deren erotische Ausstrahlung schon mehrfach in der Gruppe gesprochen worden war. Sie zeigte sich mir in ihren Konturen, mit kokett gespitztem Mund und fein gebogener Nase, die durch das Herabziehen der Oberlippe wohl bewußt in eine reizvolle Stellung gebracht worden war (im nachhinein ist es mir so, als hätte dieser Ausdruck eher etwas Dümmliches an sich gehabt). Sie lächelte mir zu, als wolle sie mich mit Haut und Haar verschlingen. Nach Beendigung meiner Lebensbeichte folgten noch vereinzelte Bemerkungen aus der Runde, doch sie vermochten kaum das Gefühl von Erleichterung zu durchbrechen, das ich empfand. Die sehr spärlich abgegebenen Kommentare meiner Zuhörer kamen mir ziemlich töricht vor. Zum Beispiel verstieg sich ein ebenfalls in der Psychiatrie arbeitender Kollege zu der Bemerkung: »Ich möchte dir sagen, daß du nach meinem Dafürhalten schon ungeheuerlich viel geleistet hast.« Die Reaktion meiner Gruppenleiterin auf die Herkunft meiner Frau (»Warum mußt du dir denn immer alles so schwer machen?«) war auch nicht viel besser. Das Schweigen der übrigen in der Gruppe vermochte ich nicht recht zu deuten. Ich wußte so nicht, ob letztlich Desinteresse oder respektvolle Scheu dahinterstand. Sicher war jedenfalls – und darüber herrschte zwischen Beate und mir stille Übereinkunft –, daß alles für mich glücklich überstanden war. Ihr aufreizend verführerisches Benehmen kündigte mir verheißungsvoll an, was sie in der letzten Nacht in diesem Haus auch einlösen sollte. Tatsächlich: Sinnliche Extratouren wie diese kannte ich in meiner eigenen Behausung bisher nicht. Ich suchte sie mir seit einigen Jahren gelegentlich woanders, um mich in meiner Männlichkeit zu bestätigen und in der Illusion zu leben, mir jedesmal wieder neue, unbekannte Bereiche zu erschließen.

Natürlich bedeutete der offizielle Abschluß des Gruppen-Trainings für mich keineswegs das Ende von allem. Nach der letzten Sitzung hatte man sich unter Tränen, Umarmungen und Treueschwüren voneinander verabschiedet, und jeder war, mit seinem Koffer in der Hand, irgendwohin verschwunden. Auch Beate und ich machten uns auf den Weg, um nicht mehr Zeit als nötig in der ausgestorbenen, öde gewordenen Begegnungsstätte zu verbringen.

Wir beschlossen, den Rest des Tages zusammen zu verleben. Noch ganz erfüllt von dem hinter uns liegenden Zauberberg, streiften wir Hand in Hand durch Wiesen und Felder. Am späteren Nachmittag fanden wir ein kleines Hotel in der Nähe des Bahnhofs und durchliefen noch einmal den Reigen der letzten Nacht. Wieder genoß ich unsäglich, daß ich mich hier ohne Beklemmung gehen lassen konnte und weder Angst vor zu großer Nähe zu haben brauchte noch vor Bestrafung, wenn ich mich gegen dieselbe verwahrte, worunter ich zu Hause manchmal zu leiden meinte. Wahrscheinlich war es Beates völlig ungenierte Art, die mich löste und direkt archaische Instinkte in mir zu wecken schien. Schließlich verließen wir am Abend, erschöpft, unsere Absteige und stellten auf dem Weg zum Bahnhof gemeinsam fest, in jeder Hinsicht für einander geschaffen zu sein. Wir trennten uns fröhlich, waren zuversichtlich, uns bald wiederzusehen und fuhren in entgegengesetzter Richtung davon.

Mein Konflikt zwischen den beiden Frauen hatte sich – dies machte ich mir während meiner Heimfahrt klar – wie von selbst auf Kosten von Elisabeth gelöst. Und von dieser Gewißheit war auch mein Auftreten ihr gegenüber bei unserem Wiedersehen bestimmt.

»Ich bin durch dieses Seminar ein ganz neuer Mensch geworden. Das ist nichts mehr mit uns beiden ... Es ist im Grunde nie wirklich etwas gewesen. Das habe ich in den letzten Tagen einsehen müssen. Ich habe dort auch eine andere Frau kennengelernt – ich glaube, es ist die Frau meines Lebens.«

Das waren meine unverfrorenen Worte, als sie mich zärtlich, aber, wie es mir in diesem Augenblick vorkam, farblos und hausbacken von Kopf bis Fuß, am Bahnsteig begrüßte.

Und es folgten qualvolle, von Ungewißheit erfüllte Wochen, in denen ich zuerst mit der mir in jener Gruppentherapie beigebrachten egozentrischen Offenheit Beates tausendfache Vorzüge herausstrich und mich dann allmählich in eine nicht weniger destruktive Wortkargheit zurückzog und meine eigenen Wege ging. Ich verbrachte eine Reihe von Wochenenden mit Beate, fuhr jeweils am Freitag nachmittag zu ihr ins Hessische, wo sie, geschieden, alleine in einer hübschen Wohnung lebte und mich für meine angeblich leidensvoll verbrachten Wochentage reichlich entschädigte.

Noch schlimmer wurde alles, als ich allmählich genug von Beate hatte und hin- und hergerissen wurde zwischen der verblassenden Faszination des Neuen und der wiedererwachenden Besinnung auf die Beständigkeit der alten Beziehung. Es spielten sich herzzerreißende Szenen zwischen Elisabeth und mir ab. Und es endete damit, daß sie den klaren Sieg davontrug, wobei Beate sich in ihrer Verzweiflung sexuell immer mehr erniedrigte, um mich an sich zu fesseln. Das stieß mich jedoch nur ab und beschwor um so rascher das unselige Ende unserer Verbindung herauf. Freilich galt es jetzt, das völlig durcheinandergeratene eheliche Verhältnis wieder herzustellen. Es bedurfte einer Menge großmütig von Elisabeth gebauter Brücken, auf denen mir ein halbwegs ehrenvoller Rückweg zu ihr möglich wurde. Auch von meiner Seite kostete es viele Tränen und leidenschaftliche Selbstentäußerungen, um das, was ich angerichtet hatte, wiedergutzumachen. Als ein Zeichen für meine innere Zerknirschung mochte gelten, daß ich während dieser Monate immerhin fünfundzwanzig Pfund verlor (wobei die operative Entfernung eines Weisheitszahnes kurz nach Beendigung jenes Gruppenseminars gleichsam die biologische Initialzündung dieser anstrengenden Abmagerungs-Prozedur gewesen war). Damals war ich davon überzeugt, daß es sich dabei um einen Akt des entsagungsvollen Weggebens handelte, im Gegensatz zu meiner sonstigen besitzgierigen Einverleibung der Dinge. Heute freilich sehe ich darin eine Art Selbstzüchtigung, einen bequemen Ersatz für eine grundsätzliche Auseinandersetzung mit Elisabeth, die in Wirklichkeit hätte stattfinden müssen, und der ich in meinem Glück, Elisabeth vermeintlich wiedergefunden zu haben, tunlichst aus dem Wege ging. Aber wie die List der Psyche es eben will, ergab sich im nächsten Frühjahr folgende neue Wende. Elisabeth gab mir eines Tages überraschend ihren still herangereiften Entschluß bekannt, demnächst ebenfalls ein gruppendynamisches Laboratorium zu besuchen, um, wie sie meinte, damit auf denselben inneren Stand wie seinerzeit ich zu gelangen.

Das Ergebnis dieser Erfahrung, die hinsichtlich Dauer und äußerer Bedingungen der meinigen durchaus vergleichbar war, soll ein Dialog zwischen Elisabeth und mir am Abend ihrer Rückkehr veranschaulichen. Zu später Stunde hatte sich Elisabeth widerstrebend neben mich auf das Sofa gesetzt, auf dem ich sie seit ihrem Eintritt in die Wohnung sehnlichst erwartet hatte.

A. Na also, wie war's?

E. Ganz interessant.

(Schweigen)

A. Wie fandest du die Trainer? Auch so bohrend wie damals bei mir?

E. Bohrend? Nein, ich fand sie eigentlich ganz hilfreich.

A. Und ihr hattet auch diesen regelmäßigen Wechsel zwischen Kleingruppen und Plenum?

E. Ja.

(Pause)

A. Und du selbst, was hast du dort für dich erfahren können?

(Elisabeth blickt gereizt und unwillig zur Seite)

A. Ich meine, diese erhellenden Einsichten, die man mitzunehmen pflegt . . .

E. Was heißt da Einsichten?

(Schweigen)

A. Und wie war's mit Hans-Hermann Massage? Warst du mit ihm in derselben Kleingruppe?

E. *(Sehr schnell darauf anspringend)* Oh ja, allerdings!

A. Aha, und hast du viel über ihn erfahren?

E. Ja. Hans-Hermann hat sich bitter über dich beklagt. Er hat viel erzählt über eure Zusammenarbeit in Gattersleben, und wie sehr er von dir enttäuscht war, als du einfach, ohne ihn vorher zu verständigen, seinen Bereich verlassen hast, um zu dieser jungen griechischen Ärztin auf die Männerseite überzuwechseln.

A. *(erstaunt und verwirrt)* Beklagt? Aber ich habe dir doch seinerzeit diesen ganzen Hergang erzählt. Natürlich hatte ich ihm rechtzeitig Bescheid gegeben. Und diese griechische Ärztin, na ja, ich habe dir schon gesagt, daß mit der nichts war . . .

E. Ich gebe ja auch nur Hans-Hermanns Sichtweise wieder. Er sagt, du seiest wortlos verschwunden . . . Und ich fühlte mich dabei an viele Situationen erinnert, in denen ich Ähnliches mit dir erlebt habe.

A. Was willst du jetzt *damit* sagen?

E. Das kann ich dir gerne näher erläutern. Mir ist in diesem Seminar einiges klar geworden. Ich glaube, Hans-Hermanns Bericht über dich hat mir einen wichtigen Anstoß gegeben. Vor allem weiß ich, daß ich einiges bei uns ändern möchte. Denn ich bin nicht mehr gewillt, meine bisherige Rolle weiterzuspielen und gehorsam alle mir auferlegten Einschränkungen hinzunehmen. Ich sage ja nicht, daß sie von dir kommen. Ich habe sie mir größtenteils selbst zuzuschreiben bei meiner Opferhaltung und meinem überspannten Bestreben, es immer allen anderen und nie mir selber recht zu machen. Ich glaube fest, daß ich damit nicht nur mich selbst zerstöre, sondern auch bei dir nichts, aber auch gar nichts erreiche. Im Gegenteil, diese Haltung stößt dich nur ab und stürzt dich zudem in Schuldgefühle, die echte Zuwendung von deiner Seite blockieren und dich zu Ersatzfreundlichkeiten zwingen, mit denen weder dir noch mir gedient ist. Ich muß lernen, meine Bedürfnisse klarer zu artikulieren, statt nur zaghafte Anläufe zu unternehmen, um dann auf halber Strecke stehenzubleiben. Die Trainerin hat mir das wiederholt deutlich gemacht und mich mit einem Dornröschen verglichen, das die Gelegenheit zur Realisierung seiner Chancen glatt verschlafen würde. Und sie sagte auch, daß diese Haltung mit echtem Verzicht nicht das geringste zu tun habe, sondern daß im Gegenteil immer ein Gefühl von Frustration und Verbitterung zurückbleibt, das leicht in Aggression umschlägt. Dadurch bekämen diese Opfer-Aktionen ihr von Geducktheit und Wut gleichermaßen geprägtes Gesicht. Und ich will dir hiermit auch deutlich meine Absicht kundtun, daß ich ab jetzt nicht mehr das Hausmütterchen spielen werde, das brav und ergeben darauf wartet, daß du von einem deiner Ausflüge auf fremde Spielwiesen zum häuslichen Herd zurückkehrst. Jene Wochenenden wie während der letzten Adventszeit werden nicht mehr vorkommen... Wenn ich daran denke, daß du mit dieser Beate oft in einem Hotel ganz in der Nähe warst und am Sonntagabend nur kurz nach Hause kamst, um mir mitzuteilen, daß du auch die kommende Nacht noch wegbleiben würdest. Und dazu noch in diesem scheußlichen blaukarierten Hemd, das Beate dir gekauft hatte. Nein, sowas wird nie wieder vorkommen.

A. *(völlig verschreckt und ratlos)* Aber Elisabeth, das weiß ich doch längst, das habe ich dir doch schon so oft gesagt, daß all das der Vergangenheit angehört ...

E. Ja schon. Aber es gibt noch genügend anderes ... deine Rücksichtslosigkeit im Alltag, was die Absprachen über die Benutzung unseres Autos oder die Besorgung des Haushalts betrifft oder auch einfach Kleinigkeiten im Zusammenhang mit dem Essen oder der Badezimmer-Benutzung oder deine Unfähigkeit, bei handwerklichen Verrichtungen auch nur einmal mit Hand anzulegen. Und dann gibt es noch ein ganz eigenes Kapitel: die Sexualität ... darüber müssen wir einmal gesondert reden.

A. Sag mal, hast du über all das in euren Gruppensitzungen gesprochen? In Gegenwart von Hans-Hermann?

E. Ja, sicher. Das ergibt sich halt, wenn man zusammen ein solches Seminar besucht. Da tauscht man eben freimütig seine Probleme aus. Wenn du Hans-Hermann damals nicht die Teilnahme an diesem Seminar empfohlen hättest, wären wir uns dort nie begegnet. Und jetzt seid ihr ohnehin nicht mehr auf derselben Station ...

A. Trotzdem. Das alles geht ihn nichts an ... *(nachdenkliche Pause)* Sag mal, du und Hans-Hermann – seid ihr euch auch sonst nähergekommen? Ich meine, ist das in diesen Tagen irgendwie enger zwischen euch geworden?

E. Pah, an sowas denkst du natürlich gleich ... Nein, nein, keine Angst. Aber ich muß gestehen, daß ich es mir jetzt immer besser vorstellen kann, es auch einmal mit einem anderen Mann auszuprobieren. Das ist für mich ja schon in den Bereich des Denkbaren gerückt, seitdem ich meinen Lehrerinnenberuf an den Nagel gehängt habe und Psychologie studiere. In den Studenten-Kreisen wird man dazu ja fast aufgefordert. Und nach diesem Gruppenseminar könnte das auch durchaus passieren. Darauf kannst du dich gefaßt machen.

(längere Pause, in der A. wie gelähmt dasitzt)

E. Ich würde gerne wissen, wie du zu all dem stehst.

(Schweigen)

E. Na, was denn, hast du denn keine Meinung dazu?

(Pause)

A. Wieso denn? Was für einen Sinn hat es denn überhaupt noch, hier große Worte zu verlieren – bei diesem vernichtenden Grundsatz-Urteil? Das sind doch alles Dinge, die wir vor deinem Seminar ganz positiv geregelt hatten. Ich hatte dich jedenfalls so verstanden. Und jetzt wischst du mit einer einzigen Handbewegung alles vom Tisch und erklärst es für ungültig.

E. Ach ach, die alte Leier. Jede kritische Äußerung wird zum Grundsatz-Urteil umgemünzt, nur um mich damit mundtot zu machen.

A. Was? Wieso? Du hast doch jetzt alles für hinfällig erklärt: all meine Bemühungen während der letzten Monate, gerade was Haushalt und Organisatorisches betrifft, und all das Anerkennende, was du kurz vor deinem Aufbruch ins Seminar gesagt hast, existiert einfach nicht mehr.

E. Das habe ich nie behauptet. Ich finde das auch gut und will nichts von dem Positiven schmälern, was zwischen uns ist. Unser gemeinsames Musizieren, hier und in meinem Elternhaus, vor allem, seitdem du dich mit Vater ausgesöhnt hast und dich mehr zur Familie gehörig fühlst. Und unsere gemeinsamen Reisen wie die Prag-Reise damals . . . Aber ich werde trotzdem sagen dürfen, was mir immer noch nicht gefällt und was mir fehlt. Typisch! Jetzt bin ich wieder die Schuldige, die dein Bemühen nicht genügend honoriert.

A. Wer spricht hier von Schuld? Ich stelle einfach fest, daß du eine negative Bilanz ziehst. Du hast schließlich das Recht dazu, auch mich letztlich abzulehnen. Mit Schuld hat das nichts zu tun.

E. Ja ja, ich bin die böse, undankbare Ehefrau. Mea culpa, mea maxima culpa . . .

A. Quatsch. Jetzt werde ich zum Schuldigen gemacht, der schuld daran ist, daß du Schuldgefühle hast.

E. Also hör mal! Laß mich nochmals versuchen, dir deutlich zu machen, was ich eigentlich von dir erwarte.

A. Ja? Also . . . was denn?

E. *(mit einer wegwerfenden Handbewegung)* Ach, ist doch eh egal . . . Lassen wir's!

Fahrt in die Nacht

Ich sitze im Auto und fahre durch die Nacht, die lediglich vom fahlen Scheinwerferlicht durchkreuzt wird. Kofferraum und Rücksitz sind vollgestapelt mit Koffern und Taschen, die das Nötigste an Kleidern und Büchern für drei, vier Monate enthalten. Kilometer für Kilometer lasse ich mein bisheriges Zuhause zurück und strebe einer provisorischen Bleibe zu, einem kleinen Gästezimmer in einer dörflichen Wohngemeinschaft, die mich für einige Wochen aufnehmen will. Bis zuletzt war noch alles unsicher, da es mir die ganze Zeit über unvorstellbar schien, tatsächlich wegzugehen. Vorgestern noch hatte Elisabeth aus München angerufen, wo sie für etwa eine Woche ihre Eltern besucht hatte.

»Ziehst du nun aus oder nicht?«

»Ja, ich ziehe aus. Ich habe heute einen Mietvertrag für eine Neubau-Wohnung unterschrieben. Sie ist allerdings erst Mitte November zu beziehen. Bis dahin habe ich eine Zwischenlösung gefunden.«

»Ich bin am Sonntag wieder zurück. Bist du dann schon weg?«

»Ja.«

Noch am Tage ihrer Abreise nach München hatten wir vereinbart, es offen zu lassen: »Wenn du wiederkommst, bin ich entweder noch da oder eben schon weg«, hatte ich ihr gesagt.

Heute nachmittag habe ich Gerda Seidiger aufgesucht, die ich bei Elisabeths Kindergarten-Projekt kennengelernt hatte. Da sie selber in diesen Dingen Erfahrung besitzt, hatte ich mir kürzlich schon bei ihr Rat geholt. Vor etwa zwei Jahren hat sie als Endzwanzigerin die Scheidungs-Prozedur hinter sich gebracht und die beschwerlichen Anfänge des Alleinlebens bewältigt. Es war mir viel wert, jetzt, da mein Entschluß zur Trennung feststand, von ihr eine Art Rückendeckung zu erhalten. Es mag sein, daß mich ihr künstlerischer Einschlag zusätzlich angezogen hat, ein charmantes Gemisch aus Feinsinn, Witz und Improvisationsgabe, das ihr bei ihren Beschäftigungen als Raumdekorateurin, angehender Kindergärtnerin und talentierter Hobby-Fotografin die entsprechende Unbefangenheit gibt.

»Sie Armer«, hatte sie mit mitfühlendem Lächeln gesagt, als wir in ihrem geschmackvoll eingerichteten Wohnzimmer einander gegenübersaßen.

»Ich sehe Sie schon heute abend mutterseelenallein wegfahren. Es wird schlimm für Sie werden. Denn das ist der Moment, in dem Ihnen alles ganz bewußt sein und jählings aus Ihnen herausbrechen wird.«

Es sei dahingestellt, wie weit diese Prophezeiung wahr gewesen oder erst durch mein Warten darauf wahrgemacht wurde. In einem Moment, da mir ein Fahrzeug entgegenkommt, dessen Lichter die finstere Umgebung für kurze Augenblicke erhellen, muß ich an diese Worte denken. Und im selben Atemzug fühle ich in mir ein elementares Beben. Sekunden später äußert es sich in ungehemmten Heul-Lauten und einem Tränenschwall, den zu unterdrücken ich mich, einsam in meinem kleinen Blechkäfig eingezwängt, nicht zu bemühen brauche. Bisher hatte ich immer gemeint, Traurigkeit sei ein bewußtes Ereignis, vorhersehbar und von einigermaßen klaren Gedanken begleitet. Jetzt aber erlebe ich etwas ganz anderes. Es muß offenbar schon lange in mir geschlummert haben, um sich in einem unbewachten Augenblick unter Schütteln und Krämpfen zu entladen.

Jetzt, da ich meinem Verlust nachtrauere und genau weiß, daß es kein Zurück mehr gibt, fällt mir ein, daß ich vor einem Dreivierteljahr Ähnliches durchgemacht habe. Mein Vater war unerwartet gestorben. Ich war sogleich zu meiner Mutter nach Amerika geflogen, hatte mich zehn Tage lang beherrscht und keine einzige Regung zugelassen – auch nicht, als ich mich allein im verwaisten Arbeitszimmer meines Vaters aufgehalten hatte. Dann aber, nachdem alles überstanden war, als sich kurz nach meinem Abschied von Mama die Maschine in die Luft erhob, hatte ich das gleiche Gefühl der Bodenlosigkeit und Schwäche, dem dieser schmerzvolle Weinkrampf folgte, der freilich hier in der Enge und neben den Mitreisenden mühsam verborgen werden mußte.

Wie ist es zu diesem Ende zwischen Elisabeth und mir gekommen? Der Tod meines Vaters und ein Gefühl allgemeiner Leere und Haltlosigkeit hat sicher mit eine Rolle gespielt. Ein Jahr zuvor war Elisabeths Vater gestorben, kurz nach jener Katastrophe mit Beate. Ein plötzlich offensichtlich gewordenes unheilbares Leiden, das man ihm bis zuletzt verheimlichte, hatte ihn aufs Krankenlager geworfen. Er war an den Nieren operiert worden und schwand von Monat zu Monat immer mehr dahin. Wir feierten noch Weihnachten mit ihm, als er schon gar nicht mehr sprechen, nur noch flüstern konnte. Zur Bescherung wählten wir als Ersatz für sein eigenes Spiel am Flügel ein von ihm besonders geliebtes Musikstück, die Sopran-Arie ›Er weidet seine Herde, dem Hirten gleich‹ aus Händels ›Der Messias‹. Ich legte die Platte in dem Moment auf, als Vater mit vorsichtigen, schwankenden Schritten das von Kerzen erleuchtete Weihnachtszimmer betrat und sich sogleich auf einen für ihn bereitgestellten Polstersessel niederließ. Es war für mich der erhebendste und zugleich schmerzlichste Augenblick in diesen letzten Tagen mit ihm, als das wie vom Himmel herabsteigende Thema der Arie erklang, und Vater in dem schwach erleuchteten Hintergrund des Raumes in müde vornübergebeugter Haltung zuhörte. Die Augen unter den buschigen Brauen tief umschattet, völlig regungslos, aber mit der von uns nur erahnbaren Inbrunst eines nicht mehr ganz Anwesenden, nahm er das Werk in sich auf. Durch die Wiedergabe der Platte bekam die Szene, bei der Vater sonst selbst mit lebendigem Klavierspiel mitgewirkt hatte, gewisse geisterhafte Züge. Unmittelbar nach seinem baldigen Tod, schon am Tage der Beisetzung, bemerkte ich bei Elisabeth ein ernstes, von hochgradiger Verletzbarkeit gekennzeichnetes Insichgekehrtsein, das richtig behandelt zu werden verlangte, dessen Signale ich aber nicht zu deuten verstand. Dies wurde mir erst bewußt, als mir – ein knappes Jahr später – mein eigener Vater genommen wurde. Mir ist nachträglich so, als wäre ich für Elisabeths verzweifelte Appelle an mich einfach aus Angst unzugänglich gewesen – aus untergründiger Angst vor jeder eigenen engen Berührung mit dem Tode und seinen Spuren in der Seele eines anderen Menschen.

Damals, als ich von der Beerdigung *meines* Vaters zurückgekehrt war, fühlte ich schon am Flugplatz in Frankfurt, wo Elisabeth mich abholte, daß sich in meiner Beziehung zu ihr etwas zu verändern begann. Im Laufe der nächsten Monate entfernten wir uns immer mehr voneinander, da ich mich völlig in mich zurückgezogen hatte. Es mag nach dem Vorangegangenen nicht verwunderlich erscheinen, daß Elisabeth in dieser für mich schwierigen Phase nicht weiter in mich drang, um mich wieder in mein normales Leben zurückzuführen. Wieder waren es geheimnisvolle, zerstörerische Kräfte, die trotz meines Wunsches nach glücklicher Zweisamkeit ihr Spiel mit mir trieben. Äußere Umstände, Unannehmlichkeiten an meiner Arbeitsstelle in Gattersleben sowie sich am selben Ort abspielende, nicht weiter erwähnenswerte Frauengeschichten mögen zusätzlich mitgewirkt haben.

Eines Tages besuchte mich ein Bekannter aus meiner Zeit an der Zürcher Oper und brachte mir eine Nachricht, die mich tief erschütterte. Es war der schreckliche Tod meines einstigen Freundes Manuel Gadun, dessen Krankheit sich im Laufe der Jahre während seiner vielen Rückfälle immer mehr zum Zustandsbild einer Schizophrenie verschoben hatte, und der während seines letzten Anstaltsaufenthaltes der ›perniziösen Katatonie‹, einer heute nur noch äußerst selten auftretenden, meist tödlich endenden Erkrankung, erlegen war. Mit minutiöser Akribie schilderte mein Besuch den grauenvollen Ablauf von Manuels letzten Stunden. Eines Abends hatte plötzlich hohes Fieber und ein so abrupter Blutdruckabfall mit gleichzeitig steigendem Puls eingesetzt, daß es zu einer zunehmenden Kreislaufdezentralisation kam. Der wie ein aufgequollenes hartes Brett daliegende Kranke war dann zu allem noch in einen deliranten Zustand hineingeraten. Er hatte wild vor sich hin halluziniert, war zwar zwischendurch kurz ansprechbar gewesen, dann aber wieder in eine völlige Abwesenheit zurückgefallen, in der er selbst auf physische Reizungen von außen nicht reagiert hatte. Und unter entsetzlichen Angst- und Panikzuständen, Schweißausbrüchen, Blauverfärbungen im Gesicht und einem jählings hochschnellenden Puls war der Patient den Ärzten morgens um drei unter den Händen weggestorben. Alles Erdenkliche hatte man versucht, kreislaufstützende Medikamente, Sulfonamide und allerlei Sedativa, und zur Senkung des scheußlichen Fiebers hatte man sogar zu feuchten Umschlägen gegriffen. Und als den Ärzten schließlich der Gedanke gekommen war, den lebensbedrohlichen Krampf mit einer Elektroheilbehandlung zu lösen oder wenigstens notdürftig zu lindern, da war es schon zu spät gewesen, der Patient hatte den Kampf gegen den Tod zu diesem Zeitpunkt bereits endgültig verloren.

Tagelang trauerte ich Manuel nach, erlebte im Geist noch einmal die gemeinsamen Stunden, unsere leidenschaftlichen Dispute und warf mir vor, mich nicht um ihn gekümmert zu haben. Was mochte er seit unserer letzten Begegnung in München alles erlebt und durchgemacht haben ... Allmählich geriet ich in eine immer schlimmere Krise hinein, die in mir schließlich den Entschluß reifen ließ, alles, aber auch alles, was ich hatte, meine berufliche Sicherheit und mein Zusammensein mit Elisabeth aufzugeben und, ganz auf mich gestellt, frei zu sein. Ich durchlebte qualvolle Wochen und Monate, in denen ich in unbeschreiblicher innerer Not all meine Ängste mit mir herumtrug und kaum essen und schlafen konnte. Elisabeth fragte mich in dieser ganzen Zeit nur einmal so nebenbei, ob ich denn etwa wieder Liebeskummer hätte, was ich freilich genauso en passant verneinte. Das Schlimmste für mich waren die Wochenenden, vor denen mir regelmäßig schon ab Mittwoch zu grauen begann. Denn dort war ich mir selbst am wehrlosesten ausgeliefert, und ich brachte diese Tage fast nur noch damit zu, mich wie ein autistisches Kind auf meinem Schaukelstuhl hin- und herzuwiegen oder allein in meinem Zimmer wie in einem Käfig unruhig auf- und abzugehen und fruchtlose Selbstgespräche zu führen. Meine dienstlichen Aufgaben während der Woche bedeuteten für mich eine lebenswichtige Ablenkung. Da auch dies nicht viel half, muß mein verändertes Aussehen und Benehmen den Mitarbeitern mit Sicherheit aufgefallen sein, vor allem meine wiederholt auftretenden, seltsamen Affektausbrüche während gemeinsam mit einer Kollegin durchgeführter therapeutischer Gesprächen mit Ehepaaren, in denen ich mich immer wieder an eigene häusliche Situationen erinnert fühlte.

Das oft tagelang zwischen Elisabeth und mir herrschende Schweigen, das auch sie in ihrer jahrelang geübten Zurückhaltung nie wirklich durchbrach, muß sie in der Gewißheit bestärkt haben, daß etwas Schlimmes im Gange sei. Zu meiner Verwunderung, aber auch gegen meine heimlich gehegte Hoffnung rührte sie sich auch weiterhin nicht, sondern wurde nur zunehmend verbittert. Dann – es war inzwischen ein halbes Jahr seit dem Tode meines Vaters vergangen – mußte sie sich wegen eines heftigen, wenngleich ungefährlichen Magen- und Darmleidens für kurze Zeit ins

Krankenhaus begeben. Ich war zu dieser Zeit verreist und erfuhr, wieder zu Hause, daß eine mit uns befreundete Kollegin aus Gatersleben Elisabeth am Krankenbett meine Trennungsabsichten hinterbracht hatte, die ich jener Frau einmal vage anvertraut hatte. Wie nachträglich deutlich wurde, hatte jene Kollegin dies in der Absicht getan, sich damit um so leichter mir annähern zu können. Wie man sich denken kann, beschleunigte dies die sich von Woche zu Woche immer deutlicher abzeichnende Tragödie, und die in einem längeren Gespräch getroffene Übereinkunft einer räumlichen Trennung zwischen Elisabeth und mir war fast nur noch eine Formsache.

Meine Annahme, mit dieser Aussprache das Schlimmste überstanden zu haben, erwies sich bald als völlige Illusion. Im Gegenteil, es fing ein nervenaufreibendes Hin und Her von Überlegungen an: ›Sollen wir's tatsächlich tun?‹ ... ›Meinst du, daß wir wirklich nichts unversucht gelassen haben?‹ ... ›Man sollte sich sowas bis zuletzt reiflich überlegen.‹ Und während der kommenden Wochen gingen wir sogar mehr als einmal zusammen aus, und dabei traten gelegentlich vertraute Augenblicke auf wie in früheren Zeiten, in denen wir lachten und scherzten und fast glauben mochten, die alten Verhältnisse seien wieder hergestellt. Und dann, ganz ähnlich wie bei Schwerkranken, die sich hoffnungsvoll an Lichtblicke klammern, bis erneut auftretende, oft nur geringfügige Schmerzen sie an ihren eigentlichen Zustand gemahnen, so genügten auch bei unseren gemeinsamen Unternehmungen nur kleinste Störungen, ein abwesender Blick, zu lang anhaltende Gesprächspausen oder beiläufige Unstimmigkeiten, um uns aus unserer Euphorie wieder herauszureißen. Und wieder verfielen wir in eine wie ein Albdruck auf uns lastende Lähmung. Schließlich glaubten wir, die letzte Entscheidung einem Dritten überlassen zu müssen, und gingen zu einer alten Freundin von uns, die wie wir psychologisch ausgebildet war. Diese fegte freilich zu meinem Erschrecken unsere Bitte, alles sorgsam gegeneinander abzuwägen, resolut vom Tisch, diagnostizierte mit verblüffender Selbstverständlichkeit unsere Situation als ausweglos und verordnete als Therapie ein schleuniges, wenngleich erst einmal befristetes Auseinandergehen (wobei sich auch bei ihr später herausstellte, daß ihre Befürwortung meines zeitweiligen Alleinlebens nicht ganz uneigennützig war). Ich wehrte mich zwar noch eine ganze Weile gegen ihre Interpretation, wonach mein Trennungswunsch meinem Bedürfnis nach Befreiung von Elisabeth als Mutterfigur und nach ungehinderter Selbstverwirklichung entsprach. Die durch diese vereinfachte Diagnose in mir ausgelöste Betroffenheit machte mir deutlich, daß es gar nicht die Ungebundenheit war, die ich suchte, sondern daß ich mich im Gegenteil vor ihr fürchtete und mich in Wirklichkeit nach einer Bindung sehnte. Aber die wollte ich aus eigenem Antrieb gestalten. Elisabeth, die wohl insgeheim spürte, daß mir die Kraft dazu abging, setzte den Analysen unserer Psychologin nichts entgegen und wußte auch mit meinem letzten Aufbäumen gegen das Ende unseres Zusammenseins, kurz nach jenem Dreier-Gespräch, nichts mehr anzufangen. Und so blieb mir als Fluchtweg aus einer hoffnungslos verfahrenen Beziehung und in Ermangelung einer Freiheit zu etwas Besserem nichts anderes mehr übrig, als eben die Freiheit von ihr zu wählen, wobei ich, wie schon erwähnt, es mir bis zum letzten Augenblick vor Elisabeths Rückkehr offenhielt, aus unserer gemeinsamen Wohnung auszuziehen oder nicht.

Während vorne die Lichter meines neuen Wohnortes auftauchen, einen ersten Schimmer von Wärme und Geborgenheit ausstrahlend, weiß ich, daß ich bei meiner Suche nach einer Erklärung nicht Schuld gegen Schuld aufrechnen darf. Wir sind, so denke ich, zwei Gescheiterte, die vaterlos geworden sind, sich also vor keinem Oberhaupt mehr zu verantworten und wohl auch deswegen diesen Sprung gewagt haben. Dann wieder wehre ich mich gegen diesen Fatalismus und spüre ein heißes Aufbegehren gegen Elisabeth, gegen ihren mit oft verdeckten Waffen geführten Kampf um Liebe, Liebe und nochmals Liebe, von der sie trotz der äußerlich heilen Welt ihrer Kinderzeit offensichtlich zu wenig bekommen hatte und, bei der Schar um ihren Anteil kämpfender Geschwister, auch nicht genug hatte bekommen können. Dann wieder sehe ich mich als den Unfähigen, der bei der Bewältigung der von mir immerhin aus freien Stücken übernommenen Aufgabe, ihr Liebe zu schenken, kläglich versagt hat. Schließlich taucht aus dem Wust der Widersprüche noch die Erinnerung an ein Gespräch mit einer älteren, erfahrenen Krankenhaus-Psychologin auf, die ich bei einer psychiatrischen Fachtagung kennen- und schätzen gelernt hatte. Sie war auf gewisse mir suspekt erscheinende Psychodiagnostik-Methoden eingeschworen. Da allerdings eines dieser Verfahren, nämlich der sogenannte Tintenklecks-Formdeutetest von Rohrschach, immer eine gewisse Faszination auf mich ausübt, hatte ich mich von ihr in die Anfangsgründe dieser Kunst menschlicher Charakter-Analyse einweisen lassen. Dabei hatte ich ihr einige von mir verfertigte Protokolle von Rohrschach-Test-Sitzungen mit Freunden und Bekannten vorgelegt. Unter ihnen befand sich auch eines von Elisabeth, über dem die Kollegin (der ich gesagt hatte, um wen es sich dabei handelte) besonders lange brütete, um mir dann mit der bedeutungsvollen Miene einer Wahrsagerin zu eröffnen: »Diese Frau dürfen Sie auf keinen Fall verlieren. Sehen Sie zu, daß Sie möglichst viele feste Zäune um sie herum aufrichten, damit sie Ihnen ja nicht entwischt. Sie sollten diese Kostbarkeit nicht aufs Spiel setzen.«

Inzwischen befinde ich mich im hellen Laternenschein des Dorfplatzes, in dessen Nähe, im dämmerigen Abseits, das giebelige, verwunschen aussehende Haus liegt, in dem ich ab heute Asyl und vielleicht auch ein wenig Trost finden werde. Während ich aussteige, um das Gepäck aus dem Auto zu holen, fühle ich Befreiung und Erleichterung in mir, aber auch eine betäubende Leere und Schmerz, Schmerz und nochmals Schmerz.

»Lieben – verlieren – lieben«

Dies ist das Leitthema und zugleich der deutschsprachige Titel eines von Ehe und Liebe handelnden Buches der amerikanischen Autorin Joyce Carol Oates. Durch das scheinbar unheilvolle Dazwischengeraten des Verlustes findet die Liebe erst zu ihrer Erfüllung. Nichts könnte den Fortgang des Geschehens zutreffender charakterisieren als eben diese Dreier-Abfolge. Die Verlust-Tragödie ist, wie wir gesehen haben, bereits in vollem Gange. Sie ist freilich noch nicht ganz abgeschlossen. Und über das, was schließlich danach folgen wird, die neu erstehende Liebe, will ich gleich als nächstes berichten.

Wir befinden uns in der Abenddämmerung am Fuße des berühmten Philosophenweges über Heidelberg. Elisabeth und ich kehren von einem großen Spaziergang auf diesem für uns so geschichtsträchtigen Boden zurück. Seit unserer Verlobungszeit vor fünfzehn Jahren hatten wir ihn nicht mehr betreten. Jetzt aber soll dieser an bewaldeten Höhenzügen über dem Neckar entlanglaufende Weg symbolische Bedeutung für uns haben. Denn morgen um 10.30 Uhr ist im Amtsgericht unser Scheidungstermin angesetzt.

Es hat uns viel Zeit gekostet, bis auch diese Entscheidung gefallen war. Quälend hatte die Frage auf uns gelastet, ob wir unsere sich inzwischen über hunderte von Kilometern erstreckende räumliche Distanz aufheben und wieder zusammenziehen sollten oder nicht. Der Scherbenhaufen aber hatte sich inzwischen zu hoch aufgetürmt, als daß beide gleichzeitig ein volles Ja dazu hätten sagen können. Es war immer ein sich gleichmäßig verteilendes Verhältnis zwischen ›ja‹ und ›nein‹ geblieben, wobei die Personen in diesem Drama fast regelmäßig ihre Rolle tauschten. Als dieses Spiel allmählich über unsere Kräfte ging und wir einsehen mußten, daß die einzige Alternative zum offensichtlich nicht mehr möglichen ›ja‹ nur noch ein endgültiges ›nein‹ sein konnte, hatten wir schließlich schweren Herzens den Weg zum Scheidungsrichter eingeschlagen, der das Ganze möglichst kurz und schmerzlos zu Ende bringen sollte.

Dieser endlich vollzogene Sprung aus dem Teufelskreis in eine noch völlig ungewisse Zukunft hatte mit einem Schlag die Spannung gelöst und – scheinbar paradoxerweise – zwischen zwei sich bis dahin belauernden Gegnern eine neue Gemeinsamkeit geschaffen, nämlich die des noch zu bewältigenden Abschiednehmens voneinander. Und so hatten wir beschlossen, das Wochenende vor dem Gerichtstermin gemeinsam zu verbringen, nicht nur, um die Formalitäten zu regeln, sondern auch um alles versöhnlich abzurunden.

Dieser Spaziergang war in der Tat ein sonderbares Unternehmen. Ich fühlte mich, als wir im Schein der sattgelben Nachmittagssonne den von der Nordseite der Stadt aus sich immer höher in den Odenwald hineinschlängelnden Weg hinaufstiegen, höchst unsicher in meinem Verhältnis zu all dem, was mich hier umgab.

Dies betraf nicht nur die mir auch nach dieser langen Zeit wieder urvertraut erscheinenden Plätze: etwa der am Anfang des Weges stehende Pavillon aus dunklem, stark verwittertem Holz mit seinem süßlichen Geruch und Unmengen hineingeschnitzter, meist mit Datum versehener Initialen und zweideutiger Sprüche, zu denen eine große Zahl neuer hinzugekommen war; oder eine bestimmte Stelle an dem parallel zum Weg herabplätschernden Bächlein, wo an einer Kurve immer noch große, schwarze Schiefersteine aus dem Wasser herausragen; und dann natürlich ›unser‹ Aussichtsplatz auf einer kleinen Erhebung mit dem Sitzbänkchen ohne Rückenlehne, auf dem einmal – lang ist's her – ein stundenlanger theologischer Disput zwischen uns ausgetragen wurde. Nach einigem Suchen entdeckte ich schließlich das Bänkchen, aus dem freilich eine von Schlingpflanzen überwucherte Ruine geworden war, und der einst weite Blick zum gegenüberliegenden, dicht bewaldeten Berghang mit den blinkenden Lichtern am Abend war jetzt durch mächtig in die Höhe geschossene Tannen weitgehend verstellt. Gegenwärtig und trotzdem fremd war während dieses gemeinsamen Spazierganges auch die Anwesenheit von Elisabeth. Ich schwankte ständig zwischen dem Wunsch, mich bei ihr unterzuhaken, um mit ihr Arm in Arm durch die altbekannten Gegenden zu schweifen, und einem Neben-ihr-Herlaufen im angemessenen Abstand, der unserer jetzigen Situation entsprach. Und ich spürte, daß es Elisabeth ebenso ging, was mir jedoch nicht wesentlich aus meiner Unsicherheit heraushalf.

Jetzt, da wir bei zunehmender Dämmerung unten am Neckar-Ufer auf unser geparktes Auto zugehen, ist mir seltsam leer zumute. Während der folgenden Fahrt zu Elisabeths Wohnung verstärkt sich dieses Gefühl fast bedrohlich, und es bleibt haften, als ich mich später allein, verloren und unschlüssig, im Wohnzimmer aufhalte, während Elisabeth in der Küche das Abendessen zubereitet. Schließlich springe ich von meinem Sessel auf und begebe mich hinüber in die Küche, wo Elisabeth Petersilie und Zwiebeln zerkleinert. Was jetzt passiert, läuft in unvorstellbarer Geschwindigkeit ab. Ich steuere auf sie zu, sie unterbricht ihre Arbeit und legt alles, was sie in der Hand hat, schnell ab, um auf mich zuzugehen, als würden zwei einander ergänzende Bewegungsabläufe mit naturgesetzlicher Gleichzeitigkeit in Gang gesetzt. Ich klammere mich mit beiden Händen an ihren Armen fest und merke in diesem Augenblick, daß ich das während unserer ganzen Ehe noch nie getan habe.

»Alexander, mein Lieber!« stottert Elisabeth überrascht, und wie auf Kommando schluchzen wir beide ungehemmt los.

Inzwischen liegt Elisabeths Kopf in meinen Händen vergraben, und ich streichle ihr liebevoll übers Haar. Dann betrachte ich ihr Gesicht, das mir in diesem Moment trotz aller Abgehärmtheit unverändert vertraut erscheint.

»Wir sind alt geworden ... zu alt, um unüberlegte Dummheiten zu machen ...«, ein Satz von mir, der Elisabeths Schluchzen weiterhin steigert.

Dann plötzlich spüren wir beide, daß soviel Annäherung uns mit einem Glücksgefühl erfüllt. Unser Weinen geht in Lachen über, während jeder dem anderen fortgesetzt das heiß gewordene Gesicht streichelt.

Erleichtert und ein wenig schüchtern zugleich frage ich, ob wir jetzt nicht noch einmal in aller Ruhe über alles zu Rate gehen sollten.

»Ja, ja, sicher, mein Lieber. Aber laß uns doch zuerst essen ...«

»Soll ich nicht aus dem Keller einen schönen Wein heraufholen?«

Und jetzt, da wir uns auf diese Weise gefunden haben, wird es in der Tat ein beschwingtes und ausgiebiges Mahl.

Danach setzen wir uns, wieder ruhiger und ernster, zusammen aufs Sofa.

»Möchtest du eigentlich alles rückgängig machen?« will Elisabeth von mir wissen.

Ich spüre deutlich, daß allein schon der besorgte Ton dieser Frage es mir schwer macht, mit ›ja‹ zu antworten, aber mir wird auch klar, daß ein Zurücktreten von der morgigen Scheidung nicht sinnvoll sein kann.

»Ich denke, daß wir das jetzt einfach durchstehen müssen. Es ist nach all dem Gewesenen unvermeidlich geworden.«

Elisabeths überzeugtes Nicken bestärkt mich darin, meine Gedanken weiter vor ihr auszubreiten.

»Mir kommt es so vor wie ein Großreinemachen. Ohne diesen Schlußstrich würden wir niemals weiterkommen. Aber wenn wir das alles einmal hinter uns gebracht haben, ist wenigstens eine Chance für einen Neuanfang gegeben.«

»Ja. Das sehe ich auch so. Dann hat jeder seinen eigenen Bereich. Und von dieser Sicherheit aus kann man sich einander wieder leichter annähern und sich finden – vielleicht – trotz aller Eigenheiten und Differenzen.«

Es ist inzwischen spät geworden, und wir beschließen, uns schlafen zu legen. Ein flüchtiger Händedruck und ein kurzer Blick genügen für die Übereinkunft, die kommende Nacht zusammen zu verbringen. Ein komfortables Ehebett ist es freilich nicht – so etwas gibt es hier schon lange nicht mehr –, sondern Elisabeths schmales Nachtlager, das wir noch einige Stunden miteinander teilen wollen.

Es ist eine beglückend-zärtliche Nacht, die wir, auf engstem Raum uns aneinanderschmiegend, miteinander verbringen. Eine Liebesnacht zwischen sicherer Vertrautheit und ängstlichem Trennungsschmerz. Wenn nicht einer von uns schläft, tauschen wir Zärtlichkeiten aus wie schon seit Ewigkeiten nicht mehr und sind durch unsere neu erworbene innere Freiheit unbefangen und ohne einschränkende Ängste, dem anderen irgendwie zu nahe zu treten. Die meiste Zeit freilich liege ich – abgesehen von kurzen Schlaf-Unterbrechungen – alleine wachend da und warte auf das Ende der Nacht. Mit fast grausamer Pünktlichkeit bricht der Morgen langsam durch die dicht verschlossenen Vorhänge herein und ergreift von sämtlichen Winkeln unseres Schlafzimmers Besitz. Unter dem allmählich ansteigenden Verkehrslärm ist aus der nahegelegenen amerikanischen Kaserne ein bekannter Schlager zu hören, dessen Refrain enervierend oft wiederholt wird. Vergleiche mit den letzten Morgenstunden kurz vor der Hinrichtung drängen sich mir auf. Es hilft nichts, wir müssen aufstehen und den vorgezeichneten Weg antreten.

Alles verläuft nun sehr schnell. Nach einem hastigen gemeinsamen Frühstück muß ich in der Stadt noch einige Formalitäten erledigen. Danach treffen wir uns zur festgesetzten Stunde beim Haupteingang des Amtsgerichtes und begeben uns in die steinernkalte Halle zur Tür mit der dreistelligen Zahl, die auf unserem Vorladungsschein vermerkt ist. Fast auf die Minute pünktlich öffnet sie sich, und ein junges, ziemlich aufgelöst wirkendes Paar tritt heraus, stellt sich etwas abseits neben eine Säule, drückt sich einen verschämten Abschiedskuß auf die Lippen und geht in forcierter Eile auseinander. Wenige Minuten später kommt unser gemeinsamer Anwalt, ein kleines, heute amtshalber schwarzgekleidetes schnurrbärtiges Nichts, der wegen unserer Übereinstimmung in allen Angelegenheiten praktisch keinerlei Arbeit mit uns hatte und lediglich hier ist, um seine Gebühren zu kassieren. Er braucht sich auch nicht lange um eine Konversation mit uns zu bemühen, denn schon öffnet sich die Tür, und wie aus einer Kommißstube wird unser Name mit einem nachfolgenden ›bitte eintreten‹ herausgebrüllt. Wie in Trance geht es nun in den kahlen Exekutionsraum mit mehreren an einem langen Tisch präsidierenden schwarz gekleideten, auch zum Teil schnurrbärtigen Herren, davor einige Arme-Sünder-Stühle, auf denen wir uns niederzulassen haben. Sie sind so angeordnet, daß ich Elisabeth nicht mehr ansehen kann. Neben mir sitzt der Anwalt, dessen Talar sich im helleren Licht als speckig und abgetragen erweist. Nach einem offenbar festgelegten Ritus folgen nun Fragen, Konstatierungen und Kommentare in einem das normale Sprachempfinden beleidigenden Amtsdeutsch. Ich muß manchmal mit ›ja‹ oder ›nein‹ in diesen Chor einstimmen, und mir ist so, als würde mit Elisabeth dasselbe geschehen. Dieses Kreuzfeuer schnarrender Zurufe verdichtet sich zu mir unverständlichen Lautfetzen, bis schließlich mit näselnder Fistelstimme der Satz vorgebracht wird: »Die Ehe ist geschieden«, was etwa so klingt wie: »Der Kopf ist ab.« Damit ist die Prozedur beendet, und wenige Minuten später befinden Elisabeth und ich uns auf der Straße, wo wir uns rasch zum Auto begeben, um diesem unheilvollen Ort so schnell wie möglich zu entkommen.

Ein eisiger Februarwind fegt durch die Straßen. Elisabeth, die mit großen Schritten in einigem Abstand neben mir hereilt, zieht ihren weißen, pelzgefütterten Ledermantel eng an sich, während sie erbärmlich mit den Zähnen klappert. Ihre Augen sind von Tränen gerötet. Ich spüre einen stechenden Schmerz in der Brust.

Wir hatten vorher beschlossen, diesen Tag irgendwo hier in der

Gegend ausklingen zu lassen. Dabei soll es bleiben. Bald sind wir mit dem Auto am Rhein-Ufer angelangt und gehen auf einem breiten, etwas holprigen Kiesweg weiter. Mittlerweile erfüllt die durch die Schnee- und Eisreste am Ufer gleißend reflektierte Spätwintersonne die Luft mit angenehmer Wärme, die das allmähliche Nahen des Frühlings ankündigt. Zwei sich unter ihrer Last tief ins Wasser eingrabende Schleppkähne schieben brummend an uns vorbei. In der Ferne steigen aus einem der zahllosen die Landschaft verunzierenden Betonschlote grauschwarze Rauchschwaden auf. Ich sehe Elisabeth von der Seite an.

»Ich muß dir sagen, daß für mich der heutige Tag unserem 18. Juli nichts anzuhaben vermag. Eine kirchliche Trauung wird durch einen Gerichtsakt solcher Art nicht berührt. Sie bleibt bestehen. Und niemand wird sie uns nehmen können.«

Sie hebt den Kopf, und ich bin glücklich über ihre Reaktion: »Das habe ich eben auch gedacht.«

Unter diesem Vorzeichen steht der weitere Gedankenaustausch zwischen uns, stehen die Blicke, die vorsichtigen Berührungen und das gemeinsame Gehen der Wegstrecke hin und wieder zurück zum Ausgangspunkt, in der Nähe einer über den Fluß führenden, dunkle Schatten werfenden Stahlbrücke.

Dann fahren wir hinüber ins nahegelegene Mannheim, wo wir uns in einem argentinischen Steakhaus stärken und wärmen, anschließend ein wenig durch die Stadt bummeln und dann in ein altmodisch eingerichtetes Café mit lila Tapeten einkehren, in dem überwiegend ältere Damen, in Begleitung ihrer kleinen Hundelieblinge, vor gefüllten Kuchentellern sitzen. Hier wird im Qualm der Zigarre, die ich mir in meiner behaglichen Stimmung angesteckt habe, einmal sogar von gemeinsamen Ferien geträumt.

Am Spätnachmittag fährt mein Zug. Elisabeth bringt mich an die Bahn. Es ist ein herzlicher, ja zärtlicher Abschied, bevor ich einsteige und der Zug sich in Bewegung setzt.

Während der etwa dreistündigen Heimfahrt befinde ich mich in einem regelrechten Aufruhr der Gefühle, durchdrungen von ungestümem Hoffen, innigem Liebesgefühl und von einem unbeugsamen Willen, alles Trennende nach und nach beiseitezuräumen. Mir ist, als würde mich die Bahn mit zehnfacher Geschwindigkeit durch die Lande jagen. Jetzt, da die Bleigewichte, Schraubstöcke und Klammern gegenseitiger Peinigung und Lähmung abgeschüttelt sind, ist eine neue Zeit für mich angebrochen. Ich werde eine andere, völlig neuartige Beziehung zu Elisabeth finden, wie ich sie eigentlich immer ersehnt hatte. Und durch dieses Gefühl, von *meinem* Willen und *meiner* Kraft getragen, wird eines Tages auch Elisabeth für ein neues Glück aufgeschlossen sein. ›Lieben – verlieren – lieben . . . Lieben – verlieren – lieben‹. Ich sage diese drei Worte im Takt der Räder immer wieder vor mich hin. Der Zug ist am heutigen Montagnachmittag so gut wie leer. Der Wagen gehört fast mir allein, und ich bin frei, mich, so oft ich nur will, von meinem Platz zu erheben und im Abteil oder im Gang auf- und abzugehen und mir mit ein paar Bewegungsübungen Beruhigung zu verschaffen. Betritt ein Fahrgast das Abteil, sieht er mir zweifellos meinen inneren Zustand an. Das kümmert mich indes wenig. Auch die Vorstellung, man könnte mich wegen meiner ausgerechnet am Tag der Scheidung gefaßten Vorsätze schlicht auslachen und verwundert den Kopf schütteln, ist für mich nicht weiter von Belang. Ich weiß genau, was ich will. Und ich weiß auch, daß diese Gedanken Bestand haben werden, weit über die kommenden Jahre hinaus.

»Alles um uns ist Narrheit«

Ich will gleich zu Beginn der nächsten Szene die einzelnen Personen vorstellen. Neben Elisabeth und mir als Gastgeber – genaugenommen ist Elisabeth die Gastgeberin – ist ihr älterer, ebenfalls geschiedener Bruder Hans-Werner zugegen, dann ein Freund von uns namens Knut, Mathematiklehrer an einem Gymnasium, der vor zwanzig Jahren als Musiker aus Osteuropa gekommen war. Knut ist ebenfalls geschieden und hat seinen siebzehnjährigen Sohn Otfried dabei, den er nur mit großer Mühe für diesen Urlaub von seiner ehemaligen Frau losgeeist hat. Und schließlich noch Familie Ehring, bei der es sich auch nicht mehr um eine echte Familie handelt. Denn Eberhard und Pony leben schon länger getrennt, und ihre fünfzehnjährige Tochter Aline pendelt zwischen Vater und Mutter hin und her, was ihrer Entwicklung nicht sonderlich gut bekommt. Eberhard ist ein Kollege von Elisabeth an der Universität, wo sie als Psychologin, er als Germanist an einem wissenschaftlichen Projekt zusammenarbeiten. Daß sich hier im Ickinger Landhaus alle drei Ehrings zwischen Weihnachten und Neujahr zusammengefunden haben, beruht darauf, daß sie wieder einmal einen ihrer Anläufe genommen haben, ein harmonisches Zusammenleben auszuprobieren.

Mit diesen Freunden gemeinsam die Feiertage zu verbringen, ist Elisabeths Idee gewesen. Ich hatte sie freudig aufgegriffen und bei ihrer Realisierung mitgeholfen, da ich es originell finde, mit Gleichbetroffenen einen Verein der Geschiedenen, Getrennten oder sonstwie Geschädigten zu bilden, der besinnlich und optimistisch zugleich den Aufbruch ins neue Jahr begeht. Hinzukommt, daß – außer Pony und Aline – alle Anwesenden schon Kammermusik miteinander gespielt haben. Vor allem Eberhard und Knut gehen mit ihren Instrumenten in Elisabeths neuerworbenem Haus im Schleswig-Holsteinischen ein und aus, und während meiner inzwischen zur Regel gewordenen Wochenendbesuche nehmen wir uns dort häufig zu viert die schönsten, unserem technischen Können eben noch angemessenen Klavierquartette der großen Klassiker und Romantiker vor. Jegliche Art von Musik war ja schon immer ein wesentlicher Bestandteil unseres Zusammenlebens gewesen. Hans-Werner, der bei Elisabeth Trost für seinen privaten Kummer sucht, spielt ausgezeichnet Geige. Sie selber spielt leidlich Bratsche und hat seit einiger Zeit ihre Vorliebe für den Lied-Gesang entdeckt. Bei den Liederzyklen von Schubert, Schumann, Brahms und Hugo Wolf begleite ich sie am Klavier.

Ich möchte hier nicht im einzelnen wiedergeben, wie es in den knapp zwei Jahren seit unserem Gang zum Scheidungsrichter zu dieser neuerlichen Verbindung gekommen ist. Sie ist zweifellos schon beim Abschied vorprogrammiert gewesen. Dennoch hatte ich mir den tatsächlichen Verlauf der Dinge niemals so erträumt. Ich will nicht behaupten, daß sich alles problemlos entwickelt hat. Unsere erst zaghaften und dann immer häufiger gemeinsam verbrachten Wochenenden, Feiertage, Sommer- und Winterferien hatten, besonders anfangs, immer wieder Sprünge und Risse bekommen. Es gab sogar ausgesprochene Krisen, wenn dabei zufällig die Narben alter, immer noch schwärender Wunden berührt wurden. Aber in solchen Situationen wußten wir beide immer wieder die Anfechtungen zu bestehen, und es entwickelte sich langsam die von mir ersehnte Beziehung zwischen uns, die es früher entweder nie gegeben hatte oder die durch all die zwischen uns aufgerichteten Barrieren verbaut gewesen war. Wir hatten nicht nur mehr gemeinsame Interessen, sondern konnten auch Differenzen zwischen uns gelten lassen und sogar einiges vom anderen annehmen.

Was jedoch das Wichtigste ist: in der neugewonnenen Eigenständigkeit werden auftretende Konflikte offener ausgetragen und ohne den einstigen Aufwand an Selbstzerfleischung. Das alles hat freilich bisher nichts daran geändert, daß jeder von uns gewissermaßen seine eigene Trutzburg in seiner Stadt beibehält, von wo aus die Entscheidung, ob und wie man sich treffen will, jedesmal, wenigstens pro forma, neu gefällt werden kann. Wir sind schließlich beide gebrannte Kinder, die sich nicht so schnell wieder auf eine neue uneingeschränkte Verbindung miteinander einlassen.

Das Ickinger Landhaus, in dem ich jenen kurzen philosophischen Disput mit meinem Schwiergervater hatte, war bald nach seinem Tod an Elisabeth und ihre Geschwister übergegangen, wurde von ihnen bewirtschaftet und abwechselnd im Urlaub bewohnt. Dieses Weihnachten war Elisabeth dran. Deshalb organisierten wir jene Einladung zum gemeinsamen Skifahren, abendlichen Musizieren und sonstigen geselligen Beisammensein.

Als alle vollzählig versammelt sind, wird bereits am ersten Tag, nachdem man sich auf der Skipiste bis zur früh einbrechenden Dunkelheit ausgetobt hat, zu den Instrumenten und Noten gegriffen. Ich bin der Pianist des sonst nur aus Streichern bestehenden Ensembles. Elisabeth hat als einzige Bratsche auch keine Probleme. Daß Eberhard das erste Cello spielt und der junge Otfried das zweite, gilt als selbstverständlich; und bald ist auch klar, daß Knut trotz seines anspruchsvollen Auftretens als einstiger Musikhochschüler die Führung an den ihm musikalisch wie technisch überlegenen Hans-Werner abzugeben hat. Pony und Aline haben einen Sonderpart: Sie hören zu, malen, schreiben Briefe oder vertreiben sich die Zeit damit, den männlichen Mitgliedern während ihres Spiels die Köpfe zu verdrehen. Dabei hat es die muntere

Aline ausschließlich auf ihren schüchternen Altersgenossen Otfried abgesehen, wohingegen die nicht minder muntere Pony gleich mehrere der anwesenden Herren mit ihrem gewinnendsten Lächeln zu bezaubern sucht.

Die mit Wintersport, Musik und Liebelei ausgefüllten Tage des ausklingenden Jahres sind wie im Fluge vergangen. Heute ist Sylvester, das wir gebührend begehen wollen. Wegen des schlechten Wetters haben wir auf das Skifahren verzichtet und unsere Kräfte für das Probieren des schwierigen Schumann-Klavierquartetts op. 44 aufgespart. Diese lohnende Anstrengung ist inzwischen zu einem guten Ende gebracht, und nun sitzen wir entspannt und ein wenig abgekämpft um den großen, alten Holztisch an der Ofenbank. Wir trinken Glühwein, knabbern Plätzchen und schwatzen. Es ist eine Stunde vor Mitternacht, und gleich wollen wir uns dem traditionellen Bleigießen zuwenden.

Elisabeth stellt ein Pfännchen samt einer mit Wasser gefüllten Schüssel auf den Tisch, auf dem bereits eine Schachtel mit schmelzfertigen kleinen Bleifiguren liegt.

»Wie war jetzt wieder die Regel? Jeder faßt sich fürs kommende Jahr einen Vorsatz, und dann ...«, frage ich, werde aber von Elisabeth unterbrochen.

»Nein, so nicht. Jeder deutet die Figur, die er gegossen hat, als Symbol für seinen Vorsatz. Man darf aber auch, wenn man will, denjenigen nennen, für den das Gebilde bestimmt ist.«

Bevor es losgeht, springe ich auf und gehe zum Plattenspieler.

»Was haltet ihr davon, wenn ich die besonders schönen Stellen aus dem ›Falstaff‹ auflege?«

»Toll ... das mach mal«, ruft Pony und schaut mir entzückt in die Augen.

Ich hatte ihr diesen Vorschlag bereits heute mittag beim Geschirrabwaschen zu zweit unterbreitet, weil ich von ihr erfahren habe, daß sie Opernmusik, und ganz besonders Verdi, über die Maßen liebt. Überhaupt: Pony und ich – nun ja, – viel Gelegenheit zu irgendwelcher Zweisamkeit mit ihr ist ohnehin nicht gegeben; aber das macht die Sache vielleicht um so prickelnder. Als ich hörte, daß sie nach Icking kommt, hatte ich mir eisern vorgenommen, mir nicht den geringsten Flirt mit ihr durchgehen zu lassen, nicht nur wegen Elisabeth, auch wegen Eberhard, dem ich, weiß Gott, nichts von dem, was ihm von Pony übriggeblieben war, wegnehmen wollte. Daß es nicht leicht sein würde, dieser Versuchung zu widerstehen, wußte ich, seitdem ich die überaus spritzige Pony vor Monaten einmal flüchtig zu Gesicht bekommen und das Anlehnungsbedürfnis der alleinstehenden Mitdreißigerin gespürt hatte. Einige kurze Gespräche mit ihr hier in Icking, die eine oder andere flirtige Begegnung auf der Piste und mehrere betont warmherzige Gutenachtgrüße an der Schlafzimmertür reichten aus, um meine Widerstandskraft zu schwächen. Ich begann, die Pfähle meiner ihr gegenüber gezogenen Grenze zu lockern, so daß Pony sich zweifellos zu weiteren Vorstößen ermutigt sehen mußte. In einen ernsten Konflikt mit Elisabeth kam ich dadurch nicht, weil ich genau wußte, wie weit ich das ganze Spiel letzten Endes treiben lassen würde, nur mein Gewissen war dabei zugegebenermaßen nicht das beste. Daß Hans-Werner und Knut nicht näher auf Ponys Werbungen eingingen, registrierte ich mit gemischten Gefühlen. Teils redete ich mir ein, daß die beiden im Vergleich zu mir gar nicht richtig umworben wurden, teils aber beneidete ich sie auch für ihre größere Standhaftigkeit gegenüber solchen im Grunde zu nichts führenden Verlockungen. Widerwillen empfand ich jedoch, als auch der unschuldige, von den Umgarnungskünsten der frühreifen Aline ohnehin bedrängte Milchbart Otfried ein Opfer Ponys zu werden begann.

»Hast du denn zu dieser Falstaffschen Musik eine besondere Beziehung?« fragt mich Hans-Werner mit forschendem Blick und zieht dabei sein feines und zugleich ein wenig verwittert-zerfurchtes Gesicht noch mehr in Falten. ». . . Ich meine, das ist doch eine ganz andere Welt als die der Kammermusik, die wir hier spielen.«

»Na ja, die Oper ist sozusagen mein altes Fach«, entgegne ich, »und gerade dieses humorsprühende Spätwerk von Verdi fasziniert mich besonders – dieser Witz, diese Ironie sind bei Wagner nirgends zu finden. Ich sehe darin einen wohltuenden Ausgleich zum Ernst der deutschen Musik, der mir manchmal allzu grimmig vorkommt.«

»Oh ja, hört mal, wie herrlich . . .«, schließt sich Eberhard meiner Antwort an, als ich mich wieder neben Pony gesetzt habe, und der vorwärtspeitschende Anfang der Oper, die Szene zwischen Dr. Cajus und Falstaff im Gasthof ›Zum Hosenbande‹, durchs Zimmer gellt. »Das ist doch wirklich großartige Musik, die unverfälscht den Geist Shakespeares in sich trägt. Verdis Vertonung ist einfach genial, und Arrigo Boito hat aus den ›Lustigen Weibern von Windsor‹ ein hervorragendes Libretto geschaffen, das muß man ihm lassen«, fügt Eberhard schwärmerisch hinzu.

Auch Knut äußert sich dazu – übrigens immer noch mit einem ausgeprägten slawischen Akzent, als wäre er nicht vor zwanzig Jahren, sondern erst heute zu uns gekommen.

»Is auch mächtig schwer zu spielen, das Ding ... unsere Proben damals vor der Fest-Auffihrung haben endlos gedauert ... mal ging es sogar bis um drei Uhr in der Friih ... Mensch, hat der Dirigent uns damals gedriizt ... aber wir haben ja auch viel Bleedsinn gemacht, vor allem wir an den hinteren Pulten.«

»Am schönsten bleibt ja doch der große Schlußchor am Ende des letzten Aktes. Diese brillante Fuge, wo sich alles nur noch in Spott und helles Gelächter auflöst. ›Alles um uns ist Narrheit‹ ... ›tutto nel mondo è burla‹«, meldet sich Eberhard erneut zu Wort.

Nachdem ich ihm versprochen habe, nach Beendigung des ersten Aktes gleich zum dritten Akt mit eben jener Fuge zu springen, fährt er mit seinen Lobeshymnen noch eine Weile fort. Elisabeth hat sich inzwischen auf die Suche nach dem fehlenden Spiritus-Brenner begeben.

Während Pony dem gegenübersitzenden Eberhard schöne Augen macht und sie gleichzeitig mit ihrem Ellenbogen so nah an mich geraten ist, daß mir heiß wird, erklingt Falstaffs Lied von der Ehre (›Was ist Ehre? ... Die Ehre ist kein Wundarzt. Was also? Nichts als ein Wörtchen ... Nein, ich brauch keine Ehre, nein!‹). Dabei ist mir so, als hätte ich Ponys Gunstbezeigungen irgendwie mit Otfried zu teilen, der auf ihrer anderen Seite, nahe beim grünen Kachelofen, sich so unruhig hin- und herbewegt, als wäre zwischen ihm und Pony mindestens dasselbe im Gange wie zwischen ihr und mir. Mag sein, daß mich das um so mehr anstachelt, nun auch meinerseits offensiv zu werden und Pony – ganz dezent – zu Leibe zu rücken, obwohl Elisabeth inzwischen wieder zurückgekehrt ist. Sie macht sich an einem monströsen, rostigen Kocher zu schaffen, den sie irgendwo aufgetrieben hat, und gibt sich zumindest den Anschein, als würde sie von dem Techtelmechtel zwischen Pony und mir nichts bemerken.

Während aus den auf einem Geschirrschränkchen postierten Lautsprecher-Boxen jenes walzerähnliche As-Dur-Duett im 3. Akt ›Lippen wie Flammen, Lippen wie Rosen‹ zwischen Nannetta und dem jungen Fenton erklingt, haben sich auch Otfrieds und Alines Blicke für längere Zeit aufs innigste gefunden. Da wird von den anderen nochmals das Verhältnis zwischen Oper und Shakespeares Komödie angesprochen. Hier weiß der literarisch gut bewanderte Eberhard zu berichten, daß ›Die lustigen Weiber von Windsor‹ auf Befehl von Königin Elisabeth innerhalb von vierzehn Tagen geschrieben werden mußten, weil sie am Falstaff in den Heinrich-Dramen so großen Gefallen gefunden hatte, daß sie ihn gern als eine Hauptfigur wiedersehen wollte, die in alle möglichen Liebeshändel verstrickt war. Das erzählt Eberhard mit einem Seitenblick zu Elisabeth hinüber, die gerade den Kocher anzündet, und fügt noch ein ironisch geäußertes »Entschuldige bitte« nach.

Inzwischen ist das von Fenton in die letzte Geisterszene im Park überleitende ›Es ist Zeit zur Maskerade‹ zu hören sowie die Anweisungen Alines, wer sich als was zu verkleiden hat, als auch unser Bleigießen endlich beginnt.

Wir lassen den beiden Jüngsten den Vortritt . . . Unter den Klängen eines erneuten Liebesliedes zwischen Fenton und Nannetta gießt Otfried unter Zischen seine flüssige Bleiladung aus dem Pfännchen ins Wasser, fischt das erkaltete Klümpchen schnell aus der Schüssel und betrachtet es neugierig. Dann hebt er das kuhfladenförmig geratene Gebilde in die Höhe und sagt mit verlegenem Grinsen: »Eine Brosche für Aline, weil ich möchte, daß sie das nächste Jahr etwas von mir trägt . . .«

Aline zieht ein in sich gebogenes Etwas mit einer kleinen Spitze auf der einen Seite aus dem Wasser.

»Das ist ein Stöckelschuh. Mit dem möchte ich mit dir, Otfried, durchs ganze Jahr tanzen«, ruft sie, dem Angesprochenen keck in die Augen schauend. Nachdem wir an dem tête-à-tête der beiden jungen Leute amüsiert teilgenommen haben, ist nun Knut an der Reihe. Er deutet sein Produkt als Sessel, auf dem er sich als Alleinstehender und allmählich Alternder niederlassen will. Ihm folgt Hans-Werner, dem es mehr um berufliche Selbstverwirklichung geht. Er hatte schon Tage vorher angedeutet, daß er endlich seine Abhängigkeit als Rechtsexperte in einem politologischen Institut aufgeben und das Wagnis eingehen wolle, ein eigenes Beratungsbüro für investitionsfreudige Wirtschaftsunternehmen zu eröffnen. Das Gebilde, welches er als Schlüssel zu eben diesem Büro bezeichnet, ist für die anderen freilich nur mit großer Mühe als solcher zu erkennen.

Elisabeth braucht erst eine längere Meditation, um zu einem Ergebnis zu kommen. Dann blickt sie aus ihrer Selbstversunkenheit auf und erklärt: »Dieses längliche Ding mit den Seitenpföstchen ist eine Bank, um zu zweit darauf zu sitzen.«

Mehr sagt sie nicht, auch nicht, wer ihr glücklicher Partner sein soll. Sie schaut nur teils verschmitzt, teils mit einem Anflug von Schmerz um die Mundwinkel vor sich hin.

›Mein Gott‹, denke ich, ›hat sie doch mehr mitbekommen, als ich dachte? Bin ich vielleicht schon zu weit gegangen?‹ Dann allerdings steigt der alte Trotz in mir hoch. ›Na, mal sehen.‹

Eberhard deutet seinen Stengel mit Kopf als Rose, die er, sich in eine komische Minnesänger–Pose werfend, mit ausladender Geste, aber stumm beleidigtem Gesicht Pony überreicht.

Allein schon deshalb vermache ich mein Produkt, eine niedliche kleine Doppelfigur, die ich lauthals zu ›Zwillingen‹, zum Symbol für Zweisamkeit und Treue deklariere, in diesem Augenblick nicht Elisabeth, sondern drücke sie verstohlen und etwas ängstlich Pony unter dem Tisch in die Hand. Als die Aufmerksamkeit der anderen nachgelassen hat, legt sie die Zwillinge unauffällig vor sich auf den Tisch. Ebenfalls etwas kitzlig zumute ist mir, als Pony dann ein angebliches Segelschiff, mit dem sie in die weite Welt der ›Freiheit, die ich meine‹ hinauszufahren gedenkt, mir zusteckt. In der Zwischenzeit hat sich das Geistertreiben im ›Falstaff‹ seinem Ende genähert. Die maskierten Gestalten haben sich Punkt zwölf an der Eiche im Park eingefunden. Das verträumt schwirrende Elfen-Motiv und Nannettas Zwiegespräch mit dem Feen-Chor (›Der Wald liegt schlafend, er atmet Duft und Kühle‹) ist verklungen, und eben entdeckt die ganze Schar den in ihre Falle getappten, sich zum Stelldichein begebenden Falstaff im Hirschkostüm. Jetzt endlich können sich alle auf ihn stürzen und ihn weidlich verprügeln. In diesem Moment zeigt Eberhard bedeutungsvoll zum Fenster und ruft: »Schaut hinaus – eine Sternschnuppe! Wenn die kein Glück bringt!«

Alles steht auf und rennt zum Fenster.

Als man sich wieder zur Ofenbank begibt, fängt Eberhard zu kichern an. Alles blickt verwundert und von seinem Heiterkeitsausbruch angesteckt in der Runde umher.

»Na, was denn? Was ist?«

»Habt ihr nichts bemerkt? Ihr Banausen, schaut doch mal auf den Tisch, eure Figuren! Merkt ihr nichts?«

Und unter Gelächter kommt man allmählich darauf, daß Eberhard die Sternschnuppe, als hätte er sie selbst inszeniert, dazu benutzt hat, rasch einige der auf dem Tisch liegenden Bleifiguren zu vertauschen, nicht alle, ganz bestimmte, die nach seiner Meinung an die falsche Adresse gelangt waren. Mein Zwillings-Gebilde liegt jedenfalls nicht mehr vor Ponys, sondern vor Elisabeths Platz neben der kleinen Sitzbank, zu der, wie ich jetzt feststellen muß, mein aneinandergekettetes Zwillingspärchen erstaunlich gut paßt, als könnte man es fast daraufsetzen. Eberhard ist im Besitz von Ponys Freiheits-Segelschiff, welches er wiederum von mir weggeholt hat, und das Ergebnis des Ganzen ist, daß ich bei dieser neuen Anordnung als einziger ohne Figur dastehe. Und damit wird auch für alle Anwesenden deutlich, wer hier vorhin beim Bleigießen mit seinen Figuren wie herumgeschachert hat. Der faule Zauber des untergründigen Zuschiebens, des heimlichen Getuschels und Getätschels ist aufgeflogen, und das allseitige Vergnügen über die beiden Bloßgestellten – über wen wohl? – ist groß.

Ich weiß nicht genau, wie Pony zumute ist. Ich jedenfalls meine, in diesem Moment das Kitzeln und Sticheln, das Picken, Zwicken und Knabbern, mit dem die betrogenen Damen Alice und Meg im Verein mit den Geistern, Kobolden und Teufeln ihren Widersacher Falstaff traktieren (›pizzica, pizzica, pizzica, stuzzica‹), am eigenen Leibe zu spüren.

Als dann Falstaff auf die Frage Fords: »Sir John, sagt mir: der Gehörnte, wer ist's?« mit seinem »langsam geht mir ein Lichtchen auf: ich war nichts als ein Esel« antwortet, breitet sich hier bei uns eine knisternde Stille aus und die seltsamsten Blicke kreuzen sich, und während wir die Demaskierungszene mit Fenton und Nannetta an uns vorüberziehen lassen, sehen Elisabeth und ich uns an. Das ist wie ein anfangs noch scheu glimmendes, dann immer strahlender werdendes Leuchten, so daß ich nichts mehr um mich herum wahrnehmen kann. Auch nicht, daß Aline und Otfried ebenfalls nur noch Augen füreinander haben – aber das geht ja schon den ganzen Abend so!

Und fünf Minuten vor zwölf, als sich bei Shakespeare und Verdi alle einig geworden sind, daß es niemals nur einen Gehörnten gibt, tanzen wir alle im Raum umher und fallen einander in die Arme.

Ich schmiege mich an Elisabeths Hals, die mir unter Liebkosungen ihr Sitzbänkchen in die Hand legt und mein Zwillingspärchen draufsetzt.

»Ja, Sternschnuppen bringen eben doch Glück ...«

Nicht viel anders scheint es zwischen Eberhard und Pony zu sein, von Aline und Otfried gar nicht zu reden. Nur Knut und Hans-Werner gehen leer aus, tragen ihr Los jedoch mit Fassung.

Um Mitternacht, als der Sekt in den hohen, blitzenden Gläsern perlt, prosten wir uns fröhlich-feierlich zu und fassen die schönsten Vorsätze fürs kommende Jahr.

»Ein Chor soll die Komödie schließen«, ertönt drüben Falstaffs Stimme, und dann geht es los mit jener geist- und witzdurchwobenen, bis in die feinsten Einzelheiten durchgearbeiteten, vorwärtsjagenden Fuge: »Tutto nel mondo è burla. L'uom' è nato burlone ... Alles um uns ist Narrheit, wir sind selber nur Narren, geborene Narren. Wild hindurch die Hirne fahren wirbelnd unsre Gedanken hin. Lauter Gefoppte! Prellen einander, eh mans gedacht. Doch wer zuletzt noch lachte, hat am besten gelacht.«

Nachspiel

Einige Monate waren nach diesem bewegten Falstaff-Sylvester ins Land gegangen. Im Spätsommer erholten sich Alexander und Elisabeth ein paar Tage in einem Nordsee-Bad. Sie verbummelten die Zeit in Strandkörben, am Wasser oder auf den Terrassen der

Strandcafés. Alexander liebte es, an einen der Körbe gelehnt, um noch möglichst viel von der herbstlich wegdämmernden Sonne zu bekommen, mit seinem Papierblock auf den Knien zu schreiben oder mit Elisabeth lange Wattwanderungen zu unternehmen. Wenn das Wasser nach stundenlangem Rückzug soweit weggesikkert war, daß das glitschig-schlammige Watt begehbar wurde, pflegten sie aufzubrechen.

Sie verließen den noch heißen Sand und gingen auf die freigewordene Fläche zu. Als ihre Füße mit der naßkalten, bläulichschwärzlichen Masse in Berührung kamen, empfanden sie die Kühle. Nur wenig sanken sie in den Schlick ein, dessen gefurchte, von Wasser-Resten noch halbgefüllte Strukturen das zurückweichende Meer gebildet hatte.

»Sag mal, Alexander, du wolltest mir doch heute über dein letztes Seminar berichten, in dem einiges passiert ist«, begann Elisabeth, während sie kleine Prile, Steinchengeröll und allerlei Muschel- und Schalengehäuse vorsichtig umgingen.

Alexander holte mit der Antwort weiter aus, weil er wußte, daß sie sich für alles interessierte, was ihrer beider Beruf anging.

Als sie gerade durch das klare Wasser eines quirligen Bächleins wateten, fragte Elisabeth neugierig: »Aber wenn deine Studenten mit dir den Ablauf eines Anatomiekurses diskutieren, ist das nicht schwierig für dich?«

Alexander war solche Fragen gewohnt. »Durch ihre Erfahrungsberichte habe ich allmählich gelernt, mich hineinzudenken, auch ohne das studiert zu haben.«

Er blieb nachdenklich stehen, bevor er weiter antwortete. »Aber du hast recht, ich habe schon einige Male mit dem Gedanken gespielt, noch Medizin zu studieren ... am stärksten hat sich der Wunsch in mir geregt, als ich vor zehn Jahren mein erstes Praktikum in Psychiatrie absolvierte ...«

»Warum bist du dem Wunsch dann nicht gefolgt?« wollte Elisabeth wissen.

Alexander lagen schon wieder die üblichen Argumente auf der Zunge. Doch er stockte.

»Ach ja, warum eigentlich ...«, hörte er sich leise murmeln und merkte zugleich, wie er sich langsam in sich selbst zurückzog und

Elisabeths weitere Worte in immer größere Ferne rückten. Schließlich sah Alexander nichts mehr und hörte auch nicht, was um ihn herum geschah. Er sah weder die Menschen auf ihrem Wattspaziergang noch das Schnecken-, Schlick- und Würmergekröse auf dem Wattboden und hörte auch nicht das scharfe Möwengekreisch in der Luft. Was sich ihm hingegen auftat, waren seltsame, ja ängstigende Szenen. Es war ihm, als stehe er plötzlich einer grandiosen Apokalypse gegenüber, mit Posaunenchören, Reitern und Drachen, die Feuer und Schwefel ausspien. Dann sah er eigenartige Dinge, ähnlich denen von damals auf dem gefrorenen Züricher See, bedrohlich hin- und herschwankendes weißes Bettzeug, im Winde wehende Totenhemden und dazwischen blitzende Szepter und Kronen greiser Königsgestalten, die in leuchtenden Purpur gekleidet waren.

Zu seiner Erleichterung schälten sich aus diesem bedrängenden Chaos ihm vertrautere Gestalten heraus, einige ernst blickende alte Männer in offenbar verstaubten Theaterkostümen und in einiger Entfernung davon ein edel aussehender Jüngling. Neben ihm stand eine Bahre, von der er sich wohl gerade erhoben hatte. Er sah sehr leidend aus, mit roten Flecken im bleichen Gesicht und blutenden Lippen. Vor ihm stand ein leuchtender Schrein mit offenbar geheimnisvollem Inhalt, von dem er sich aber fernzuhalten schien. Nicht weit davon erkannte Alexander einen offenen Sarg mit der Leiche eines uralten Mannes. Er glaubte dessen strenges Gesicht mit einer extrem hervorspringenden Nase über einem grauen Schnurrbart zu erkennen. Mit einem flehenden Blick schien der junge Mann um etwas zu bitten. Alexander hatte den Eindruck, daß er zu sterben begehrte. Der Zusammenhang mit diesem Zauberschrein war Alexander nicht klar. Leise glaubte er die Worte ›Tod . . . Sterben . . . einz'ge Gnade‹ zu hören.

Und mit einem Mal spürte er, daß er selbst in dieses Geschehen einbezogen wurde. Eine fremde Macht trieb ihn zu dem jungen Menschen hin, ja, er begann, sich mit ihm identisch zu fühlen. Seine Glieder wurden schwer und begannen zu schmerzen. Er glaubte, Blutstropfen auf Lippen und Wangen zu spüren. Noch schlimmer war die entsetzliche Traurigkeit, die ihn jetzt übermannte. Als er sich seinem Doppel-Ich genähert hatte und es berühren wollte, verwandelte es sich plötzlich in einen verendeten weißen Schwan, kläglich anzusehen in der leblosen Grazie seines an den Boden geschmiegten langen Halses. Alexander erschrak nochmals tief, als er im Gefieder des Tieres einen mit rotgrünem Muster bemalten Pfeil stecken sah. Es konnte nur einer von denen sein, die er als Kind sorglos in die Luft hatte schwirren lassen. Aber noch ehe er seinen Schrecken überwand und sich auf eine eigene Untat solcher Art besinnen konnte, sah er im Halbdunkel den leidenden Jüngling wieder auf der Bahre liegen und um ihn herum die alten Männer, offenbar eine kultische Handlung am Altar verrichtend. Wieder fühlte Alexander den Schmerz in sich aufsteigen, es war ein dumpfes Mitleiden, das ihn fast erstickte. Doch dann geschah plötzlich ein Wechsel zu einem völlig andersartigen Bild.

Hübsche junge Mädchen tanzten auf einer Blumenwiese. Abseits stand eine Frau von wundervoller Gestalt mit blondem, über die Schultern fallendem Haar. Mit ausgebreiteten Armen ging sie auf ihn zu und hob die Hände zu seinem Gesicht. Alexander wußte nicht, wie ihm wurde, als er in tiefblaue Augen sah. Sie küßte ihn leidenschaftlich. Er verspürte eine Glut durch seinen Körper jagen. Aber gleich danach wurde er von würgender Angst gepackt. Er sah wieder den leidenden Jüngling vor sich und wußte, daß dessen Qualen mit dem verführerischen Weib zu tun hatten. Wenn er ihm erläge, könnte er mitschuldig werden an der Krankheit des anderen.

Er wand sich mit allen Kräften aus der Umarmung. Für kurze Zeit wurde es ihm schwarz vor den Augen. Dann kehrte zu seiner Freude die erste Szene zurück: jene seltsam gekleideten alten Herren und der jetzt um den leuchtenden Schrein herumtaumelnde junge Mann, den er vergeblich zu berühren versucht hatte. Alexander sah sich nun selbst mit einem Stab in der Hand, um den sich eine Schlange ringelte. Er streckte ihn gegen den Kranken aus und berührte dabei dessen Schulter. Und siehe, das aus Stirn und Lippen austretende Blut wich zurück wie in die Poren eines Schwammes und ließ eine gesunde Röte auf den Wangen erscheinen. Ruhe und Kraft schienen wie nach einem langen Genesungsschlaf dem Jüngling zurückgegeben.

Als die Umstehenden sich ergriffen vor Alexander niederwerfen wollten und ihm bedeuteten, er möge jenen geheimnisvollen Schrein öffnen, fühlte er sich plötzlich bedrängt, ja abgestoßen und spürte, daß er hierher nicht gehörte. Er war erleichtert, als der ganze phantastische Zauber allmählich in die Ferne rückte, zusehends verblaßte und sich im Nebel der hereinbrechenden Dämmerung auflöste.

Er bemerkte Elisabeth wieder neben sich, mit der er auf den Strand zuging. Der Schlickboden war im fahlen Licht noch dunkler geworden. Es wurde zunehmend kalt, und das Herumstapfen im Schlamm bereitete keine Freude mehr. Man sah nur noch einige verlorene Gestalten auf dem Watt. Besonders fiel ein Jugendlicher auf, der einen ›Walkman‹ am Ohr hatte und mit verklärt abwesendem Blick vor sich hintänzelte.

»Weißt du, Elisabeth«, durchbrach Alexander die lastende Stille, »so eine Entscheidung muß langsam heranreifen. Ist sie aber getroffen, läßt sie sich nicht mehr rückgängig machen. Dann will sie verwirklicht werden. Ich habe es im Grunde schon lange geahnt, aber jetzt weiß ich, daß ich demnächst mit dem Medizinstudium beginnen werde.«

»Wie das?« Elisabeth war irritiert. »Hast du denn noch nicht genug von deinem bisher zusammengetragenen Wissen? Ich dachte immer, dein Herz gehörte der menschlichen Seele, dem lebendigen Geist und der gesellschaftlichen Bestimmung des Menschen, und du wolltest dich mit den Mitteln der wissenschaftlichen Psychologie ganz für ihn einsetzen und von dieser Warte aus auf die Medizin einwirken.«

»Meine neue Entscheidung ist begründet. Ich will meinen Weg zum Menschen hin noch weitergehen. Ich bin ihm schon ziemlich weit nachgegangen, immerhin bis ins Irrenhaus hinein. Jetzt werde ich auch seine körperliche Existenz, seine Physis, ernster nehmen und von außen her ergründen.«

»Willst du dann auch praktizieren?«

»Das weiß ich noch nicht. Jetzt will ich erst einmal meine neue Entdeckungsfahrt beginnen, gleichgültig, wohin sie mich führt.«

»Aber glaubst du nicht, daß du dir damit zu viel vornimmst? Bei deinem Alter? Ein solches Studium?« Elisabeth war ehrlich bestürzt.

»Ich weiß, und schon wegen meiner anderen Tätigkeiten werde ich mir viel Zeit lassen. Es ist wieder ganz von unten anzufangen. Und mir ist klar, daß ich als Hochschullehrer eine komische Rolle spiele, wenn ich mit denselben Studenten, die ich unterrichte, an der Leiche stehe, mich den gleichen Prüfungen und Testaten unterziehe oder mich in einem der vorklinischen Grundkurse vor ihnen blamiere. Zu irgendwelcher Euphorie habe ich angesichts dieser neuen Entscheidung keinen Grund. Es sieht sich zwar wie ein glücklicher Aufschwung an, ist aber in Wahrheit risikoreich. Du wirst mir dabei zur Seite stehen, ich weiß es.« Er sah sie zärtlich von der Seite an und legte den Arm um ihre Schultern.

»Ich habe soviel Hoffnung auf eine gemeinsame Zukunft.« Er küßte sie leicht auf die Wange. Ihr skeptischer Blick hellte sich auf.

»Man wird es dir ja doch nicht ausreden können. Also werde ich wieder einen Studenten zum Manne haben... er wird Professor werden, Professor Parsifal...« Sie lächelte dabei und gab ihm den Kuß zurück. Eine Weile gingen sie schweigend weiter.

»Ich glaube, Elisabeth«, sagte er plötzlich und blieb stehen, »da ist noch etwas anderes, das diesen letzten Schritt von allen bisherigen unterscheidet: vielleicht ganz einfach der Wunsch, dem Menschen näher zu sein, mit all der Mühsal, die damit verbunden ist. Es ist Menschenliebe. Und was ist Liebe schließlich anderes als ein fortwährender Wechsel zwischen Glück und Verzweiflung, zwischen Aufstreben, Straucheln, Fallen und wieder von neuem Sich-Erheben – und das ein ganzes Leben lang...«

38.-